**浙江省哲学社会科学重点研究基地
"文化发展创新与文化浙江建设研究中心"
项目资助**

发展文化产业

浙江的探索与实践

陈立旭 ◇ 著

中国社会科学出版社

图书在版编目（CIP）数据

发展文化产业：浙江的探索与实践 / 陈立旭著. —北京：中国社会科学出版社，2021.12（2022.9 重印）
ISBN 978 - 7 - 5203 - 9435 - 2

Ⅰ.①发… Ⅱ.①陈… Ⅲ.①文化产业—产业发展—经验—浙江 Ⅳ.①G127.55

中国版本图书馆 CIP 数据核字（2021）第 265637 号

出 版 人	赵剑英
责任编辑	田　文
责任校对	杨沙沙
责任印制	王　超

出　　版	中国社会科学出版社
社　　址	北京鼓楼西大街甲 158 号
邮　　编	100720
网　　址	http://www.csspw.cn
发 行 部	010 - 84083685
门 市 部	010 - 84029450
经　　销	新华书店及其他书店

印　　刷	北京明恒达印务有限公司
装　　订	廊坊市广阳区广增装订厂
版　　次	2021 年 12 月第 1 版
印　　次	2022 年 9 月第 2 次印刷

开　　本	710×1000　1/16
印　　张	30.5
插　　页	2
字　　数	411 千字
定　　价	158.00 元

凡购买中国社会科学出版社图书，如有质量问题请与本社营销中心联系调换
电话：010 - 84083683
版权所有　侵权必究

目 录

导 论 ………………………………………………………… (1)

第一章 发展文化产业的探索与实践历程 …………………… (45)
  一 市场取向改革与文化产业的自发发展 ……………… (46)
  二 文化产业发展从自发到自觉 ………………………… (69)
  三 以体制改革加快推动文化产业发展 ………………… (93)
  四 推动文化产业成为国民经济支柱产业 ……………… (121)
  五 加快把文化产业打造成为万亿级产业 ……………… (138)

第二章 创新文化产业发展的宏观体制机制 ………………… (152)
  一 建立和完善新型宏观文化管理体制 ………………… (152)
  二 加强对文化发展的规划引导 ………………………… (170)
  三 完善文化发展政策 …………………………………… (179)
  四 创新国有文化资产管理机制 ………………………… (197)

第三章 推动文化产业区块和园区发展 ……………………… (215)
  一 特色文化产业区块与浙江块状经济 ………………… (215)
  二 浙江文化产业区块的形成和发展 …………………… (230)
  三 加快推动文化产业区块和园区发展 ………………… (238)

第四章　做强做优做大国有文化企业 …………………（270）
　　一　市场化取向改革与国有文化单位变革 ……………（271）
　　二　培育和打造新型国有文化产业主体 ………………（286）
　　三　实现国有文化企业两个效益最佳结合 ……………（317）

第五章　加快培育有竞争力的民营文化产业 ……………（334）
　　一　民营经济与民营文化产业发展 ……………………（334）
　　二　文化体制改革与释放民营文化企业活力 …………（341）
　　三　优化民营文化产业发展环境 ………………………（356）

第六章　推动文化产业转型发展 …………………………（376）
　　一　推动文化产业转型发展的措施与历程 ……………（377）
　　二　加快推进现代科技与文化产业融合发展 …………（399）
　　三　提升文化产业的文化内涵和附加值 ………………（429）
　　四　推动文化产业与金融融合发展 ……………………（458）

主要参考文献 ………………………………………………（474）

后　　记 ……………………………………………………（483）

导　　论

在1926年发表的《机械复制时代的艺术作品》一文中，法兰克福学派的外围成员本雅明首次描述了在资本主义生产条件下文化艺术领域出现的一个新现象：收音机、留声机、电影、照相等复制技术的发明已经使文化艺术生产出现了质的变化，文化艺术产品不再是独一无二的一次性存在，而是可复制、可批量生产的。"19世纪前后，技术复制达到了这样一个水准，它不仅能复制一切传世的艺术品，从而以其影响开始经受最深刻的变化，而且它还在艺术处理方式中为自己获得了一席之地。在研究这一水准时，最富有启发意义的是它的两种不同表现形式——对艺术品的复制和电影艺术——都反过来对传统艺术形式产生了影响。"① 这就表明，这种不同于传统艺术形式的新文化形式像工业产品一样可批量复制、可批量生产，因而具有了工业或产业（industry）、工业化或产业化（industrialization）的特征。

在欧美，文化产业最早受到学者关注的，是其特殊的社会功能和文化功能。在出版于1947年的《启蒙的辩证法》一书中，阿多诺和霍克海默首次把由传播媒介的技术化和商品化推动的主要面向大众消费的文化生产称之为"文化产业"（culture industry）②。法兰克福学派

---

① ［德］瓦尔特·本雅明：《机械复制时代的艺术作品》，中国城市出版社2002年版，第83—84页。
② culture industry又译"文化工业"。参见［德］霍克海默、阿多诺《启蒙辩证法》，洪佩郁、蔺月峰译，重庆出版社1990年版。

的多数早期思想家在贬义的、否定性的、批判性的意义上使用文化产业这个概念。当阿多诺和霍克海默等从商品拜物教理论角度审视资本主义文化产品时，在他们心目中，这些产品从来就不是属于那种自律、自由的艺术，而是一种具有拜物教和物化性质的地地道道的商品。在资本主义条件下，文化生产已不同于历史上的任何形式，不再是一种个人的精神的或有灵性的活动，而是已经蜕变为一种与一般物质生产没有区别的大批量、配方式生产。在资本主义文化生产中起决定性作用的，已经不再是文化艺术的真善美原则，而是以利润为最高追求的商品交换逻辑。"在文化商品领域，交换价值是以一种特殊的方式得以贯彻的，因为这个领域在商品世界免除了交换权力的使用，而与商品建立了一种直接的联系。正是这种假象又单独为文化商品提供了一种交换价值，但与此同时，文化商品仍然完全落入到了商品世界之中，为市场而生产，并且瞄准了市场。"① 文化产业的产品是为了满足大量消费而大批量生产的文化，是标准化的、俗套的、操纵性的文化，是由已经和正在麻木的头脑或"文化笨蛋"被动消费的文化。

上述表明，"文化产业"一词诞生之初，就是在贬义上被使用的，具有强烈的批判性和否定性意涵。第二次世界大战以后，伴随市场化、工业化、城市化、全球化的发展，全球文化产业逐渐得到恢复并呈现快速发展趋势，不仅产业规模持续扩大，而且产业结构也不断优化。其中特别值得一提的是美国。19世纪末20世纪初，伴随工业经济的发展和城市人口的迅速增长，美国电影已经在歌舞游乐场、小剧场内放映，成为一种大众娱乐。与此同时，美国开始向其他国家出口文化产品。第一次世界大战不同程度上破坏了欧洲各国电影业，不少欧洲导演陆续来到美国好莱坞，促成了美国电影的进一步兴旺并源源

---

① Theodor W. Adorno, "On the Fetish – Character in Music and the Regression of Listening", in Andrew Arato and Eike Gebhardt eds., *The Essential Frankfurt School Reader*, New York: Urizen Books, 1978, p.279.

不断地涌入欧洲市场。在20世纪30年代，美国电影中的类型影片，如喜剧片、闹剧片、西部片、歌舞片、盗匪片、侦探片、恐怖片等，相继产生并繁荣发展。第二次世界大战前，美国文化产业的政策、基础和框架已经初步形成。第二次世界大战以后，美国文化产业进入快速发展时期，文化及文化产业的发展，被视为美国经济进步的象征，也被视为美国强大的文化软实力和综合国力的重要标志。20世纪50年代至70年代，美国文化产业上市公司数量呈总体增长态势，其间出现了两次增长峰值，分别是1960年（增长率为112.6%）与1974年（增长率为35.1%）。20世纪六七十年代以来，伴随新媒体新技术的迅速发展，文化商品化、产业化程度进一步加深，美国加快了向世界其他国家尤其是发展中国家大规模倾销文化产品的步伐。

在全球各国文化产业快速发展的大背景下，人们逐步认识到，文化在一定程度上可以通过市场环节、产业化机制得以发展和传播，发展文化产业，有助于提升经济发展质量，推动经济结构调整和转型升级，更好地满足文化消费需求。因此，自20世纪五六十年代开始，文化产业这一词语原先所包含的否定性、批判性含义日渐消退，而肯定性的含义则日益凸显，并逐步成为学术界描述现实社会中文化生产、传播和消费，以及经济、社会、文化相互关系的理论分析工具，并最终成为世界各国政府国民经济统计中的产业分类概念。

根据联合国教科文组织（UNSECO）的表述，文化产业"结合创造、生产与商品化等方式、运用本质是无形的文化内容。这些内容基本上受到著作权的保障，其形式可以是商品或服务"。"一般来说，文化产业形成的条件是，文化产品和服务在产业和商业流水线上被生产、再生产、储存或者分销，也就是说，规模庞大并且同时配合着经济考虑而非任何文化发展考虑的策略。"[①] 据此，联合国教科文组织把文化产业界定为按照工业标准生产、再生产、储存以及

---

① 苑洁：《当代西方文化产业理论研究概述》，载林拓等主编《世界文化产业发展前沿报告》，社会科学文献出版社2004年版。

分配文化产品和服务的一系列活动。按照这一定义，文化产业仅仅包括可以由工业化生产并符合系列化、标准化、生产过程分工精细化和消费大众化等几个特征的产品（如书籍报刊等印刷品和电子出版物有声制品、视听制品等）及其相关服务，而不包括舞台演出和造型艺术的生产与服务。全球文化多元化联盟（Global Alliance Cultural Diversity）则把文化产业界定为：是指相关产业包含了创意、生产及无形创意内容并将之商品化，这些相关产业都以文化为其本质，其创意内容受到了版权的保护，以产品和服务的形式出现，一般而言包含印刷、出版、多媒体、视听产品、音响、电影、手工艺品、设计等产品。

世界各国对文化产业一词的表述和使用，因历史、文化、国情等的差异而存在明显的差异。比如，法国把文化产业定义为传统文化事业中特别具有可大量复制性的产业，涉及行业众多，主要包括三个部分：一是文化相关产业，由文化遗产、信息通讯产业、画廊、博物馆和旅游业组成，这是广义上的文化产业；二是创意产业，指表演艺术、创意设计、建筑、广告、摄影、服装等行业；三是狭义上的文化产业，由广播电视、出版印刷和音乐组成。英国政府从突出艺术创造力对经济的渗透和贡献角度出发，把文化产业称为创意产业，包含了广告、建筑、艺术和古董市场、手工艺、设计、时尚设计、电影、互动休闲软件、音乐、电视和广播、表演艺术、出版和软件等13个部门。其中，既包括了传统的文化产业门类，也包括了以信息技术为基础的新型文化产业门类。澳大利亚政府则根据联合国教科文组织的定义和标准，把本国文化产业确定为遗产类、艺术类、体育和健身娱乐类、其他文化娱乐类等四大类。加拿大政府确定的文化产业门类既包括出版、广播、电影、电视、图书、杂志、音像以及相关的印刷、生产、制作、广告和发行等，也包括表演艺术、信息网络、多媒体等。日本政府把文化产业统称为娱乐观光业，而把电影、电视、音像、音响、书籍、音乐、艺术、动漫、游戏软件等都归入内容产业，更强调内容的精神属性。[①] 动漫产业在日本文化产业中具有尤其突出的地位。日本是世界上最大的动漫制作和输出国，有"动漫王国"之称，具有巨大的全球影响力。据日本动画协会2019年12月发布的《动漫产业报告2019》，2018年包括周边产品在内的日本动漫产业产值已超过2万亿日元，其中几乎近半数来自海外市场。

美国把文化产业称为"版权产业"，并将之分成核心版权产业、交叉版权产业、部分版权产业、边缘支撑产业等四大类。其中，核心版权产业包括出版与文学、音乐、剧场制作、歌剧、电影与录像、广播电视、摄影、软件与数据库、视觉艺术与绘画艺术、广告服务等；交叉版权产业包括电视机、收音机、录像机、CD、录音机、电子游戏设备及其他相关设备等；部分版权产业包括服装、纺织品与鞋类、珠宝与钱币、家具、瓷器、玩具与游戏、建筑、工程、室内设计、博物馆等；边缘支撑产业则包括那些服务于受版权保护的作品或其他物品宣传、传播、销售的产业。1790年，美国制定了第一部《版权法》，其保护的范围仅限于书籍、地图、海图、期刊等，保护期限14年。1909年，美国将版权保护扩大到所有作品。20世纪70年代以来，美国版权产业获得了更大发展，成为全世界最大的版权产品出口国，国际版权保护对美国经济的意义更加凸显。在这一背景下，美国版权产业界积极推动美国加入国际版权保护体系，为美国版权产品和版权产业提供了更好的海外保护。1976年美国制定了第三部《版权法》，并于1978年正式开始实施，这就是美国现行版权法。在当今时代，作为一种文化软实力，版权产业特别是核心版权产业，已成为美国国民经济的支柱产业、经济增长的主要动力、"知识经济"发展的强大引擎，与美国经济发展、外汇收入、文化扩张等息息相关，也是美国综合国力的重要组成部分。"在当今世界上，无论在上海和巴黎，还是开普敦和莫斯科，人们吃的是麦当劳，给孩子买的是米老鼠形象

[①] 参见胡惠林主编《文化产业概论》，云南大学出版社2005年版，第65页。

的玩具，入的是互联网络，看的是好莱坞电影，相互联系用的是摩托罗拉的产品。"① 当然，当今世界正在经历百年未有之大变局，伴随"西强东弱"存量而出现的"东升西降"增量，美国和西方的文化霸权地位也正在被动摇。

结合中国国情，2003 年 9 月，中国文化部制定并发布《关于支持和促进文化产业发展的若干意见》，从与公益性文化事业相对应的角度，把文化产业定义为从事文化产品生产和提供文化服务的经营性行业。2004 年，为贯彻落实党的十六大关于文化建设和文化体制改革精神，建立合理可行的文化产业统计体系，规范文化及相关产业的范围，国家统计局在与中宣部及国务院有关部门共同研究的基础上，依据《国民经济行业分类》（GB/T4754—2002），制定了《文化及相关产业分类》。

《文化及相关产业分类（2004）》② 把"文化及相关产业"界定为：为社会公众提供文化娱乐产品和服务的活动，以及与这些活动有关联的活动的集合。这个定义也更加突出了文化产业的文化娱乐属性，以区别于更加突出意识形态属性的公益性文化事业。《文化及相关产业分类（2004）》也将文化产业划分为"核心层""外围层""相关层"三个层次。其中，"核心层"包括新闻服务、出版发行和版权服务、广播电视电影服务、文化艺术服务等四个行业大类；"外围层"包括网络文化服务、文化休闲娱乐服务、其他文化服务等三个行业大类；"相关层"则包括文化用品设备及相关文化产品的生产、文化用品设备及相关文化产品的销售两个行业大类。在这三个层次中，"核心层"和"外围层"是文化产业的主体，相关层则是文化产业的补充。

---

① ［俄］弗·米罗诺夫：《21 世纪的全球力量分布将给俄罗斯带来什么》，俄罗斯《独立报》1997 年 4 月 15 日。
② 为了便于与此后出台的同类文本相区别，这里将 2004 年出台的《文化及相关产业分类》称为《文化及相关产业分类（2004）》。

2010年10月,党的十七届五中全会通过《中共中央关于制定国民经济和社会发展第十二个五年规划的建议》,不仅强调必须坚持把经济结构战略性调整作为加快转变经济发展方式的主攻方向,而且提出了推动文化产业成为我国国民经济支柱性产业的战略目标。2011年10月,党的十七届六中全会进一步强调要推动文化产业跨越式发展,使之成为国民经济新的增长点、经济结构战略性调整的重要支点、转变经济发展方式的重要着力点。这就对文化产业统计工作提出了新的要求。在这一背景下,2012年,国家统计局按照以《国民经济行业分类》(GB/T4754—2011)为基础、兼顾部门管理需要和可操作性、与国际分类标准相衔接等原则,制定并发布了《文化及相关产业分类(2012)》,进一步修订和完善了中国文化产业指标统计分类体系。《文化及相关产业分类(2012)》把文化及相关产业界定为:为社会公众提供文化产品和文化相关产品的生产活动的集合。根据这一定义,文化及相关产业的范围包括:以文化为核心内容,为直接满足人们的精神需要而进行的创作、制造、传播、展示等文化产品(包括货物和服务)的生产活动;为实现文化产品生产所必需的辅助生产活动;作为文化产品实物载体或制作(使用、传播、展示)工具的文化用品的生产活动(包括制造和销售);为实现文化产品生产所需专用设备的生产活动(包括制造和销售)。与《文化及相关产业分类(2004)》相比,《文化及相关产业分类(2012)》对文化产业原有类别结构和具体内容作了调整,增加了文化创意、文化新业态、软件设计服务、具有文化内涵的特色产品的生产等内容和部分行业小类,删除了旅行社、休闲健身娱乐活动、教学用模型及教具制造、其他文教办公用品制造、其他文化办公用机械制造和彩票活动等。新分类以文化产品的生产活动、文化产品的辅助生产活动、文化用品的生产活动和文化专用设备的生产活动等四个方面的分类法,替代了原先文化产业核心层、外围层、相关层等三个层次的分类法。其中,文化产品的生产活动构成文化及相关产业的主体,其他三个方面则是文化及相关产业的补充。

2017年10月，党的十八大报告提出，要"促进文化和科技融合，发展新型文化业态，提高文化产业规模化、集约化、专业化水平"。2018年，在《文化及相关产业分类（2012）》基础上，国家统计局依据新修订的《国民经济行业分类》（GB/T 4754—2017），并兼顾文化管理需要和可操作性，与联合国教科文组织《文化统计框架—2009》相衔接，再次修订并颁布《文化及相关产业分类（2018）》。在这个新修订版中，延续了原有的文化产业定义、分类原则，新增加了符合文化及相关产业定义的活动小类，重点是调整了分类类别结构。新修订的分类类别共设置9个大类，分别是新闻信息服务、内容创作生产、创意设计服务、文化传播渠道、文化投资运营、文化娱乐休闲服务、文化辅助生产和中介服务、文化装备生产、文化消费终端生产。根据活动相似性，在每个大类下设置若干中类（共计43个中类），在每个中类下设置了若干个具体的活动类别（共计146个小类）。与《文化及相关产业分类（2012）》相比，《文化及相关产业分类（2018）》修订变化突出体现在以下三个方面：（1）新增设了分类编码，将文化及相关产业划分为3层，层次和编码简洁明了；（2）新增加了符合文化及相关产业定义的活动小类，包括互联网文化娱乐平台、观光旅游航空服务、娱乐用智能无人飞行器制造、可穿戴文化设备和其他智能文化消费设备制造等文化新业态；（3）重点调整了分类结构。

文化产业与商品经济、市场经济具有天然的、内生的、内在的联系。文化产业在现当代欧美等发达资本主义国家孕育和发展并成为国民经济支柱性产业，意味着商品化、市场化、产业化运行方式和规律不仅已经统领物质生产和流通领域，而且也已经渗入文化生产与消费领域、日常生活领域和休闲世界。如杰姆逊所说，"我们也已经觉察到，近年来跨国资本的庞大扩张，终于侵进及统辖了现存制度下前资本主义的据点（包括'自然'及'无意识'）。"① 费斯克也认为，晚期资本主义（及其市场经济），以形形色色的商品为特征，"晚期资本主义充斥着商品，即使有人想要规避商品的大潮，也定会劳而无功。理解商品以及商品在我们社会中的作用，可以有多种方式：在经济领域里，商品保证了财富的生产与流通，而且它们既可以是基本的生活必需品，也可以是无关紧要的奢侈品；此外，更广义地说，商品还可以包括非物质的对象，譬如电视节目、女性外表或明星的名字等等。"②

如前所述，在欧美，文化产业最早受到学者关注的，是其特殊的社会功能和文化功能，即文化产业这种以商品化、市场化和产业化途径提供文化产品和服务的新的文化存在方式、新的文化形态对人类社会尤其是人类精神文化领域的影响、作用和意义。从20世纪上半叶开始，围绕文化产业这种融入市场机制、产业化机制的新文化存在方式、新文化形态的社会功能，西方不同学者从以下几个方面进行了深入的思考：文化产业产品是以追求利润为目标的商品，还是以追求真善美为目标的文化产品？大众是文化产业产品的"消费者"，还是意义的"生产者"？文化产业产品的消费者是无辨识力的、被操纵的、被麻醉的"文化笨蛋"，还是具有主动性以及辨识力、生产力和创造力的？文化产业产品仅仅是用以消遣的娱乐品，还是具有生产和流通意义、社会认同等积极功能？文化产业是仅仅发挥了社会安全阀的作用，还是具有积极的政治潜能？围绕这些问题的讨论和研究，不同学者得出了"悲观"和"乐观"两种不同的结论，前者以法兰克福学派为代表，后者以英国文化研究（伯明翰学派）为代表。

在《批评理论与文化研究：未能达成的接合》一文中，道格拉

---

① ［美］弗·杰姆逊：《晚期资本主义的文化逻辑》，张旭东译，生活·读书·新知三联书店1997年版，第505页。

② ［美］约翰·费斯克：《理解大众文化》，王晓珏、宋伟杰译，中央编译出版社2001年版，第18页。See John Fiske, *Understanding Popular Culture*, Boston: Unwir Hyman, 1989, p.11. 依据原文略有改动。

斯·凯尔纳（Douglas Kellner）回顾了英国文化研究的发展历程，指出，从20世纪60年代初期到80年代初期，伯明翰学派所做的某些工作，在其社会理论以及文化研究的方法方面，同时也在其政治视角与政治策略方面，仍然继承了法兰克福学派的一些经典立场。"与法兰克福学派一样，英国的文化研究也观察到工人阶级被收编以及工人阶级革命意识的衰落，并研究了马克思主义革命规划的这种悲剧结局的条件。类似于法兰克福学派，英国文化研究得出的结论是：大众文化（文化产业——引者注）在把工人阶级整合到现存资本主义社会过程中发挥了重要的作用，并认为一种新的消费文化和媒介文化正在塑造新的资本主义霸权模式。"①

根据法兰克福学派的经典立场，在资本主义生产条件下，文化产业总是别有用心地自上而下（from above）地整合、操纵着它的消费者。其中，大众传播媒介扮演了一种特别重要的角色，"大众传播媒介这一概念是专门为文化产业打磨出来的，它已经把重点转到了无害的领域。它既不存在一个首先关心大众（the masses）的问题，也不存在一个传播技术的问题，它存在的只是一个使大众自我膨胀的精神的问题，一个他们的主人的声音问题。"正是通过这些"声音"，从属者被期望在消费文化产业产品或"精神鸦片"过程中对主人的某些预设前提作出"正确"的反应。文化产业大规模生产的代价是"真实性"（authenticity）的丧失和模式化的形成，因此产生了一种威胁个性和创造性的同质文化，从而扼杀了人们的自主性、创造性与想象力。文化产业所提供的规避性或狂欢式快感，仅仅发挥了最终稳固资本主义制度的社会安全阀作用，文化产业所特许的受抑制、受控制的表达愤恨的方式，最终仍然是有助于维持现行社会权力结构的。"这种文化理论和文化分析通常似乎想指出，'能动性'通常被'结构'所颠覆，文化消费仅仅是生产的一个影像。在一个经济权力的游

---

① ［美］道格拉斯·凯尔纳：《批评理论与文化研究：未能达成的接合》，陶东风译，载陶东风主编《文化研究精粹读本》，中国人民大学出版社2006年版，第137页。

戏中，受众的谈判是虚构的，仅仅是虚幻的趋向。而且'悲观主义的精英主义'是一种试图把自身体现为一种激进文化政治形式的思考方式。但它经常是这样一种政治，在这种政治中，对权力的攻击往往终止于自顾自（self-serving）地揭露他人如何是文化骗子。"①

大约从 20 世纪 80 年代中期开始，情况发生了变化，"后来英国的文化研究欲强调媒介文化中以及观众在阐释和运用媒介产品时的抵抗因素，而法兰克福学派则倾向于（除了少数例外）把大众文化看做意识形态统治的同质的、强有力的形式，这个差异把两个传统严格区分开来了。"②斯道雷把大致从 80 年代中期开始的文化研究转向称为"葛兰西转向"。他认为，把葛兰西文化领导权概念引入文化研究中，引发了人们对文化产业、大众文化的重新思考，为一种总是通过一种生产与消费之间的积极关系来看待文化消费的方式提供了手段。按照受到文化领导权理论启发的文化研究，大众文化既不是一种本真的工人阶级文化，也不是一种由文化产业所强加的文化，而是两者之间的一种折中平衡，一种来自底层和上层力量的矛盾性的混合体，从属群体的反抗力量和社会统治集团的"收编"力量之间斗争的场所，既是商业的，也是本真的，以抵制和合作为标志，既是结构，也是能动性。葛兰西式文化研究"并不一味地关注收编的过程，而是探究大众的活力与创造力，正是这活力与创造力，使宰制者一直感觉到收编是一种持久的必要"③。通过一种双重聚焦，人们至少会发现，文化产业的政治功能是充满矛盾的。有些意义和快感可能服务于宰制力量的利益，被权力集团所用，试图替代大众危险的、不可预测的意义和

---

① ［英］约翰·斯道雷：《文化研究：一种学术实践的政治，一种作为政治的学术实践》，和磊译，载陶东风主编《文化研究精粹读本》，中国人民大学出版社 2006 年版，第 90 页。斯道雷认为，可以归入悲观主义的激进主义，除了法兰克福学派以外，还有利维斯主义、绝大多数的结构主义、经济主义的马克思主义、政治经济学等。
② ［美］道格拉斯·凯尔纳：《批评理论与文化研究：未能达成的接合》，陶东风译，载陶东风主编《文化研究精粹读本》，中国人民大学出版社 2006 年版，第 137 页。
③ ［美］约翰·费斯克：《理解大众文化》，王晓珏、宋伟杰译，中央编译出版社 2001 年版，第 27 页。

快感。然而，另一些意义和快感则可能服务于从属者的利益。如果把理论中心从结构转移到社会实践上来，即使从"收编"本身中也会见到大众规避和抵抗的身影。因为从大众的日常生活实践视野出发，"收编"也可以被理解为一种针对大众游击战术的统治者的防御战略。"收编总是意味着放弃某个基地，即空间的退让。"① 宰制性力量不得不一而再再而三地维系自身及其价值观念，本身就表明了其收编的成效总是成问题的。

20世纪70年代末80年代初期以来，伴随改革开放以及市场化、城市化、全球化进程，一种全新的、消费性的（费斯克意义上的）大众文本，从流行音乐、通俗书刊、MTV、营利性体育比赛、各种形式的广告、卡拉OK、迪斯科，到时装模特表演、通俗文学、亚文学、情节雷同制作模式化的电视剧，几乎令人目不暇接，迅速地萌芽、发展、扩张，并从20世纪90年代开始，逐渐地垄断了当代中国的文化市场，占据了当代中国大众的大部分文化生活空间。正如有学者所说："无论是已成为普通家庭内景的电视机拥有量在中国城乡的惊人增长，还是在时间与空间纬度及权限范围的意义上不断扩大其领地的电视节目；无论是好戏连台、剧目常新的图书市场，还是乍冷乍热、令人乐此不疲的电影、影院与明星趣闻；无论是面目一新的电台里种类繁多的直播节目，还是林林总总的热线与专线电话；无论是耳熟能详、朗朗上口的电视、电台广告，还是触目可见的海报、灯箱、广告牌、公共汽车箱体上诱人的商品'推荐'与商城'呼唤'；无论是不断改写、突破着都市天际线的新建筑群落间并置杂陈的准仿古、殖民地或现代、后现代的建筑风格，还是向着郊区田野伸展的度假村与别墅群。当然，尚有铺陈在街头报摊之上的各类消闲性的大小报章与体育、军事、青年、妇女类通俗刊物，装点都市风光的时装系列、悄然传播的商品名牌知识，比比皆是的各种类型的专卖店，使城市居民区

---

① ［美］约翰·费斯克：《理解大众文化》，王晓珏、宋伟杰译，中央编译出版社2001年版，第226页。

钻声不绝、烟尘常起的居室装修与'厨房革命'。如此等等，不一而足。"①

改革开放以来，文化产业、大众文化在中国的孕育和发展，具有与欧美发达国家不同的经济社会条件、不同的历史背景，扮演着不同的经济角色和社会角色。在改革开放以前，中国文化事业处于严重萎缩状态，文化产品供给严重短缺，文化生活十分贫乏。伴随市场化取向改革逐步推进而孕育和发展的文化产业，迅速改变了"八亿人看八个戏"的文化产品供给短缺局面。正因如此，文化产业在改革开放后的中国出场，首先是作为一种能够迅速有效促进文化产品繁荣发展、改变文化生活贫乏局面的新文化发展方式，而被人们所认识并肯定的。其次，改革开放初期，娱乐性、消遣性文化产业产品在中国的出现，一定意义上也具有思想解放的作用和意义。20世纪70年代末，像中国其他领域一样，刚刚结束"文化大革命"的文化领域也面临着百废待兴的局面。改革开放初期从海外和中国香港和台湾地区传入内地的文化产业产品，比如，流行音乐、言情小说，《上海滩》《霍元甲》《血疑》等电视连续剧，仿佛蕴含着对"文化大革命"时期文化艺术过度公式化、政治化、群体化的矫正。如潘洗尘所述："对于唱惯了《都有一颗红亮的心》《无产阶级文化大革命就是好》，甚至在结束了十年浩劫之后还只能唱《交城的山交城的水》的那代中国人来说，邓丽君们（包括叶佳修、侯德建、罗大佑的略带惆怅的台湾校园歌曲）的声音几乎就是来自天国，它能给板结的心田以雨露，给苍白的生命以血丝。那时，在拥有数千天之骄子的哈师大校园，我曾亲身感受到，无论是20岁的大学生还是拖儿带女的大学生都在一面寻找着开启知识大门的钥匙，一面在《相聚》的日子里，寻找着梦中的《橄榄树》《外婆的澎湖湾》。"②

---

① 戴锦华：《隐形书写：90年代中国文化研究》，江苏人民出版社1999年版，第1—2页。
② 潘洗尘：《关于POP文化在中国演进过程的一个简单概述》，《文艺评论》1994年第2期。

这就表明，文化产业在现代欧美和当代中国的出场具有不同的历史背景和社会背景。也正因如此，与文化产业在资本主义条件下的西方出场，得到欧美国家学者更多批判性、否定性评价有所区别，文化产业在改革开放以来的当代中国出场，得到了中国学者和社会公众更多肯定性的评价。当文化产业在资本主义条件下的西方出场时，欧美国家学者更多聚焦于文化产业的社会功能和文化功能，即关注文化产业这种以商品化、市场化和产业化途径提供文化产品和服务的新文化存在方式、新文化形态，对人类社会尤其是对人类精神文化领域的影响、作用和意义。而当文化产业在改革开放以来的中国出场时，中国学者更多地聚焦于如何将文化生产力从计划经济体制束缚中解放出来，如何加快推动文化产业发展，更多关注文化产业在更好满足人民群众文化消费需求、转变经济发展方式等中的地位和作用，更多关注文化产业发展中带全局性的、规律性的东西，分析构成文化产业发展全局的各个局部、因素之间的关系，研究文化产业发展过程中存在的问题，并以一种积极的姿态提出相应的对策思路。

在当今社会，大数据、云计算、移动互联网、虚拟现实和人工智能等新一代信息技术广泛应用，为文化产业创新提供了便捷、经济、多渠道的技术平台，给文化产业的内容生产、表现形式、商业模式等带来了深刻的变革。文化产业是"文化、创意、技术"和"人脑、电脑、文化"高度融合的产业，对于场地、固定资产、原材料、资源的消耗少，是典型的朝阳产业、生态型产业和可持续发展产业。文化产业在创造自身价值的同时，也对相关产业发展产生带动和辐射作用，如广播影视产业带动音像、影像、游戏软件、家电、通信设备、广告展览等产品及服务市场；文化娱乐业推动旅游、宾馆、餐饮、交通、演艺等行业成长；文化产业的公共参与性及其善于制造大众流行的特点，推动了服装业、美容业及各类延伸产品市场的孕育和发展；与互联网等新技术和创意高度融合的文化产业新内容、新业态使数字内容产业呈现爆炸式增长，智能设计、时尚设计、品牌设计、新媒体和体验交互设计等推动了工艺美术品、服装服饰、皮革制品、家居用品、珠宝首饰等消费品制造业向时尚产业转型；文化创意和设计服务与新型城市化建设紧密结合，对于提升城乡规划、建筑设计和园林设计的文化品位，丰富美丽城市和美丽乡村建设的文化内涵，延续城市历史文脉，加强城镇生态景观保护和建设，发展有历史文化记忆和地域特色的美丽城镇，具有重要的作用。总之，在当代社会，文化产业具有优化经济结构、促进经济转型升级、扩大内需、增加就业、对经济社会发展产生综合联动作用、推动文化产品走向世界、满足人民群众文化消费需求等功能。正如联合国贸易和发展会议公布的《创意经济报告》所说，"创意经济是一种正在全球兴起的新生发展范式，其核心就是：创意、知识与信息逐渐被人们认识到是全球化的世界中推动经济增长、促进发展的强大动力。它拥有创造收入、增加就业和出口收益的潜力，同时也促进社会包容、文化多样性和人类社会发展。"①

浙江发展文化产业具有许多得天独厚的优势，如市场经济先发优势、民营经济发展优势、历史文化资源优势等。浙江也是全国最早意识到文化产业重要性、最早把经济体制改革成就（尤其是民营经济先发优势、市场经济先发优势）引入文化产业发展领域的地区之一。改革开放以来，伴随经济体制从计划到市场的转变，浙江文化产业孕育和发展也经历了从自发到自觉的过程。作为经济领域民间诱致现象的一种自然延伸，改革开放初期，浙江一些地方已经出现了文化专业户、文化市场、文化经营活动甚至文化企业等现象。这些现象的形成，往往是在改革开放以来国家政策松动背景下"自发自生"兴起的，不是源于某个人或某些人预先"设计"的人造秩序、人为秩序、建构秩序，而是源于一群人的非意图性行为，源于人民群众积极主动作为和创造，是"民间内源"的。"一有阳光就灿烂，一有雨露就发

---

① 联合国贸发会议（UNCTAD）：《2010 创意经济报告》，张晓明译，三辰影库音像出版社 2011 年版。

芽"。正如改革开放以来浙江的经济是一种"老百姓经济"一样，浙江文化产业的孕育和发展过程，也呈现出了一种"老百姓产业"的特征。温州苍南金乡镇徽章产业区、湖州德清钢琴产业区、义乌文体专业市场、嵊州戏剧产业区、龙泉青瓷宝剑产业区、湖州湖笔产业区、青田石雕产业区、东阳木雕产业区等产业区块的形成过程，就典型地体现了这一点。

当然，像经济领域一样，浙江文化产业的孕育和发展，既是一个"自下而上""民间内源"的过程，也是一个"自上而下""政府增进"的过程。浙江省各级地方党委和政府，往往都能在本地特色文化产业已有一定程度萌芽、孕育、发展的情况下，适时出台相关政策加以引导和扶持，有些地方党委和政府还在自发形成、已经有一定规模的地方特色文化产业基础上积极规划建设各类文化产业园区，鼓励文化企业向文化产业园区集聚。这就使浙江全省文化产业发展呈现了市场导向、政府扶持，自下而上、自上而下、上下结合的鲜明特点，从而成为能够比较充分地发挥市场与政府各自优势推动文化产业发展的有效模式。

20世纪80年代中后期，伴随市场化取向改革的逐步深化，全省各地区文化部门和文化工作者，开始突破"大包大揽"的计划经济体制下的传统文化发展模式，探索在有计划的商品经济、社会主义市场经济框架下文化发展的新方式，积极发展文化"三产"，"以文助文""多业助文"，增强文化单位的自我造血功能。"以文补文""多业助文"等活动的开展，为文化系统体制改革、分流富余人员创造了条件；也培养造就了一批顺应市场经济发展要求的经营管理人才，为部分本质上具有经营属性的国有文化单位积累了面向市场和产业化的经验，客观上有助于推动其突破"大包大揽"的传统计划经济体制束缚，走上产业化的道路。

在20、21世纪之交，浙江文化产业不少指标已经位居全国前列。市场经济的先发优势、文化产业领先于全国的发展、较早形成政府有所为有所不为的传统等因素，是浙江省委省政府率先将文化产业从传统的、不加区分的"文化事业"中剥离出来，对公益性文化事业和经营性文化产业实行分类指导、分类发展原则的重要条件。

1999年12月，省委十届三次全体（扩大）会议提出了"发展文化产业，建设文化大省"的战略构想，首次明确了建设文化大省的战略目标，并将发展文化产业作为建设文化大省的突破口和重要目标。2000年12月，省委常委会通过了《浙江省建设文化大省纲要（2001—2020年）》，不仅强调文化产品既具有文化价值、精神属性也具有经济价值和商品属性，而且明确提出"要正确处理文化事业和文化产业的关系，对不同的文化类型，采取不同的政策和管理办法"。这些表述，既突破了仅仅单一聚焦于文化产品意识形态属性的传统思维模式，也突破了传统的"大包大揽"的文化事业发展观念和发展模式，标志着市场经济条件下一种新的文化发展观已经开始在浙江形成，文化产业作为增量，拓展了浙江区域文化建设的内涵，也成为优化经济结构、转变经济增长方式的题中应有之义。《纲要》还从文化产业规模、文化产业增加值占全省GDP比重、文化消费占城乡居民生活支出比重等角度，首次阐述了浙江文化产业发展的目标和愿景，充分体现了中国改革开放先行地发展文化产业意识的觉醒和先行全国一步发展文化产业的自觉。2002年5月，为了顺应浙江发展的新趋势新要求，加快文化产业发展，推进文化大省建设，省委省政府召开了全省文化工作会议，出台了《关于深化文化体制改革加快文化大省建设的若干意见》，在2000年《浙江省建设文化大省纲要（2001—2020年）》基础上，进一步明确了浙江文化产业发展的目标。这次会议的突出亮点，就是提出了"发展文化经济"这一新命题。显然，"发展文化经济"，就是要在推动经济文化化的同时，促进文化的经济化，在不断增加经济发展中文化含量的同时，促进文化产业的发展。正因如此，提出"发展文化经济"的新命题，意味着省委省政府已经从更高起点上来谋划、定位和布局浙江文化产业的发展。

相比其他省份，浙江是名副其实的"地域小省"和"资源小省"，人均资源拥有量综合指数位居全国倒数第三，人均耕地面积不到全国平均数的一半。改革开放前，浙江的国家投资少、国有企业少，从1950年到1978年，国家投资额全国人均600元以上，浙江人均仅240元，不到全国平均水平的二分之一。然而，在资源匮乏、国家投资少、工业基础薄弱、农业比重大等不利条件下，改革开放以来浙江人民创造了经济快速发展的奇迹，创造了令人瞩目的"浙江现象"。从1978年到1999年，浙江国内生产总值从124亿元增长到5350亿元，在全国各省区市的排位由第12名上升到第4名。从20世纪90年代末开始，浙江又进入新一轮快速发展期。1999年到2003年间，浙江GDP年均增幅达到11.7%，高出全国同期平均增幅3.4个百分点。改革开放以来，浙江经济总量迅速上升，从全国中游跃居全国第4名，浙江主要经济指标都位居全国前列，城乡面貌发生巨大变化，人民生活水平显著提高。

另外，在世纪之交，浙江省也面临着"先天的不足"和"成长的烦恼"，"先发地区必然遇到先发问题，某些方面走在前列并不意味着所有问题都能迎刃而解"[1]。一些老问题仍然没有从根本上得以解决，一些新问题又不同程度地比全国先期遇到。比如，在经济高速发展的同时，高投入、高消耗、高排放、低效益的粗放型增长格局尚未根本改变，人多地少，资源紧缺，能源、土地、水等资源要素和环境承载力的制约不断加大，社会公正、社会治安和社会矛盾问题、公共安全和安全生产问题、市场经济秩序问题等也十分突出。显然，在这一背景下，"怎样发展"，特别是各领域之间如何全面、协调、可持续发展，已经上升为一个带有全局性的战略问题。

习近平到浙江工作后，对浙江现象以及破解"成长烦恼"和"先发问题""先天不足"等问题，进行了深入的思考，在系统调查

---

[1] 习近平：《干在实处　走在前列》，中共中央党校出版社2006年版，第7页。

研究基础上,形成了引领浙江新一轮发展、推动浙江继续"走在全国前列"的理念和战略。他认识到,在新的历史条件下,浙江能否破解发展的"瓶颈",实现新的"突围",不断增强综合实力和国际竞争力,继续走在全国前列,很大程度上取决于对发展先进文化的深刻认识和高度自觉、取决于对推进文化建设的工作力度。在这个背景下,省委把加快文化产业发展摆上了更加重要、更加突出的议事日程。在浙江工作期间,习近平从增强文化软实力、文化竞争力的高度,对发展文化产业的地位、作用和意义进行了深入的阐述,把发展文化产业提升到了加快建设文化大省突破口和重要支撑、经济发展重要增长点、文化体制改革重要着力点等高度来认识,纳入"八八战略"中予以通盘谋划和布局,提出了加快浙江文化产业发展的顶层设计。文化产业在满足人民群众精神文化需求、推动经济结构调整、转变经济发展方式、培育新的经济增长点中的地位、作用和功能进一步凸显了出来。

2003年6月,浙江被确定为全国文化体制改革综合试点省。在深入文化、新闻、出版、旅游和体育等20多家单位考察调查研究的基础上,习近平提出了关于解放和发展文化生产力、抓好经营性文化产业改革和发展的战略思想。同年7月,浙江省初步拟定了全省文化体制改革综合试点总体方案和试点部门、试点城市方案。同年8月,《浙江省文化体制改革综合试点总体方案》得到中央批复同意后,浙江省迅速批复了省文化厅、省新闻出版局、省广播电视局、浙江日报报业集团、浙江出版联合集团、浙江广播电视集团6个省级试点部门和杭州、宁波两个试点城市的试点方案。由此,浙江省文化体制改革试点工作开始从宏观和微观两个层面全面启动,浙江文化产业进入了以文化体制改革释放发展活力和动力、以制度创新推动加快发展的新的历史阶段。2005年省委十一届八次全会通过《关于加快建设文化大省的决定》,将"文化产业促进工程"作为加快建设文化大省的"八项工程"之一,提出"要充分发挥地域文化资源和非公有制经济优势，培育一批具有较强实力和竞争力的文化产业主体，形成产品丰富、要素完备、管理有序的文化市场体系，形成以国有文化企业为主导、多种所有制文化企业共同发展的开放格局"。

实施"八八战略"以来，历届省委省政府坚持一张蓝图绘到底，既一脉相承又与时俱进，在不同历史条件下，不断完善文化产业发展政策，持之不懈地推进体制机制改革创新，加快培育国有和民营文化产业发展主体，不断优化文化产业发展环境，不断推动文化产业发展跃上新台阶。2008年省委出台《浙江省推动文化大发展大繁荣纲要（2008—2012）》，这个新的有关加快建设文化大省的纲领性文件，不仅传承了2005年省委《关于加快建设文化大省的决定》中关于加快建设"四个强省""八项工程"这个浙江文化建设的主体框架、主要内容，而且增加了"三大体系"，既一脉相承，又与时俱进，在新的时代起点上，对掀起文化大省建设新高潮、推动文化大发展大繁荣作出了新的布局和部署。特别值得一提的是，这个新的纲领性文件，不仅把文化产业发展体系与社会主义核心价值体系、公共文化服务体系一起，作为浙江未来三大文化建设体系之一，而且也在更高历史起点上以"文化产业发展体系基本建立"为新战略目标，描绘了浙江文化产业发展的新蓝图。2011年10月，党的十七届六中全会提出建设文化强国战略，强调要推动文化产业跨越式发展，使之成为新的经济增长点、经济结构战略性调整的重要支点、转变经济发展方式的重要着力点，为推动科学发展提供重要支撑。2011年11月，作为浙江省落实党的十七届六中全会精神的重大举措，省委十二届十次全会通过《关于认真贯彻党的十七届六中全会精神大力推进文化强省建设的决定》，从"优化文化产业布局""提升文化产业发展层次""加强现代文化市场建设"这三个方面阐述了加快构建文化产业发展体系的思路，不仅再次强调要推动文化产业成为国民经济的重要支柱性产业；而且提出要大力实施文化产业发展"122"工程，着力培育100家重点文化企业、20个重点文化产业园区（基地），助推20家文化企业上市，提高文化产业规模化、集约化、专业化水平。

进入"十二五"时期以来，浙江文化产业加快发展，产业规模持续扩大，产业特色加快形成，文化贸易大幅提升。2010年至2015年，全省文化产业增加值从1056.09亿元增加到2490亿元，年均增长18%；文化产业增加值占全省地区生产总值的比重从3.88%提高到5.81%（2015年全国文化及相关产业增加值为27235亿元，占GDP的比重为3.97%）。这意味着文化产业已经成为浙江省国民经济的支柱性产业。这是改革开放以来特别是实施建设文化大省战略以来浙江文化产业发展具有里程碑意义的事件。

2017年初，省两会《政府工作报告》进一步明确全省重点培育和打造的产业，从"七大万亿"产业，转变为"八大万亿"产业，除信息、环保、健康、旅游、时尚、金融、高端装备制造等产业外，增加了文化产业。这是一个重要的标志，意味着浙江文化产业在已经实现"成为国民经济支柱性产业"战略目标后，又进入了新的、更高的发展阶段。2017年6月，省第十四次党代会提出要以高水平全面建成小康社会、高水平推进社会主义现代化建设"两个高水平"的优异成绩，谱写实现"两个一百年"奋斗目标在浙江的崭新篇章，并将努力建设文化浙江与努力建设富强浙江、法治浙江、平安浙江、美丽浙江、清廉浙江一起作为落实"两个高水平"奋斗目标的六个具体目标。作为推进文化浙江建设的重要举措，2017年9月，省委省政府发布《关于加快把文化产业打造成为万亿级产业的意见》。同年11月，省委省政府出台《关于推进文化浙江建设的意见》，进一步把"万亿级文化产业推进工程"作为推进文化浙江建设的"十大工程"之一，提出"加快推进文化产业提质增效和转型升级，聚力打造全国文化内容生产先导区、文化产业融合发展示范区、文化产业新兴业态引领区"等目标。实施打造万亿级文化产业战略以来，省政府每年都把加快推动文化产业高质量发展作为年度重点工作目标和任务。这就使省委省政府制定的打造万亿级文化产业的路线图、时间表，能够通过年度计划等途径得以有步骤、有效地落实，持之以恒地加以实施和推进。

2020年6月省委十四届七次全会通过《关于深入学习贯彻习近平总书记考察浙江重要讲话精神 努力建设新时代全面展示中国特色社会主义制度优越性重要窗口的决议》，将"努力建设展示坚持社会主义核心价值体系、弘扬中华优秀传统文化、革命文化、社会主义先进文化的重要窗口"作为十大"重要窗口"之一。其中强调要"促进文化旅游深度融合，着力打造集文化长廊、生态长廊、旅游长廊等为一体的之江文化产业带、大运河（浙江）文化带、四条诗路文化带、'两山'文化发展示范区、滨海文化旅游带等重大平台，建设影视文化创新中心和影视产业高质量发展基地，完善现代文化产业发展体系"。这就在习近平赋予浙江建设"重要窗口"新目标新定位这一新的时代背景下，对浙江文化产业发展进行了新的定位。

2020年11月省委十四届八次全会通过的《中共浙江省委关于制定浙江省"十四五"规划的建议》进一步强调，要加快构建现代文化产业体系，提出要"实施文化产业提升计划，高水平推进之江文化产业带建设，以横店影视产业文化集聚区为龙头打造具有国际影响力的影视文化创新中心"；"实施文化产业数字化战略，大力发展数字文化产业，打造先进数字创意产业集群，建设'文化云'平台，抢占数字文化产业制高点"；"实施骨干文化企业培育工程，发展壮大文化市场主体"；"推进文旅、体旅深度融合，创建富有文化底蕴的世界级旅游景区和度假区、文化特色鲜明的国家级旅游休闲城市和街区，打响'百县千碗''江南古镇'品牌，发展红色旅游"。这就进一步明确了"十四五"时期推动浙江省文化产业发展的目标和任务。

2021年6月省委十四届九次全会通过《浙江高质量发展建设共同富裕示范区实施方案（2021—2025年）》，从实施文化产业数字化战略、优化文化产业发展布局、实施百家文化名企创优工程、建成全域旅游示范省等方面，进一步完善了浙江文化产业发展的目标和措施。同年8月省委文化工作会议通过的《关于加快推进新时代文化浙江工程的意见》，提出到2025年，浙江省要引进和培育100家以上文化领军企业、上市企业、高成长企业。其中，文化领军企业30家，上市企业30家，高成长企业40家。这就进一步将"实施百家文化名企创优工程"的目标和任务具体化了。

从加快建设文化大省、文化强省到加快建设文化浙江，历届省委省政府坚持一张蓝图绘到底，一任接着一任干，深入推进文化体制改革，加快构建结构合理、科技含量高、富有创意、竞争力强的现代文化产业体系。在这个过程中，浙江省文化经济政策、文化管理体制机制不断健全和完善，文化产业服务保障不断加强，文化产业发展的宏观环境日益优化，市场秩序日益规范和健全，涌现出了一批具有较强实力、竞争力和影响力的国有和民营文化企业，文化产业规模不断壮大，文化"走出去"步伐不断加快，文化产业整体实力和水平不断提升。根据2019年12月中国人民大学发布的2019年中国文化产业系列指数报告，由产业生产力（从投入的角度评价文化产业的人才、资本等要素和文化资源禀赋）、影响力（从产出的角度来评价文化产业的经济效益和社会效益）和驱动力（从外部环境的角度评价文化产业发展的市场环境、政策环境和创新环境）三个分指数构成的综合指数，浙江省位居北京之后，再次排名全国第二。

2021年2月中国人民大学发布"2020中国文化产业系列指数"。遵循系统性、实时性和前瞻性原则，2020年新版中国省市文化产业发展指数体系对原有指数体系进行了调整和完善：一是新增了文化企业合法诚信度、资本活跃度、投资吸引力、创新成效、融合能力等指标，更加关注社会效益与文化产业高质量发展的时代需求和趋势；二是扩大了数据来源，深度运用大数据技术，引入超过1万个维度的文化产业数据，综合计算得出指数结果；三是细化了评价对象，由省级文化产业指数评估下沉到对区县级文化产业发展状况的监测与指数评估。从根据这个新版指标体系的评估结果来看，2020年度综合指数前十的省市分别是：北京、浙江、广东、上海、山东、江苏、湖北、河南、四川、安徽。北京在"十三五"时期连续五年保持第一，浙江连续三年位列第二。北京、浙江、广东、上海、山东等省市位列第一方阵，产业生产力底数大，影响力和驱动力表现均同步强劲，发展稳定性好。

从加快建设文化大省、文化强省到加快建设文化浙江，历届省委省政府一直致力于破除束缚文化产业发展的体制性瓶颈，积极创新和改革宏观文化管理体制机制，激发文化创新创造活力；高度重视发挥"规划引导"作用，逐步强化规划在政府宏观文化管理中的地位、作用和功能，通过规划"引导"公益性文化事业和经营性文化产业发展；按照"政策保障"思路，着力于贯彻和落实中央相关要求，制定和完善了一系列支持文化改革与发展的政策，为文化体制改革、公益性文化事业和经营性文化产业发展，提供了有力的政策支持；按照"完善管人管事管资产管导向相结合的国有文化资产管理体制"的目标和要求，对国有资产管理体制改革与创新进行了积极的探索与实践，为市场经济条件下不同于一般国有资产、具有特殊的文化属性或意识形态属性的国有文化资产管理机制改革与创新积累了丰富的经验。

从加快建设文化大省、文化强省到加快建设文化浙江，全省各地不断完善文化经济政策、创新体制机制，集中力量整合提升各类文化产业区块和园区，鼓励和引导文化企业集聚发展、创新发展、融合发展，提高文化产业区块和园区的投资密度和产出水平，把文化产业区块和园区建设成为加快文化产业发展和转型升级的新平台。在政府力量与市场力量、民间力量良性互动的作用下，浙江特色文化产业区块和园区不仅在规模上持续扩张而且在质效上也不断提升。以区块和园区的方式发展文化产业，成为浙江文化产业发展的一个突出特点。特色文化产业区块和园区对于浙江文化产业发展产生了集聚和辐射的双重作用，它是提升浙江文化产业规模化、集约化、专业化水平的重要平台，是浙江文化产业整体竞争力不断提升的一个秘诀。

从加快建设文化大省、文化强省到加快建设文化浙江，浙江省一直致力于推动国有文化企业改革与发展，逐步明确将所有权与经营权分离开来，赋予更多自主权，使"国有文化资产"成为真正的"资本"，成为享有民事权力、承担民事责任、依法自主经营、照章纳税、自负盈亏、自我发展、自我约束，对出资者承担资产保值增值责任的独立法人实体和市场竞争主体，不断完善内部运行机制，加快形成符合现代企业制度要求的经营管理模式。通过改革，全省国有文化企业整体活力和实力大幅度提升。与此同时，浙江省积极探索更好地把国有文化企业产业属性与意识形态属性、经济属性和文化属性结合在一起，把党的领导与完善公司治理结构统一起来，把社会效益和经济效益统一起来的途径和方式，取得了显著的成效。

从加快建设文化大省、文化强省到加快建设文化浙江，浙江省高度重视利用民营资本这个现实优势，把发展民营文化产业作为浙江文化体制改革的亮点，把培育一批重点民营文化企业、鼓励参与国有文化单位改革、优化民营文化产业发展环境作为三项主要任务；着力于简政放权、提高政府服务民营文化企业水平与效率；着力于改善民营文化企业发展环境，全方位优化项目投资环境和人才引进环境等；着力于解决民营文化企业面临的最普遍、最突出的融资难、融资贵、成本高的问题，落实减税降费政策，降低民营文化企业成本和负担，加快培育和发展民营文化产业。民营文化产业发展，已经成为浙江文化体制改革和文化产业发展的一个突出亮点。民营文化企业的孕育和发展，不仅有效突破了原先"大包大揽"的传统文化事业体制的壁垒，逐步扩大了文化产业增量部分的比重，而且也有效触动了仍然保留的文化产业存量部分（国有文化企业）的改革。正是在这一背景下，浙江省形成了与以公有制为主体、多种所有制共同发展的格局相适应的文化发展格局。

从加快建设文化大省、文化强省到加快建设文化浙江，浙江省一直致力于推动文化产业转型升级和结构优化,实现文化与科技、金融、旅游等融合发展,推动文化产业发展从量的扩张到质的提升,将之作为浙江文化产业创新性发展、集聚性发展的主旋律和路线图,作为实现"凤凰涅槃""腾笼换鸟""二次创业""浴火重生",转变经济发展方式的一项重要战略任务,作为加快建设文化大省、文化强省、文化浙江的一个重要途径。浙江一批国有、民营文化企业适应智能互动、虚拟现实等技术发展趋势,加强内容和技术装备协同创新,以高新技术发展高新文化产业,改造提升传统文化产业,发展新兴文化业态,大力推动新一代技术特别是信息技术与文化产业的融合发展,全省文化服务业发展规模不断扩大,新兴业态层出不穷,呈现出快速增长的态势,文化制造业逐步向"微笑曲线"两端转型。全省各级党委和政府越来越注重历史文化遗产的传承、保护和发掘,积极探索把文化传承、地域历史遗产保护与文化产业发展结合起来,把文化与旅游有机融合在一起,走以发展促保护、保护和开发并重之路,不断提升文化产业和旅游的文化内涵和附加值。"文化+"理念不断深入人心,文化创意和设计服务等新型、高端服务业迅速发展,综合利用工业设计、品牌策划、营销推广等文化创意手段,加快将文化元素融入制造业研发、设计等价值链高端环节,提升产品制造的文化附加值,文化产业与相关产业融合的广度和深度不断加大。

浙江的实践表明,加快推动文化产业发展是推动文化繁荣兴盛,满足人民群众文化需求,促进经济结构调整和转型升级,提升国家文化实力,弘扬中华优秀传统文化、革命文化和社会主义先进文化的有效途径。发展文化产业必须充分重视政府和市场这两种力量的作用,必须坚持社会效益和经济效益相统一原则。

第一,发展文化产业是推动文化繁荣兴盛的重要途径。

2019年我国最终消费支出对国内生产总值增长的贡献率为57.8%,居民恩格尔系数为28.2%,处于联合国划分的20%—30%的富足标准。随着我国进入人均GDP 1万美元后发展阶段,经济结构、社会结构、城乡结构变化步伐将显著加快，消费需求增长将从生存型、数量型向发展型、享受型转变，从结构单一、消费层次低向多样化、高层次等转变，消费规模和空间将持续扩张和拓展，消费升级态势将越来越明显，高品质产品和服务的消费需求将持续增加。在这一背景下，文化消费将进入大幅跃升阶段，人民群众精神文化需求迅速增长，呈现出多方面、多层次、多样性等特点。这就要求为文化发展注入新的动力，加快推动文化的繁荣兴盛，不断创造新的文化品种、样式、载体和风格，满足人民群众多样化的文化需求。

浙江的实践表明，把市场机制、产业方式引入文化生产领域，不仅有助于文化生产领域以新的产业化方式和市场方式筹措、积累资金，改善文化自身生存和发展的物质条件，而且有助于转换文化发展机制、方向和方法，促进文化企业不断降低生产成本，优化文化资源和文化生产要素配置，提高文化发展效率，从而有效推动文化的繁荣兴盛，更好地顺应消费需求增长从生存型、数量型向发展型、享受型转变等趋势，更好地顺应文化消费规模和空间持续扩张和拓展、文化消费升级等态势，更好地满足人民群众日益增长的精神文化需求。

计划经济体制的一个重要特征，是整个经济中普遍存在的低效率，这种低效率现象也体现于文化生产领域。像一般经济领域一样，文化生产领域的低效率现象，是计划经济体制下特定的资源配置机制、激励约束机制等因素所导致的直接结果。伊萨克森等认为，计划经济体制有三个特点：一是实物生产指标是完成计划的主要标准；二是缺少作为相对稀缺信号的价格，这是一种让市场出清的机制；三是缺少破产机制，这是停止生产和对生产进行整顿的一种客观机制，它是"软预算约束"的结果。"这三个因素导致了一种长期过量需求的状态，而投入和制成品则相对短缺。此外，当许多部门由在经济中占有垄断地位的大企业构成时，就为以卖方市场为特征的局面做好了准备。这就意味着，在所有阶段上，生产者的利益都占了上风，而消费者将受到损害。""用这种体制组织国家生产所造成的后果是，它不是通过更好地利用现有的资源实现经济增长，而是依靠使用更多的资源来达到经济增长，……计划经济无法成功地实现集约性增长，所谓集约性增长即通过提高生产率获得经济增长。"① 不仅如此，计划经济体制也无法实现文化产品的集约性增长，即无法通过提高文化生产率促进文化产品的增长。

　　文化生产的低效率导致了文化产品和服务有效供给的不足，从而难以有效满足人民群众的文化需求。正如计划经济时期上海市文办的一份报告所说："目前存在的最大问题是人民对文化生活需要的增长与文化艺术工作不能满足人民需要的矛盾。近两年来上海艺术创作是不够繁荣的。戏曲上曾有过严重的剧目荒，电影话剧、新歌剧、音乐、舞蹈和美术的创作也很少……国产片太少，而且不少是公式化、概念化的作品，观众感到不满意……广播节目数量少、质量低、内容空洞、形式单调，也不能满足群众的需要。"② 在经济文化比较发达的上海市尚且如此，更遑论经济文化更落后的中国其他地区了。在"文化大革命"时期，中国文化事业处于更严重的萎缩状态，文化产品供给严重短缺，"八亿人看八个样板戏"，文化生活十分贫乏。有知青在回忆当年的精神文化生活时说，"那时候，我们最高兴最快乐的日子莫过于县上的电影队来大队里放电影。放映员照例要征求大家的意见：两部电影，《沙家浜》和《多瑙河之波》——是个外国的，你们要看哪个？农民们齐声喊道《沙家浜》。把知青们的《多瑙河之波》淹没了。于是就只有又看《沙家浜》。因为全县只有两个巡回放映队，一年难得来放一回，可是每次都是样板戏，真叫我们扫兴。"③ 显然，文化产品和服务有效供给的不足与计划经济体制具有内在的联系。胡汝银认为，在计划经济体制下，如果零信息费用和完全信息这

---

　　① [挪威]伊萨克森、汉密尔顿、吉尔法松：《理解市场经济》，商务印书馆1996年版，第81页。
　　② 转引自程恩富主编《文化经济学》，中国经济出版社1993年版，第314页。
　　③ 叶童、朗月：《激荡的情史：1949—1999 中国婚恋史》，中国文史出版社1999年版，第178—179页。

两个重要条件能够得到满足，那么，不管非中央层次上的经济激励机制是否扭曲，一个偏好于经济产品产量最大化的中央计划安排，将不会导致普遍短缺。反过来说，在计划经济体制下之所以出现普遍短缺，是因为上述重要条件得不到满足。一方面，计划经济体制下的信息费用过高；另一方面，经济激励机制又严重地扭曲。这些因素既具有特定的需求效应，又具有特定的供给效应。①

作为民营经济和市场经济的先发省份，浙江是全国最早意识到发展文化产业的重要性、最早把市场机制和产业运作机制等经济体制改革成就引入文化发展领域的地区之一。实施"八八战略"以来，伴随文化体制改革加快推进，市场经济体制逐步完善，浙江文化产业发展环境日益优化、发展态势持续向好，整体实力和水平不断提升，文化产业综合指数、生产力指数和影响力指数多年位居全国前列。文化产业的快速发展有效地满足了人民群众的精神文化需求。

浙江的先行探索和实践表明，把利益驱动机制、竞争机制、价格机制等市场化机制、产业化机制引入文化发展领域，加快文化产业发展，是社会主义市场经济条件下推动文化繁荣兴盛、满足人民多样化精神文化需求的重要途径。"利润给企业以奖励和惩罚。利润引导企业进入消费者的需要数量较多的领域，离开消费者需求数量较少的领域，而且使厂商使用最有效率（成本最低）的生产技术。"② 因此，一旦将市场化的运作逻辑和方式引入文化发展领域，利润也会给文化企业以奖励和惩罚。"利润"会引导文化企业进入文化消费者的需要数量较多的领域，离开文化消费者需求数量较少的领域，而且使文化企业使用最有效率（成本最低、收益最大）的生产技术。为了获取利润，生产者的唯一方法便是采用效率更高的生产方法，以便把成本

---

① 胡汝银：《低效率经济学：集权体制理论的重新思考》，上海三联书店1995年版，第27页。

② ［美］萨缪尔森、诺德豪斯：《经济学》（上卷），中国发展出版社1992年版，第74页。

压缩到最低点。在市场经济大背景下,这种办法,既会被用于一般企业,当然也会被用于特殊的企业,即文化企业。在市场经济大背景下,文化企业在销售文化产品和提供文化服务方面进行竞争。这就促使文化企业必须不断地生产新的文化产品,以更好地满足文化消费者的需求,从而获得更多的收益。在竞争过程中,具有创新精神的文化企业将获得较大的市场份额,而缺乏创新精神的文化企业,将不得不缩小其生产规模。价格机制是市场经济给社会提供讯号的器具。"产品市场上价格的确定是为了平衡消费者的需求和企业的供给;生产要素市场上价格的确定是为了使家庭的供给与企业的需求相平衡。"[1]从根本上说,价格机制也是一种激励机制,"存在竞争时,价格可发挥最好的作用,价格和竞争使生产者注重成本,并考虑到以替代方式利用资源。同时,消费者将在预算限制之内,对商品的价格和商品对个人所具有的效用进行比较,以决定消费的构成。在市场经济中,价格提供有关生产成本和支付意愿的信息"[2]。显然,市场经济的价格机制,对于某些文化资源(即文化产业资源)的有效配置、文化市场结构与供需关系的平衡等也具有重要的作用。

  这些都表明,将市场经济运作机制、产业化运作机制引入文化发展领域,使人类拥有了不同于自然经济和计划经济的文化发展机制和方式,带来了前所未有的文化发展效率。在市场经济体制下,各个经济主体的权利和义务、收益和成本、激励和约束是明确和对应的。市场机制、产业化机制既能处理随时随地获得的信息,还能利用分散于无数个人习惯和倾向中的实践性知识,也提供了适当的激励,鼓励个人、家庭和政府机构作出从宏观文化发展战略尤其是文化产业发展战略的角度看最适当的决策。有了适当的激励,在对个别文化企业有利

---

[1] [美]萨缪尔森、诺德豪斯:《经济学》(上卷),中国发展出版社1992年版,第76页。

[2] [挪威]伊萨克森、汉密尔顿、吉尔法松:《理解市场经济》,商务印书馆1996年版,第15—16页。

的事和整个社会的文化发展之间，就会形成一种密切的联系。因此，市场经济运作机制、产业化运作机制有助于促进文化产品和服务的繁荣和发展。这也表明，文化产业"既然是一个产业，就要按照市场经济的规律来发展，也就是说，只有把文化产品变成商品，变为广大群众的消费，才能实现经济价值和社会效益，也才能最大限度地体现文化的宣传教育功能，强化它的意识形态属性，达到以优秀作品鼓舞人的目的"①。

第二，发展文化产业是转变经济发展方式的必然选择。

实施"八八战略"以来，浙江省之所以把加快发展文化产业纳入"八八战略"中予以通盘谋划和布局，一个重要原因，就是发展文化产业不仅是建设文化大省的突破口、满足文化消费需求的重要途径，而且对于破解"发展中的问题""成长中的烦恼"具有难以替代的作用。当今时代，文化产业已经成为各个国家和地区竞相发展的产业，顺理成章地成为浙江转变经济发展方式的首要选择。文化产业是一种"朝阳产业""无烟工业"，具有资源消耗低、环境污染少，技术含量高、人才聚集度高等特点，实现经济结构的调整和转型升级，必须发挥文化产业的作用，使文化具有经济力，成为社会生产力中的一个重要组成部分，把文化的经济属性、产业属性和商品属性解放出来，把文化产业作为国民经济支柱产业来培育，使文化产业进入当代经济发展整体机制之中。正如习近平所说："文化产业就是高附加值的产业，就是极少消耗的绿色产业。因此，必须把文化产业作为文化大省建设的重要突破口，努力使文化产业成为文化大省建设的重要支撑，成为浙江经济发展的重要增长点。"②

实施"八八战略"以来，浙江省文化产业的增速一直高于同期GDP的增速。比如，"十一五"时期，浙江文化产业增加值年均增长19.0%，高出同期GDP现价增幅3.4个百分点。2010年，浙江文化

---

① 习近平：《干在实处　走在前列》，中共中央党校出版社2006年版，第331页。
② 习近平：《干在实处　走在前列》，中共中央党校出版社2006年版，第331页。

产业增加值首次跨过千亿元大关，达 1056.09 亿元。全省文化产业增加值在国内生产总值中的比重达到 3.8%，比 2005 年提高 0.5 个百分点，高出全国平均水平 1 个百分点。2015 年，文化产业增加值占浙江全省地区生产总值的比重达 5.81%，远高于同年全国的 3.97%，标志着浙江省已经先于全国实现了把文化产业打造成为国民经济支柱性产业的战略目标。进入"十三五"时期以来，浙江省文化产业继续保持稳步增长态势，至 2018 年文化产业增加值突破 4000 亿元，占 GDP 的比重达 7.5%，高于全国平均水平 3.2 个百分点。2019 年，浙江省文化产业增加值增长 10%，占 GDP 比重达 7.4%；旅游总收入破万亿元，旅游产业增加值增长 9%，占 GDP 比重达 7.9%。文化产业和旅游产业的增速均超过了 GDP 的增速。在 2019 年深圳文博会上发布的"全国文化企业 30 强"名单中，浙江省有浙报传媒、浙江出版联合集团、宋城演艺、华策影视等 4 家企业入选，入选数量排名全国第二，仅次于北京。在美国纽约发布的 2019 年度"世界媒体 500 强"排行榜中，浙江日报报业集团连续 7 年入选，位列第 245 名，整体实力位居国内报业品牌第一。浙报集团下属上市公司——浙报数字文化集团股份有限公司作为互联网新媒体行业品牌首次入选，位列第 340 名。实施"八八战略"以来，文化产业增速多年高于同期 GDP 增速，不仅意味着文化产业增加值占浙江省 GDP 比重逐步加大，而且也意味着浙江省经济结构的优化。浙江加快发展文化产业的实践表明：

首先，文化产业具有优化需求结构、扩大内需的功能。着力扩大内需，建立长效机制，释放消费潜力，着力促进经济增长向依靠消费、投资、出口协调拉动转变，是我国转变经济发展方式的重要战略举措。习近平在 2020 年 5 月 14 日召开的中央政治局常委会上说，要深化供给侧结构性改革，充分发挥我国超大规模市场优势和内需潜力，构建国内国际双循环相互促进的新发展格局。2020 年 7 月 21 日，习近平在企业家座谈会上进一步强调，必须集中力量办好自己的事，充分发挥国内超大规模市场优势，逐步形成以国内大循环为主体、国内国际双循环相互促进的新发展格局。多年以来我国各地文化消费增长滞后于消费总体增长，文化消费水平滞后于经济发展水平。从供给上看，由于我国文化产业发展不平衡不充分，产业规模不够大，文化资源有效开发还不够，市场化程度不高，导致文化消费热点较少，市场发育不够成熟，还难以有效满足人民群众日益增长的精神文化需求。实践表明，加快推动文化产业发展，有助于加快培育完整内需体系，把实施扩大内需战略同深化供给侧结构性改革有机结合起来，以创新驱动、高质量供给引领和创造新需求，释放居民文化消费潜力，满足人民群众多样化的精神文化需求，促进消费，拓展投资空间，加快形成以国内大循环为主体、国内国际双循环相互促进的新发展格局。

其次，文化产业具有优化经济结构的作用。文化产业归属于第三产业，具有优化经济结构、促进经济转型升级等功能，是典型的生态型产业。美国和意大利文化产业增加值占 GDP 的比重达 25%，日本占 20%，欧洲国家平均在 10% 至 15% 之间。因此，推动文化产业跨越式发展，是实现经济增长由主要依靠第二产业带动向依靠第一、第二、第三产业协同带动转变，从而优化产业结构的重要途径。加快推动文化产业发展也是一些地区实现跨越式发展的重要途径。长期以来，有一种较为流行的观点：文化繁荣是经济发展到一定程度的产物，发展文化产业必须在经济发展到一定水平以后才能加以考虑。事实已经表明，加快文化产业发展不仅是发达地区优结构、扩消费、增就业、促跨越、可持续发展的重要途径，而且也是欠发达地区优化经济结构、实现跨越式发展的突破口。欠发达地区经济发展相对较慢，如果仅仅单纯以承接发达地区产业转移作为实现经济发展的唯一选择，不仅与发达地区经济社会发展差距会被进一步拉大，而且也有可能成为发达地区清除落后产业的"产业垃圾处理场"。因此，欠发达地区必须独辟蹊径，走跨越式发展道路，而发展文化产业，正是这样一条跨越式发展的重要路径。文化产业与一个地区原有工业基础等条件，不一定存在紧密的对应关系。一些经济欠发达但拥有独特、丰富文化资源和生态资源的地方，只要引进资金、创意人才、经营人才尤其是复合型人才，政府搭建好平台，有效运用市场化、产业化手段，在文化、科技、创意、经济的融合上率先取得突破，就能把文化资源和生态资源的潜在优势转化为文化产业发展的现实优势，推进本地区的跨越式发展。

再次，发展文化产业是提升自主创新能力的重要途径。当代社会各种产业利润主要靠领先的自主创新和技术进步来实现，自主创新是经济发展的助推器，是支撑和引领经济转型升级的主导力。在当代由研发、设计、制造、物流、销售、服务等环节构成的产业价值链中，有一条著名的"微笑曲线"，加工制造业在价值坐标的下端，而研发和市场营销在价值坐标的上端。长期以来我国传统的以加工制造业为主体的产业结构，位于产业链低端，自主创新能力低，消化吸收再创新和自主研发能力不强，科技进步贡献率偏低，只能获取产品价值的小部分。显然，如何因势利导，提升自主创新能力，以高新技术改造提升传统产业，走出一条科技含量高、经济效益好、资源消耗低、环境污染少、人力资源优势得到充分发挥的发展新路，已经上升为关乎最终能否实现又好又快发展的全局性问题。而文化产业是文化、创意、技术高度融合的产业，是自主创造和技术含量高的一种产业，融合了互联网、新媒体、高科技等手段，与经济、社会、生态相关领域更广的范围、更深的程度、更高的层次融合创新、互为补充，是综合性、渗透性、关联性、开放性、融合性很强的产业门类。发展文化产业，增强文化软实力，是提高自主创新能力的一个重要突破口和强有力的动力引擎。转变经济发展方式，就是要提升产业产品的文化、创意、技术附加值，推动产业链由低端加工向高端研发和营销等上升，而这些都与加快推动文化产业发展有关。

第三，发展文化产业必须发挥政府和市场的作用。

改革开放以来特别是实施文化大省建设战略以来，浙江文化产业快速发展的一个重要原因，就是较好地处理了政府与市场的关系，较任何一种产业的孕育与发展，都离不开政府的扶持和推动。作为一种特殊的经济形态和文化形态，文化产业的孕育、发展和壮大更离不开政府的积极扶持和合理引导。实践表明，市场经济能够有效促进经营性文化产业的发展。然而，即使在满足一切理想条件、从而能够充分发挥作用的情况下，市场对文化产业发展的功能失灵和局限性仍然是相当明显的。"让我们暂且假定：经济以完全的有效率的方式运行——总是处于生产可能性边缘上，而从不在它里面，总是选择公共和私人物品的正确数量，如此等等。即使市场制度像我们刚才描述的那样完美地运转，仍然有许多人认为它不理想。"① 由于存在垄断、外部性、公共物品、信息不完全性和价格刚性等因素，像一般的经济领域一样，市场机制的自动调节并不能自然而然地导致文化资源的优化配置，即存在着市场"局限"和"失灵"。正是这种"局限"和"失灵"，使政府的扶持和引导成为一种必然的选择。"市场不能实现有效的（帕累托）资源配置，除了这些情况之外，政府还有一个作用，或因为最后收入分配为人们所反对，或因为市场不能充分地供给某些有效产品（merit goods）或无效产品。"② 正因如此，政府有必要通过制定规划、政策等途径对文化产业发展进行调控，弥补市场机制的"局限"或"缺陷"，避免出现文化产业发展中的结构性失衡等问题。此外，与发达国家相比，我国文化产业仍处于发展不充分阶段，企业主体市场化程度低，市场发育程度低，也要求政府发挥更大的作用。

从总体上来看，在社会主义市场经济条件下，政府对于推动文化产业发展的作用是全方位的，既包括宏观战略层面的主导，也包括中观和微观层面的引导。在宏观层面，包括：建立和健全文化产业发展

---

① ［美］萨缪尔森、诺德豪斯：《经济学》（上卷），中国发展出版社1992年版，第83页。
② ［美］斯蒂格利茨：《政府为什么干预经济》，中国物资出版社1998年版，第71页。

体制机制，制定文化产业发展规划和政策，建立和完善文化产业发展引导体系、绩效管理和产业政策评估体系等；根据文化产业发展战略要求，通过设立文化产业发展专项资金等方式引导文化产业发展，通过少量财政投入撬动更大社会投入，发挥公共财政"四两拨千斤"的作用；通过制定政策吸引社会力量参与文化产业发展，不断拓宽投融资渠道；通过培育市场主体，发展各类中介组织，促进文化市场成熟。在中观和微观层面，主要是对企业、园区、产业等的扶持，提供有效的公共服务。此外，市场主体、投资、资源、发展空间和政策等文化产业发展的各个关键要素、各个环节的相互协调、合理配置，也需要政府部门的高度支持和有效配合。

需要进一步指出的是，长期以来我国较普遍地存在政府职能"越位""错位""缺位"等"三位"现象。政府职能与市场功能不分，政府往往管了不该管、做了不该做的事情，政府组织与事业组织、企业组织、中介组织不分；政府职能分工定位存在交叉混淆等现象；本应由政府生产和提供的服务，政府却未充分尽职尽责，甚至在某些领域出现了"真空"。在社会主义市场经济大背景下，政府必须实现职能"归位"，必须准确定位自身在推动文化产业发展中的作用，从"越位"的地方"退位"，在"缺位"的地方"补位"，从管办不分转向对文化产业发展的规划、指导、协调、监督和管理。唯有如此，政府才能干好自己该干的事，有效地发挥自身在推动文化产业发展中的作用。

除了政府以外，文化产业的孕育与发展，更离不开市场力量的推动。发展文化产业就是要提高文化资源特别是稀缺文化资源的配置效率，以尽可能少的投入生产尽可能多的产品、获得尽可能大的效益。而理论和实践都已经证明，与自然经济、计划经济相比较，市场经济是实现文化资源优化配置的最有效率的经济形态。市场机制通过价格的浮动等因素，发出灵敏的市场信号，形成有力的竞争机制，迫使文化企业不断降低生产成本，优化生产要素组合，提高产品质量，以最大限度发展文化生产，创造更具竞争力的新的文化产品。"竞争的一个特别重要的结果是，企业会乐于创新。这促使企业不断地进行研究与开发，并力图利用新的生产方法、新的原材料、新的组织生产和分配的方法。从较为长期的角度看，在解释今天市场经济和计划经济之间在技术水平和生活水平方面存在的差异时，不能不说市场的创新能力是一个极为重要的因素。"① 因此，市场决定资源配置是社会主义市场经济的一般规律，也是推动文化产业发展必须遵循的一条重要规律。

经过数十年的实践，我国社会主义市场经济体制已经初步建立，但仍存在不少问题，"主要是市场秩序不规范，以不正当手段谋取经济利益的现象广泛存在；生产要素市场发展滞后，要素闲置和大量有效需求得不到满足并存；市场规则不统一，部门保护主义和地方保护主义大量存在；市场竞争不充分，阻碍优胜劣汰和结构调整，等等"②。这些既是我国发展社会主义市场经济过程中面临的普遍性问题，也是我国发展文化产业必须着力破解的难题。发挥市场机制对文化产业的推动作用，必须遵循市场规律、运用市场机制解决问题，着力解决文化市场体系不完善、政府干预过多、监管不到位、行业垄断、进入壁垒、地方保护等问题，增强文化企业对市场需求变化的反应和调整能力，提高文化企业资源要素配置效率和竞争力。

上述表明，当社会主义市场经济已经成为一种基本经济制度时，文化产业必须围绕市场和政府的"优势"和"失灵"发挥自身的功能。发展文化产业必须处理好政府与市场的关系，实现这两种力量持续的良性互动。当然，需要进一步指出的是，相关实践已经表明，政府与企业、市场在推动文化产业发展中持续的良性互动，必须以完善

---

① ［挪威］伊萨克森、汉密尔顿、吉尔法松：《理解市场经济》，商务印书馆1996年版，第39页。
② 习近平：《关于〈中共中央关于全面深化改革若干重大问题的决定〉的说明》，《人民日报》2013年11月16日。

的市场机制、规范的政府职能、完善的法律制度作为必要条件和有效保障。而这些条件，中国目前仍然尚未充分具备。因此，在推动文化产业发展中，把政府"有形之手"和市场"无形之手"的优势结合起来，并尽可能地避免两者的"失灵"，仍然需要一个过程。正如欧文·E. 休斯所说："即使有些人认为，发展中国家需要有一个强有力的私营部门和强大的市场，这也不是一蹴而就的事情，也不能离开与行政管理体制密切相关的基础条件，例如坚持法治，保护竞争，防止出现垄断的法律，以及有能力的人员，这三点正是发展中国家所缺乏的。假定仅仅将活动转向民营部门就可以奏效，而无需其他变革，这种怀有良好愿望的思想和旧的发展行政模式如出一辙。"[1]

第四，发展文化产业必须坚持社会效益和经济效益相统一原则。

在社会主义市场经济条件下，如何坚持文化产业意识形态属性和经济属性相统一原则，完善文化管理体制，加快构建把社会效益放在首位、社会效益和经济效益相统一的体制机制，使社会效益的"软指标"变成"硬指标"，既发挥市场机制促进文化产业社会效益和经济效益相统一的一面又避免其矛盾消极的一面，是浙江省贯穿于从建设文化大省、文化强省到建设文化浙江过程中一直不断探索与实践并着力破解的一个重大现实课题。早在《浙江省建设文化大省纲要（2001—2020年）》中，已经提出"繁荣文化事业，发展文化产业，必须把社会效益放在首位"；"在社会主义市场经济条件下，文化产业是国民经济的有机组成部分，文化产品具有商品属性，必须在坚持社会效益的前提下，十分重视文化产品的经济效益，努力实现两者的最佳结合"。习近平到浙江工作后，把坚持意识形态属性和产业属性相统一、社会效益和经济效益相统一的原则，提升到了前所未有的地位来认识。他说，"文化具有鲜明的意识形态属性"，"文化管理体制改革，必须充分考虑我国国情，着眼于管住方向，管活机制，管出效

---

[1] [美] 欧文·E. 休斯：《公共管理导论》，中国人民大学出版社2001年版，第262页。

益，管好质量"。① 2005 年省委《关于加快建设文化大省的决定》提出，要"切实把握文化的意识形态属性，加强和改善党对文化工作的领导，保证文化大省建设的正确方向，努力维护文化安全"。

实施"八八战略"以来，浙江省不仅把实现文化产品意识形态属性和产业属性、社会效益和经济效益相统一作为一以贯之坚持的一条基本原则，而且也持之不懈地在实践上探索使社会效益"软任务""软指标"变成"硬任务""硬指标"的途径和方法，并取得了显著的成效。2008 年《浙江省推动文化大发展大繁荣纲要（2008—2012）》强调，要"高度重视文化的意识形态属性，同时又充分考虑文化的产业属性，一手抓公益性文化事业发展，一手抓经营性文化产业发展，始终坚持把社会效益放在首位，努力实现社会效益和经济效益的最佳结合"。2011 年 11 月，省委《关于认真贯彻党的十七届六中全会精神大力推进文化强省建设的决定》强调，要"正确把握文化的意识形态属性和商品属性，始终把社会效益放在首位，努力实现社会效益和经济效益的有机统一"。2014 年 7 月，《浙江省深化文化体制改革实施方案》提出要"健全文化宏观管理体系，完善文化管理体制，健全坚持正确舆论导向的体制机制，加强国有文化资产管理，探索实行特殊管理股制度，完善互联网管理体制机制，改革文化产品评价体系和激励机制"。这就意味着在文化体制改革向纵深推进的新阶段，浙江省已经把通过创新体制机制实现国有文化企业两种效益更好结合、使社会效益"软任务""软指标"变成"硬任务""硬指标"这个问题摆到了更加重要的议事日程。2015 年 9 月中办、国办印发《关于推动国有文化企业把社会效益放在首位、实现社会效益和经济效益相统一的指导意见》明确要求正确处理社会效益和经济效益、社会价值和市场价值的关系，当两个效益、两种价值发生矛盾时，经济效益服从社会效益、市场价值服从社会价值，越是深化改

---

① 习近平：《干在实处 走在前列》，中共中央党校出版社 2006 年版，第 328 页。

革、创新发展，越要把社会效益放在首位。这就为浙江的进一步探索与实践指明了方向。在这一背景下，2016年，浙江省委办公厅、省政府办公厅印发了《关于坚持先进文化前进方向推动国有文化企业做强做优做大的意见》，"省国有文化资产管理委员会组织实施省属国有文化企业考核，完善考核办法，明确社会效益指标考核权重占60%，经济效益指标考核权重占40%。完善国有文化企业社会效益、经济效益考核标准，规范考核程序，科学设置政治导向、文化创作生产和服务、受众反应、社会影响、内部制度和队伍建设等具体考核指标，逐步建立第三方机构评估机制。将国有文化企业社会效益纳入党委意识形态工作责任制考核内容"。同一年，"双效统一"也被列入省委全面深化改革的重点突破项目，制定了《省属国有文化集团绩效考核暂行办法》，明确社会效益指标占60%，经济效益指标占40%，社会效益部分纳入党委意识形态工作责任制考核范围。把国有文化企业的社会责任与绩效考核挂钩，使社会效益"软指标"真正成为"硬指标"，这就把社会效益优先、两个效益相统一的原则落到了实处，使"指挥棒"的引导作用得到较好发挥，具有重要的意义。2017年11月，省委省政府《关于推进文化浙江建设的意见》再次强调，要"正确把握文化意识形态属性和产业属性的关系，始终把社会效益放在首位，实现社会效益和经济效益相统一，为人民群众提供更多更好的精神文化产品和服务"；要"完善文化管理体制，加快构建把社会效益放在首位、社会效益和经济效益相统一的体制机制"。

浙江的实践表明，顺应文化发展规律和市场经济规律，正确把握文化意识形态属性和产业属性的关系，坚持社会效益和经济效益相结合，是浙江推进文化体制改革过程中始终坚持的原则，也是浙江文化产业又好又快发展的关键。

文化产品的经济效益，是人们在文化产品的生产和经营活动中所取得的劳动成果与劳动消耗或"产出"与"投入"、"所得"与"所费"之比，它较多地与个人和局部的利益有关。而文化产品的社会效益则是文化产品在促进物质文明和精神文明建设以及社会全面进步方面所产生的效用或作用，它较多地与全民族精神和社会利益相关。文化产品之所以要以社会效益为最高原则，力求实现社会效益与经济效益的最佳结合，这是由文化产品自身不同于物质产品的特殊属性所决定的。物质产品只有物质属性，主要是满足人们衣食住行等物质生活的需要，并可以被用来交换别的物质产品。文化产品则不同。一方面，它是精神或思想产品；另一方面，它作为物化形态，必然具有物质属性，但它同一般物质产品又有着根本性的区别。诚然，任何文化产品对物质载体都有特定的要求，物质载体本身性能对文化产品的效用也有重要影响。但文化产品的效用主要不是取决于其物质属性，而是决定于其精神内容或思想感情的属性；不是取决于它对人们物质需要的满足，而是取决于它对人们精神需要或思想感情需要的满足。文化产品具有物质和思想感情或精神双重属性，思想感情或精神属性才是它的本质属性。这正如物质产品虽然也具有审美娱乐价值等精神或思想感情属性，但物质属性是其本质属性一样。文化产品的内涵有真理与谬误、善与恶、美与丑、健康与腐朽之分，因而大部分文化产品的思想感情或精神属性表现为鲜明的意识形态属性和功能，这是其区别于一般物质产品的一个显著标志。[①] 正因为多数文化产品具有上述意识形态属性和功能，所以它的效益主要应表现在社会效益上。真正的文化产品的生产，主要不是看它创造了多少利润，而是要以是否有利于人本身的健康发展为价值标准，这个标准就是通常所说的真善美的标准。

市场经济既有促进文化产品社会效益与经济效益相统一的一面，又有导致两者相矛盾的另一面。实践表明，市场经济不仅是一个国家摆脱贫穷、实现经济快速发展的有效途径，而且也是一条在一定程度上可以促进文化产品社会效益和经济效益相结合的有效通道。市场机

---

① 参见赵子忱《精神产品的经济分析》，《经济研究》1997年第6期。

制能有效地促进经济繁荣，而一个社会的经济富裕是其文化蓬勃发展的前提之一。同时，将市场机制引入某些文化活动领域，对后者进行市场化的经营，有助于这些文化活动领域转变自身运作机制、方向和方法，有助于其发展。市场经济通过价格的浮动等因素，发出灵敏的市场信号，形成有力的竞争机制，对文化产品的生产者和经营者形成经常的激励和压力。它迫使文化企业不断地降低生产成本，优化文化产业生产要素的配置，提高文化产品的质量，以最大限度去发展文化生产，形成具有竞争力的新的文化产品品种，从而满足人民群众的各种文化需求。因此，市场机制、产业化机制是文化产品社会效益和经济效益得以实现的重要机制。但是也应看到，在市场经济条件下，文化产品的社会效益和经济效益在存在一致性的同时也存在着相当程度的矛盾性。虽然与计划体制相比市场机制能够促进文化产品社会效益和经济效益的更佳结合，但市场不是万能的，它会在一定范围内和一定程度上失灵。其原因在于：一方面，即使在满足一切理想条件，从而市场机制能够充分发挥作用的情况下，市场机制的功能和局限性仍然是明显的。一些崇尚资本主义自由市场机制的西方经济学家也曾指出："市场可以是我们驾驭下的一匹好马。但是马无论怎么好，其能量总有个局限……如果越过这个局限，市场机制的作用必然会踟蹰不前。"[①] 另一方面，市场自身的不完善也会导致市场失灵。这包括两种情况：一是文化市场不发育；二是文化市场在运行过程中发生功能障碍。这就会使文化市场的功能不健全或遭受破坏而发生市场失灵，从而难以实现文化产品社会效益和经济效益的统一。市场经济本身自始至终都在贯彻求利、等价交换、竞争等经济法则，它可以促使人类更有效地实现经济目标，却难以指望它去实现人类的其他社会目标。"看不见的手"可以引导人类到达生产可能性边缘的外围极限，引导人类按照效率原则实现社会资源的最佳配置，但是，它并不一定是以

[①] 转引自［美］费尔德斯坦《转变中的美国经济》下卷，商务印书馆1990年版，第738页。

人类可接受或"喜欢"的方式来安排人类生活的。文化市场既然是市场体系的组成部分，当然也就难以避免市场具有的这种局限性。文化产品在市场流通过程中，如果单纯以获利的大小为取舍标准，那么真善美和假恶丑、进步与反动、健康与腐朽、文化和反文化的差别就有可能被抹杀。在市场经济条件下，一些文化产品的生产和经营者可能会只注重生产和经营那些经济效益好而社会效益不好的文化产品。由于文化产品有不同品位，加之消费者的立场、观念及文化素养上的差异，就会产生不同的追求目标、需求层次和欣赏情趣，有可能出现优质不优价、劣质大赚钱的现象，因此，不能完全由市场竞争来决定文化产品的生产和经营。此外，文化产品作为一种特殊的商品所具有的特殊的精神或思想感情的属性，使它在进入市场时往往难以按照一般商品"等价交换"的原则来实现自身的价值从而实现其经济效益。文化产品的创造，需要特殊的思维能力、特殊的文化艺术才能、特殊的情感体验和灵感，以及长期的生活和文化艺术经验和知识的积累，这些是无法用一般的市场和金钱来配置、用可以转化为可通约的量的关系的"社会必要劳动时间"来计算的。所以，对文化产品的价值认定，就不能以耗费了多少活劳动量为标准，从而也就难以用同类劳动去进行比较，而只能作有限的、大致的估量。正是由于文化产品的这一特性，决定了它在进入文化市场后，其价格难以完全反映其真正的价值，从而难以真正实现其应有的经济效益。这就意味着，在市场经济条件下，由于文化产品具有潜在的精神价值和商品交换价值的两重性，在文化产品的生产和消费过程中有可能造成两种效益的分离和两种价值的倒挂。

上述表明，市场机制既有推动文化繁荣兴盛、促进文化产品社会效益和经济效益相统一的一面，又有导致文化产品两种效益相矛盾的一面。因此，在社会主义市场经济条件下，如何充分发挥市场机制促进文化繁荣以及文化产品社会效益和经济效益相统一的有利一面，避免矛盾消极一面，摆正市场在文化发展中的位置、处理好与市场的关系，是文化体制改革面临的一个重大现实课题。一方面，文化体制改革必须顺应市场经济的特点和规律。当市场经济已经成为一种基本经济制度时，不仅经营性文化产业必须充分运用市场机制得以发展并围绕市场经济的优势发挥自身的功能，而且公益性公共文化事业也必须借助市场经济手段以提高自身的效率并围绕市场经济的优势发挥自身的功能。另一方面，在顺应市场经济特点和规律的同时，文化体制改革必须遵循社会主义精神文明建设的特点和规律。在大胆推进改革、推动文化事业全面繁荣和文化产业快速发展的同时，必须把握好意识形态属性和产业属性、社会效益和经济效益的关系，始终把社会效益放在首位。文化体制改革，无论改什么、怎么改，导向不能改，阵地不能丢。

第一章　发展文化产业的探索与实践历程

回溯改革开放以来的历程，浙江文化产业发展经历了从自发到自觉的阶段。随着市场经济的萌芽和发展，全省各地文化市场和文化产业也开始逐步地得以孕育和发展。在20、21世纪之交，浙江文化产业不少指标已经位居全国前列。正是在这一背景下，浙江省在全国率先将公益性文化事业和经营性文化产业从"大包大揽"的传统文化事业中剥离出来，实行分类指导、分类发展的原则。习近平到浙江工作后，把加快文化产业发展摆上了更重要的议事日程。2003年6月，浙江被确定为全国文化体制改革综合试点省。2003年7月，习近平在省委第十一届四次全体（扩大）会议上完整、系统地提出了"八八战略"，并把加快建设文化大省作为实施"八八战略"的重要内容。省委把加快发展文化产业作为加快建设文化大省的突破口，促进经济结构调整和发展方式转变的重要途径，推动文化体制改革的重要着力点，从更高起点上谋划和布局文化产业发展。浙江进入了以文化体制改革释放文化产业发展活力和动力、以制度创新推动文化产业转型发展的阶段。从加快建设文化大省、文化强省到加快建设文化浙江，历届省委坚持一张蓝图绘到底，采取了一系列政策措施，着力于打破束缚文化产业发展的体制机制障碍，加快把文化产业打造成为国民经济支柱产业、万亿级产业，不断推动文化产业发展跃上新台阶。

一 市场取向改革与文化产业的自发发展

浙江发展文化产业有许多得天独厚的条件。千百年来,浙江区域积淀和传承了底蕴深厚的文化传统。"悠久深厚、意蕴丰富的浙江文化传统,是历史赐予我们的宝贵财富,也是我们开拓未来的丰富资源和不竭动力。"[①] 底蕴深厚的区域文化传统,当然也是浙江发展文化产业的丰富资源和不竭动力。改革开放以来,浙江形成了市场经济、民营经济的先发优势。与此相伴随,文化领域也开始逐渐显现出其产业性质的一面,浙江人较早认识到文化产品不仅具有文化属性而且也具有商品属性。浙江文化产业也经历了从自发发展阶段到自觉发展阶段的转变。

(一) 民间诱致的经济发展与制度变迁

像经济领域一样,改革开放初期浙江文化产业的萌芽和发展也呈现了"民间诱致"的特征。与通过政府命令和法律引入与实施而实现的"强制性"制度变迁相区别,"诱致性"制度变迁通常是人们为争取获利机会自发倡导和组织实施对现行制度安排的变更或替代,创造新的制度安排,是人们在追求由制度不均衡引致的获利机会时所进行的自发性制度变迁。诱致性的制度变迁,是一个自下而上、从局部到整体的制度变迁过程。制度的转换、替代、扩散都需要时间。从外部利润的发现到外部利润的内在化,其间经历了许多复杂的环节。[②]

"民间诱致"的浙江模式,较鲜明地体现为一种市场解决模式、自发自生发展模式和自组织(self-organizing)模式。其突出的特征,是改革开放大背景下人民群众积极性、主动性、创造性比较充分的发

---

① 习近平:《干在实处 走在前列》,中共中央党校出版社2006年版,第317页。
② 参见卢现祥《西方新制度经济学》(修订版),中国发展出版社2003年版,第110页。

挥。在"民间诱致"变迁的发生过程中,政府的作用当然十分重要,但更多的是促进性、倡导性、主持性的。改革开放初期,浙江一些地方文化专业户、文化市场、文化经营活动甚至文化企业、文化产业区块,也不是某个人或某些人预先"设计"的结果,而是国家政策松动背景下"自发自生"地兴起的,是人们在响应党的改革开放政策而带来的新获利机会时自发倡导、组织和实行的非意图性行为。"一有阳光就灿烂,一有雨露就发芽"。浙江文化产业领域的这种自发自生的"民间诱致"行为,乃是浙江经济领域普遍存在的"民间诱致"现象的一种自然延伸。因此理解前者,必须从理解后者开始。

浙江经济发展特别是民营经济的发展历程,特别鲜明地体现为一种"自我生成""民间诱致"的特点。即使在计划经济严格管制尤其是"割资本主义尾巴"的时代,浙江许多地方已经自发地产生了家庭经济经营活动,从农田包产到户,到外出从事鸡毛换糖、小五金、弹棉花、做裁缝等务工经商活动,可以说一直屡禁不绝,一直在严密的计划经济体制缝隙中顽强地滋生暗长。不少地方的百姓把家庭经济经营活动,作为有效的谋生手段、解决温饱问题乃至脱贫致富的有效途径。[①] 1956 年 5 月,为了提高农业的生产效益,经过中共温州地委农工部负责人的首肯,永嘉县委根据生产力发展的现状,决定在雄溪乡燎原社进行产量责任制的试验,后来定名为"包产到户"。1957 年,永嘉全县实行包产到户的合作社,已达到 255 个,温州地区则有 1000 多个,社员 17.8 万户,约占全区入社农户的 15%。此后,永嘉以至温州地区的包产到户很快受到批判并被"纠正"。1961 年,包产到户在浙江一些地区再次出现,这一年的 6 月中旬,嵊县全县 1880 个生产大队、9498 个生产队中,包产到户的有 357 个大队和 1468 个生产队,分别占大队、生产队总数的 19% 和 15.5%。到 11 月,新昌全县 49 个公社、832 个大队、4881 个生产队中,有 46 个公社、472

[①] 中共浙江省委宣传部课题组:《活力的源泉——解读浙江》,载《纵论浙江》,浙江人民出版社 2003 年版。

个大队、2735 个生产队进行包产到户，分别占公社、大队、生产队总数的 93.8%、57% 和 55%。① 不久以后，包产到户再次被制止和"纠正"。但是，这种制止和"纠正"违背了民众的愿望，降低了农业生产的效率，因而遭到了群众的抵制。有的地方则采取了明是集体劳动、暗是包产到户的做法。此后，虽然包产到户被上升到了阶级斗争、路线斗争的高度而予以抑制，但其仍在新昌、嵊县等地农村逐步扩展。比如，到 1962 年 5 月，新昌一县就有 67.6% 的生产大队、70% 的生产队实行了包产到户或分田到户。全省大部分土地或全部土地包产到户的生产队，占全省生产队总数的 2%—3%。② 1962 年 9 月召开的党的八届十中全会，在重提阶级斗争的同时，把包产到户定性为走资本主义道路的"单干风"，严令禁止，浙江当然不能幸免。1975 年至 1976 年，极左政治势力大张旗鼓宣扬："人民公社制度有着强大的生命力，但少数地、富、反、坏、右并没有停止破坏活动，小生产的残余还存在，一部分农民还不同程度上保持着小生产的习惯，农村资本主义自发势力还经常抬头，社会主义和资本主义道路的斗争还很激烈。"③ 然而，即使在这种政治气氛下，1975 年、1976 年，温州永嘉县包产到户的生产队仍然占 77%。在 1976 年冬举行的第二次全国农业学大寨会议上，永嘉县被列为浙江省"分田单干，集体经济破坏最严重"的县而受到了猛烈的批判。④

1978 年 12 月，党的十一届三中全会开启了改革开放历史新时期，为充分发挥人民群众积极性、主动性、创造性，形成"民间诱致"的浙江模式，创造了良好的政策环境。正是由于一直存在从事家庭经济经营活动、自主谋生的传统，所以改革开放以来浙江区域自然而然

---

① 中共浙江省委党史研究室、当代浙江研究所编：《当代浙江简史 1949—1998》，当代中国出版社 2000 年版，第 161、198 页。
② 中共浙江省委党史研究室、当代浙江研究所编：《当代浙江简史 1949—1998》，当代中国出版社 2000 年版，第 200—201 页。
③ 池恒：《认真学习无产阶级专政的理论》，《红旗》杂志 1975 年第 2 期。
④ 《温州市志》，中华书局 1998 年版，第 1041 页。

地呈现出了"一有阳光就灿烂,一有雨露就发芽"的现象。从1979年开始到1982年春,浙江许多地方就已初步建立了家庭联产承包责任制(而全国则完成于1984年),这也是浙江百姓对制度不均衡作出的一种先于全国的自发性、主动性反应。如《浙江改革开放史(1978.12—2003.12)》一书所述:"广大农民长期以来在人民公社体制束缚下吃够了生产大呼隆、分配'大锅饭'的苦头,对这场改革的热情很高。因此许多生产队干脆分了小小队。有些地方甚至出现了不少只有二三户、三五户的'兄弟队'、'父子队',实际上已经将基本核算单位缩小到户。在浙南和浙西南一些贫困山区,不少农民还自发地搞起了包产到户,当干部去纠正时,他们就搞'明集体、暗到户'。"[1] 1980年初,全省260836个生产队,实行小段包工的有162171个,占62.1%,实行专业承包到组的有56545个,占21.7%;同一年初,全省贫困山区实行包产到户、包干到户的生产队已有4300多个,占全省生产队总数的1.6%;到8月底,实行包产到户、包干到户的生产队迅速增加到6600多个,占全省生产队总数的2.5%。正是农民群众的自发活动,拉开了浙江以推行家庭联产承包责任制为中心内容的第一步改革序幕。

20世纪80年代末,伴随着改革开放的浪潮,浙江温州、台州、金华等地的个体民营经济作为历史传统的继承和创新应运而生。这种自发形成的个体民营经济一开始也是处于"地下"的隐蔽状态。尽管"姓社姓资"争议一直没有停止过,但浙江的个体民营经济却一直在民间自发力量的推动下,不断地孕育和成长。在20世纪80年代初期"打击严重经济犯罪活动"中,温州当时的"旧货大王""机电大王""目录大王"等"八大王"被判刑。不久以后"八大王"被平反,个体、私营和股份经济再度活跃。随后,"左"的思想观念时常返潮,对"温州模式"的议论更多。在个体私营经济仍受歧视的情

---

[1] 《浙江改革开放史》课题组:《浙江改革开放史(1978.12—2003.12)》,中共党史出版社2006年版,第31页。

况下，许多地方（典型的，如温州、台州、永康、义乌等地），就变通地采取了挂靠方式或戴"红帽子"的形式，即将个体私营企业挂上集体企业的招牌；在对股份制、股份合作制以及专业市场、民间创办公共事业等制度创新的行为还存在争议的情况下，许多地方就灵活地采取"先生孩子，后起名字"的方式；许多地方在改革尝试还未得到公认时，就采取"先看一看，不下结论"的政策。这些做法都体现了"民间诱致"与"政府增进"、"自下而上"与"自下而上"相结合的特点。自发自生、市场解决和自组织（self-organizing）的"民间诱致"的形成，与全省各地党委和政府的作用也是分不开的。

比如，20世纪70年代末，台州地区玉环县的个体企业及个人出资的合伙企业开始出现，到20世纪80年代前半期得到迅速发展。当时的国家宏观制度背景，是允许私营经济存在，但只能在作为公有制补充的范围内发展；对私营经济的歧视性体制和政策虽有所减少，但仍然在相当程度上存在。在这一阶段，玉环县委县政府采取了看一看的态度，既不制止也不特别支持。1988年玉环县委颁发一份政策性文件规定，私人出资的股份企业如自愿申请，允许挂"集体"牌子，对内仍保持股份性质不变，任何部门和个人不得借"集体"之名平调财产。政府对股份合作制的"集体性质"的肯定，使得不到政策正式承认和政策优惠的私营、股份制等企业有了"护身符"。同样的灵活变通做法，也见之于玉环县的上级即当时的台州地委和行署。1987年，国家工商行政管理局242号文件否定股份合作经济的公有制性质，而台州地区则在文件中明确股份合作制经济姓"公"，享受集体经济的优惠政策。1989年，浙江省工商局和税务局联合下文，要摘掉挂集体企业牌子的股份合作企业的"红帽子"，并规定"凡集体企业，其固定资产中乡村集体占有额必须在50%以上"。台州行署经过多方工作，对此加以变通，把集体占有额降至20%，使绝大部分股份合作企业继续戴集体"红帽子"，享受各项优惠政策。在这一背景下，台州地区大批的私有企业、个体工商户和股份合作企业戴上了"集体"的"红帽子"。1993年,当明晰产权成为企业继续发展迫切需要破解的问题时,台州地区又出台了为"戴帽子"企业摘帽的文件,为4000多家"戴帽子"的个体、私营、村办、农村股份合作制企业解决了产权问题。

温州人在改革开放初期也发明了"挂户经营"模式。在这一方面,温州的一家村办文化企业开了风气之先。1980年在苍南县金乡镇一个40余人的村办企业——金星大队文具厂,由于没有什么赢利,厂部决定采用分散生产、集中管理的办法。在对外坚持集体工厂名义的前提下,实行统一厂名、统一银行账号、统一纳税、统一提成和统一上交管理费;对内则实行经济上独立核算。这种分散生产、集中管理的办法成为"挂户经营"模式的雏形。温州成熟形态的"挂户经营"模式,是在私营经济仍受歧视、国家政策对民间从事商品性经营活动的管制仍然十分严格的背景下,因各种各样原因而未获得独立法人地位的个人或联合经营者,将自己的企业挂靠在集体或国有企业之下,以挂靠单位的名义,从事生产和经营活动。具体做法是:挂户者通过与被挂靠单位协商,征得后者同意,被挂靠单位提供服务,并收取挂户管理费。被挂靠单位的服务内容主要是"三代三借",即代开统一发票,代为建账记账,代收国家税收;让挂户者借用本单位的介绍信、空白合同书、银行账户。[1] 由于"挂户经营"这种务实的做法,既使实际上的个体私营经济取得了合法性,也使它们能够利用集体和国有企业的种种优惠条件,因而被温州各地竞相仿效。据1985年对温州瑞安县1750家企业的调查,其中挂集体牌子的私人合伙、股份或私营的企业有926家,占企业总数的52.9%。

改革开放以来浙江全省各地星罗棋布的专业市场、民营经济的兴起,也不是预先"设计"的结果,而是"自发自生""自下而上"兴起的,不是源于某个人通过把一系列要素各置其位并且指导和控制其

---

[1] 朱康对:《家族文化与温州区域经济发展》,载史晋川等《制度变迁与经济发展:温州模式研究》,浙江大学出版社2002年版,第364—365页。

活动的方式而确立起来的"人造的秩序""人为的秩序"或"建构的秩序",而是源于改革开放大背景下广大人民群众积极、主动的行为。"民间诱致"的浙江模式,不仅仅表现于改革开放以来的经济领域,也广泛地渗透到了其他社会领域。在20世纪80年代,浙江的城市化水平远远低于全国城市化的平均水平。在国家财政投入捉襟见肘的情况下,浙江各地出现了由农民自理口粮进城,自己集资建成镇的潮流。改革开放以来正是民营经济自我保护和发展的需要,直接催生了全省各地蔚然成林的民间商会。浙江的许多基层民主政治新举措,如台州的基层民主恳谈活动、金华的政务公开、余杭干部报酬民主评议、镇海村务决策听证制、奉化重大事务公决制、武义村务监委会、枫桥多方参与共同维护社区和谐秩序、嘉兴预算外资金"四统一管理"、杭州市长公开电话、天台效能网等,既是地方政府发挥促进性、倡导性、主导性作用的结果,也是民间"诱致"使然,是"自上而下"和"自下而上"、"民间诱致"与"政府增进"相互作用的结果。

(二) 民间诱致与文化产业的孕育

作为经济领域民间诱致现象的一种自然延伸,改革开放初期,浙江一些地方文化专业户、文化市场、文化经营活动甚至文化企业,也不是某个人或某些人预先"设计"的结果,而是在国家政策松动背景下"自发自生"地兴起的,不是源于某个人通过把一系列要素各置其位并且指导和控制其活动的方式而确立起来的人造秩序、人为秩序、建构秩序,而是源于一些人的非意图性行为。在这一方面,宁波的鄞县尤其具有典型性。据1992年编撰的《鄞县文化广播体育志》,鄞县早就已经形成了民间兴办文化企业、从事文化经营活动的传统。"清朝末叶,外国传教士携带影片和放映机,先后在城区放映电影。1919年,一些沪甬商人携手摇电影机在茶楼、广场等地,流动放映外国无声影片。""1925年,宁波第一家影剧院'宁波鼓舞台'正式挂牌营业。青年会电影部开始对外售票放映。新新舞台、百货商场游艺部、中山公园游艺场也陆续兼映电影。1931年秋，开明街的民光戏院开张，始演戏，后专映电影。"[1] "民国时期，我县书店、影院、剧场多属商办，电台、报纸等间有官商合办的。民国18年，国民党官办的民众俱乐部附设民众茶园，开设说书、阅览、丝竹、弈棋等文娱项目。实行有偿服务。"新中国成立以后，随着计划经济体制的逐步确立，"文化企事业均改为国家经办；文化馆、广播站、县报社均属全民文化事业机构。书店、电影队、剧场、曲艺等，成为国家和集体经营的文化企（事）业单位。农业社、工厂等单位举办的俱乐部、业余剧团、图书馆等，概为集体文化福利组织，为群众提供无偿服务。"[2] 在计划经济时期，民间兴办文化企业和从事文化经营活动一度受到了压抑。

改革开放初期，在国家政策松动以及民间内源力量的推动下，鄞县开始突破计划经济体制的束缚，兴办文化企业和从事文化经营活动的历史传统迅速地得以恢复。据《鄞县文化广播体育志》，"1978年县内农村图书室全部实行有偿服务。1980年后，群众自办的电影录像放映、文艺演出均实行买票进场。随后，举办科技学习、文艺培训、新闻图片大奖赛等文化活动，亦相继实行有偿服务，并出现一批文化专业户。""1978年全县有21个公社文宣队举办了各类企业。尔后，县级文化广播事业单位将自办的广博水泥杆工场改为工厂，实行企业经营。县展览馆制发的《鄞县新闻图片》，实行收回成本费。接着又创设《县摄影美术服务部》，试办小工厂。同年，县文化馆创办了'鄞县文艺影器材厂'和文联的'明州书画社'等各类企业，实行'以文补文，以工助文'，推进文化事业发展。""1981年，县成立了'文化服务公司'，实行管理和经营相结合的体制。附设'县文办企业经营部'、'摄影服务部'和'繁华商店'。县广播站亦创设了

---

[1] 鄞县广播电视局编：《鄞县文化广播体育志》（未刊稿），1992年，第93页。
[2] 鄞县广播电视局编：《鄞县文化广播体育志》（未刊稿），1992年，第58页。

'广播服务部'。1984年调整为管理性的'文化服务公司',其经营的企业改为'独立核算,自负盈亏'。1988年,又扩展为'县文化广播服务公司',并制定《鄞县文化广播企业管理暂行规定》,对全县文办企业进行清理登记。至1990年底,全县文办企业补文助文经费据不完全统计为38.9万元。"[1]1988年2月,濒临瘫痪的鄞县越剧团认真考察和分析了艺术市场,提出,要适应城乡和山区多层次观众的不同审美需要,必须大胆走出一条多功能的艺术生产道路。在保留原有越剧团的基础上,增添了歌舞和曲艺等项目。在内部管理上,首先打破人员不能流动的僵化局面,采取裁减冗员、聘用和外借人才的举措,建立起让人耳目一新的新剧团。[2]

像改革开放初期的宁波市鄞县一样,浙江其他一些地区的文化市场和文化产业也伴随市场经济的萌芽和发展而开始逐步得以孕育和发展。比如,桐庐县西北山区分水镇的分水制笔产业兴起于20世纪70年代末。当时,一对在杭州圆珠笔厂工作的知青父母下乡探望孩子时发现,当地山上的细毛竹很适合做圆珠笔笔杆,在他们的建议下,分水镇儒桥村办起了第一家笔杆厂。此后,一家一户的制笔作坊在相互模仿中纷纷涌现,制笔企业逐渐增多。当然,分水制笔产业的兴起既是自下而上"民间诱致"的结果,也是自上而下"政府增进"使然。从20世纪70年代末至90年代中后期,分水制笔一直是清一色的家庭作坊,规模小、技术含量低、产品质量普遍不高,产品主要销往义乌小商品市场。制笔产业在分水镇产业中所占比重也不大,仍然是一个非支柱性产业。20世纪90年代末,政府加大了引导和扶持力度,建设制笔功能区,成立桐庐县制笔协会,分水制笔产业进入了新发展阶段。制笔企业开始向工业园区集聚,生产规模不断扩大,产品质量稳步提高,外贸产品开始增多,成为"中国制笔之乡"。

---

[1] 鄞县广播电视局编:《鄞县文化广播体育志》(未刊稿),1992年,第58页。
[2] 王满国:《鄞县越剧团尝试走多功能艺术生产道路》,《宁波日报》1988年2月16日。

伴随改革开放路线方针政策的实施，浙江省各地区文化部门和文化工作者，开始突破"大包大揽"的传统文化发展模式，探索在有计划的商品经济、市场经济框架下文化发展的新方式，大力发展文化"三产"，"以文助文""多业助文"，增强自我造血功能。比如，早在1981年，宁波市的一些艺术表演团体已经开始实行"经营承包责任"。1983年，宁波市越剧团二团组成两个演出承包队，与团部签订了为期一年的承包合同。20世纪80年代后期，宁波剧团的体制改革迈出了新的步伐，承包经营方式逐渐向艺术生产经营实体目标转变。1988年，宁波奉化越剧团实行"团长经营承包负责制"，规定在剧团体制性质不变、补助经费定额不变、演出任务不变的前提下，给予承包人员招聘、工资奖金和节目选排上比较充分的自主权。[①] 濒临瘫痪的鄞县越剧团也意识到，必须大胆走出一条多功能的艺术生产道路才能摆脱困境，因此，在保留原有越剧团的基础上，增添了歌舞和曲艺等项目。在内部管理上，通过裁减冗员、聘用和外借人才等途径，积极探索和尝试打破原有越剧团人员不能流动的僵化局面。1988年，宁波市越剧团与民乐剧场联营，也走上了"以文补文"的发展道路。同年7月，在文化部、财政部联合召开的全国文化事业单位"以文补文"经验交流会上，宁波市群艺馆还获得全国"以文补文"先进单位称号。

在宁波市，20世纪80年代也出现了由各种社会力量创办或资助文化事业，即"多业助文"的现象。比如，伴随乡镇企业迅速发展壮大，出现了由企业出资支持城乡群众文艺事业的新生事物。1988年余姚姚剧团与余姚第一棉纺厂"联姻"，寻找企业的经济依托。剧团负责工厂文艺队伍的培训和产品宣传，厂方向剧团提供一定数量的经费。同年7月，宁波市经济技术开发区歌舞团诞生。这是宁波市第一家由社会力量创办的市级艺术表演团体，由市经济技术开发区一次

---

① 《我市剧团改革跨出新步伐》，《宁波日报》1988年9月12日。

性投入20万元作为建团基金。剧团在开发区注册、立户。经济上实行独立核算、自负盈亏、自主经营。剧团对本单位的管理和表演人员全面实行聘任合同制。在20世纪80年代,"多业助文"还表现为一种具有宁波地域特色的"捐赠文化"现象。一批宁波文化名人、海外"宁波帮"捐资、捐物,支援家乡文化事业的发展。[①] 在这一背景下,宁波市一些有识之士提出,要大胆利用外资、侨资、台资以及社会各方面力量,"多形式、多渠道筹资并进一步发挥国家、集体、个人力量兴办文化产业。变单纯依靠国家的无偿投资为有偿与无偿相结合的文化投资体系,把有限资金重点投向文化经营型项目"[②]。

20世纪80年代以来,杭州市文化市场和文化产业也伴随市场经济的萌芽和发展而逐步得以孕育和发展。特别是1984年以来,在城市经济体制改革整体推进的大背景下,杭州市开始模仿经济体制改革的做法和经验,在文化单位推行以经营承包责任制为主要内容的改革,以解决"统得过死"和"吃大锅饭"等体制性弊端;同时实行了以文补文、多业助文等改革措施,开展"生产自救",以解决文化单位出现的经济困境。1986年,杭州市属六个艺术表演团体开始全面施行"承包责任制",或与企事业挂钩,结成互利互惠的文化经济联合体,或自开"以副补文"渠道。杭州杂技团一队、二队、金鱼魔术团、青春宝飞车走壁队就与企业挂钩,建立了文化经济联合体;1987年,杭州话剧团与省财政厅、省电视台联合拍摄了电视剧,杭州歌舞团与"国旅"浙江分社合作,在"杭州饭店"定点演出,杭州越剧团则与杭州电视台联合承办"越剧新姐妹"的评选活动等。除了杭州、宁波外,从80年代初开始,全省其他地方也都较普遍地开展了以艺术表演团体改革为重点的文艺体制改革,调整艺术表演团体布局结构、改革用人制度,试图逐步形成更加有效的投资机制,解

---

① 蔡罕、郭鉴等:《推陈出新 彰显魅力——宁波文化发展三十年》,浙江人民出版社、宁波出版社2008年版,第10页。
② 裴明海:《文化设施大变迁》,《宁波日报》1992年10月31日。

决统得过死和吃大锅饭等体制沉疴，探索突破"大包大揽"的文化事业体制堡垒的途径和方法。

在各地艺术表演团体改革实践的基础上，1988年12月，浙江省文化厅对全省全民所有制剧团进行定级考评，按照考评结果对全民所有制剧团实现分级管理，政府财政重点扶植一级剧团，放手二级剧团，解散三级剧团。定级考评的目的，是在文艺单位引入竞争机制，整合各种资源，优化投资项目，调整文化结构与布局，建立适应有计划商品经济的文化艺术发展模式。从80年代初开始的文艺体制改革，显著地提升了艺术表演团体的社会效益和经济效益。比如，1991年，台州地区有8个国有剧团，另有88个民间剧团，国有剧团当年演出612场，平均每个剧团演出168场，观众741万人次。

值得一提的是，作为一个市场经济、民营经济先发的省份，浙江艺术表演团体突破了传统的"大包大揽"文化事业体制的许多改革措施均领先于全国。比如，20世纪80年代中期杭州市艺术表演团体对文化发展新方式的探索，不仅强化了杭州文艺工作者的市场意识，初步培养了一批文化经营人才，而且为20世纪80年代末中央提出在全国文艺团体中实行"双轨制"改革提供了成功的经验，也为后来杭州先于全国提出"发展文化产业"战略，奠定了丰富的实践基础。与此同时，也应看到，这些探索性、尝试性的改革实践，虽然在完善文艺院团的布局结构等方面是成功的，但体制性的弊端仍然未从根本上消除，国有文艺院团并没有取得真正独立的法人资格。其结果是如20世纪90年代曾担任浙江省文化厅副厅长的连晓鸣所说："在改革后没有多久又出现了某些回潮，如有的院团人员分流后经过几年，又重新膨胀，甚至超过改革前，致使财务支出矛盾加剧。"国有文艺院团分配上的"大锅饭"现象并未破除，内部有效的激励和约束机制也未形成，"20多年来，浙江绝大部分专业剧团一直属全民事业单位，演职员全是国家干部身份，干多干少，干好干坏一个样，全由国家养着。"①这就表明，打造合格的文化产业发展主体，迫切需要一场更系统更全面更深刻的文化体制改革。

改革开放初期，浙江省对电影发行放映领域通过"以文助文"、"多业助文"、发展"三产"以增强自我造血功能，也进行了积极的探索与实践。1985年浙江省电影公司在嵊县召开了全省电影发行放映经营座谈会，会上文化厅领导第一次向全省提出"一业为主，多种经营"的思路，要求全省各级电影发行放映单位，坚持以电影发行放映为主，同时大力发展"第三产业"。在人员、资金、设施、设备的安排上，首先保证电影发行放映主业，在经营管理上，明确规定在兴办"第三产业"时，经济上要独立核算、自负盈亏。1987年，文化部、公安部、国家工商行政管理局发布了《关于改进舞会管理的通知》，正式认可营业性舞会等文化娱乐经营活动。同一年中影公司在广州召开了全国城市专业电影院改造（建设）经验交流会，提出涉及改造影院的资金问题，除了依靠电影企业积累的利润、贷款、集资以外，影院附设的录像厅、舞厅、电子游戏等多种经营的收入和利润，是一项重要的资金来源。1988年，文化部、公安部、国家工商局发布了《关于加强文化市场管理的通知》，正式提出了文化市场的概念，同时明确了文化市场的管理范围、任务、原则和方针，强调"凡以商品形式进入流通领域的精神产品和文化娱乐服务活动，都属于文化市场管理的范围"。这就意味着文化市场的地位在中国得到了正式的承认。在这一背景下，电影发行放映单位多种经营在全省迅速、普遍地得到开展。全省各地电影发行放映单位充分利用空余的办公房或临街房屋，开设综合经营部、卡拉OK、桌球室，以及电器修理部、小型工厂等经济实体。就连当时的国家级贫困县泰顺县电影公司也办起了招待所、小卖部等多种经营，招待所的年利润达1.5万元，起到了"以副补影"，弥补电影亏损的作

---

① 连晓鸣：《文化产业发展与浙江文化体制改革研究》，载陈立旭、连晓鸣、姚休《解读文化和文化产业：浙江发展文化产业 建设文化大省研究》，浙江人民出版社2003年版，第47页。

用。据不完全统计，1990年全省至少有367个电影发行放映单位办起了665个多种经营项目。① 显然，这些探索和实践为后来浙江省影视产业领先于全国的发展，积累了丰富的经验。

与此同时，全省各地的舞厅、卡拉OK厅、录像厅、电子游戏厅以及音像制品市场、演出市场等，也开始伴随区域市场的孕育和发展而逐步孕育和发展。20世纪80年代初，杭州出现了录像放映，至1990年，杭州市放映厅已达106家。浙江省另一个副省级城市宁波文化市场的发展也十分迅猛。1981年宁波市工人文化宫开始从事电影、录像放映等经营活动；进入80年代中后期，文化经营活动的开展越来越广泛，内容和范围也日益扩大，宁波市现代文化市场开始逐步孕育发展起来。1984年3月宁波市第一家歌舞厅开办。至1989年市文化市场管理机构成立，宁波市已有歌舞厅51家、录像放映单位72家、书刊销售点111家、游艺场15家，文化市场初步形成了气候。

（三）市场取向改革与文化产业自发发展

1992年初，邓小平发表南方谈话。同年10月，党的十四大明确提出了经济体制改革的目标是建立社会主义市场经济体制，这标志着改革开放和现代化建设进入了一个新的阶段。像全国其他地区一样，浙江区域市场化取向改革进程进一步加快。1992年6月，《中共中央国务院关于加快第三产业的决定》，正式提出以产业化为方向，加快发展包括文化生产和服务在内的第三产业。

一个社会的文化发展体系并非与经济体制无关的自足体系。市场化取向改革的深化，顺理成章地要求进一步突破"大包大揽"传统文化体制，重构文化发展模式。正是在这一背景下，全省文化领域顺应市场经济进一步发展的要求，进行了相应的调整和改革。1993年宁波市正式成立"宁波市戏剧发展基金会"，基金会采取会员制形

---

① 陆耀亭主编：《记忆与感知——浙江电影产业研读报告》（未刊稿），2013年，第71—72页。

式，吸纳社会各界资金，通过生息办法，用于戏曲艺术活动和鼓励补偿。1994年，杭州市通过对市属文艺表演团体的改革，形成了"三三制"的总体格局。即，"杭越""杭歌""杭杂"三个团作为杭州相对的重点团，由地方财政给予经济扶持，"杭话""杭曲""杭滑"三个团作为文化部门管理、社会办的艺术表演团体，其中，"杭话"由全民事业差额补助单位转化为全民事业自收自支的艺术团体和经济实体。1994年，浙江京剧团和浙江昆剧团合并组建了浙江曲艺杂技总团，浙江越剧院和浙江越剧团、浙江省群众艺术馆与浙江省艺术研究所分别合署，浙江省电影制片厂并入省电影公司，省级剧团由9个压缩到6个，初步实现了优势互补、增强总体实力、促进艺术繁荣等目的。与此同时，全省各地文艺单位对内部的机构设置、定岗、定责、择优录用以及绩效挂钩等方面进行了一系列改革和试验，试行了在保证所有员工基本收入不减的情况下，按照"多劳多得、按劳计酬"的原则进行分配的制度，初步打破了原先"干好干坏一个样"的大锅饭经济分配制，从而在一定程度上调动了员工的积极性。比如，1992年7月，宁波市群艺馆试行干部、人事制度改革，实行行政领导任期目标责任制、全体员工合同制和考核奖惩制等；11月，宁波市委同意将部分事业单位转为企业，文化系统转为企业的包括市新华书店、市电影公司及下属电影放映单位等。同时，在人事制度上，全省各地也开始试行"德才兼备者上，德才平庸者下"的机制。1998年前后，"浙江省全省有300多个民间剧团，它们不要国家一分钱投资，完全靠演出生存，平均每个剧团年演出200场左右，观众总数约8000万人次，全省平均每年每人看戏近2场。同时像杭州市的黄龙越剧团、宋城艺术团等一批民间的艺术团体，他们已在业务建设、艺术档次、人才建设等方面，接近甚至超过了专业团体，成为一支十分重要的艺术力量"[①]。

---

① 连晓鸣：《企业化原则：剧团改革的方向》，载陈立旭、连晓鸣、姚休《解读文化和文化产业：浙江发展文化产业 建设文化大省研究》，浙江人民出版社2003年版，第210页。

除了文艺院团以外，其他一些文化部门也开始了突破传统"大包大揽"文化事业体制的进程。1992年以来浙江省文化厅在较充分调查研究的基础上，制定出台了厅（局）机关的改革方案，调整了厅局机关部分处室机构，强化了社会综合管理职能。同时，对下属文化企事业单位进行了结构和布局的调整，实行优化组合和优势互补。1993年组建了浙江印刷集团，初步形成了科工贸为一体，内外贸结合，跨地区、跨行业、多功能、多层次的印刷企业集团化经营机制。在"一业为主"的前提下，开展多种经营，提高企业自我发展的能力；强化经营意识，增强激励机制。在图书出版方面，1995年，实行了以社会效益为主的"功效挂钩"和调动出版社和从业人员的积极性，激励多出精品图书的重点图书补贴办法。与此同时，积极尝试发行改革。1992年以来，逐步进行了有组织、有计划的社店联合、店店联合，运用集团机制，推出了一系列符合浙江特点的发行改革新举措，取得了初步的成功。通过组建"联合体"，共同投资，分工合作，利益捆绑，风险共担，规模经营。1993年国家广播电影电视部出台《关于当前电影行业机制改革的若干意见》确立了省（市）电影公司的发行放映经营自主权，明确了从原有"统购包销"经营机制向"自产自销"经营机制转变的改革目标，浙江省电影发行放映行业迅速作出回应，提出了"团结联合、规模经营、平稳过渡、稳步发展"的改革思路。同时，进一步明确了浙江省发行的各类影片由省电影公司统一购买、统一租赁、统一发行，并通过市（地）、县（市）电影公司发行，各地不再增设发行机构；凡经省电影公司购买、发行、租赁的影片，省内任何单位均不得再通过其他渠道发行。调整理顺省、市（地）、县（市）电影公司的经济关系，从发行收入中按比例提取资金，专供购买各类拷贝。实施投入和产出挂钩，节目供应和结算挂钩，共同经营管理，风险共担，利益共享的电影发行放映运行机制。"1993年以来，浙江省基本上采取每两年作一轮较大幅度的调整，每年适时进行微调的改革措施，基本保证了改革不停步，以改革促发展，以发展求稳定。20多年来，浙江电影发行放映机制已初步跟上浙江的社会主义市场经济体制改革的步伐，如个体、联户、股份制电影放映单位的涌现，16毫米电影机制的改革，外商投资特种电影放映单位的出现，等等，给我省原先单一型的国有电影发行放映系统注入了活力，引进了竞争机制。"[1] 1994年，《浙江省省级文化系统事业单位全员聘用试行办法》制定出台。按照"自主经营，自负盈亏，自我约束，自我发展"的要求，对部分直属企业和企业化管理的事业单位进行经营承包责任制试点，探索发展文化实业的新路子。[2]

党的十四大以来，伴随着市场化取向改革的进一步深化，发展"文化三产"，增强自身造血功能，已经成为浙江文化事业单位的一种共识。据统计，1992年、1993年、1994年、1995年，浙江文化系统开展以文补文活动机构数分别为342个、369个、358个、1035个，补文活动开展率分别为58.0%、55.0%、54.5%、43.6%，纯收入分别为1792万元、2559万元、3033万元、4099万元，用于补助文化事业经费分别为1633万元、2221万元、2541万元、3433万元。1996年全省文化系统的补文收入占当年总收入的47.56%。"以文补文"活动的开展，为文化系统体制改革，分流富余人员创造了条件；培养造就了一批经营管理人才，为部分事业单位面向市场、走上产业化道路积累了经验。

与此同时，随着浙江区域市场的进一步孕育，浙江各地的舞厅、卡拉OK厅、录像厅、电子游戏厅以及音像制品市场、演出市场等得到了迅速发展。比如，1989年，杭州城区经审批陆续开放的舞厅有28家，1996年发展到110家；1988年，杭州市尚无一家"卡拉OK

---

[1] 连晓鸣：《关于浙江电影产业发展的若干思考》，载陈立旭、连晓鸣、姚休《解读文化和文化产业：浙江发展文化产业 建设文化大省研究》，浙江人民出版社2003年版，第205—206页。

[2] "浙江社会发展现状与对策研究"课题组：《1992—1996浙江社会发展状况》，浙江人民出版社1997年版，第95—96页。

厅",至1996年,杭州市已有"卡拉OK厅"102家。随着收入的增长,杭州市消费结构出现了较大的变化,文化消费呈现加速增长态势。1990年全市人均文化消费(医疗保健、教育、休闲娱乐三项,不包括旅游、传媒广告等)占城乡居民消费性支出的11.67%,1998年这三项文化消费人均支出达到892元,占消费性支出的17.13%。在这一背景下,杭州文化市场、文化产业进一步呈加速发展的态势。在此基础上,1999年8月出台的《关于杭州建设文化名城的若干意见》提出,"建立以教育培训、传媒广告、文化旅游、美术工艺、文化娱乐为支柱的现代文化产业,形成健康繁荣、规范有序的文化市场体系"。

伴随改革开放的深入推进,市场经济的进一步孕育和发展,20世纪90年代以来宁波文化市场、文化产业发展步伐也进一步加快。比如,1995年,单是宁波市的鄞县就已有文化经营单位688家,其中录像制品发行站2个,家庭录像片租点70个,营业性录像放映队39个,有声盒式磁带销售点71个,书报刊店、摊81个,卡拉OK厅16个,电子游戏机室178家,桌(台)球厅135家,农村舞厅52个,录像厅12个,游戏宫1个,碰碰车10台,经营性剧场19个,书场2个。全县有文化企业40家,全年销售额5000万元,利润350万元。至1998年底,宁波全市共有文化经营单位8148家。从市场构成看,娱乐市场有3493家(占42.9%),音像市场有2335家(占28.7%),书报刊市场有1513家(占18.5%),演出市场有198家(占2.4%),文物市场有160家(占2.0%),电影发行、放映单位有343家(占4.2%),美术品经营单位有25家(占0.3%),艺术培训单位有23家(占0.3%),其他经营项目有58家(占0.7%)。据不完全统计,1998年宁波全市娱乐、音像、演出、书报刊四大市场经营单位的固定资产值达11.9亿元,主营项目的营业收入3.1亿元,上交税费和支付从业人员劳动报酬1.04亿多元,文化市场直接从业人员在8万人左右,其中相对固定的有2.5万多人。各类场所日接纳消费人次达 20 万以上。① 据不完全统计，从 1991 年到 1998 年，宁波市文化系统文化产业机构从 105 个增至 234 个，增长了 123%，比全国同期高 30 个百分点；从业人员数从 1475 人增至 2103 人，增长了 43%，比全国同期高 7 个百分点；文化产业年总收入从 1542 万元增至 9601 万元，增长 522%，比全国同期高 336 个百分点。经四明会计事务所评估，至 1999 年 6 月底，市直属文化单位总资产为 18776.5 万元，人均达到 23.89 万元，宁波市文化产业内在质量、创收能力和总体规模已明显高于全国平均水平。②

不仅在省会城市杭州和副省级城市宁波，而且在浙江省的其他市县区，文化市场、文化产业也日渐繁荣。比如，1995 年底，绍兴市形成了由八大类 2000 余家文化经营单位（户）组成的文化市场网络，市直文化单位多种经营覆盖率达到 100%。《1992—1996 浙江社会发展状况》一书的"文化"部分，用了"初步繁荣"这一断语来描述当时全省文化市场、文化产业的孕育和发展状况，并提供了一些可以用以佐证的具体数据。比如，全省文化经营单位总数、歌舞厅、卡拉 OK 厅、台球室、保龄球室和溜冰等新兴项目、书报刊经营单位、综合游艺娱乐场所分别从 1993 年的 21333、1625、862、2113、0、3684、154 家上升到 1997 年的 32858、2828、1622、4007、536、4182、824 家。此外，根据《1992—1996 浙江社会发展状况》"文化"部分的表述，当时"省、市、县各级文化行政部门均健全了文化市场管理办公室，建立了编委正式批准的文化稽查队，现有管理和稽查人员 543 人，监督检查人员 4000 余人，文化市场管理和稽查力量得到明显加强"③。这也从另一个侧面反映了 20 世纪 90 年代中期浙

---

① 《宁波五十年》编辑委员会：《宁波五十年》，宁波出版社 1999 年版，第 187—189 页。

② 蔡罕、郭鉴等：《推陈出新　彰显魅力——宁波文化发展三十年》，浙江人民出版社、宁波出版社 2008 年版，第 227 页。

③ "浙江社会发展现状与对策研究"课题组：《1992—1996 浙江社会发展状况》，浙江人民出版社 1997 年版，第 106 页。

江全省文化市场的孕育和发展程度。

正是在全省文化产业、文化市场已经有了一定程度发展的背景下，1996年12月出台的《浙江省文化发展规划（1996—2010年）》，虽然还未明确地以专门篇章的形式，把"发展文化产业"作为文化建设"目标"和"基本任务"之重要组成部分，但事实上已经在"旅游文化产业"名下包含了"文化产业"的门类。《规划》提出："要与国内外大型经贸、技术、文化活动有机结合，形成一个比较发达的包括娱乐业、旅游餐饮业、商务业、会务展示业、旅游交通业、旅游商品业等方面的大旅游产业格局，使文化成为旅游经济高速增长的重要生长点。"其中，尤其值得注意的是"大旅游产业格局"中的"娱乐业"和"会务展示业"。在2000年出台的《浙江省建设文化大省纲要（2001—2020年）》中，"娱乐业"和"会务展示业"这两个产业门类都明确地被归入浙江省要"大力培育和发展"的"重点文化产业门类"之中。[①] 显然，在1999年省委正式提出"发展文化产业，建设文化大省"战略之前，浙江文化产业实际上已经采取了一种"旧瓶装新酒"的发展方式。

值得一提的是，杭州市早于浙江省首次明确提出了"发展文化产业"的目标。像全省和全国其他地方一样，改革开放以来杭州的报业、广播电视业、图书出版业等经营性文化业态出现了较快的自发增长，特别是进入90年代后，杭州的广电、出版、演出等行业取得了较快发展。在这个背景下，1995年12月，杭州市委市政府召开了杭州市文化发展战略研讨会，提出"建立以电影、广播、电视、出版、音像制作、美术设计以及文化娱乐为支柱的技术先进的现代文化产业"。虽然杭州市早于全省首次明确提出了发展文化产

[①] 在《浙江省建设文化大省纲要（2001—2020年）》提出的六大重点文化产业门类中，"会务展示业"被表述为"会展业"，"娱乐业"则被归入"演艺业"，并提出，要"根据我省娱乐市场发育较早，分布面广，主体多元化，消费群体庞大的特点，依托民间资金优势，开发新的娱乐项目，实现娱乐产业升级，促进我省娱乐朝着健康规范、规模化、综合性、高档次方向发展"。

业的目标，但在20世纪90年代末以前，杭州市发展现代文化产业并无突破性的进展。

也是由于在1999年以前还未明确地把"发展文化产业"作为文化建设"目标"和"基本任务"之重要组成部分，因此，浙江省还没有关于文化产业发展的相对完整的统计数据。2000年，即省委提出"发展文化产业，建设文化大省"战略的第二年，浙江省出台了关于上一年也是全省历年以来第一份有关文化产业发展的统计资料。据测算，1999年浙江省文化产业增加值占GDP的4.0%，按照文化口径统计总产值已达314.77亿元。这一测算结果可能不是十分准确，但也具有"破天荒"的意义，其首次提供了可资参考的文化产业发展的大致数据。此外，据统计，1999年全省广播电视经营收入20亿元，居全国第2位（上海21亿元）；出版系统总资产26.8亿元，居全国第9位，净资产14.5亿元，居全国第6位，销售收入居全国第7位，利润1.9亿元，综合指数居全国第11位；娱乐业固定资产总值26.36亿元，经营收入10.3亿元，利润3.47亿元，税收1.59亿元，综合指数居全国第5位。1999年底，全省有各类文化体育经营单位4.5万余家。另据统计，1998年全省共有电影发行放映从业人员9883人，其中电影发行放映公司1868人，电影院3954人，影剧院982人，开放礼堂俱乐部347人，放映队2382人；其中县以上电影单位从业人员5049人。从全省电影机构数看，全省共有电影机构2807个，其中电影发行放映公司85个，电影院672个，影剧院62个，开放礼堂俱乐部41个，对内电影俱乐部139个，放映队1808个。浙江省电影发行放映总效益连年保持全国领先地位，居全国第2位。与此同时，1999年以前，随着民营经济的迅猛发展，浙江区域民营文体用品以及民营文化设备制造业、民营文化休闲娱乐服务等，也有了相当程度的发展。

可以说，上述数据大体上反映了1999年以前浙江文化产业的发展水平。但是，也应看到这一阶段浙江文化产业发展的"自发性"

特征相当明显：

其一，在1999年以前的省委省政府的文件中，发展文化产业还未被上升到"自觉"的高度。《1992—1996浙江社会发展状况》一书的"文化"部分，较客观地分析了20世纪90年代中期浙江文化发展中存在的七大问题，其中的一个问题，就是"深化文化体制改革力度不够，还没有步上产业化道路"，"文化投资渠道不够顺畅，以政府投入为主、广泛吸引社会资金良性投入机制还未真正形成。文化经济等方面的政策措施也有待于进一步完善落实，文化产业化有待于加速进行"。[①] 诚然，在《浙江省文化发展规划（1996—2010年）》中，已经有两处出现了有关"文化产业"的表述：一是在"浙江跨世纪文化发展总目标"中，提出要"建成一个全民文化素质良好，文化体制富有活力，文化资源充分利用，文化体制富有活力，文化资源充分利用，文化产业结构合理"的发展目标；二是在《规划》的第三部分"城乡文化建设的基本任务"之第二方面，即"加强城市文化的导向作用、示范作用和辐射作用"中，提出省辖市和地区所在地的市"要进一步加快城市的文化建设，构建各具特色的当代城市文化，逐步形成文化设施比较完善、文化市场比较健康、文化产业比较发达、特色明显、辐射能力强的区域文化中心"。但在这个改革开放以来浙江省第一个也是1999年以前唯一的浙江省省级文化发展规划中，无论在文化发展的"具体目标"，还是在文化发展的"基本任务"中，"发展文化产业"都没有以单独的形式出现，未有通盘、整体的布局和部署，更未被上升到全省文化发展战略的高度而予以定位。《规划》中有关"文化产业"的零星表述，只能被视为对现实中浙江省文化产业自发发展的一种自发反映。这也表明，"大包大揽"的文化事业发展模式还未从根本上得以突破，文化产业还未完全从计划经济下形成的"文化事业"母胎中脱离出

[①] "浙江社会发展现状与对策研究"课题组：《1992—1996浙江社会发展状况》，浙江人民出版社1997年版，第111页。

来，仍然在旧的外壳中孕育，也还未受到省委省政府的正式承认和充分重视。

需要说明的是，1996年10月党的十四届六中全会通过了《中共中央关于加强社会主义精神文明建设若干重要问题的决议》。作为落实这个《决定》的重大举措，浙江省不仅在省级层面出台了《浙江省文化发展规划（1996—2010年）》，而且1996年和1997年间全省十一个地市也都相应地出台了自身实施起讫年限为1996年至2010年或1997年至2010年的《文化发展规划》。① 在这些《文化发展规划》中，《杭州市文化发展战略和总体布局（1996—2010年）》关于文化产业的提法不仅领先于全省各地市，而且也领先于浙江省和全国。杭州市的这个《规划》共由七部分内容组成，其中，"三、杭州各项文化事业的发展要求"和"四、发展现代文化产业，建立繁荣、健康的文化市场"分别构成了七部分内容之一。虽然这个《规划》的有些表述和归类还不清晰、准确，比如，把"积极发展广播电视新闻出版事业""丰富旅游的文化内涵"归入第三部分即"杭州各项文化事业的发展要求"中进行阐述，混淆了公益性文化事业和经营性文化产业的界限，但将发展"各项文化事业"和"现代文化产业"分开来表述并分别作为文化发展内容和目标的组成部分，已经有了后来全省和全国层面实施公益性文化事业和经营性文化产业分类指导、分类发展的雏形。

更值得一提的是，《杭州市文化发展战略和总体布局（1996—2010年）》不仅率先于全省和全国初步提出了文化产业发展总目标任务，即"加大文化产业在我市第三产业中的比重，使文化产业成为第三产业中活力强、发展快、效益高的支柱产业"，"到2010年，建立起以电影、电视、广播、出版、音像制作、美术设计以及文化娱乐为支柱、技术先进的现代文化产业"；而且也率先于全省和全国从制定

---

① 除了温州市《文化发展规划》实施起讫年限为1997年至2010年外，其他市地《文化发展规划》实施起讫年限均为1996年至2010年。

文化产业发展政策、形成和完善文化产业管理和运行机制、发展地方特色文化产业、发展高科技文化产业等角度，初步提出了文化产业发展的具体目标任务。

其二，如前文所述，1999年以前，浙江省还未在理论和实践上明确地把文化产业和公益性文化事业区分开来，更未采取分类指导、分类发展的原则。诚然，20世纪80年代以来尤其是1992年以来，"以文补文""多业助文"等在市场化压力下开展"生产自救"的做法，在一定程度上有助于使一些本质上具有经营性属性的国有文化单位面向市场、走产业化的道路。但是，不加区分地把所有文化部门都推向市场，也妨碍了一些公益性文化部门公共文化职责的履行。同时，在传统文化体制未从根本上受到触动尤其是国有文化单位产权还未明晰的背景下，"以文补文""多业助文"的做法，也导致了资产的流失："一些以文补文单位打国营牌子，占用国家房子和资金，在不付房租和利息的情况下，由于经营人才缺乏等原因，经济效益不明显，致使国有资产得不到保值增值。就省级文化系统而言，1996年，近百家多种经营单位场地2123平方米，资金740万元（大部分为注册资本），从业人员277名，其中主办单位人员117人，占总数的42%，但所创造的利润，盈亏相抵后亏损44万元，而部分亏损企业承包人却'手拿大哥大，脚踩桑塔纳'，显得非常阔气，这种情况是侵占国有资产的典型。"[①]

二　文化产业发展从自发到自觉

在20、21世纪之交，浙江文化产业发展从自发走向自觉已经成为水到渠成、瓜熟蒂落的事情。经过改革开放以来20多年的发展，浙江的主要经济指标已经位居全国前列，与此同时也面临低层次产业

---

① 连晓鸣：《从以文补文到文化产业回顾和反思》，载陈立旭、连晓鸣、姚休《解读文化和文化产业》，浙江人民出版社2003年版。

结构和粗放式发展方式等问题；伴随着市场经济的逐步孕育和发展，浙江区域文化市场、文化产业有了一定程度的发展，与此同时还难以有效满足人民群众的精神文化需求。这些因素客观上要求进一步加快推动浙江文化产业从自发到自觉的发展。

（一）转变发展方式与发展文化产业

改革开放以来，浙江经济一直保持着快速增长的势头。在世纪之交，浙江的主要经济指标、增长幅度都高于全国平均水平，经济发展走在全国前列。从 1978 年到 1999 年，全省国内生产总值由 124 亿元增长到 5350 亿元。在全国大陆各省区市的排位由第 12 位上升到第 4 位。从 20 世纪 90 年代末开始，浙江经济进入新一轮快速发展期。2001 年，全省国内生产总值上升到 6748.2 亿元，城镇居民人均可支配收入首次突破万元，达到 10465 元，农村居民纯收入达 4582 元。1999 年到 2003 年间，浙江 GDP 年均增幅达到 11.7%，高出全国同期平均增幅 3.4 个百分点。

但也正是在这个时候，浙江"发展中的问题""成长中的烦恼"也逐渐地暴露了出来：土地、资金、电力、人才等生产要素供给缺乏，粗放性开发和生产造成的环境承载力下降；技术创新体系不完善，企业技术创新能力薄弱，核心技术和关键设备过度依赖进口，消化吸收再创新和自主研发能力不强，科技进步贡献率偏低；结构性矛盾比较突出，产业结构不合理，产品附加值不高，企业依赖低成本、低价格形成的竞争优势已明显弱化，服务业比重偏低，特别是现代服务业发展相对滞后，低附加值的传统工业比重偏大，高新技术产业发展相对缓慢，增加值率和劳动生产率不高，总体上处于产业链的低端。

在浙江众多"发展中的问题""成长中的烦恼"中的一个尤其突出的"问题""烦恼"，就是资源能源与生态环境问题。浙江是资源小省，不仅体现在有形资源上，也体现在环境容量上。就地理环境而言，浙江"七山一水两分田"，生态环境质量总体上居于全国前列，主要体现于"七分山"上，而平原面积则仅有2.2万平方公里左右，环境容纳能力有限。随着工业化、城市化领先于全国的快速发展，浙江不仅"资源小省"矛盾日益凸显，也领先于全国面临诸如水污染、大气污染、噪音污染、土壤贫瘠化、水资源短缺、土地供应紧张等问题。生态环境问题日益成为公众普遍关注的热点，其中水污染、空气污染、噪声污染投诉呈逐年上升的趋势，因生态环境问题而引发的纠纷事件逐渐增多，群众性对立和冲突事件不断出现和蔓延，严重威胁着社会稳定。

以量的扩张为主的粗放型经济增长方式造成的水污染问题尤其突出，不少河网湖泊处于亚健康状态。据2000年6月省政府颁布的《浙江省生态环境建设规划》，浙江省人均水资源拥有量低于全国平均水平，而污水排放量却以每年9%—10%的速度增加；运河水域100%、平原河网84%的河段不能满足功能要求；水污染防治工作面临的形势十分严峻；部分城镇缺水严重，有的饮用水源也遭到污染。地下水过量开采，造成了局部地区较为严重的地面沉降；受长江入海污染物和陆源污染物的影响，浙江近岸海域和部分港湾已出现不同程度的海水污染，氮磷富营养化较为严重，有些海域已成为赤潮多发区。2003年，浙江区域内废水排放总量达27.03亿吨，工业废气排放总量达10432亿标立方米，工业固体废物产生量达1976万吨，分别比1990年增长84.8%、3.0倍和1.3倍。浙江每生产1亿元GDP排放28.8万吨废水，生产1亿元工业增加值排放2.38亿标立方米工业废气，产生0.45万吨工业固体废物，这些指标均大大高于发达国家标准几倍甚至十几倍。八大水系和平原河网受到污染侵袭总体水质堪忧，部分支流和流经城镇的局部河段存在比较严重的污染现象，运河、平原河网和城市内河污染严重，湖库存在不同程度的富营养化现象。濒海地区、杭嘉湖地区地下水超采严重。

环境污染问题，严重影响到了人民群众的生活。即使是被称为典型江南水乡、遍地河川的嘉兴,也面临着"有水而无水"的尴尬,地表水大多数为五类和劣五类,只有少数地方是四类水。多年来,城乡居民只能开采地下水,解决饮水需要,全市地下水厂达338座,水井深度普遍超过100米。地下水超采,又导致大面积地面沉降,2002年以前的28年,全市地面沉降836毫米。由水引发的矛盾时常发生。2003年6月,嘉兴市海盐县就发生过小学生因为直接饮用井水,导致大面积肠道感染的事件。农村"三个代表"学教活动中,省水利厅工作人员到台州市玉环县一个村子蹲点,对村民们饮用的井水进行化验,结果表明,几项污染指标严重超标,无法饮用。类似情况在浙江其他地方也不少见。在20、21世纪之交,全省有1000万人饮用的是不达标的方便水。绍兴市的农民曾埋怨:"房是新的,钱是多的,水是脏的。"还有人形象地总结浙江省一些地区的村镇河流说,"60年代淘米洗菜,70年代浇水灌溉,80年代变黑发臭,90年代垃圾倾泻"。

生态环境问题在世纪之交的集中暴露,不仅制约了经济可持续发展,而且也严重影响了人民群众正常的生产和生活。这就使如何转变资源消耗型、环境破坏型的粗放式发展模式,创新发展理念和发展方式,成为浙江省面临的一个亟待解决的迫切问题和艰巨任务。电力、土地、水资源等生产要素短缺问题、环境污染问题,表面上看是要素供给跟不上经济的快速发展,但根子还在于低层次的产业结构和粗放式的发展方式。推动浙江新一轮的发展,迫切需要寻求新的"突围"。

正是在这样的背景下,省委省政府进行了全面的自我诊断和反省,并自觉地提出了经济增长方式转型的战略主题。2001年开始实行的《浙江省国民经济和社会发展第十个五年计划纲要》指出:"调整和优化产业结构是经济结构战略性调整的首要任务,是推动经济发展从量的扩张向质的提高转变的重大举措。面向国际国内两个市场,以企业为主体,依靠科技进步,发挥比较优势,突出改造传统产业、发展高新技术产业和服务业。按照加入世贸组织的要求，采用国际标准，提高技术、质量和经营管理水平。努力培育一批名牌产品，发展一批具有核心竞争力的优势企业和行业，加快建设优质高效农产品生产和精深加工基地、先进制造业基地、高新技术产业发展基地和有地方特色的旅游、商贸和文化产业发展基地，提高产业和经济的整体竞争力。"显然，在世纪之交，浙江产业能否尽快升级，主产业能否尽快从低附加值领域转向高附加值领域，已经成为事关经济可持续发展的重大课题。

当代社会各种产业利润主要靠领先的自主创新和技术进步来实现，而文化产业则是文化、创意、技术高度融合的产业，是自主创造和技术含量高的一种产业门类，资源消耗低、环境污染少，技术含量高、人才聚集度高。在当代由研发、设计、制造、物流、销售、服务等环节构成的产业价值链中，有一条著名的"微笑曲线"，加工制造业在价值坐标的下端，而研发和市场营销在价值坐标的上端。我国和我省传统的以加工制造业为主体的产业结构，创意、文化、技术含量较低，位于产业链低端，只能获取产品价值的小部分。因此，转变经济发展方式，就是要提升产业产品的文化、创意、技术附加值，推动产业链由低端的加工向高端的研发和营销等上升。而这些都与推动文化产业成为国民经济的重要支柱性产业有关。正是在这一大背景下，浙江省委省政府意识到，文化产业已经成为各个国家和地区竞相发展的朝阳产业，顺理自然地必须成为加快浙江经济发展方式转型的首要选择。

(二) 文化需求增长与发展文化产业

世界各个国家的经验和国内改革开放以来的历史都表明，随着经济的发展，人们在衣食住行等物质需要得到一定满足之后，消费倾向必然重点向文化方面转移。伴随改革开放以来浙江经济社会的快速发展，浙江区域人民群众的文化消费需求也呈现出了快速增长的趋势。

浙江城调大队的研究报告显示，1999年浙江城镇居民的全部文化消费支出为919.1元，比1998年增长7.4%，占全部消费支出的14.1%。不包括教育的文化娱乐支出为506.47元，占全部消费支出的7.81%。1999年，浙江省居民人均文化消费支出比1992年增长3.2倍，快于全部消费支出的增长速度，文化消费在总消费中的比例趋于上升，由1992年的10.2%上升到1999年的14.1%。在文化消费的动态变动中，最明显的是教育支出和购买耐用消费品支出发生了结构互换，1992年，购买消费品支出占总支出的比例为41.4%，1999年下降到24.1%，而教育支出占总支出的比例由1992年的25.8%上升到44.9%。其他四类（文艺用品、书报杂志、文娱费、旅游）占文化消费的比重稳定在31%左右。研究报告还显示，浙江省有56.9%的家庭在过去5年中已有重大艺术消费（投资项目）。当提及未来5年投资打算时，有71.7%的家庭表示会进行重大艺术消费（投资）。有26.3%的家庭已有资金投向艺术品、名人字画、古玩收藏等领域，特别是高收入家庭，对文化艺术的投资兴趣不断增加。有84.5%的家庭认为，生活水平提高，人们对艺术品、字画、古玩等的收藏兴趣会与日俱增；有62.5%的人认为艺术品具有保值增值的功效，投资艺术品是理财的好办法。同样有39.2%的人认为，投资艺术品作为一项投资形式，一般家庭都可以选择，不仅仅限于有钱的富裕家庭。除此以外，在20、21世纪之交，浙江省文化市场上音像制品、商业性体育竞技观赏等都呈现出了逐步繁荣和兴旺的景象。这些都充分表明浙江人民群众对文化产品的需求无论在数量上、强度上、实现方式上都已达到了一个前所未有的程度。

改革开放以来，像全国其他地区一样，文化事业一直是浙江经济社会发展中欠账较多的领域。虽然浙江经济增长迅猛，但在相当一段时期，经济发展的成果主要被用于改善人民群众的物质生活、扩大物质部门的再生产以及与经济发展直接相关的公共设施建设上。正是在这样的背景下，浙江的文化发展曾一度大大落伍于经济的快速发展。

在20、21世纪之交,虽然浙江人民群众对文化产品和服务的需求无论在数量上、强度上、实现方式上都已达到了一个前所未有的程度,但公益性文化事业和文化产业的发展仍然是浙江的一块短板,与人民群众日益增长的文化需求存在着严重的不相适应。

从1978年到1995年的17年间,全国经济效益指数平均每年增长6.0%,而浙江省年均增长率为9.8%,高出全国平均值3.8个百分点,增速居全国第二。其中人均国内生产总值由1978年的375元增至1995年的4754元,年均增长率为8.3%。浙江人均国内生产总值则从1978年的327元,上升至1995年的8074元。按可比价格计算,年均递增13.0%,高出全国平均值4.7个百分点,增速居全国之首。改革开放前,浙江省人均国内生产总值低于全国平均数;1995年则升至全国第4位。此外,在这17年间,全国社会劳动生产率增长速度最快的也是浙江省,平均每年增长12.2%,高出全国平均值4.6个百分点。全国生活质量指数年均增长7.2%,而浙江的年均增长率则为9.1%,比全国年均增幅高出1.9个百分点,居全国增长速度的前两位。其中城镇居民人均生活费收入、农民人均纯收入、居民消费水平、每百人拥有电话机数等指标,浙江都位居全国前列。

然而,也正是经济发展的巨大成就,强烈地衬托出了文化等方面发展的"滞后"。据"浙江社会发展现状与对策研究"课题组在《1992—1996浙江社会发展状况》中的测算和评估,从1978年到1995年,全国社会发展指数增长了144.0%,年均增长率为5.4%。浙江省社会发展指数在此期间共增长了255%,平均每年递增7.7%,比全国年均增长率高出2.3个百分点。改革开放17年来,社会发展动量指数全国平均为140.8%,浙江省则高达221.2%,仅次于广东(233.2%)和上海(223.7%),居全国第3位。然而,浙江省社会发展之所以有如此高的增长速度,主要得益于经济增长的拉动。改革开放17年间,全国经济效益综合指数平均增长6.0%,而浙江省年均增长率为9.8%,高出全国平均值3.8%个百分点,增速居全国第2

位。其中人均国内生产总值和社会劳动生产率增长最快。全国人均国内生产总值由1978年的375元增至1995的4754元,扣除价格上涨因素,实际增长29%,年均增长率8.3%;浙江省人均国内生产总值则从1978年的327元增至1995的8074元。按可比价格计算,年均递增13.0%,高出全国平均值4.7个百分点,增速居全国之首。此外,17年来,社会劳动生产率增长速度最快的也是浙江省,平均每年递增12.2%,高出全国平均值4.6个百分点。因此,"在社会发展总指数中,增长最快的还是与经济发展直接相关的人均国内生产总值和人均收入等指标。由于这几个数值惊人的增长速度,再加上该指标权数较高,使得社会发展水平总数得分颇多。而社会结构和人口素质中一些指标指数增长则相对缓慢。社会结构指数全国17年平均增长3.1%,我省则不足平均增速。人口素质中受教育程度,人均拥有科教文卫体资源等增长缓慢,应该引起我们的高度重视"[①]。

毋庸置疑,从纵向比较看,改革开放以来浙江文化事业建设也取得了相当大的进展。然而,与全省主要经济指标已经位居全国前列形成鲜明对照,浙江文化建设不仅未领先于全国,甚至不少主要指标还落后于全国。对此,"浙江社会发展现状与对策研究"课题组在《1992—1996浙江社会发展状况》中这样评估:"在文化设施建设方面,虽然近年进一步加大了力度,我省文化设施也有了较大的改善,但标志性的文化设施群尚未形成,我省至今没有全国瞩目的高档次、高品位的标志性文化设施。1994年,全省每万人口拥有的艺术表演场所、电影放映单位仅0.86个,体育场地3.86个,分别居全国19位、22位和18位。因缺乏资金,全省17个剧场危房的维修改造问题,'八五'期间未能完成,达到文化部制定的文化馆舍面积3000平方米的标准馆要求的全省只有十分之一,未完成'八五'计划中提出的四分之一的要求;全省图书馆危房问题仍然比较突出,'八五'

---

① "浙江社会发展现状与对策研究"课题组:《1992—1996浙江社会发展状况》,浙江人民出版社1997年版,第6页。

计划中提出的基本解决危房1万平方米，实际至今尚有24个馆为危房，总计面积约8100平方米。"① 据时任浙江省委宣传部常务副部长沈晖所说："这几年我们对宣传文化的投入显得不足，这与我省快速发展的经济并不协调。浙江省图书馆购买图书的经费1985年确定为120万元，当时可购买9万册左右的图书。到1995年，这笔钱始终没有增加，但只能购买1万多册图书了。我省社科规划经费1987年确定为每年33万元，此后7年一直没有增加，而这7年中通货膨胀率累计达68%。近几年，我省许多文艺单位和团体财政投入增加不多，而人员费用增长迅速，长期处于经济拮据的困境之中。剧团排新戏，经文化厅认可的才能由厅投资4万元，但实际需要10万元以上，不足部分则由剧团自行集资。由于投入不足，不仅理论、文艺部门的领导，连广电、报社等部门领导甚至业务骨干都将主要精力用于抓经济、搞创收，而不是用于出人才、出精品。"②

另据完成于1996年的浙江省计经委社会发展处《"九五"及至2010年浙江省文化事业基础设施建设发展基本思路》中的描述："从总体上看，我省的文化基础设施仍比较落后。按照国家规定各省、市、自治区'六五'期间基本上要达到'市市有博物馆，县县有图书馆、文化馆，乡乡有文化站'（即三馆一站）的目标，但'八五'期末，我省仍没有达到。据初步统计，到目前为止全省仍有2个县（绍兴县、衢县）无图书馆，14个市辖区无图书馆建制，4个县无图书馆舍，17个县无独立的图书馆舍；全省11个地市只有2个地市有少儿图书馆。有1个县、4个市辖区无文化馆舍；有1个市（地）无博物馆。另外，全省约有30个左右的专业剧团无排练用房，占全省专业剧团数的三分之一。特别在一些经济不发达地区，基本文化设施

---

① "浙江社会发展现状与对策研究"课题组：《1992—1996浙江社会发展状况》，浙江人民出版社1997年版，第110页。

② 沈晖：《培养"四个一批人才"重振"文物之邦"雄风》，载沈晖主编《再创辉煌——浙江文化发展战略文集》，浙江人民出版社1997年版，第314页。

尤为缺乏。"至 1996 年,"一些市、县的文化设施仍沿用解放前的旧建筑,由于年久失修,大部分已经成为危房。全省有 17 个县以上公共图书馆建筑面积不足 300 平方米,缺少书库和基本的阅览场地,不能正常开放接待读者,占县级以上图书馆总数的 21%;全省 24 个公共图书馆有危房建筑,面积达 8111 平方米。有 12 个县(区)的文化馆建筑面积不足 400 平方米,不能正常开展群众性文化活动,占县以上文化馆总数的 14%。""我省是一个文物大省,全省省级以上文保单位就达 228 处。但是全省文物库房设施却相对落后。按标准博物馆库房每平方米存放 15 件藏品。现全省馆藏文物 276342 件,库房面积仅 16776 平方米,缺 1751 平方米。目前不少文物库房仍占用寺、庙。全省文物库房危房的面积达 4000 多平方米。"[①]

上述数据所体现出来的浙江经济发展与文化发展不平衡现象,与浙江省委省政府的诊断也是相吻合的。早在《浙江省文化发展规划(1996—2010 年)》中,省委省政府已经指出,就浙江文化建设的整体情况来看,还存在着四个较为突出的问题。其中三个问题,就集中地反映了浙江经济与文化发展不平衡现象,即"经济发展相对滞后,文化投入不足,欠账较多";"与先进省份相比,我省文化优势不明显";"与人民群众日益增长的文化需求不相适应,现有文化设施、文化产品、文化活动还不能满足人民群众多层次的文化生活需求"。即使是省会城市杭州,经济发展与文化发展不平衡现象也十分突出,据《杭州市文化发展战略和总体布局(1996—2010 年)》所述,就杭州文化建设的整体情况看,存在三个较为突出的矛盾,"文化事业和现状与城市经济发展不相适应,文化发展滞后于经济发展,欠账太多;与国家历史文化名城、国家重点风景旅游城市和省会城市、中心城市的性质和地位不相适应,城市建设与文化建设存在某些不协调现

---

① 浙江省计经委社会发展处:《"九五"及至 2010 年浙江省文化事业基础设施建设发展基本思路》,载沈晖主编《再创辉煌——浙江文化发展战略文集》,浙江人民出版社 1997 年版,第 272—273 页。

象；与人民群众日益增长的文化需求不相适应，现有文化设施不能满足人民群众需要更多高质量的精神产品和多功能、多样化的文化生活的要求"。另据《宁波市文化发展纲要（1996—2010）》所述，宁波市文化建设"与人民群众日益增长的文化需求不相适应，与城市地位不相一致，历史文化的优势没有充分发挥，优秀精神文化生产相对滞后，缺乏有全国影响的文化名人和文化精品"；"与经济发展不相协调，文化投入相对不足，文化经济政策有待进一步完善、落实"。这些都表明，在20世纪90年代中后期，浙江已经成为在主要经济指标方面位居全国前列的省份，但文化建设滞后、文化投入欠债等问题仍然未能从根本上得以解决。

在20世纪末，浙江的经济发展优势进一步凸显。浙江国内生产总值占全国的比重从1995年的6.0%提高到1999年的6.5%，财政收入占全国的比重也由1995年的4.0%提高到1999年的4.2%。"九五"期间，浙江城乡居民收入水平继续稳步增长，比全国平均水平高出44%和78.6%。1999年，全省城镇居民人均可支配收入为8428元，列沪、京、粤之后，居全国第4位；农民人均纯收入3948元，列京、沪郊区之后，居全国第3位。浙江城乡居民的消费恩格尔系数分别从1995年的47.1%和50.4%下降到40.3%和46.1%。《"九五"浙江发展报告（1996—2000年）》判断，在20世纪末，"从总体上说，浙江目前已进入国际社会所通常认为的下中等社会发展阶段，其中某些社会指标还达到了中等发达社会的水平"[①]。

但是，在世纪之交浙江经济发展与文化发展不平衡现象仍然未发生根本的改变。据《"九五"浙江发展报告（1996—2000年）》的评估：在20世纪末，"同其他省市相比，浙江省文化发展仅处于中上水平，落后于上海、江苏等周边省市；同自身相比，浙江省文化发展水

---

① 杨建华、葛立成主编：《"九五"浙江发展报告（1996—2000年）》，浙江教育出版社2000年版，第7页。

平落后于其他一些领域，尤其是经济领域的发展水平"①。经济建设和文化建设一手硬、一手软的现象仍然相当突出。

"九五"期间，浙江全社会固定资产投资显著增加，但文化投入却并未同步增加。据《"九五"浙江发展报告（1996—2000年）》的表述，"'九五'期间，浙江累计完成全社会固定资产投资预计9180亿元，比'八五'时期增长1.5倍，为'九五'计划指标的122.4%。固定资产投资进一步向基础设施和基础产业倾斜。无论在投资回落的年份还是投资扩大的年份，重点建设项目的投资力度都有所增强。仅1998年，全省重点建设项目完成额240亿元，在上年增长30%的基础上又进一步增长了40%，形成了较好的发展势头"②。然而，与此形成鲜明对照，"据1999年底统计，全省县（市）文化馆中馆舍建筑面积不足2000平方米的达64个（其中面积仅500平方米左右的20个，有馆无舍的有6个），占文化站总数的77%；全省乡镇文化站达到500平方米以上的，仅占文化站总数的30%，有102个乡镇未建文化站。全省已建的70个县（市）公共图书馆中有55个馆舍面积低于2500平方米（其中面积仅500平方米左右的有14个，有馆无舍的5个），占县（市）公共图书馆总数的79%"③。

上述表明，改革开放以来浙江经济发展取得了举世瞩目的成就，但文化建设滞后于经济发展的现象却凸显了出来。与此同时，"随着经济高速发展，财政收入日益增加，偿还'发展'旧账也摆上了议事日程。它要求城市反哺农村，重视绿色发展，改善浙江本地群众和外来浙江人的文化消费权利，等等，而这一切归根结底是个'经济社

---

① 杨建华、葛立成主编：《"九五"浙江发展报告（1996—2000年）》，浙江教育出版社2000年版，第400页。
② 杨建华、葛立成主编：《"九五"浙江发展报告（1996—2000年）》，浙江教育出版社2000年版，第3页。
③ 杨建华、葛立成主编：《"九五"浙江发展报告（1996—2000年）》，浙江教育出版社2000年版，第403页。

会和人的全面发展'问题"①。伴随着经济高速发展、公共财政的相对宽裕，解决浙江经济建设和文化建设"一手硬，一手软"的问题，已经成为水到渠成、迫在眉睫的事情。特别值得一提的是，从供给上看，由于文化产业发展刚刚起步，产业规模尚未壮大，文化资源有效开发不够，市场化程度不高，导致文化消费热点较少，市场发育不够成熟，还不能有效满足人民群众日益增长的精神文化需求，解决浙江文化产业发展滞后问题显得尤为紧迫。

正是在这个大背景下，加快推动文化产业发展就成为一种历史的、必然的选择。省委意识到，弥补文化方面的历史欠账，破解文化发展滞后于经济发展、文化发展与文化需求增长不平衡不协调等问题，一方面，必须加大文化投入，创新公益性文化事业发展方式，加快构建公共文化服务体系；另一方面，必须积极培育文化市场，形成与市场经济体制相适应的文化发展方式，加快推动文化产业发展。

发达国家和地区以及改革开放以来中国的实践经验表明，市场经济以及产业化运作方式，不仅是一个国家和地区摆脱贫穷、加快经济发展的有效途径，而且也是一条可以促进文化产品繁荣发展的有效途径。在市场经济体制下，各个经济主体的权利和义务、收益和成本、激励和约束是明确和对应的。正如骑驴的人用胡萝卜和大棒来驱使驴子前进一样，市场制度用利润和亏损来解决生产什么、如何生产和为谁生产的问题。"利润给企业以奖励和惩罚。利润引导企业进入消费者的需要数量较多的领域，离开消费者需求数量较少的领域，而且使厂商使用最有效率（成本最低）的生产技术。"② 因此，一旦把市场经济运作逻辑和方式引入文化生产领域，利润也会给文化企业以奖励和惩罚。"利润"不仅会引导文化企业进入文化消费者的需要数量较

---

① 李景源、张晓明主编：《浙江经验与中国发展（文化卷）》，社会科学文献出版社2007年版，第23页。

② ［美］萨缪尔森、诺德豪斯：《经济学》（上卷），中国发展出版社1992年版，第74页。

多的领域，离开文化消费者需求数量较少的领域，而且也会引导文化企业使用最有效率（成本最低）的生产技术。为了获取更多利润，生产者的唯一方法就是采用效率更高的生产方法，以便把生产成本降到最低点。在市场经济大背景下，这种方法，既会被用之于一般企业，当然也会被用之于特殊的企业，即文化企业。在市场经济大背景下，文化企业在销售文化产品和提供文化服务方面展开竞争。以顾客为导向的文化企业，主要关心的是如何为文化消费者服务。这就促使文化企业必须不断地生产新的文化产品，以更好地满足新的文化消费需求，从而赚取更多的利润。在竞争过程中，具有创新精神的文化企业将获得较大的市场份额，而缺乏这种精神的文化企业，将不得不缩小其生产规模。市场经济的价格机制，对于某些文化资源（即文化产业资源）的有效配置、文化市场结构与供需关系的平衡等也具有关键性的作用。这些都表明，市场经济运作机制渗入文化发展领域，使人类文化发展拥有了不同于自然经济和计划经济的运作机制和方式，从而带来了前所未有的效率。

不仅如此，文化产业以非物质文化资源为加工对象，为市场提供精神意义、文化意义消费，对自然资源依赖程度低，需求弹性大，产品附加值高，价值链长，是典型的无烟工业、绿色经济。文化产业是现代服务业的核心产业，其中间产品和服务是最具创造性的生产要素，与国民经济各个部门具有广泛的关联带动作用。积极培育文化市场，深入发掘历史文化资源，加快推动文化产业发展，不仅是促进文化产业繁荣发展的有效途径，而且有助于释放居民文化消费潜力，实现经济增长由主要依靠投资、出口拉动向依靠消费、投资、出口协调拉动转变，加快经济结构优化和调整，形成物质产品生产部门和文化产品生产部门的合理比例和优化布局。

（三）发展文化产业的自觉与初步布局

正是在上述背景下，1999年12月，浙江省委十届三次全体（扩大）会议正式提出了"发展文化产业，建设文化大省"的战略目标。如前所述，虽然早在1996年底出台的《浙江省文化发展规划（1996—2010年）》中，已经有两处出现了有关"文化产业"的表述，但在1999年以前，"文化产业"并未被省委省政府上升到全省文化发展战略的高度而予以认识和定位，因而其一直处于一种旧瓶装新酒的自发发展状态。有实质性区别的是，1999年12月，省委十届三次全体（扩大）会议已经把"发展文化产业"作为建设文化大省的重要任务加以强调，这不仅标志着文化产业概念已经在浙江被正式接受，而且标志着浙江文化产业已经结束了从自发发展阶段进入到了自觉发展阶段，也标志着浙江省委省政府已经从全省文化发展战略的高度对文化产业进行了重新定位。虽然浙江首次明确提出建设文化大省战略目标并将发展文化产业作为建设文化大省的重要目标和突破口，在时间上晚于北京3年[①]，却早于全国[②]。

2000年10月，党的十五届五中全会通过的《中共中央关于制定国民经济和社会发展第十个五年计划的建议》，不仅在党的文件中首次正式出现了"文化产业"这一词汇，而且提出，要"推动信息产业与有关文化产业结合"，"完善文化产业政策，加强文化市场建设和管理，推动有关文化产业发展"。虽然这个文件在"文化产业"前加了"有关"这一限定词，体现了对于发展文化产业这种具有精神属性、意识形态属性的特殊产业的谨慎态度，但这是党的文件中第一次出现有关"推动文化产业发展"的表述，具有突破性的重要意义。这意味着"文化产业"这个概念在党中央正式文件中得到了承认。长期以来文化仅仅与"事业""工作"等相联系，文化被视为仅仅具有意识形态、阵地的单一属性，视为仅仅是教育手段等。党的十五届

[①] 1996年12月，在《中共北京市委、北京市人民政府关于加快北京文化发展的若干意见》中，已经明确地使用了"文化产业"这一概念。

[②] 2000年10月，中共中央十五届五中全会通过的《中共中央关于制定国民经济和社会发展第十个五年计划的建议》中，首次正式使用了"文化产业"这一概念。

五中全会通过的这个纲领性文件中，虽然还未明确把文化领域区分为"事业"和"产业"，但提出文化产业概念本身已经意味着，党和政府开始自觉地将文化产业发展从传统的"大包大揽"的文化事业发展格局中剥离出来，不仅对于文化产业本身具有重要意义，而且对于文化发展领域的另一部分，即公益性文化事业或公共文化服务体系也具有重要的意义。把文化产业从传统文化事业发展格局中剥离出来的必然结果，就是重新定位文化发展领域中不能被产业化部分即"公益性文化事业"或"公共文化服务体系"的功能和发展途径。正是在这一点上，浙江省先于全国进行了积极的探索与实践。

2000年7月，中共浙江省委十届四次全体（扩大）会议召开。会议强调，要以体制创新为动力，始终保持经济快速发展的生机和活力，以结构调整为主线，加速经济增长由量的扩张向质的提高转变，要充分认识文化因素在经济社会发展中的重要推动作用。2000年12月，省委常委会通过了《浙江省建设文化大省纲要（2001—2020年）》。《纲要》突破了仅仅单一地聚焦于文化产品意识形态属性的传统思维模式，强调文化产品不仅具有精神属性，而且也具有经济价值和商品属性。其中，明确提出，"经济文化一体化是现代经济社会发展的重要趋势"；"要正确处理文化事业和文化产业的关系，对不同的文化类型，采取不同的政策和管理办法"；"在社会主义市场经济条件下，文化产业是国民经济的有机组成部分，文化产品具有商品属性，必须在坚持社会效益的前提下，十分重视文化产品的经济效益，努力实现两者的最佳结合"。这些表述，标志着市场经济条件下一种新的文化发展观已经开始在浙江形成，文化产业作为增量，拓展了浙江区域文化建设的内涵。

正是基于对发展文化产业战略地位的新认识和新定位，《纲要》首次提出了浙江文化产业发展的近期目标：即到2005年"文化产业形成规模，文化竞争实力显著增强"；"文化产业要成为文化事业发展的强大支撑，成为文化大省的重要标志"；"文化产业规模进一步扩大，文化生产和服务能力显著提高，文化产业增加值在全省 GDP 中的比重有较大增长，成为新的经济增长点和支柱产业"；"文化消费在城乡居民生活支出中的比重有较大提高，人均文化消费支出位居全国前列"；"努力健全文化产业政策法规体系，创新文化产业管理体制和发展机制，加快形成以文化重点产业为主导、相关产业联动发展的文化产业发展体系，以文化企业集团为龙头、文化中介服务机构为联结的文化产业组织结构，以现代文化科技为支撑的文化产业技术基础，以浙江丰富的自然人文资源为依托的文化产业可持续发展机制，把浙江建成全国文化产业发展的重要省份"。这个《纲要》还从文化产业规模、文化产业增加值占全省 GDP 比重、文化消费占城乡居民生活支出比重等角度阐述了浙江发展的近期目标，充分体现了浙江省发展文化产业意识的觉醒。虽然这个《纲要》关于浙江文化产业发展近期目标的阐述还是定性而非定量的、是粗线条而非具体、细致的，但第一次勾勒了浙江文化产业的发展蓝图和愿景。

尤其值得一提的是，《浙江省建设文化大省纲要（2001—2020年）》率先突破了计划经济体制下形成的"大包大揽"的传统文化事业发展模式。计划经济体制下形成的文化发展模式的突出特征是：政府部门既"管文化"也"办文化"，文化产品和文化服务全部或几乎全部以政府"大包大揽"的文化事业方式提供，文化服务的职能主要由文化事业单位来实现，不区分公益性文化事业和文化产业，文化领域基本上由各级政府财政支持。文化企事业单位的负责人由党政机关任命，工作人员由上级机关分配和派遣；文化企事业单位的出版、演出等计划，要向上级呈报、获得批准才可以实施；影片的放映发行以及节目公演都要经上级审查批准。

改革开放以来，像全国其他地区一样，浙江经历了从计划经济体制向市场经济体制的转换。市场化取向的改革，必然对计划体制下文化产品和服务全部或几乎全部"以公共方式"提供的"大包大揽"模式产生冲击，从而引起市场经济条件下文化发展模式的重构。

如前所述，像经济领域一样，改革开放初期浙江文化发展模式的重构也显示出了"民间诱致"的特征。伴随经济体制从计划到市场的转变，受物品价格上涨、人员和设备更新等因素影响，原有政府大包大揽的财政支出模式，已经难以满足文化事业机构的正常运转。文化领域"民间诱致"增量改革的推进，"以文补文""多业助文"等活动的广泛开展，尤其是文化娱乐市场、书刊发行第二渠道和演员走穴等现象的出现，既有效地缓解了财政支出的压力，也使传统文化体制弊端逐渐地暴露出来，从而使改革"大包大揽"文化体制的紧迫性和必要性也更加凸显出来了。根据结构与功能关系理论，一方面，结构决定功能，当结构处于协调状态时，功能协调也较容易实现，结构一旦发生变化，就要求有新的功能与之配合；另一方面，功能的变化又是结构变化的前提，社会总是因功能上的变化而引起结构调整或变化。"以文补文""多业助文"活动、文化娱乐市场、书刊发行第二渠道以及演员走穴等现象的出现，事实上已经意味着伴随改革开放以来整个经济社会体制和社会调控体制的变革，原有文化事业体制的"功能"已经开始发生重要的变化，即从原先单一的意识形态功能（社会效益）开始向意识形态功能（社会效益）与经济功能（经济效益）双重功能转变。这种功能变化，必然要求对传统文化事业体制进行结构上的适应性调整和改革，既要求对宏观文化管理体制的结构进行适应性调整和改革，也要求对微观文化主体即文化事业单位的内部结构进行调整和改革。辩证地看，20世纪80年代以来文化部门的"生产自救"实践，也显示出了其难以低估的积极意义。正是通过这些实践，市场机制的"优势"和"缺陷"才逐渐地得以显示和暴露，浙江省委省政府以及一些市场经济走在前列的地市党委和政府，也才开始逐渐地意识到：不加区分地把所有文化领域都推向市场，乃是成问题的。

事实上，早在1992年党的十四大确立了建立社会主义市场经济体制的改革目标以来，我国已经开始摸索在体制上将事业和产业分离运作的模式。1996年，中共中央办公厅、国务院联合颁发《中央机构编制委员会关于事业单位改革若干问题的意见》，提出把"政事分开"放在首位，推动各类事业单位在市场经济体制下逐步转变为独立法人参与市场运行。在这一大背景下，从20世纪90年代中后期开始，浙江省委省政府和一些地方党委和政府开始初步地认识到对文化领域采取分类指导原则的必要性。在《浙江省文化发展规划（1996—2010年）》中，虽然还未出现类似于像"发展公益性文化事业和经营性文化产业"这样明确的表述，但已经提出，要"合理区分公益型、经营型、混合型等不同的文化类型，实行有区别的文化经济政策，既能充分发挥文化事业单位的积极性，又有利于各级党委、政府加强宏观管理"。《规划》还要求"各地要积极支持图书馆、博物馆、科技馆、文化馆、美术馆、新华书店、影剧院等公益性文化设施建设，建设用地可按国家土地政策，给予优惠，并适当减免城市建设配套设施费"[①]。

上述认识，也体现于这一阶段浙江省一些地市制定的文化发展《规划》或《纲要》之中。比如，在《宁波市文化发展纲要（1996—2010）》中，虽然未在明确地将公益性文化事业和文化产业从传统文化事业中剥离开来的前提下笼统地提出，"要切实改变目前文化事业投入总量偏少，比例偏低的状况"，"全市文化事业的投入要随着经济的发展逐年增加，增加幅度不低于财政收入的增长幅度"，但已经强调，"要对图书馆、博物馆、文化馆、革命纪念馆和社科研究、文物维修、文艺创作等非赢利性文化公益事业在政策和财力上给予重点倾斜"[②]。《杭州文化发展战略和总体布局（1996—2010）》，则不仅提出要"发展现代文化产业，建立繁荣、健康的文化市场"，而且也提

[①] 中共浙江省委、浙江省人民政府：《浙江省文化发展规划（1996—2010年）》，载沈晖主编《再创辉煌——浙江文化发展文集》，浙江人民出版社1997年版，第20页。
[②] 中共宁波市委、宁波市人民政府：《宁波市文化发展纲要（1996—2010）》，载沈晖主编《再创辉煌——浙江文化发展文集》，浙江人民出版社1997年版，第63—64页。

出要"繁荣群众文化""大力发展社区文化",尤其是提出要"逐步完善公共文化设施布局"。在1998年的《杭州文化艺术跨世纪发展的思考和建议》中,杭州市文化局进一步提出,应把公共图书馆、博物馆、纪念馆、群众文化馆站、文物保护考古馆等确定为公益性文化单位,以社会效益第一,服务于公共文化事业,服务于人民群众。相应在公共财政投入上确保其人员工资和福利待遇,确保其公益性的文化事业经费。这种理念显然是相当超前的,它预示着不久以后浙江省对不同文化类型采取分类指导、分类管理、分类发展的文化建设原则和方向。

浙江省委省政府以及地市党委和政府对市场机制在配置文化资源方面优势和不足的认识,乃是伴随着市场经济的发展而逐渐深化的。1999年12月,省委根据经济社会发展的新特点,在十届三次会议上,提出了"发展文化产业,建设文化大省"的战略目标。这是浙江文化建设的一个标志性事件。虽然在建设文化大省战略目标中似乎仅仅突出地强调了"发展文化产业"而未强调"发展公益性文化事业"。但是,将"发展文化产业"提升到前所未有的地位这种做法本身,已经意味着浙江省开始明确地在理论和实践上将文化产业发展从传统的"文化事业"发展格局中剥离出来。它不仅对于文化产业、文化市场的发展本身具有深远的意义,而且对于自觉地构建相对于文化市场、文化产业的公益性文化事业、公共文化服务体系也具有重要的意义。把文化产业从传统"文化事业"中剥离出来的一个必然结果,就是自觉地重新定位不能被产业化的公益性文化领域的功能、发展途径。

这种新思路在2000年12月省委常委会通过的《浙江省建设文化大省纲要(2001—2020年)》中得到了明确的阐述。与1996年底出台的《浙江省文化发展规划(1996—2010年)》形成鲜明对照,《纲要》把"繁荣文化事业"和"发展文化产业"明确地区分开来,并列作为其十个方面内容的组成部分,提出要"正确处理文化事业和文化产业的关系，对不同的文化类型，采取不同的政策和管理方法"。《纲要》提出的对不同文化类型采取不同政策和管理方法的原则，在2001年5月出台的配套文件《关于建设文化大省若干文化政策的意见》中被进一步具体化。此后，以此为标志，浙江省已经开始从理论和实践上把"（公益性）文化事业"和"文化产业"从计划体制下"大包大揽"的文化事业中剥离出来，分别进行布局和部署。按照《浙江省建设文化大省纲要（2001—2020年）》确立的对不同文化类型采取分类指导、分类管理、分类发展的指导思想，浙江省开始将原有的文化事业单位分成三种类型，并按照政事分开、政企分开、企事分开的原则，区别情况，实行分类改革。不具有面向市场能力的公益性文化单位属事业性质，按非营利性机构管理，财政给予必要的经费保障，同时深化内部管理制度改革，实行全员聘用制和岗位工资制。具有一定面向市场能力的公益性文化单位，保留事业单位性质，实行企业化管理，推行全员聘用制、合同制和岗位工资与效益工资相结合的结构工资制等适合本单位特点的人事、分配制度，给予财政专项或定额补助；根据发展需要，把有条件的也改制为企业。把经营性文化单位全部改制为企业，并着手建立现代企业制度。这些做法与后来的文化体制改革试点中的做法基本一致。

《浙江省建设文化大省纲要（2001—2020年）》首次对浙江省发展文化产业进行了布局和部署，不仅提出要"加快形成与现代化进程相适应的文化产业发展格局"，"积极调整文化产业结构"，"逐步优化文化产业布局"，"大力扶持文化骨干企业"，"积极培育和开拓文化市场"，而且也结合浙江文化产业发展实际，适应文化产业发展趋势，首次明确地提出："要把传媒业、旅游业、演艺业、美术业、会展业、体育业作为我省文化产业的发展重点。"这个有关建设文化大省的文件，也第一次明确了扶持文化产业发展的政策措施，不仅提出要"调整文化产业资产存量，加大文化产业结构调整力度，增强文化资源的创新活力，促进文化产业升级"；而且明确要求"积极研究加入世贸组织后我省文化产业发展的应对措施,加快制定民族文化产业的保护和扶植政策","鼓励个人、企业、社会团体兴办国家政策许可的各种文化经营企业,在规划建设、土地征用、规模减免、从业人员职称评定等方面与国办文化一视同仁"。这些都体现了一个全国市场经济和民营经济先发省份创新文化产业发展方式、探索文化经济政策的自觉。

在实施建设文化大省战略以及浙江经济迅猛发展的背景下,世纪之交的浙江文化产业发展呈现出了一种新的气象。文化产业的增加值占GDP的比重有所上升。据测算,2000年全省文化产业总产出861.99亿元,增加值271亿元,占GDP的比重为4.5%,比1999年上升了0.4个百分点,按可比价格计算,比1999年增长18.3%,比GDP的增长速度高7.3个百分点,比第三产业增加值的增长速度高6.4个百分点。这是继1999年后浙江省第二个文化产业统计数据,也不一定十分准确,但仍可从中见到两年之间的变化和发展。此外,居民文化消费支出比重逐年上升,城乡居民文化教育娱乐及服务消费的支出占居民消费总支出的比重,1996年为7.9%,1999年为10.2%,2000年为10.4%,2000年比1996年上升了2.5个百分点。特别是文化服务业作为文化产业的主体产业呈快速增长态势。

2002年5月,为了顺应浙江经济社会新一轮发展趋势,加快文化产业发展,推进文化大省建设,省委省政府召开了全省文化工作会议。这次会议的突出亮点,就是提出了发展"文化经济"的新命题。省委省政府意识到,浙江已进入加快推进社会主义现代化建设的新阶段,浙江经济能否主动应对加入世贸组织后的新形势,不断增强综合实力和国际竞争力,继续保持在全国领先地位,很大程度上取决于对先进文化的深刻认识和推进文化发展的高度自觉。这次会议强调,要充分认识文化的深刻内涵,充分认识文化对经济发展和社会全面进步的巨大推动作用,充分认识建设文化大省的重要性和紧迫性,认真研究"文化经济",科学把握经济与文化相互作用的辩证关系。就文化而言，一方面要在融入经济、服务经济、促进经济发展中，实现自身的繁荣与发展；另一方面要进一步解放和发展文化生产力，用强大的物质基础支持文化建设，用改革的思路推进文化创新，用最新的科技成果促进文化发展。显然，发展文化经济，就是要在促进经济文化化的同时，促进文化的经济化，也就是说，要在不断增加经济发展中文化含量的同时，促进文化产业的发展。正因如此，提出发展文化经济的新命题，意味着省委省政府已经从更高的起点上来定位发展文化产业的重要性。

这次会议出台了《关于深化文化体制改革加快文化大省建设的若干意见》。在2000年《浙江省建设文化大省纲要（2001—2020年）》的基础上，《意见》进一步明确了到2005年浙江文化产业发展的目标，即："初步建立与社会主义市场经济体制相适应的文化产业宏观管理体制和微观运行机制；基本形成以公有制为主体，以文化产业集团为龙头，多种所有制文化企业共同发展，结构合理，技术先进，具有浙江特色的文化产业发展格局。'十五'期间，文化产业增长速度明显高于全省国内生产总值增长速度，文化产业增加值翻一番，文化产业增加值占全省国内生产总值的比重和城乡居民文化消费支出占全部消费性支出的比重显著提高。"《意见》也明确了到2010年浙江文化产业发展的目标，即："建立比较完善的文化产业发展宏观管理体制和微观运行机制，形成比较发达的文化产业体系和市场体系，初步实现文化产业的现代化，使浙江文化产业整体发展水平和综合实力位居全国前列。"

《意见》还将浙江文化产业发展重点，从《纲要》中传媒业、旅游业、演艺业、美术业、会展业、体育业等六大门类，调整为传媒业、演艺业、美术业、会展业和体育业等五大门类，并对这五大门类的发展作出了具体的部署："传媒业在继续发展广播电视和报刊、图书、音像出版与发行等行业的同时，要着力发展网络、影视制作、电子出版等现代传媒业"；"演艺业要继承和弘扬我省优秀地方剧种与民间艺术，培育和发展现代表演艺术，积极发展丰富多彩、健康向上的大众娱乐活动";"美术业要充分发挥浙江美术的传统优势,大力发展书画、摄影、雕塑、工艺美术、服装设计、广告制作、环境艺术等美术产业";"会展业要合理规划布局,加快建设一批高档次、多功能的现代化会展场馆,努力办好重大节庆会展活动,使浙江成为全国重要的会展中心";"体育业要大力发展竞技体育、健身娱乐等体育产业,加快推进体育职业化、市场化、社会化"。《意见》不仅进一步明确了浙江文化产业发展的重点门类,而且也进一步把全省各地分成三类并明确各自发展的重点:"杭州要充分发挥历史文化名城、国际风景旅游城市和全省政治、经济、文化中心的优势,围绕构筑大都市、建设新天堂的总体目标,统一规划,整合省、市文化资源,大力发展都市文化,使杭州进一步成为全省文化产业中心和全国重要的文化产业基地";"宁波、温州要充分发挥地方优势,围绕建设现代化、国际化港口城市的目标,大力发展港城文化和商贸文化,成为浙江文化产业发展的两个副中心";"其他中心城市也要挖掘地方文化资源,积极发展各具特色的文化产业。大中城市要充分发挥文化资源的集聚和辐射作用,通过小城镇带动农村地区的文化产业发展"。

应当说,与2000年的《纲要》相比,2002的《意见》对于文化产业发展目标的表述,更加具体也更加清晰;对于文化产业发展重点的定位,也更加准确、合理。从2000年的《纲要》到2002年《意见》的出台,标志着省委省政府已经开始自觉地筹划浙江文化产业发展,并初步地完成了对区域文化产业发展的部署和布局。

与此同时,全省各地也对发展文化产业作出了部署和布局。2001年,杭州市颁发了《关于加快发展杭州文化产业的若干意见》《关于加快文化产业发展若干经济政策的意见》和《关于加快市属文化事业单位转企改制的若干政策意见》等三个文件。为鼓励社会力量兴办各种文化经营企业,杭州市明确规定在规划建设、土地征用、人才引进、税费减免、从业人员职称评定方面与国办文化企业一视同仁;为鼓励文化事业单位进行企业化改制,文化事业单位转制为企业的原享受的优惠政策不变，财政拨款三年内不减。2002年，市政府还把文化产业项目列入新一轮对外招商引资项目之中，并要求统计局把文化产业列入年度统计调查计划之中，定期向社会提供统计数据，为企业及政府决策服务。这些政策的制定和出台，为促进杭州文化产业发展提供了良好的政策环境。从2002年始至"十五"期末，杭州市财政每年安排200万元建立文化产业改革专项资金，加快文化事业单位改制步伐。

2000年8月，宁波市召开了全市文化工作会议，作出了《关于加快文化改革和发展的决定》，出台了《宁波市"十五"文化发展规划》。宁波市明确了"实现文化产业新突破、建设文化大市"的文化建设总体战略任务，提出了"十五"时期文化产业增加值年均增幅高于GDP增幅5个百分点、使文化产业逐步成长为国民经济支柱性产业的目标。宁波市还强调要充分运用投入、税收、土地等经济杠杆，区分不同类型，采取相应对策，扶持文化产业和文化企业。对于条件尚未成熟，暂时无法在市场中独立生存的文化单位，实行增效不减拨，财政继续投入；对社会资本进入文化产业，允许行政划拨设施建设用地，减免城建配套费和征地管理费；对于已经在市场中立足的具有较好发展前景的国有文化企业，实行原有建设用地和税收等方面的优惠政策，允许以减免税收作为国有资本的再投入。同时，加大文化基础设施建设，打造文化产业发展的硬件基础，通过重大文化基础设施建设推动社会资本向文化领域集聚，带动文化产业发展。

三 以体制改革加快推动文化产业发展

党的十六大明确要求，有条件的地方可以发展得更快一些，在全面建设小康社会的基础上，率先基本实现现代化。习近平到浙江工作后，对浙江现象以及破解"成长烦恼"和"先发问题""先天不足"等，进行了深入的思考，在深入调查研究基础上，形成了引领浙江新一轮发展、推动浙江继续"走在全国前列"的思路和理念。在这个背景下,省委把加快文化产业发展摆到了更加重要的议事日程。文化产业在满足人民群众精神文化需求、推动经济结构调整、转变经济发展方式、培育新的经济增长点中的重要性进一步凸显了出来。2003年6月,浙江被确定为全国文化体制改革综合试点省。文化体制改革综合试点工作的全面启动,标志着浙江文化产业进入了以文化体制改革释放发展活力和动力、以制度创新推动加快发展的阶段。

(一) 推动文化产业发展与推动浙江新一轮发展

2002年10月,党的十六大明确提出,发展要有新思路,改革要有新突破,开放要有新局面,各项工作要有新举措。有条件的地方可以发展得更快一些,在全面建设小康社会的基础上,率先基本实现现代化。党的十六大以来,党中央对浙江明确地提出了"努力在全面建设小康社会、加快推进社会主义现代化的进程中继续走在前列"的要求和期望。显然,浙江产业能否加快从低附加值领域向高附加值领域升级,经济增长能否从依靠资源消耗向依靠科技进步、劳动者素质提高、科技创新转变,已经上升为关乎浙江能否继续"走在全国前列"的全局性问题。

习近平到浙江工作后,用大量时间深入展开了系列调研,9个月跑了69个县。在深入调查研究基础上,他对"浙江现象"以及浙江如何破解"成长烦恼"和"先发问题""先天不足"等,进行了深入思考,形成了引领浙江新一轮发展,推动浙江"干在实处、走在前列"的新理念新思路,围绕统筹推进经济建设、政治建设、文化建设、社会建设、生态文明建设和党的建设,先后作出了一系列决策部署。

2003年7月,在省委十一届四次全体(扩大)会议上,习近平系统阐述了进一步发挥"八个方面优势"、推进"八个方面举措"的"八八战略"。"八八战略"着力于解决浙江如何全面深化改革,实现经济、政治、文化、社会、生态协调发展等关键性和全局性问题，是省域治理总方略。2004年5月，省委十一届六次全会，针对新的发展阶段浙江面临的新形势、出现的新情况和需要解决的新问题，作出了全面建设"平安浙江"、促进社会和谐稳定的决策部署。2005年7月，省委十一届八次全会围绕发展社会主义先进文化，着眼于不断增强浙江的文化软实力，在认真总结推进文化大省建设经验和启示的基础上进一步作出了关于加快建设文化大省的决策部署。2006年4月，省委十一届十次全会围绕发展社会主义政治文明，进一步完善经济、政治、文化和社会建设布局，作出了建设"法治浙江"的战略部署。党的建设贯穿于浙江各项建设之中。2003年7月，省委十一届四次全会作出了关于进一步加强和改进党的建设的决定。2004年10月，省委十一届七次全会审议通过了关于切实加强党的执政能力建设的意见，提出了"巩固八个基础、增强八种本领"的要求。2005年1月至2006年6月，省委按照中央统一部署，扎实推进党员先进性教育，把推进经济、政治、文化、社会、生态文明建设与推动党的思想、组织、作风、制度建设有机结合起来，为浙江全面建设小康社会、加快推进社会主义现代化提供坚强有力的保证。

习近平在浙江工作期间作出的实施"八八战略"及建设平安浙江、文化大省、法治浙江和加强党的执政能力建设等一系列决策部署，是党中央推进中国特色社会主义的总体部署在浙江的具体体现，构成了省域经济、政治、文化、社会、生态文明建设和党的建设的总体布局。在这个总体布局中，"八八战略"着力于解决浙江如何实现科学发展和转变发展方式、如何全面建设小康社会、继而率先实现现代化等重大问题，是推动浙江发展的总纲领、各项工作的总方略，建设"平安浙江"是推动社会建设、构建和谐社会的主要载体，加快建设文化大省是发展社会主义先进文化的重要举措，建设"法治浙江"是发展社会主义民主政治的有效途径，加强党的执政能力建设和先进性建设为此提供根本保证。这一系列决策部署的贯彻实施，有力地推动了浙江工作继续走在全国前列。

特别值得一提的是,在这一系列决策部署中,加快建设文化大省战略部署具有重要的地位和意义。

习近平到浙江工作后,从人民群众改革开放的生动实践中,深刻地认识到滋育着浙江生命力、催生着浙江凝聚力、激发着浙江创造力、培植着浙江竞争力的精神力量。他认为,改革开放以来浙江发展的历程,充分显示了优秀传统文化的突出优势、强大生命力和时代价值。浙江在政策并无特殊、陆域资源并不丰富、农业比重大、工业基础薄弱的情况下,成为全国经济发展最好最快的省份之一,其深层原因,就在于文化的力量,在于区域文化中富于创造力的基因与当今时代精神的有机结合。工厂和项目,谁都可以竞争,但经济与文化相互交融所形成的强大的软实力,不是哪一个省在短时间内所能赶得上的。改革开放以来的浙江实践表明,"文化的力量最终可以转化为物质的力量,文化的软实力最终可以转化为经济的硬实力"[1]。

对浙江现象深层原因以及破解"先天不足""先发难题"和"成长烦恼"、推动浙江又好又快发展的思考,引发了习近平对深深熔铸在民族生命力、创造力和凝聚力之中的精神力量、文化力量更深层的思考。在2003年7月文化体制改革和文化大省建设座谈会上,他说:"文化是民族的灵魂,是维系国家统一和民族团结的精神纽带,是民族生命力、创造力和凝聚力的集中体现。文化的力量是民族生存和强大的根本力量。中华民族历史悠久、饱经沧桑,几经分合,几遭侵略,都不能被分裂和消亡,始终保持着强大的生命力,根本原因就在于我们具有源远流长、博大精深的文化内涵。"[2] 他把文化力量、精神力量比喻为经济发展的"助推器"、政治文明的"导航灯"、社会和谐的"黏合剂"。文化要素、精神因素是综合竞争力的核心要素。文化的传统,通过纵向传承和横向传递,生生不息地影响和引领着人

---

[1] 习近平:《干在实处　走在前列》,中共中央党校出版社2006年版,第293页。
[2] 习近平:《干在实处　走在前列》,中共中央党校出版社2006年版,第293页。

们的生存和发展。文化为群体生活提供规范、方式和环境,文化通过传承为社会进步发挥基础作用,文化会促进或制约经济乃至整个社会的发展。

在当今世界,文化软实力已经成为一个国家、一个地区综合实力的重要组成部分。由经济、科技、军事实力等体现的"硬实力"和由文化、意识形态吸引力等体现的"软实力"组成的综合实力竞争日趋激烈。一方面,经济、科技、军事等硬实力构成了一个国家或地区综合实力的基础,"要成为一个大国……必须有可使国家欣欣向荣的经济基础"①,"一国经济和军事的衰落不仅使其丧失硬力量,也使其丧失部分影响国际议程的能力,并丧失自身的部分吸引力"②。另一方面,文化软实力越来越成为一个国家或地区综合实力的重要因素。"一国的软实力主要依赖于三种基本来源:它的文化(在对他人有吸引力的地方发挥作用)、它的政治价值观(当它在国内外遵循这些价值观时发挥作用)以及它的对外政策(在他人认为这些政策合法且具有道德权威时发挥作用)。"③大多数研究战后史的历史学家都一致认为:"除了军队和金钱之外,美国在战后欧洲推动其软实力目标的能力还受到文化和思想的强烈影响。"④"世界对文化、教育以及有意义的信息的迫切传播需求严重依赖于美国的传播机构与系统,并深受其影响。美国的权力——表现在工业、军事和文化领域——已经成为世界上最强大的力量,其影响力跨越了所有的国界。通过直接的经济控制以及间接的贸易和外国的仿效,传播已经成为美国世界权力扩张的决定性因素。"⑤

---

① [美]保罗·肯尼迪:《大国的兴衰:1500—2000年的经济变迁与军事冲突》,国际文化出版公司2006年版,第7页。
② [美]约瑟夫·奈:《软力量——世界政坛成功之道》,东方出版社2005年版,第9页。
③ [美]约瑟夫·奈:《论权力》,中信出版社2015年版,第101页。
④ [美]约瑟夫·奈:《论权力》,中信出版社2015年版,第116页。
⑤ [美]赫伯特·席勒:《大众传播与美利坚帝国》,上海译文出版社2006年版,第156页。

习近平认识到，在新的历史条件下，浙江能否破解发展的"瓶颈"，实现新的"突围"，不断增强综合实力和国际竞争力，继续走在全国前列，很大程度上取决于对发展先进文化的深刻认识和高度自觉、取决于对推进文化建设的工作力度。从经济的角度看，任何经济都离不开文化的支撑，文化赋予经济发展以深厚的人文价值，文化赋予经济发展以极高的组织效能，文化赋予经济发展以更强的竞争力。因此，推动浙江新一轮发展，日益呼唤打造新的"文化支撑力"，迫切需要进一步发掘和弘扬浙江深厚的历史文化积淀，不断丰富其现实内涵，使之与时代要求更加紧密地结合在一起，从而不断增强区域发展的文化软实力，不断创造浙江经济社会发展的新优势。"在新的历史条件下，我们必须坚持先进文化的前进方向，进一步弘扬和发展浙江精神，不断发掘其历史积淀，不断丰富其现实内涵，实现浙江人文精神的与时俱进，使之与社会主义市场经济发展的要求结合得更加紧密，与人民群众积极性和创造性的发挥结合得更加紧密，从而不断增强浙江经济社会发展的软实力，不断创造浙江经济社会发展的新优势。"[①]

正是在这个背景下，加快发展文化产业的重要性进一步凸显了出来。文化产业是一个国家和地区文化软实力的重要组成部分，是构成综合实力的重要因素。发展文化产业不仅是传播文化、满足人民群众精神文化需求的重要途径，而且也是破解"成长烦恼""先发难题"，培育新的经济增长点、推动经济结构调整和经济发展方式转变的内在要求。

在带领全省人民群众改革开放和现代化建设过程中，习近平立足浙江，站在党和国家全局高度，围绕时代发展的主线和主题，系统阐述了加快发展文化产业的战略地位、战略意义和战略思路。

首先，习近平从软实力、文化力、文化竞争力的高度，对发展文

[①] 习近平：《干在实处　走在前列》，中共中央党校出版社2006年版，第319页。

化产业的地位和意义进行了深入的阐述。

在全省宣传文化系统调研座谈会上，习近平说："发展文化产业，首先是文化本身发展的必然要求，当代文化竞争在很大程度上取决于文化产业的竞争，软实力、文化力必然通过文化产业的竞争力来加以体现。"[1] 这就表明，文化产业是衡量文化竞争力和文化软实力的重要尺度，是文化竞争力和文化软实力的重要体现。不仅如此，发展文化产业也是满足人民文化需求的重要途径。文化产业"既然是一个产业，就要按照市场经济的规律来发展，也就是说，只有把文化产品变成商品，变为广大群众的消费，才能实现经济价值和社会效益，也才能最大限度地体现文化的宣传教育功能，强化它的意识形态属性，达到以优秀作品鼓舞人的目的"[2]。这就表明，文化产业不仅具有经济功能、娱乐功能，更重要的是，还具有宣传教育功能、意识形态功能、文化传播功能。发展文化产业，推动文化消费，既有助于实现文化产品的经济价值、经济效益，也是实现文化产品意识形态功能、宣传教育功能、文化传播功能的有效途径。

文化产业具有重要的宣传教育功能、意识形态功能、文化传播功能，已经被当代世界各国实践所充分地证明。文化研究思想家费斯克说，在消费社会中，每个人都是消费者。消费是获得生活资源的唯一方式，这些生活资源既包括如食物、衣服、交通工具等物质/功能性意义上的资源，也包括如媒体、教育、语言等符号/文化意义上的资源。"每一种消费行为，也都是一种文化生产行为，因为消费的过程，总是意义生产的过程。商品售出之际，它在分配经济中的作用已经完成，但它在文化经济中的作用却刚刚开始。"[3] 与传统的自然经济社会形成鲜明对照，在当今社会，伴随着文化产业和文化市场的兴起，一个国家和地区的文化传播力和影响力，已经在很大程度上取决于其

---

[1] 习近平：《干在实处　走在前列》，中共中央党校出版社2006年版，第331页。
[2] 习近平：《干在实处　走在前列》，中共中央党校出版社2006年版，第331页。
[3] ［美］约翰．费斯克：《理解大众文化》，中央编译出版社2001年版，第42—43页。

文化产业发展程度以及文化产品的市场占有率和流通率。冷战结束后，西方文化特别是美国文化迎来了挟全球化之力大规模扩张的历史性机遇。美国价值观伴随英语、好莱坞影片、可口可乐、麦当劳等迅速地扩散到了世界各个角落，全球化甚至一度被不少人等同于"西方化""美国化"。"尽管像马歇尔计划这样的政府计划是重要的，但历史学家们同样强调非政府行为的影响力。'美国公司和广告主管以及好莱坞电影公司的负责人向世界其他地区销售的不只是他们的产品，还有美国的文化和价值观，以及美国成功的秘密。'正如一位挪威学者所说：'联邦主义、民主和开放市场代表了美国的核心价值观，这是美国要向外输出的。'美国因此而更容易维持它所称的'受邀请的帝国'。"①

其次，习近平从推进经济结构调整和转变经济发展方式的高度，阐述了发展文化产业的战略地位。习近平对如何破解浙江"成长烦恼""先发难题"、推动科学发展进行了深入思考后指出，发展观必须回答"什么是发展？""为什么要发展？""怎样发展？""如何评价发展？"等四个基本问题。他说，"我们仍然需要 GDP，但经济增长不等于发展，也必须明确经济发展不是最终目的，以人为中心的社会发展才是最终目标。""发展必须是可持续的。这些道理一经揭示出来，看似浅显易明，但不揭示出来，可能在实践中就忽略了；一旦忽略，就出现许多问题，有些问题积重难返，就非下'虎狼之药'不可。"②就浙江省而言，"近几年来，随着发展环境、发展条件、发展要求的变化，特别是要素供给和环境承载力瓶颈制约的进一步凸显，我们在深深感受到'成长的烦恼'和'制约的疼痛'的同时，也切实增强了推进科技进步、提高自主创新能力、提升产业层次、实现'凤凰涅槃'的自觉性和紧迫性"③。因此，"调整和优化产业结构、转变经济

---

① ［美］约瑟夫·奈：《论权力》，中信出版社2015年版，第116页。
② 习近平：《干在实处　走在前列》，中共中央党校出版社2006年版，第23页。
③ 习近平：《干在实处　走在前列》，中共中央党校出版社2006年版，第33页。

增长方式,是我省经济形态发展的客观趋势和内在要求,是解决我省经济发展与人口、资源之间矛盾的根本出路,是把经济发展转入科学发展轨道的关键所在"①。"从长期看,关键还是要调整产业结构,宜轻则轻,宜重则重,加快传统产业技术改造,大力发展高技术产业,充分利用我省港口优势适度发展重化工业。同时,要进一步引导企业加强管理,加快技术创新和技术进步,改变低成本、低价格竞争和以量取胜的经营策略,着力提高产品档次和附加值。"②而发展文化产业,"具有促进经济结构调整和增长方式转变的意义"。他认为,文化产业既是现代服务业的重要门类,也是体现先进制造业水平的一个重要窗口。我们推进经济结构调整和增长方式转变,最终的目的一个是为了更多地赚钱,如产业高度化等;一个是为了更少地消耗,建设节约型社会。"而文化产业就是高附加值的产业,就是极少消耗的绿色产业。因此,必须把文化产业作为文化大省建设的重要突破口,努力使文化产业成为文化大省建设的重要支撑,成为浙江经济发展的重要增长点。"③

  这就把推动文化建设、发展文化产业提升到了前所未有的战略高度来认识。文化产业以创意、文化、科技为源头,以内容为核心,具有产业链长、引领性强、资源消耗低、环境污染少等优势,是国民经济中具有先导性、战略性、支柱性的朝阳产业。加快建设文化大省、发展文化产业,是破解成长烦恼和先发难题,扩大消费,增加就业,推动经济结构调整和转型升级,形成浙江新发展优势的时代要求。推动浙江新一轮的发展,不仅要求强化经济发展中科学技术、信息、观念、审美等因素的作用,从新发展方式是一种基于创新或观念为核心的文化软实力发展方式的高度,把文化建设作为提高人们精神文化素质的一条重要的途径,通过文化熏陶和教育的方式,从根本上改变人

---

① 习近平:《干在实处　走在前列》,中共中央党校出版社2006年版,第128页。
② 习近平:《干在实处　走在前列》,中共中央党校出版社2006年版,第127页。
③ 习近平:《干在实处　走在前列》,中共中央党校出版社2006年版,第331页。

们的传统生产方式、生活方式、交往方式和价值观念，引导人们提高素质、转变观念、迈向文明，不断地提升发展的文化软实力；而且要使文化具有经济力，成为社会生产力的重要组成部分，把文化的产业属性解放出来，强化文化产业在"产业结构"调整、经济转型升级中的作用。正因如此，习近平说："必须把文化产业发展作为文化大省建设的重要突破口，努力使文化产业成为文化大省建设的重要支撑，成为浙江经济发展的重要增长点。"[1]

（二）推动文化体制改革与推动文化产业发展

习近平到浙江工作的第二年，即 2003 年 6 月，浙江被确定为全国文化体制改革综合试点省。文化体制改革综合试点工作的全面启动，标志着浙江文化产业进入了以文化体制改革释放发展活力和动力、以制度创新推动加快发展的阶段。

文化产业与市场经济体制具有一种天然的亲和性。如果将英文中的"Culture Industry"或"Cultural Industry"这一词组稍加考察，就会发现纳入市场经济生产、流通和消费轨道的文化早已与利润、货币等具有唇亡齿寒、难分难解的关系了。在英文中，Industry 一词主要有如下几种含义：勤劳，勤奋；有组织的劳动、经常的工作（或努力）；工业、产业、行业。据此，在中文中比较通行的是将"Culture Industry"或"Cultural Industry"翻译成"文化工业"或"文化产业"。但是，仔细加以辨析，在当代中文的特定语境中，两个词汇的含义实际上略微有所差别。在中文语境中，谈到工业，自然会使人联想到自然经济下的手工业和计划经济下的工业，因此，译成"文化工业"，会在一定程度上掩盖"Culture Industry"或"Cultural Industry"与市场经济、利润等的关系，而译成"文化产业"，则会产生不太相同的中文语言联想效果。在国内学界，关于文化产业的定义可以说是

---

[1] 习近平：《干在实处　走在前列》，中共中央党校出版社 2006 年版，第 331 页。

众说纷纭，一个比较流行的定义，是把文化产业界定为提供文化产品和文化服务的行业。但文化产业既然是一种"产业"，对它的理解就必然离不开产业经济学。在现代产业经济学中，产业是指介于微观经济细胞（企业和家庭）与宏观经济单位（国民经济）之间，生产和经营同类产品和服务的企业群。据此，可以把文化产业定义为生产和经营文化产品和文化服务的企业群。这一定义包含以下几层意思：其一，文化产业是生产和经营文化产品的行业，因而与生产和经营物质产品的一般产业不同，具有特殊的精神或文化的属性。其二，文化产业是由企业群组成的，在现代经济学中，企业被界定为从事生产和经营活动的独立核算的经济组织。因此，文化产业像其他一般产业部门一样具有经济属性，必然是以追求利润、产品的价值补偿和增值为目标的。这一特点，也使文化产业与以社会效益而不是经济效益为最高目标的公益性文化（如学术研究、学术性书刊、图书馆、博物馆等），形成了鲜明的对照。其三，"企业群"的性质也表明，文化产业像其他一般产业部门一样，是与可以进行批量生产并产生规模经济效益的社会化大生产相联系的。上述的第一层意思所表明的，是文化产业的精神文化的或意识形态的特殊性；而第二和第三层意思，则体现了文化产业作为产业的共性。事实上，联合国教科文组织（UNSECO）关于文化产业的定义已经表达了上述的意涵。根据联合国教科文组织的表述，文化产业是"结合创造、生产与商品化等方式、运用本质是无形的文化内容。这些内容基本上受到著作权的保障，其形式可以是商品或服务"。"一般来说，文化产业形成的条件是，文化产品和服务在产业和商业流水线上被生产、再生产、储存或者分销，也就是说，规模庞大并且同时配合着经济考虑而非任何文化发展考虑的策略。"[①]

加快建设文化大省的一个内在逻辑，就是要根据精神文明建设的

[①] 苑洁：《当代西方文化产业理论研究概述》，载林拓等主编《世界文化产业发展前沿报告》，社会科学文献出版社2004年版。

特点和规律、适应市场经济的要求，破除制约文化发展的体制性障碍，解放文化生产力，推动文化的繁荣发展，增强浙江发展的文化软实力支撑，更好地满足人民群众的精神文化需求。正因如此，浙江的文化体制改革，不仅伴随着建设文化大省战略的实施从自发走向自觉、从局部走向全面，而且也随着建设文化大省战略的加快推进而不断向纵深推进。市场经济和民营经济的先发优势、较早形成的政府"有所为有所不为"的传统，都为浙江省先于全国打破计划经济体制的束缚，创新文化发展方式，提供了重要的条件。

从20世纪50年代开始，中国逐步形成了与计划经济体制相适应的文化发展模式。伴随着社会主义改造、事业企业机构的公有化、单位化，中国的文化管理也具有了高度集中统一的特征，计划指令性趋势越来越明显，从中央到地方逐步形成了一体化的文化管理体制。首先，1953年11月，中共中央作出《关于加强干部管理工作的决定》，提出，逐步建立在中央及各级党委统一领导和在中央各级党委组织统一管理下的分级分类管理干部的制度。规定第二类干部即文教干部，由党委宣传部负责管理。其次，中央在建立分级分类管理干部的同时，作为配套措施，建立了对政府部门的归口管理制度。为在全国范围内开展反对分散主义和地方主义，1953年中央把政府工作按性质划分为工交口、财贸口、文教口等，由同级党委的常委（后来为分管书记）分口负责，以加强对政府行政工作的领导。[1] 与此同时，在一体化文化管理体制的实际运行过程中，也形成了与之相适应的文化管理工作机制，包括决议、命令、指示、决定、规定、批示、会议等。通过这些工作机制，文化产品和服务的生产、流通和消费被进一步地纳入到集中统一管理的计划体制框架之中。

早在1950年3月，出版总署就公布了《关于统一新华书店的决定》，强调新华书店必须迅速走向统一、集中，加强专业化、企业化，

---

[1] 蒯大申、饶先来：《新中国文化管理体制研究》，上海人民出版社2010年版，第154页。

并明确全国新华书店的业务均归新华书店总管理处领导。此后，全国新华书店系统增强了整体观念，统一了业务规章制度，消除了各自为政的现象，为统一书价、垂直发运、扩大发行网点、扩建印刷厂创造了条件。新华书店从分散经营走向集中统一，是中国图书发行事业的一个历史转折点。出版、印刷、发行工作的集中和统一，也迅速奠定了新中国出版体制的基础。① 1952 年 10 月，出版总署颁发《关于国营出版社编辑机构及工作制度的规定》，规定国营出版社"必须作出全年的选题计划、编辑计划、发稿计划和出书计划；并且根据全年计划拟定每季每月的计划"。同月制定的《1953 年出版事业建设计划》，是第一个全国性的出版事业发展计划，接着又制定了《全国出版事业五年建设计划》。同年 12 月，中央颁布了《关于加强报纸期刊出版发行工作的规定》，推行报刊、期刊、书籍的计划发行制度："为了使我国各种出版物的出版和分配更加合理，减少编辑力量、印刷力量、发行力量、纸张以及读者购买力和阅读时间的浪费，避免积压和强迫摊派现象，有计划地配合国家经济建设和文教建设，必须进一步实行报刊、期刊、书籍的计划发行和预订制度，要求各报刊上报发行对象、发行地区范围、计划中的全年每期发行份数、计划中的预订和零售的比例，经中宣部核定后，不可以任意加印份数，突破计划。"② 显然，《规定》希望通过建立一种计划发行制度，能够有效地实现全国报刊、期刊、书籍供给和消费需求之间的平衡。计划经济体制下的电影发行放映运作机制的核心则是"统购包销"，即全国电影由中影公司统一组织生产、统一购买、统一结算、统一发行、统一放映，并实行统一领导下的分级业务管理制。地方电影公司没有影片经营的主导权，发行什么节目，投入拷贝的规模和上映时机，均统一按照中影

---

① 蒯大申、饶先来：《新中国文化管理体制研究》，上海人民出版社 2010 年版，第 117 页。
② 《中共中央关于加强报纸、期刊出版发行工作的规定》（1952 年 12 月），《中国共产党新闻工作文件汇编》中册，新华出版社 1980 年版，第 233 页。

公司年度计划分月执行。同时各级电影公司发行收入也主要集中于中影公司。这种统购包销式的计划体制，规定了省级电影公司作为中影公司的一级代理机构，其行政管理归属当地文化主管部门，业务（发行、结算）归口中影公司，对上贯彻中影公司年度和当地文化主管部门下达的各项任务，对下具体实施、督导计划和任务完成。

除了新闻出版、发行、电影以外，其他文化行业也都被纳入集中统一管理的计划经济体制框架之中。政府统一调配为执行文化产品生产计划所需要的人力和物力，以指令方式规定文化生产部门的产品品种、产量以及供销渠道，确定文化部门职工数量、干部级别及具体人选，控制其资金规模及使用方向；文化产品的生产部门只能按照计划进行创作和生产，不能自行决定文化产品创作和生产的品种和数量。这就形成了行政化的文化管理模式。文化管理的行政化，是指文化艺术机构在体制构成和运作方面与行政机关具有基本相同的属性，并按照行政体制的结构和运作模式来建构和运行。

计划经济体制下中国文化管理行政化的集中体现，就是政府依靠行政手段对各种文化活动进行干预，并对文化企事业单位实行直接具体的管辖，直接介入业务的管理，政府既"管文化"也"办文化"，管办不分、政事不分、政企不分。其具体表现是：

首先，在计划经济体制下，中央和地方各级政府都设立了相应的文化事业行政管理部门，一些文化事业单位设置往往更多考虑政府部门特殊需要，而较少考虑适应文化发展规律要求和更有效、更好满足公众文化需求。各类文化艺术机构都有上级主管部门，并由这些上级主管部门分头管理。人事权掌握在上级主管部门手中，文化企事业单位的负责人由党政机关任命，工作人员由上级机关调配；文化艺术机构的生产和供给由上级主管部门决定，出版、演出、发行等计划，要向上级主管部门呈报，获得批准才能实施。政府通过行政手段、根据行政级别对文化事业单位进行人、财、物等方面的资源配置和管理，形成了国家"办事业""养事业""管事业"的组织结构和管理框架。

由于各类组织主体之间责、权、利界限不清晰，往往政府该管的事没有管好，不该管的事又管了。政府既"管文化"也"办文化"，使政府与事业单位、企业单位交织在一起，导致政府与政府部门管理下的事业单位"裁判员"和"运动员"角色关系的错位。

其次，文化事业单位内部不仅按照行政级别和行政体制来建构，而且也按照行政体制的运作模式来运行。正如有学者所说，包括文化事业单位在内的"单位内部的运作从表象上来看，是在科层制所确立的制度框架中进行的。单位内部部门之间的权限划分、单位领导集体成员分管的领域、单位内部的领导关系等等，都是在科层制中获得其理性表达的。……与科层制同时并行的还有政党的组织系统，它与行政指挥系统共同构成了单位内部制度化的运行机制"[1]。诚然，这种单位组织建构和运行模式也曾释放出了巨大的能量，显示出了其独特的政治、经济和文化功能，但也付出了较大的成本。文化事业单位按照行政级别和行政体制来建构、按照行政体制运作模式来运行，不仅使文化事业单位本身在行政意志的渗透和干预下，管理机制和运行机制被人为扭曲，导致机构恶性膨胀、文化资源严重浪费等现象，而且也使文化艺术人才权利得不到保障，激励和约束机制失灵，创新精神受到束缚，难以生产和供给高质量的文化产品和服务。此外，这些"大而全，小而全"的、高度行政化的文化事业单位大多条块分割，各自为政，各自为"事"，往往把本部门的利益置于社会的文化利益之上。

诚然，这种高度行政化的"文化事业"体制也曾发挥了重要的历史功能。经过社会主义改造以后形成的集中统一管理的计划经济体制，对于集中人力和财力办大事，从而迅速改变包括文化领域在内的中国社会领域的落后面貌具有重要的作用。正如有学者所说："中国革命后社会的整合是在特定的条件下，成为国家或政府推动现代化模

---

[1] 刘建军：《单位中国——社会调控体系重建中的个人、组织与国家》，天津人民出版社2000年版，第219页。

式的组成部分，这是由中国社会资源总量的贫弱所决定的，也是与中国革命后社会的现代化程度不高相适应的。"① 无可否认，国家权威支配下的计划经济体制，也曾经在中国文化领域爆发出了难以低估的能量。高度组织化的文化事业单位体制，既保证了党和国家文化方针政策能够得到高效的推广和实施，也使文化艺术人员摆脱了生活的动荡和生存的压力，避免了文化艺术创作与演出中的经济风险，他们的人格、地位和劳动受到了前所未有的尊重。严密畅达的组织动员体系推动的各项文化实践所产生的巨大社会影响，也从思想、理论和精神上逐渐地改造了民众的世界观、价值观和人生观，从而有力地促进了各项经济、政治和社会实践。

但是，也应看到计划经济体制下形成的政府大包大揽、政事政企不分的文化管理体制弊端，如政府职能界限不清、机构臃肿、公共财政负担重、政府运行效率低、自主创新的激励机制缺乏、文化事业单位人浮于事、文化艺术工作者创造力萎缩等，也是显而易见的。

从严格意义上说，在计划经济时期，中国没有文化产业。虽然那时的中国也制作了一定数量的电视、电影产品，出版了一些图书、期刊等，但更多地考虑了文化产品的意识形态属性而忽视了其经济属性，往往难以有效实现价值补偿和价值增值（文化产业性质的重要内容），而且还常常因不计成本而导致了文化资源的浪费。文化的经济属性（更能体现产业性质的属性）只有在市场经济的条件下才可能被充分地认识和发掘，文化产业只有在相对完善的市场经济体制中才可能存在并发展。这意味着，发展文化产业，必须打破长期以来形成的计划经济体制束缚，建立与市场经济相适应的文化管理体制，通过文化体制改革，释放文化产业发展的活力。

改革开放以来，像全国其他地区一样，浙江经历了从计划经济体制向市场经济体制的转换。文化体制改革与经济、政治、社会等领域

---

① 刘建军：《单位中国——社会调控体系重建中的个人、组织与国家》，天津人民出版社 2000 年版，第 55 页。

的体制改革等具有内在联系,是改革开放以来继经济体制改革之后又一次涉及全局性的深刻而复杂的变革。市场化取向的改革,必然对计划体制下文化产品和服务全部或几乎全部"以公共方式"提供的"大包大揽"模式产生冲击,从而引起市场经济条件下文化发展模式的重构。从改革开放以前和改革开放初期由政府"大包大揽"的文化事业,到世纪之交先于全国把"公益性文化事业"和"文化产业"从传统的文化发展模式中剥离出来,在这个过程中,浙江省不仅在文化体制改革的理论和政策上取得了较大的突破,而且在实践上也取得了较快的推进,积累了不少推进文化体制改革的经验。

作为一个率先突破计划经济体制束缚的市场经济、民营经济先发省份,从提出"发展文化产业,建设文化大省"战略开始,省委省政府对于发展文化产业的体制性障碍就已经有了一定的认识,并初步形成了以体制改革推动文化产业发展的思路。2000年出台的《浙江省建设文化大省纲要(2001—2020年)》提出,要"大力推进文化体制创新,建立科学合理、灵活高效的管理体制和文化产品生产经营机制";"进一步转变政府职能,理顺关系,真正实行政企分开、企事分开、管办分离,充分发挥市场在资源配置中的基础性作用,促使各种文化资源和文化要素的合理流动";"积极推进经营性文化事业单位的企业化改造"。值得注意的是,《浙江省建设文化大省纲要(2001—2020年)》的这些表述,既涉及关系文化产业发展的宏观文化管理体制的改革,也涉及微观文化企业的培育,从而具备了后来文化体制改革试点工作中以体制改革释放文化产业发展活力战略方案的雏形。

2001年出台的《关于建设文化大省若干文化经济政策的意见》,则进一步把"以体制改革推动文化产业发展"的思路具体化了。《意见》不仅再次强调要"大力推进文化体制改革和制度创新,建立科学合理、灵活高效的管理体制和文化产品生产经营机制";而且提出,要"充分发挥市场在资源配置中的基础性作用,促使各种文化资源和文化要素的合理流动。鼓励文化企业之间打破地区、部门、行业和所有制界限,实行优势互补,促进资产、人才、技术等生产要素的优化组合";"积极调整文化产业资产存量结构和文化产业结构,增加文化资源的创新活力,促进文化产业升级"。不仅如此,《意见》也进一步明确了与文化体制改革相配套的文化产业发展政策,比如,要"支持文化单位加快科学进步,执行企业会计制度的文化单位的电子设备年折旧率可达到 20%,其他文化事业单位参照执行。文化单位的技术开发费可在成本中按实列支";"根据技术、管理要素参与分配的原则,允许文化品牌、创作和科研成果等要素参与收益分配";"文化事业单位企业化改制后继续以文化产业为主业的,原有国家土地使用权经批准可按规定保留划拨方式,原国有直管公房可作为国有资本投入";"鼓励个人、企业、社会团体以多种形式参与兴办国家政策许可的各种文化、体育经营企业,在规划建设、土地征用、税费减免、从业人员职称评定等方面与国办文化单位一视同仁"。

2002 年 5 月出台的《关于深化文化体制改革加快文化产业发展的若干意见》,关键词就是"文化体制改革"和"文化产业发展"。《意见》共由四部分组成,即"指导思想和原则""发展目标和重点""做大做强文化产业集团""深化国有文化单位改革"等,其共同主题都是如何以文化体制改革释放文化产业发展活力。这些都表明,自从确立把"发展文化产业"作为"建设文化大省"的"突破口"和"重要标志"的战略目标以来,浙江省已经在一定程度上意识到,发展文化产业并非一件孤立的事情,而是与宏观管理体制的改革、文化经济政策的制定、微观文化企业主体的培育等诸方面紧密联系在一起的综合工程。

显然,改革开放以来特别是 21 世纪以来浙江省对以文化体制改革释放文化产业发展活力的积极探索,取得了明显的成效,积累了较多的经验。但也应看到,长期以来形成的计划经济体制的弊端并不是短期之内就能破除的,一些制约文化产业发展的深层次矛盾和问题仍然在相当程度上存在。因此,激发文化创造活力,加快文化产业发展,迫切需要一场着眼于文化发展的全局和长远的更系统更全面的文化体制改革。文化体制改革综合试点省的确立,为浙江省开展这样一场更系统更全面的改革,提供了重要的契机。

2003年6月,中央召开文化体制改革试点工作会议。浙江和广东一起,被确定为全国文化体制改革综合试点省。文化体制改革综合试点省的确立,既意味着中央对作为市场经济先发省份的浙江省文化体制改革先行探索和实践的肯定,也标志着浙江文化改革发展的重要性和紧迫性更加突显。省委省政府高度重视,把文化体制改革作为一项战略性任务,摆上重要议事日程。在2003年实施"八八战略"之初,省委书记习近平就提出了"率先建立能够调动千万人积极性的体制机制"的任务,指出,"没有市场的文化,肯定不是先进文化"[1]。

综合试点工作刚开始,习近平用4整天时间,专门调研推进文化体制改革和加快建设文化大省问题,实地考察了文化、新闻、出版、旅游和体育部门等20多家单位。在深入调查研究的基础上,习近平提出了关于解放和发展文化生产力、抓好经营性文化产业改革和发展的战略思想。2003年7月,在文化体制改革和文化大省建设座谈会上,习近平从"加快培育文化市场主体"和"文化市场体系"两方面明确了经营性文化产业的改革目标。他说,市场主体和市场体系具有一种辩证的关系,"在市场经济中互为依存,不可分割。没有数量众多、发育充分的市场主体,市场体系难以为体系;没有健全、完善的市场体系,市场主体也就难以在市场中生存"[2]。因此,两者在改革中同等重要。习近平把培育文化市场主体归纳为三个方面,即:深化国有文化单位改革,重塑一批国有或国有控股的文化企业;发挥浙江民营经济优势,发展一批民营文化企业;充分利用我国加入世贸组织的有利条件,引进一批外资或合资文化企业,形成以公有制为主体、多种所有制共同发展的文化产业格局。他还从浙江省实际出发,

---

[1] 习近平:《干在实处 走在前列》,中共中央党校出版社2006年版,第332页。
[2] 习近平:《干在实处 走在前列》,中共中央党校出版社2006年版,第326页。

分析了培育文化市场主体的难点和突破点以及亮点："难点和突破点在于国有文化单位改革，亮点在于民营文化企业的发展。"① 关于培育和规范文化市场体系，习近平说，关键是要打破文化产业发展的行业垄断和条块分割。必须把文化体制改革与世贸组织的贸易规则衔接起来，与国家现行法律衔接起来，整顿和规范市场秩序。习近平还明确了培育和规范文化市场体系的目标任务，即："加快建立健全统一、开放、竞争、有序的现代文化市场体系，发展现代流通方式，促进文化商品和生产要素在统一市场中合理流动。"②

2003年7月，浙江省初步拟定了全省文化体制改革综合试点总体方案和试点部门、试点城市方案。同年8月，《浙江省文化体制改革综合试点总体方案》得到中央批复同意后，浙江省文化体制改革领导小组迅速批复了省文化厅、省新闻出版局、省广播电视局、浙江日报报业集团、浙江出版联合集团、浙江广播电视集团6个省级试点部门和杭州、宁波两个试点城市的试点方案。由此，浙江省文化体制改革试点工作开始从宏观和微观两个层面上全面启动。在第一期试点工作中，浙江省确定了涉及12个部门的30个省级试点单位（杭州、宁波）。从2005年起，省级试点单位扩大到112个；地区试点扩展到了全省11个地级市（每个市至少有5个）。

开展文化体制改革试点工作以来，在中央和省委的高度重视和直接领导下，作为先行一步的文化体制改革综合试点地区，浙江省的试点工作取得了较快进展和阶段性成果，为全面深化改革打下了坚实的思想基础和工作基础。在这个背景下，2005年7月，省委第十一届八次全体（扩大）会议通过的《关于加快建设文化大省的决定》进一步提出，要"积极推进文化理念创新、内容创新、制度创新、科技创新，坚决冲破妨碍发展的思想观念，坚决改变束缚发展的做法和规

---

① 习近平：《干在实处　走在前列》，中共中央党校出版社2006年版，第326—327页。
② 习近平：《干在实处　走在前列》，中共中央党校出版社2006年版，第328页。

定，坚决革除影响发展的体制弊端，尊重群众的首创精神，充分调动文化工作者积极性，营造文化发展的良好环境"；"坚持改革的正确方向，积极发挥传统文化、民族文化、革命文化、区域文化的优势，为增强中华文化的竞争力和影响力作贡献"。《关于加快建设文化大省的决定》还提出要"以推进文化体制改革综合试点为契机，在全省新闻出版、广播影视、文化演艺领域，扩大改革范围，增加改革试点，拓展改革内容，由点到面、分期分批全面推进文化体制改革"。在宏观管理体制改革方面，"探索建立调控适度、运行有序、促进发展的文化宏观管理体制，初步形成党委领导、政府管理、行业自律、企事业单位依法运营的格局"；"进一步推进政府职能转变，逐步实现政企、政事分开，管办分离"；"深化文化市场综合执法改革，进一步理顺管理体制，健全法规体系，依法加强文化市场的建设和管理"；"坚持权利、义务和责任相统一，管人、管事和管资产相结合，建立国有文化资产管理新制度"；"积极发展文化行业组织"。在微观运行机制改革方面，要"加快培育市场主体，建立保证正确导向、适应市场经济、富有活力的微观运行机制"；"改革和创新公益性文化事业单位管理和运行机制，不断提高公共服务能力和水平"；"积极推进经营性国有文化单位转企改制，建立和完善现代企业制度"；"进一步深化新闻出版广播影视集团化建设"；"规范市场准入，完善扶持政策，优化发展环境，充分调动多种所有制投资创业的积极性，大力发展民营文化企业"。这就进一步明确了深化文化体制改革的思路和具体目标、具体任务。

2006年6月，全省文化体制改革工作会议召开，对切实推进文化体制改革、加快繁荣社会主义文化事业、积极发展文化产业等一系列事关文化改革与发展重要工作进行了部署和安排。同一年，浙江省率先在全国将地级市以下文化局、广电局、新闻出版局合并为"文化广电新闻出版局"。同时成立文化市场综合执法机构，对文化市场实现统一执法，产生了良好效果，在文化部文化市场行政执法考评中连续多年位居前两名。实践表明，加快建设文化大省战略的实施，为推动浙江文化体制改革提供了重要机遇，而文化体制改革的全面推进则为加快建设文化大省、加快发展文化产业提供了新的引擎和动力。

自从开展改革综合试点工作以来，浙江省着眼于解放和发展文化生产力，从宏观和微观两方面稳步推进文化体制改革。在宏观管理上，浙江省围绕建立"党委领导、政府管理、行业自律、企事业单位依法运营"格局，从"推进政事分开、管办分离"，"加快转变政府职能"以及"建、并、分"三方面入手，破除束缚文化产业发展的体制机制障碍。在微观层面上，浙江省着力于打造"四个一批"，即：着力于转出一批主体，国有文化事业单位通过深化内部干部、人事和分配制度改革，转换机制，增强活力，形成适应发展要求的企业化管理模式；着力于改出一批主体，通过明晰产权，改制改造，对一部分国有文化单位实行"事改企"，有条件的改制为规范的现代企业；着力于放出一批主体，在政策允许的范围内，通过完善产业政策，优化服务环境，让民间资本进入文化领域，形成一批民营文化企业；着力于扶持一批主体，扶持龙头文化产业集团和重点文化公益单位。

文化体制改革的根本目的是解放和发展文化生产力，在文化产业领域，就是要按照市场经济规律以及社会效益和经济效益相结合等原则，释放文化企业主体的生产和经营活力。在文化体制改革综合试点过程中，浙江文化产业发展呈现出了盘活存量、发展增量、以存量和增量共同拉动发展的显著态势：一是文化产业快速增长。2004年，浙江全省实现增加值为11243亿元，人均实现增加值为23942元，年均增长速度为13.5%；文化产业实现增加值378亿元，文化产业从业人员110万人，人均增加值34364元，与2003年相比，年均增长速度为21.2%。二是存量领域的文化产业发展潜能开始释放。2004年8家国有文化集团资产总值达到126.7亿元，全年总收入超过100亿元。三是增量领域的民营文化企业成长迅速、文化产业区块特色明显。2004年，浙江民营文化企业从业人员为50万人，占浙江省文化产业从业人员的比重为45%，占浙江省全部从业人员（2940万）的比重为1.7%，所创造的增加值也相当可观。广厦集团、横店集团、宋城集团等一批龙头民营文化企业已在全国产生了较大的影响。高新文化产业区块、传统艺术产业区块、优势文化产业区块等一批特色文化产业区块已经形成。四是新兴文化产业异军突起。数字电视、动漫产业、手机报纸等快速发展；现代文化物流业发展迅速，形成了以浙江新华发行集团为代表的图书发行连锁，以浙江华人传媒公司为代表的音像发行连锁，以浙江在线、沸蓝、大安网盟为代表的网吧连锁，以星光、时代、雁荡院线为代表的电影院线等。

在文化体制改革综合试点工作基础上，2005年，浙江省制定了以文化产业发展为主的《浙江省文化建设"四个一批"规划》，这是浙江省"十一五"规划体系中的一个重点专项规划。这个重点专项规划以坚持文化继承与改革创新并重、文化发展与经济发展统筹、文化事业和文化产业协调、大众文化与精品文化并举、文化发展与结构调整结合、政府引导与市场运作互动等为基本原则，围绕加快建设文化大省的总体目标和文化体制改革的总体方案，以与时俱进弘扬"浙江精神"、创新体制机制为动力，以满足人民群众精神文化需要和人的全面发展为根本目的，提出到2010年，建成一批重点文化设施、发展一批重点文化产业、培育一批重点产业区块、壮大一批重点文化企业。这是浙江省首次以重点专项规划形式对文化建设"四个一批"进行谋划布局，涵盖了全省新闻出版、广播影视、文化艺术、文化旅游、体育等五大领域，对于提升浙江文化发展活力，壮大浙江文化实力，提高浙江文化产业竞争力，加快推进浙江文化大省建设，具有重要意义。

2005年7月，中共浙江省委十一届八次全会通过的《关于加快建设文化大省的决定》，对浙江省文化产业的发展作了更全面、更周密的布局和部署。《决定》将浙江发展文化产业的意义和作用上升到了"市场经济条件下繁荣社会主义文化、满足人民群众精神文化需求的重要途径"的高度来认识,并提出"要充分发挥地域文化资源和非公有制经济优势,培育一批具有较强实力和竞争力的文化产业主体,形成产品丰富、要素完备、管理有序的文化市场体系,形成以国有文化企业为主导、多种所有制文化企业共同发展的开放格局"。《决定》根据浙江文化产业发展的新特点和新优势,把未来浙江文化产业发展的重点从2002年5月全省文化工作会议通过的《关于深化文化体制改革加快文化大省建设的若干意见》提出的传媒业、演艺业、美术业、会展业和体育业等5大行业,调整为出版业、广播影视业、文化艺术服务业、会展业、动漫业、艺术品经营业、旅游文化服务业、文体用品设备制造业等8个行业,并强调,要积极鼓励和引导社会力量兴办文化产业,"推进投资主体多元化,加快文化产业创新,培育一批民营龙头文化企业和特色文化企业,培育一批高新技术文化企业,积极培育文化产品专业市场和文化产业要素市场"。

与《决定》相配套,浙江省随后出台了作为加快建设文化大省"八项工程"之一的《文化产业促进工程》,进一步明确了到2010年浙江文化产业的发展目标:"形成一批在全国有竞争优势的文化主导产业,文化产业年均增长速度快于国民经济增长速度,文化产业增加值占全省生产总值的7%,城镇居民人均文化消费支出占总消费支出的15%,农村居民人均文化消费支出占总消费支出的10%。""培育一批特色鲜明、规模较大、核心竞争力突出的文化产业区块,形成5个以上产值超100亿元、10个以上产值超50亿元的重点文化产业区块。""发展一批社会效益与经济效益俱佳、结构合理的骨干文化企业,形成5家以上产值超50亿元、20家以上产值超10亿元、100家以上产值超1亿元的重点文化企业。""打造一批市场适销对路、群众喜闻乐见、在国内外具有较高知名度的文化名牌产品,形成5个以上国际知名、20个以上国内知名的文化产品。""创建一批交易活跃、管理规范、辐射能力强的文化专业市场,形成5个以上全国性、10个以上区域性文化专业市场。"显然,与以往省委省政府有关文化产业发展的政策文件相比,《文化产业促进工程》关于浙江文化产业发展目标的表述,增加了许多量化的指标,从而更清晰,也更具体了。

(三) 推动文化产业发展的显著成效

习近平在浙江工作期间,文化大省建设加快推进,文化产业呈加快发展的趋势。

2006年,国家统计局的统计数据表明,在文化产业发展的几个主要统计指标上,如文化产业从业人员数、年营业收入、实现增加值和增加值占GDP的比重,浙江都名列全国前茅。在文化产业从业人员超过50万人的6个省市中,浙江位于广东之后,位列第2位;在年营业收入超过1000亿元的6个省市中,浙江位于广东、上海、北京、山东、江苏之后,位列全国第6位;在实现增加值超过100亿元的9个省市中,浙江位于广东、北京和山东之后,居全国第4位;在文化产业增加值占GDP的比重高于全国平均水平的5个省市中,浙江位居北京、广东、上海和福建之后,位列第5位。2007年,浙江全省文化产业总产出2123.44亿元,实现增加值595.93亿元,分别比上年增长18.5%和18.8%,增幅比上年同期上升6.2和5.4个百分点。文化产业增加值占全省GDP的比重为3.2%。以新闻出版、广播影视和文化艺术为主的文化产业核心层实现增加值142.84亿元,占文化产业增加值的24%;以文化旅游、网络游戏、休闲娱乐等新兴文化服务业为主的文化产业外围层实现增加值83.15亿元,占13.9%;以文化用品、设备及相关文化产品生产和销售为主的文化产业相关层实现增加值369.94亿元,占62.1%。

至2007年,浙江省广播电视综合人口覆盖率、有线光缆联网率、有线电视入户率、用户数等多项指标位居全国前列,初步建成了由数字节目、传输、服务等内容构成的有线数字电视体系;全省拥有影视制作机构381家,注册资金18亿元,总量居全国第2位,仅次于广东,涌现出了一批在全国较有影响的品牌制作公司;共有网民1509

万，网站9万多个，网民数和网站数分别位居全国第3位和第4位，有近3000家行业网站，占全国一半以上，仅杭州市就有1300家。2007年，全省电子商务网上交易额超过5000亿元，形成了以阿里巴巴为代表的综合性电子商务网站和以中国化工网为代表的行业性电子商务网站两种发展模式（创办中国化工网的网盛科技为第一家在国内上市的互联网企业），培育了一批全国乃至全球知名的电子商务网站，"浙江网商"成为全国知名品牌。在中国行业网站百强中，有七成左右注册地在浙江。据《互联网周刊》统计，全国最具影响的行业性商业网站，浙江省的阿里巴巴、中国化工网、今日五金、中国化纤网、金蚕网、全球纺织网、全球五金网、中国服装网、中国机械网等8个网站榜上有名。2007年，阿里巴巴公司的淘宝网网上交易额达433亿元，支付交易金额达493亿元，日交易金额最高达3.1亿元，阿里巴巴网站会员达2700万人；中国化工网通过网络促成的交易额达100亿元。[①] 全省初步形成了动漫产品研发、制作、运营和周边产品开发的产业链。2007年，浙江省有专业动画制作企业50余家，从业人员1万多人，动画产量1.3亿分钟。

实施加快建设文化大省战略以来，浙江文化走出去步伐逐渐加快。据省外经贸厅统计，浙江省文化产品和服务年出口总额实现了较快增长，由2002年的10亿美元增加到2007年的39.22亿美元，年增幅高达54.4%，文化产品和服务出口遍及世界180多个国家和地区。浙江省通过影像版权、播放权出让和合作拍摄等形式，共有《中国母亲》《绍兴师爷》等1400部集电视剧，《济公》等676集、6070分钟动画片被海外市场收购，在全国处于领先水平。

特别值得一提的是，浙江省会城市杭州文化产业呈现出了加速发展的态势。在实施建设文化大省战略之前，杭州市文化产业虽然也取得了一定程度的发展，但仍然相对滞后于经济发展。据时任杭州市副

[①] 浙江省互联网宣传管理办公室：《浙江省网络文化产业发展调研报告》，中共浙江省委宣传部编：《推动文化大发展大繁荣专题调研成果汇编》，2008年7月。

市长陈重华撰写于 2001 年初的《对杭州发展文化产业的调查与思考》一文所述,在 20、21 世纪之交杭州市文化产业发展还存在投资渠道单一、产业规模偏少、人才严重匮乏等方面的问题。"现有文化企事业单位中 90% 以上系国有性质,社会资本兴办的文化企业数量少、规模小,外资独资或中外合资文化企业更少,由此带来所有制结构的不合理,投资渠道的单一和资金的严重不足。""文化产业规模小,社会化、产业化程度低,且产业结构上传统产业所占比重较大,技术含量不高,还停留在简单的文化产品和娱乐服务阶段;产业组织形态上大多是小规模的分散经营;文化要素市场、劳务市场、产权市场尚未真正形成。""杭州发展文化产业受到人才紧缺的制约,尤以熟悉文化,善于经营的复合型人才更为紧缺;现有的人员素质不高,年龄、结构与产业发展不相适应,且流失严重;艺术院校数量少且规模偏小;绝对性冗员和结构性冗员同时存在。"[①]

实施建设文化大省战略以来,杭州市把发展文化产业作为建设文化名城的突破口,作为推进经济与文化协调发展、实现杭州新时期发展目标的重要战略举措,发挥市场对文化资源配置的基础性作用,发挥杭州历史悠久、文化资源丰富的优势,加快文化体制改革,积极推进文化创新,形成了具有杭州特色的文化产业体系,杭州文化创意产业领先地位初步显现。据《杭州文化创意产业发展报告(2007)》,至 2006 年,杭州市已经形成了门类较为齐全、具有区域特色的文化创意产业业态;营业收入、就业人数等主要统计指标表明,杭州的文化创意产业已具备了扎实的产业基础,部分文化创意行业发展在全国已处于领先地位。[②] 以高新国家动画产业基地和西湖数字娱乐产业园为平台,中国"动漫之都"建设已经初具规模,2006 年集聚了具有一定优势的动漫游戏企业 80 多家,完成了原创影视动画作品 1.1 亿

[①] 杭州市文化局编:《杭州先进文化研究文集》,2001 年 10 月。
[②] 中共杭州市委宣传部、杭州市文化创意产业办公室编:《杭州文化创意产业发展报告(2007)》,杭州出版社 2008 年版,第 13—14 页。

分钟，动漫游戏业位居全国第 3 位。2006 年，杭州数字电视用户突破 100 万户，以"技术创新和应用服务创新"为内容的杭州数字电视业创新发展模式在全国具有领先地位。在杭州国际动漫节、西湖博览会等带动下，杭州会展服务业迅速发展。2007 年 6 月，浙江省文化创意产业实验区在杭州挂牌成立，涵盖了广告设计、建筑设计、艺术和工艺品、时尚设计、影视传媒、表演艺术和出版等多种创意产业形态，云鼎广告、恒腾广告、佳合舞台、一尊装饰、众联实业、世贸广告、丰盛装饰、意大利迷塞亚、众视传媒机构等 50 多家创意企业和一些个人工作室入驻。杭州市还出现了 LOFT49、唐尚 433、A8 艺术公社等创意产业园区；南山路、劳动路、清河坊区块、岳王艺术城等区块的产业空间集聚也初具规模；国家电子信息产业基地和国家集成电路设计产业化基地等国家级产业园区的集聚和辐射效应逐步显现，杭州信息服务产业发展开始在全国城市中处于领先地位。按照国家统计局《文化及相关产业分类》口径，2003 年，杭州市文化产业实现增加值 65 亿元，比上年增长 14.8%；2005 年，全市文化产业实现增加值 103.9 亿元，仅次于房地产业和金融服务业，在八大服务业中位列第三；2006 年，全市文化产业增加值比上年增长 21.7%，远远高于全市 GDP 12.5% 的增幅。如果按杭州市的大文化产业统计口径①，这几年杭州市文化产业增加值增长更快。2007 年，杭州市文化创意产业实现增加值 490.23 亿元，占全市 GDP 的 11.95%，对 GDP 增长的贡献率为 15.6%，文化创意产业跃居八大服务业之首，已经成为杭州市国民经济支柱性产业。

除了省会城市杭州以外，浙江省其他一些城市的文化产业，也有了相当程度的发展。其中，尤其突出的，是副省级城市宁波。开展文化体制改革试点工作以来，宁波市文化产业规模总量持续扩大，在满

---

① 杭州市大文化产业，包括新闻服务，出版发行和版权服务，广播、电视、电影服务，文化艺术服务，网络文化服务，文化休闲娱乐服务，教育培训服务，医疗卫生服务，体育健身服务，以及包括文化用品、设备及相关文化产品的生产和销售等在内。

足人民群众文化消费需求、促进就业和经济发展等方面发挥越来越重要的作用。2004年，全市文化产业实现增加值73.9亿元；2005年，全市文化产业实现增加值90.8亿元，比上年增长23.0%；2006年全市文化产业实现增加值113.9亿元，比上年增长25.5%；2007年全市文化产业实现增加值132.95亿元，比上年增长16.7%。与此同时，宁波市加快推动文化产业从粗放型、依附型向集约型、自主创新型转变提升，涌现出了一批文化创意产业园区，如全市首个LOFT创意园区——新芝8号创意园、市工业设计与创意街区、全市首个民营企业开发的创意园区——三厂时尚创意街区等。此外，江东的228创意园区、镇海的创e慧谷、鄞州的128创新园、慈城的天工之城和江北的1842外滩创业基地、134创意谷等一批创意园区都已形成了一定的规模。像杭州和宁波一样，全省各级党委和政府也都希望通过文化产业区块和园区集聚创意产业资源，打造创意经济，引领全省各地转变经济发展方式，推动产业结构的调整和转型升级。

四 推动文化产业成为国民经济支柱产业

所谓支柱产业，就是在国民经济中发展速度较快，对整个经济起引导和推动作用的先导性产业。支柱产业往往具有较强的连锁效应，能够诱导新产业的崛起，对为其提供生产资料的各部门、所处地区的经济结构和发展变化，具有深刻而广泛的影响。具体而言，"支柱产业"这个概念具有以下几点涵义：一是"大规模产出"，产业的净产出占国民经济或地区经济较大比重；二是"现在"，现在比重大的产业就是支柱产业，即使其比重呈下降趋势，只要比重还较大，仍可称为支柱产业；三是"发展"，市场扩张能力强、需求弹性高，发展快于其他行业，生产率持续、迅速增长，生产成本不断下降；四是"扩大就业"；五是"带动作用"，产业关联度高、长期预期效果好；六是"节约能源和资源"。在当今世界，文化产业已经成为新的经济增长点、经济结构战略性调整的重要支点、转变经济发展方式的重要着力点，是能够对整个国民经济起引导和推动作用的先导性、战略性和支柱性产业。因此，不少国家和地区纷纷把文化产业作为具有优结构、扩消费、增就业、促转型和可持续发展的国民经济支柱性产业来培育和打造。

伴随加快建设文化大省战略的逐步推进，把文化产业打造成具有优结构、扩消费、增就业、促转型和可持续发展作用的支柱性产业，也被浙江省委省政府摆上了重要的议事日程。2005年省委《关于加快建设文化大省的决定》提出，要"加快文化产业发展，增强文化产业的整体实力和竞争力，促进文化产业成为新的经济增长点和支柱产业"。这就在省委有关文化建设的纲领性文件中，首次明确了促进文化产业成为国民经济支柱产业的战略目标。实施加快建设文化大省战略以来，浙江省历任省委坚持一张蓝图绘到底，一任接着一任干，从加快建设文化大省、文化强省到努力建设文化浙江，既一脉相承又与时俱进，在不同的历史条件下，不断推动文化产业发展跃上新台阶。在这个过程中，浙江文化产业实力和竞争力逐步增强，文化及相关产业增加值的年均增长速度明显高于同期经济增长速度，文化产品和服务出口明显扩大，文化创新能力显著增强，文化产业在浙江省国内生产总值中的比重逐步增加，逐步成为具有优结构、扩消费、增就业、促转型和可持续发展作用的国民经济支柱性产业。

（一）创业创新与推动文化产业发展

党的十七大报告不仅用三个"越来越"对新历史阶段文化的地位、作用和功能，作出了新的判断和新的定位，强调，"文化越来越成为民族凝聚力和创造力的重要源泉、越来越成为综合国力竞争的重要因素，丰富精神文化生活越来越成为我国人民的热切愿望"；而且对兴起文化建设新高潮、推动文化大发展大繁荣作出新的布局和部署，进一步明确了中国特色社会主义文化建设的方向。党的十七大报告也把加快转变经济发展方式、推动产业结构调整和优化升级提升到"关系国民经济全局紧迫而重大的战略任务"高度来认识,强调,"要坚持走中国特色新兴工业化道路,坚持扩大国内需求特别是消费需求的方针,促进经济增长由主要依靠投资、出口拉动向依靠消费、投资、出口协调拉动转变,由主要依靠第二产业带动向依靠第一、第二、第三产业协同带动转变,由主要依靠增加物质资源消耗向主要依靠科技进步、劳动者素质提高、管理创新转变"。正是在这一背景下,党的十七大报告把发展文化产业摆在了更加突出和重要的位置,强调,要"大力发展文化产业,实施重大文化产业项目带动战略,加快文化产业基地和区域性特色文化产业群建设,培育文化产业骨干企业和战略投资者,繁荣文化市场,增强国际竞争力"。这就进一步明确了新的历史阶段中国文化产业发展的新目标和新任务。

在党的十七大召开前夕,2007年6月,浙江省召开了第十二次党代会,把推进"创业富民,创新强省"作为深入实施"八八战略"的重大举措,并围绕建设惠及全省人民的小康社会,提出了努力实现"六个更加"和"六大突破"的奋斗目标。推进"创业富民,创新强省",就是全面推进个人、企业和其他各类组织的创业再创业,全面推进理论创新、制度创新、科技创新、文化创新、科学管理创新、党建工作创新和其他各方面的创新,形成全面创业和全面创新的生动局面,使全省人民收入水平持续提高,家庭财产普遍增加,生活品质明显改善,走共同富裕道路;使全省综合实力、国际竞争力、可持续发展能力不断增强,加快建设富强民主文明和谐的新浙江。努力实现"六个更加"和"六大突破"的奋斗目标,就是要实现经济更加发展、政治更加文明、文化更加繁荣、社会更加和谐、环境更加优美、生活更加宽裕,力争在加强自主创新、深化改革开放、提升民营经济发展水平、统筹城乡区域发展、节约资源保护环境、全面改善民生等方面实现新突破。推进"创业富民、创新强省"实践,实现"六个更加"和"六大突破",顺理自然地要求把发展先进文化作为重要支撑，加快推动文化产业发展。

2007年11月，党的十七大闭幕后的第二个月，省委十二届二次全会召开，出台了《关于认真贯彻党的十七大精神扎实推进创业富民创新强省的决定》，提出，要"大力培育创业创新主体，积极弘扬创业创新文化，不断健全创业创新机制，加快完善创业创新政策，着力优化创业创新环境，把创业富民、创新强省落实到经济建设、政治建设、文化建设、社会建设和党的建设各个方面，贯穿于改革开放和现代化建设全过程，加快建设全民创业型社会，努力打造全面创新型省份，确保实现全面建设惠及全省人民的小康社会、继续走在前列的奋斗目标"；要"积极推进文化内容形式创新，发掘浙江历史文化的丰厚资源，立足浙江改革发展的生动实践，繁荣哲学社会科学，打造文化艺术精品，培育新的文化业态，不断推出文化创新成果，掀起社会主义文化建设新高潮"；"坚持用以创业创新为核心的浙江精神凝聚力量、激发活力、鼓舞斗志，进一步发扬浙江人民特别能吃苦、特别能创业的优秀品行，弘扬浙江人民善于创业、勇于创新的精神品格和文化传承，形成鼓励创业创新、宽容失败挫折的社会氛围，在创业创新中不断实现新的发展"。在新的高度和新的起点上推动文化创新，是推动文化繁荣发展，强化"创业富民、创新强省"文化软实力支撑的内在要求。

为了在更高历史起点上全方位谋划和布局浙江文化发展，特别是谋划和布局社会主义核心价值体系、公共文化服务体系和文化产业发展体系建设，将加快建设文化大省这张蓝图绘到底，2008年6月，省委工作会议通过《浙江省推动文化大发展大繁荣纲要（2008—2012）》。这是新世纪以来省委制定的有关浙江文化建设的第三个纲领性文件。《纲要》进一步明确了推动文化大发展大繁荣的指导思想，提出，要按照省第十二次党代会的部署，"深入实施'创业富民、创新强省'总战略，适应全面建设小康社会的新要求，遵循社会主义文化发展规律，继续解放思想，推进文化创新，建设和谐文化，在加快建设教育强省、科技强省、卫生强省、体育强省的同时，深化文明素质工程、文化精品工程、文化研究工程、文化保护工程、文化产业促进工程、文化阵地工程、文化传播工程、文化人才工程等'八项工程'，建设社会主义核心价值体系、公共文化服务体系、文化产业发展体系等'三大体系'，不断满足人民群众日益增长的精神文化需求，不断提高人民群众的思想道德素质、科学文化素质和健康素质，不断增强我省的文化综合实力和竞争力，为全面建设惠及全省人民的小康社会提供强有力的文化支撑"。

这个有关加快建设文化大省新的纲领性文件，不仅传承了2005年省委《关于加快建设文化大省的决定》中关于加快建设"四个强省""八项工程"这个浙江文化建设的主体框架、主要内容，而且增加了"三大体系"，既一脉相承，又与时俱进，在新的起点上，对掀起文化大省建设新高潮、推动文化大发展大繁荣作出了新的布局和部署。需要特别说明的是，《浙江省推动文化大发展大繁荣纲要（2008—2012）》，把文化发展体系归纳为社会主义核心价值体系、公共文化服务体系、文化产业发展体系等"三大体系"，比全国整整早了三年。[①] 这再次体现了浙江省委"干在实处，走在前列"的精神、发展中国特色社会主义先行探索的高度自觉和责任意识。

《浙江省推动文化大发展大繁荣纲要（2008—2012）》，不仅把文化产业发展体系与社会主义核心价值体系、公共文化服务体系一起，作为浙江未来三大文化建设体系，而且也描述了"文化产业发展体系基本建立"的蓝图和愿景，即，文化产业结构得到优化，发展水平和层次明显提升，国有文化资本的控制力和影响力显著提升，民营文化企业健康发展，新兴文化业态快速壮大，以公有制为主体、多种所有

[①] 三年后的2011年10月，党的十七届六中全会通过的《中共中央关于深化文化体制改革 推动社会主义文化大发展大繁荣若干重大问题的决定》，首次将社会主义核心价值体系、公共文化服务体系、文化产业发展体系并提，作为中国特色社会主义文化建设的主要内容。

制共同发展的文化产业格局基本形成。《浙江省推动文化大发展大繁荣纲要（2008—2012）》也明确了文化产业发展新的"四个一批"目标，即，涌现出一批具有较强综合实力和创新能力的文化企业、一批具有自主知识产权和核心竞争力的文化品牌、一批具有集聚效应和产业特色的文化产业区块、一批文化产业的战略投资者。2005年《关于加快建设文化大省的决定》中确定的浙江省重点文化产业门类，即出版业、广播影视业、文化艺术服务业、会展业、动漫业、艺术品经营业、旅游文化服务业、文体用品设备制造业在新《纲要》中大体上得到了延续。有所区别的是，新《纲要》把《决定》中的"艺术品经营业"，调整为"设计艺术和艺术品经营业"。其中虽然只有五个字之差，但包含的意义却有很大的区别，它体现了浙江省根据当今世界文化产业发展新趋势，把发展文化创意产业提到了更加重要的议事日程。

新《纲要》结合浙江文化产业发展的新态势新特点，在更高的起点上明确了影视业、出版发行业、文化艺术服务业、旅游文化服务业、会展业、动漫业、设计艺术和艺术品经营业、文体用品制造业等浙江重点文化产业门类的发展目标：

影视业：尊重影视产业发展的客观规律，坚持市场导向，加强题材规划，关注重大历史和现实题材，重点抓好电影、电视剧、纪录片、动画片、网络视频的创作生产，做大做强国有影视机构，提升民营影视机构创作生产水平，培养优秀影视创作团队，支持影视基地建设，努力使浙江省影视走在全国前列。

出版发行业：实施出版精品工程，加快产业调整和升级步伐，提升出版整体水平，努力把浙江建设成为全国重要的出版中心之一。适度控制印刷企业总量，大力发展特色印刷、数码印刷，重点打造杭州、宁波、苍南、义乌四大印刷产业区块。培育浙江省新华书店集团有限公司等发行龙头企业，大力发展连锁经营和物流配送、出版物电子商务、会员制发行、直邮发行等现代新型分销形式，促进出版物发行向现代流通业态转变。

文化艺术服务业：着力建设以杭州、宁波、温州为重点的全省演出市场网络体系。扶持若干重点国有文艺院团，发展民营表演团体，努力造就一批能推向全国、走向世界的演出团体。鼓励应用高新科技，引进、开发新的娱乐形式，提高娱乐产业的整体层次和文化品位。引导互联网上网服务营业场所向规模化、连锁化、专业化、品牌化方向发展，加强网上监管，建设功能齐全、内容健康的数字文化家园。

旅游文化服务业：发挥浙江旅游资源优势，努力建设红色旅游经典景区，做优做特民俗文化、水乡古镇、生态文化、海洋文化、畲族风情等文化旅游区块，打响"诗画江南、山水浙江"的浙江旅游文化品牌。注重开发浙江历史名城名镇、名人故居、名山名园等文化旅游资源，打造一批精品旅游线路，加大文化旅游品牌在海内外的推介力度。

会展业：构筑以杭州、宁波、温州、湖州、嘉兴、绍兴、台州以及义乌等城市为主干的会展业群体，加快浙江会展业专业化、市场化、国际化进程，努力打造全国重要的会展中心。加快建设一批高档次、多功能的现代化会展场馆。重点组织好杭州"西湖博览会"、宁波"浙江投资贸易洽谈会"、义乌"中国国际小商品博览会"等大型展会。

动漫业：制定全省动漫产业发展中长期规划，出台相关扶持政策，提高浙江动漫、网络游戏产品质量，打响浙江动漫品牌。以杭州为龙头，集聚全省各种要素，探索动漫产业集约化、现代化的发展模式，把浙江建成集教学、研发、制作、生产、销售于一体的动漫产业强省。抓好杭州高新区国家动画产业基地和浙江大学、中国美术学院、浙江传媒学院等动漫教学研究基地建设。加大动漫衍生产品和网络游戏开发力度。

设计艺术和艺术品经营业：巩固和发展杭州、宁波等城市设计艺术业基础，加大对环境艺术、广告装潢、服装设计、工业设计等文化创意产业的扶持和引导力度，加快产业集聚和升级，不断提高创新能力，努力成为浙江文化产业的优势门类。大力发展浙江传统艺术、民间艺术和工艺美术，加快形成富有浙江特色和竞争优势的艺术产品系列。支持中国美术学院、西泠印社等推行名师、名品战略，扩大浙派美术在国内外的影响力。培育和繁荣艺术品市场，建设在全国有影响力的现代艺术品拍卖中心。

文体用品制造业：大力发展工艺美术品、办公文化用品、木制玩具、体育休闲用品等文体用品制造业，不断提高产业技术含量和产品附加值。重点培育一批文体用品制造基地，形成若干知名品牌和龙头企业，增强在国内外市场的竞争力。

"十一五"时期，浙江文化产业增加值年均增长19.0%，高出同期GDP现价增幅3.4个百分点。2008年国际金融危机引发了全球经济衰退。在严峻的形势下，浙江省文化产业逆势而上，总量规模持续较快增长，远超GDP增幅。2006—2008年和2009—2010年浙江文化产业增速较快。由于国际金融危机的影响，2008—2009年浙江文化产业的增速和GDP的增速都有所下降，但文化产业的增速仍然大于GDP的增速，2008年实现增加值735.44亿元，2009年达807.96亿元。2010年，浙江文化产业增加值首次跨过千亿元大关，达1056.09亿元。全省文化产业增加值在国内生产总值中的比重达到3.8%，比2005年提高0.5个百分点，高出全国平均水平1个百分点。浙江省文化产业存量和增量同步提升，不仅新闻出版、影视服务、数字内容与动漫、文化旅游、文化会展和文化产品制造等产业门类继续在全国保持优势地位，而且数字电视、数字动漫、数字出版等新兴文化产业迅速崛起。2010年文化产品制造业实现增加值525亿元；文化产品批发零售业实现增加值133.1亿元；文化服务业实现增加值398.1亿元，制造业、批发零售业、服务业三者实现增加值之比为49.7：12.6：37.7。文化服务业（包括批发零售）实现增加值占第三产业的比重为4.4%。浙江省新闻出版、影视服务、数字内容与动漫、文化旅游、文化会展和文化产品制造等已经逐步确立了在全国的优势。2010年浙江省新闻出版业主营业务收入228.3亿元，利润总额21.3亿元，分别居全国第2位与第1位；电视剧产量，仅次于北京，居全国第2位；动画片产量，仅次于江苏，居全国第2位，其中杭州市动画片产量居全国城市第1位；电影票房收入位居全国第5位。浙江省国有文化资源进一步得到了优化配置，竞争实力显著增强，民营文化企业成长迅速，涌现出了横店集团、宋城集团、华策影视、中南卡通等一批在全国有影响的民营文化龙头企业，中国资本市场上的"电影第一股""演艺第一股"和"电视剧第一股"的华谊兄弟、宋城集团、华策影视也都出自浙江。在文化企业发展壮大的同时，文化产业集聚度不断提高，文化产业园区建设进入快速发展时期，据不完全统计，至2010年底全省各地涌现出具有鲜明地域特色的文化产业园区多达70余个，吸引了人才、资本、技术等要素，集中了软件、工业设计、广告、传媒、艺术品创作和交易等优势产业，产业集聚发展态势快速形成，对全省文化产业发展的示范和带动效应不断扩大，为进一步提高文化产业规模化、集约化、专业化水平，奠定了坚实的基础。

在规模持续较快增长的同时，浙江文化产业布局不断优化、发展层次不断提升、现代文化市场体系不断完善，文化产业集群和多元投资格局逐步形成，"走出去"步伐显著加快，在推动经济结构调整和转型升级中的作用日益凸显。据2011年12月发布的中国人民大学《中国省市文化产业发展指数》，浙江文化产业发展综合指数仅次于京沪粤，居全国第4位。

（二）建设文化强省与发展文化产业

在"十一五"时期即将收官和"十二五"即将开始之际，党中央和国务院把推动文化产业发展摆在了更加重要的议事日程。2009年7月22日，国务院常务会议审议通过《文化产业振兴规划》，这既是我国第一部文化产业专项规划，也是继钢铁、汽车、纺织等十大产业振兴规划后出台的又一个重要的产业振兴规划，标志着文化产业已经上升到国家战略性产业的地位。这个《规划》明确了文化产业振兴的指导思想与国家重点推进的文化创意、影视制作、出版发行、印刷复制、广告、演艺娱乐、文化会展、数字内容和动漫等文化产业门类，强调要大力培育市场主体，加快转变文化产业发展方式，进一步解放和发展文化生产力，切实维护我国文化安全，推动文化产业又好又快发展，将文化产业培育成国民经济新的增长点。作为新中国成立以来首部全国性的文化产业专项规划，《规划》对中国应对金融危机、加快文化产业发展、推动经济结构调整等都具有重要的意义，意味着中国文化产业经过多年的探索性发展，已经迎来了历史性转折点，进入了新的发展阶段。

2010年10月党的十七届五次全会通过《中共中央关于制定国民经济和社会发展第十二个五年规划的建议》，提出，要"在政府引导下发挥市场机制积极作用，培育骨干文化企业和战略投资者，鼓励和引导非公有制经济进入，发展新型文化业态，增强多元化供给能力，满足多样化社会需求，繁荣社会主义文化市场，推动文化产业成为国民经济支柱性产业"。同年11月，省委十二届八次全会通过《中共浙江省委关于制定浙江省国民经济和社会发展第十二个五年规划的建议》，提出了"积极推进文化发展方式转变，加快把文化产业发展成为先导性、战略性、支柱性产业"的目标，强调要"加快国有文化企业的改革发展，鼓励民营经济投资文化产业，形成一批有核心竞争力的文化企业"；"大力发展文化创意、影视服务、新闻出版、数字动漫、文化会展、文体休闲娱乐、文化产品流通、文化产品制造等优势产业，形成一批具有较强竞争力的产业集群"；"加大政策扶持力度，加快文化科技创新，催生新的文化业态，加强基本环境和产业要素建设，推动形成若干个具有全国影响、集聚效果明显、产业特色鲜明的文化产业集聚基地"。这就明确了"十二五"时期浙江省文化产业发展的方向、目标和任务。

在这一背景下，2011年1月省政府根据国家《文化产业振兴规划》《中共浙江省委关于制定浙江省国民经济和社会发展第十二个五年规划的建议》以及《浙江省推动文化大发展大繁荣纲要（2008—2012）》，编制并印发了《浙江省文化产业发展规划（2010—2015）》。虽然其起讫期为2010年至2015年，与"十二五"时期并不完全吻合，但实际上就是"十二五"时期浙江省文化产业发展规划，因此也可以视为浙江省第一部有关全省文化产业发展的五年专项规划。这个《规划》在充分肯定浙江省文化产业发展成绩的同时，也对文化产业发展存在的问题进行了客观的分析：2009年，全省文化产业增加值仅占生产总值的3.5%，还未成为全省的支柱产业；文化产业结构不尽合理，文化资源配置区域差异较大；全省文化产业增加值构成中，文化服务业仅占37.3%；全省城镇居民人均娱乐教育文化消费支出占总消费支出的比重为13.8%，明显低于发达国家30%的水平；城镇居民人均文化消费支出是农村居民的2.86倍，城乡文化消费差距仍较大。文化产业政策法规体系不健全，文化资源未能得到有效配置。传统的文化管理模式弊端尚未破除，文化政策体系尚未完善，文化资源尚未得到系统开发，文化产业链条尚未有效贯通，规模化发展和大市场运作尚未形成，文化领域的优惠政策尚未得到真正落实。文化产业高端复合型人才较为缺乏，文化人才政策仍需健全。全省文化产业从业人员主要集中于制造流通领域，文化资本运营、文化经纪代理、媒体产业经营管理等高端复合型人才较为缺乏，文化人才的引进、培养、激励与保障等机制仍需进一步完善。

在对浙江文化产业发展存在问题进行客观诊断的基础上，《浙江省文化产业发展规划（2010—2015）》提出了到2015年浙江省文化产业发展总体目标：文化产业发展体系更为完善，体制机制更富有活力，企业创新能力显著增强，文化产品和服务出口明显扩大，文化产业增加值在地区生产总值中的比重明显提高，成为浙江省国民经济的新兴支柱产业；文化产业综合实力和市场竞争力显著增强，在全国的地位得到较大提升，全面巩固和发展在新闻出版、文化创意、影视服务、数字内容与动漫、文体休闲娱乐以及文化产品制造等领域的领先地位。到2012年，文化产业增加值占全省GDP比重达到4.2%以上，文化服务业占比达到40%以上；到2015年，文化产业增加值占全省GDP比重达到5%以上，文化服务业占比达到45%以上。值得一提的是，《规划》不仅提出到2015年使文化产业成为浙江国民经济新兴支柱产业这一目标，而且还将之具体化为使文化产业增加值占全省GDP比重达到5%以上这一量化指标。从"十二五"时期浙江文化产业发展的实际情况和结果来看，《规划》提出的这个量化指标还是比较客观和合理的。

2011年，浙江人均GDP突破了9000美元，经济结构、社会结构、城乡结构、消费结构变化步伐显著加快，人民群众精神文化需求迅速增长，呈现出多方面、多层次、多样性等特点，对文化建设提出了更高要求，为文化建设注入了新动力。2011年也是"十二五"时期的起始年。"十一五"时期浙江文化的持续快速发展，为"十二五"时期的文化发展奠定了坚实基础。这一年的8月，浙江省发改委、浙江省文化厅印发列入浙江省级"十二五"规划编制体系目录的专项规划《浙江省文化发展"十二五"规划》，提出了到2015年的文化发展总体目标：通过文化体制改革和创新，"浙江文化建设取得新的全面进步，文化发展环境更加优化，文化软实力显著提升，有利于文化科学发展的体制机制逐步健全，建立起与全面小康社会相适应的文化发展格局，文化大省建设的各项主要任务和重要指标基本完成，文化事业整体水平和文化产业综合实力走在全国前列，成为在全国具有重要影响力的文化示范区域"。这个《规划》再一次体现了浙江省在文化建设领域"干在实处、走在前列"的意识。

《浙江省文化发展"十二五"规划》不仅强调要深入贯彻落实国务院《文化产业振兴规划》和《浙江省文化产业发展规划（2010—

2015)》，进一步完善文化产业发展环境，扩大文化产业规模，优化文化产业结构，培育发展新兴文化业态，加快发展重点文化产业，促进文体制造流通等相关产业的发展，使浙江成为全国重要的动漫游戏等内容创意与生产基地，文化产品和设备制造业及流通业中心，以及国内外知名的文化娱乐消费中心和文化电子商务中心，而且也从"文化市场监管体系进一步完善"，"经营秩序健康规范"，"文化市场的供给、流通和消费能力明显增强"，"文化产业规模不断扩大、结构进一步优化"，"新兴文化业态快速壮大"，"文化产业发展水平和层次明显提升"，"文化产业发展成为国民经济支柱性产业和建设文化强省的重要标志"，到2015年"全省文化部门管理的文化产业增加值比2010年翻一番"等方面，进一步明确了"十二五"时期浙江省文化产业发展的目标和方向。

2011年10月，党的十七届六中全会通过《中共中央关于深化文化体制改革　推动社会主义文化大发展大繁荣若干重大问题的决定》，着眼于中国进入全面建设小康社会的关键时期和深化改革开放、加快转变经济发展方式的攻坚时期，文化越来越成为民族凝聚力和创造力的重要源泉、越来越成为综合国力竞争的重要因素、越来越成为经济社会发展的重要支撑，丰富精神文化生活越来越成为我国人民的热切愿望，明确提出建设社会主义文化强国的战略思想和战略举措。《决定》把发展文化产业的地位和作用，提升到了前所未有的高度，强调发展文化产业是社会主义市场经济条件下满足人民多样化精神文化需求的重要途径，"必须坚持社会主义先进文化前进方向，坚持把社会效益放在首位、社会效益和经济效益相统一，按照全面协调可持续的要求，推动文化产业跨越式发展，使之成为新的经济增长点、经济结构战略性调整的重要支点、转变经济发展方式的重要着力点，为推动科学发展提供重要支撑"。这就将推动文化产业发展与国家的总体发展战略，即"转变经济发展方式""经济结构战略性调整""推动科学发展"等联系在了一起。《决定》还从"构建现代文化产业体系"

"形成公有制为主体、多种所有制共同发展的文化产业格局""推进文化科技创新""扩大文化消费"等四方面,对推动我国文化产业跨越式发展进行了新的布局和部署。

作为浙江省落实党的十七届六中全会精神的重大举措,2011年11月,省委十二届十次全会通过《关于认真贯彻党的十七届六中全会精神大力推进文化强省建设的决定》,提出,要在巩固文化大省建设成果基础上,继续深入推进《浙江省推动文化大发展大繁荣纲要(2008—2012)》提出的社会主义核心价值体系、公共文化服务体系、文化产业发展体系等"三大体系"建设,深入推进2005年省委《关于加快建设文化大省的决定》布局和部署的文明素质工程、文化精品工程、文化研究工程、文化保护工程、文化产业促进工程、文化阵地工程、文化传播工程、文化人才工程等"八项工程"。在深入实施"三大体系""八项工程"的基础上,《关于认真贯彻党的十七届六中全会精神大力推进文化强省建设的决定》进一步提出,要重点实施中国特色社会主义理论体系普及计划、公民道德养成计划、文艺精品打造计划、网络文化和现代媒体建设计划、重大文化设施建设计划、基本公共文化服务提升计划、文化遗产传承计划、文化产业倍增计划、对外文化拓展计划、文化名家造就计划等"十大计划","以更高层次、更宽视野、更大力度,推动社会主义先进文化更加深入人心,推动社会主义精神文明和物质文明更加全面发展,推动全社会的文化创造活力更加迸发、社会文化生活更加丰富多彩,推动人民群众基本文化权益得到更好保障、人民思想道德素质和科学文化素质全面提高,把浙江建设成为人文精神高尚、文化事业繁荣、文化产业发达、文化氛围浓郁、文化形象鲜明的文化强省"。这就在巩固文化大省建设成果基础上,从浙江科学发展新要求、文化发展新趋势、人民群众精神文化生活新期待、落实中央对浙江提出"走在前列"的总体要求、切实担负起为文化强国建设先行探索重大责任的新高度,对加快推动文化大省向文化强省迈进作出了新的战略部署。在时代的高起点上兴起文化强省建设新高潮，是增强浙江文化软实力的重要举措，是深入实施"八八战略"的有力支撑，是浙江经济社会又好又快发展的迫切需要，是高水平全面建设惠及全省人民的小康社会的重大任务。

改革开放以来，在底蕴深厚的区域文化和改革创新的时代精神引领下，浙江一步步从温饱不足到总体小康再到全面小康，形成了令人瞩目的浙江现象，每一个节点都十分关键。现在，浙江又处在发展的重大关口：实现人均生产总值从1万美元向2万美元历史性跨越，顺利进入国际公认的现代化门槛。不失时机地迈向现代化新征程，更加需要加强文化建设，以先进文化引领浙江人民在推进科学发展、社会和谐的道路上干在实处、走在前列。

从文化大省迈向文化强省，是省委省政府对"八八战略"中提出的"发挥浙江人文优势，加快建设文化大省"顶层设计的进一步具体对接和发展，是又一次围绕深入实施"八八战略"，对浙江文化改革发展制定具体清晰的路线图。特别值得注意的是，《关于认真贯彻党的十七届六中全会精神大力推进文化强省建设的决定》不仅提出要深入实施《关于加快建设文化大省的决定》《浙江省推动文化大发展大繁荣纲要（2008—2012）》这两个纲领性文件提出的"八项工程"和"三大体系"建设，而且提出要深入推进文明素质工程等"十大计划"。"十大计划"与"八项工程"既一脉相承，又与时俱进，前者是在新的时代起点上对后者的进一步深化和具体化。

加快推动文化产业发展是加快推进文化强省建设战略部署的重要内容。《关于认真贯彻党的十七届六中全会精神大力推进文化强省建设的决定》从"优化文化产业布局""提升文化产业发展层次""加强现代文化市场建设"这三个方面阐述了加快构建文化产业发展体系的目标和主要任务。这个有关浙江文化建设的新纲领性文件，不仅再次强调要推动文化产业成为国民经济的重要支柱性产业；而且提出要大力实施文化产业发展"122"工程，着力培育100家重点文化企业、20个重点文化产业园区（基地），助推20家文化企业上市，提高文化产业规模化、集约化、专业化水平，积极培育全国一流的文化产业中心，打造一批特色文化产业基地，发展一批特色文化产业，形成一批特色文化产业县（市、区）。这就进一步将浙江文化产业发展目标和任务具体化和可操作化了。此后，浙江省进一步优化了文化产业发展的政策环境，相继出台了《中共浙江省委浙江省人民政府关于进一步加快文化产业发展的若干意见》《浙江省人民政府办公厅关于进一步推动我省文化产业加快发展的实施意见》《浙江省深化文化体制改革实施方案》《关于扶持我省影视产业和影视创作的政策意见》等一系列政策文件，从资金、税收、土地、金融、人才等方面为加快推动文化产业成为国民经济支柱性产业提供保障和支撑。2015年，浙江省设立了省国有文化资产管理委员会，作为国有文化资产管理的议事协调机构，推动建立管人管事管资产管导向相统一的国有文化资产管理体制。

"十二五"时期以来，浙江文化产业发展进一步加快，产业规模持续扩大，产业特色加快形成，文化贸易量大幅提升。2015年，全省电视剧、动画片、电影产量分别居全国第1位、第2位和第3位；5家浙江文化企业进入"全国文化企业30强"；全省文化产品进出口总额102.55亿美元，比上年增长19.2%；文化服务进出口总额5.03亿美元，比上年增长15.1%。更值得一提的是，全省文化产业增加值由2010年的1056.09亿元增加到2015年的2490亿元，年均增长18%；文化产业增加值占全省地区生产总值的比重由2010年的3.88%提高到2015年的5.81%（2015年全国文化及相关产业增加值为27235亿元，占GDP的比重为3.97%），这意味着浙江文化产业已经成为国民经济的支柱性产业。这是改革开放以来特别是实施建设文化大省战略以来浙江文化产业发展具有里程碑意义的事件。如前所述，2005年《关于加快建设文化大省的决定》首次明确提出促进文化产业成为国民经济支柱产业的战略目标。2005年出台的作为加快建设文化大省"八项工程"之一的"文化产业促进工程"，虽然未有

"把文化产业打造成国民经济支柱性产业"之类表述，但首次提出了浙江文化产业增加值占 GDP 5% 以上的量化发展指标。自从 2005 年《关于加快建设文化大省的决定》提出促进文化产业成为国民经济支柱产业的战略目标以来，历任省委省政府坚持一张蓝图绘到底，坚定不移地将这个战略目标作为努力方向。比如，《浙江省文化产业发展规划（2010—2015）》、2011 年 11 月省委十二届十次全会通过的《关于认真贯彻党的十七届六中全会精神大力推进文化强省建设的决定》都再次明确强调了"推动文化产业成为国民经济支柱性产业"的战略目标。历任省委省政府一任接着一任干，经过多年持之不懈的努力，浙江省终于在"十二五"期末实现了把文化产业打造成国民经济支柱性产业这个重大战略目标。以此为标志，文化产业在浙江省国民经济中的地位更加凸显，在满足人民群众精神文化需求、推动经济结构优化和转型升级中的地位和作用也更加突出。

当然，"十二五"以来，虽然浙江省文化产业快速发展，但仍存在一些突出的矛盾和短板，据《浙江省文化产业发展"十三五"规划》所述，主要体现在：市场主体规模偏小，全省"三上"文化企业 4476 家，仅占全省文化企业总数的 4.2%，低于全国平均水平；产品结构相对低端，文化产品创意和特色不足，文化产品制造业法人单位数占全省文化及相关产业法人单位数的 33.2%，并且以中低端文体用品制造为主，产品附加值较低、市场竞争力不强；产业布局不够合理，文化产业规划的引导作用尚未得到充分发挥，各地文化产业发展存在同质化倾向，文化产业园区建设尚未形成错位发展格局；要素保障受到制约，文化企业融资难现象仍普遍存在，创意人才和复合型高端人才相对匮乏，文化产权、版权的评估体系和交易市场尚未形成；发展合力尚未形成，对文化产业在经济社会发展中重要性的认识有待提高，管理方式尚显粗放，资金投入力度不大，统筹协调的体制机制需要进一步完善。

五　加快把文化产业打造成为万亿级产业

在经过多年持续发展、文化产业已经成为国民经济支柱产业的背景下，浙江省在新的起点上提出了文化产业发展的更高目标。2016年9月，省政府办公厅印发《浙江省文化产业发展"十三五"规划》提出："到2020年，力争全省文化产业增加值占生产总值的比重达到8%以上，文化产业总产出达1.6万亿元，形成较为健全的文化产业发展体系、现代文化市场体系、文化要素支撑体系和文化政策保障体系，文化产业发展主要指标位居全国前列，为建成文化强省奠定坚实的产业基础。"2014年以来，浙江省委省政府提出要大力发展信息、环保、健康、旅游、时尚、金融、高端装备制造等"七大"产业，要求省级各部门"各类要素要全面向七大产业倾斜，加快把七大产业培育成万亿级产业"。2017年初，省两会《政府工作报告》进一步明确全省重点培育和打造的产业，从"七大万亿"产业，转变为"八大万亿"产业，除信息、环保、健康、旅游、时尚、金融、高端装备制造等产业外，增加了文化产业。这是一个重要的标志，意味着浙江文化产业在已经实现成为国民经济支柱性产业的战略目标后，又进入了新的、更高的发展阶段。实施"八八战略"以来，浙江文化产业发展生机勃勃，新兴业态不断涌现，与相关产业的融合日益加深，对经济社会发展的拉动作用越来越明显，已经具备了发展成为万亿级产业的巨大潜力。

2017年8月10日，全省文化产业发展大会召开，对加快把文化产业打造成为万亿级产业作出了布局和部署。会议提出，加快发展文化产业要重点抓好四个方面的工作：一要创新发展、培育新动能。注重内容创新，以高质量、高水准的内容赢得市场。注重技术创新，以"互联网+"思维改造提升文化产业，构建创新型的文化产业发展生态。注重品牌创新，按照"一地一品"思路，创造性培育区域文化产业品牌。坚持正确的价值导向，积极培育和践行社会主义核心价值观，始终把社会效益放在首位，实现社会效益和经济效益相统一。二要集聚发展、提高核心竞争力。抓好重大平台、新兴业态、重点企业和重大项目建设，谋划建设之江文化产业带和大运河文化带，进一步做大做强新闻出版、广播影视、动漫游戏、文化演艺、文化旅游等优势行业，延伸产业链，提升价值链，加快发展数字文化、互联网文化等新兴业态，培育壮大一批龙头骨干文化企业、高科技文化企业和创意文化企业，打造特色鲜明、错位竞争、协同推进的区域文化产业发展新格局。三要开放发展、提升国内国际影响力。围绕深度参与"一带一路"建设，坚持文化"走出去"和"引进来"相结合，全面提升浙江省文化对外合作贸易的质量和能级。四要融合发展、增强产业带动力。突出"文化＋制造""文化＋科技""文化＋旅游""文化＋体育"等重点，增强文化产业对其他产业的引领和带动作用。

2015年初，浙江省政府工作报告明确要求加快规划一批特色小镇。特色小镇是浙江省深入实施"八八战略"、践行新发展理念的重大创新举措和重要战略平台，是省委省政府推动经济转型升级组合拳的重要一环，是打造包括文化产业在内的"八大万亿产业"的重要载体。浙江省明确要求特色小镇聚焦信息经济、环保、健康、旅游、时尚、金融、高端装备制造、文化产业等支撑浙江未来发展的八大产业，兼顾茶叶、丝绸、黄酒、中药、青瓷、木雕、根雕、石雕、文房等历史经典产业，坚持产业、文化、旅游"三位一体"和生产、生活、生态融合发展。2015年出台的《浙江省人民政府办公厅关于进一步推动我省文化产业加快发展的实施意见》也明确提出要培育一批文化小镇，要把打造文化小镇作为促进县域文化产业发展的重要载体和抓手，重点培育一批文化元素特征突出、产业基础较好、产业融合潜力较大的文化小镇，符合条件的，可列入省重点培育特色小镇创建名单，享受相关政策。《浙江省文化产业发展"十三五"规划》也提出，要提升文化产业发展水平，"推进文化产业园区、文化小镇等发展平台建设"。

2016年6月,浙江省文化厅印发《关于加快推进特色小镇文化建设的若干意见》,标志着特色小镇文化建设、文化产业发展被摆上了更重要的议事日程。《意见》指出,"在特色小镇建设中塑造文化灵魂,树立文化标识,留下文化印象,是文化作为特色小镇内核的必然要求";"要运用'文化+'的动力和路径有效助推特色小镇建设,充分发挥文化在塑魂、育人、兴业、添乐、扬名等方面不可替代的独特作用"。这就表明,产业发展定位是特色小镇"特色"最集中、最浓缩的概括,是特色小镇"特色"的总纲和统率。文化特色则是特色小镇"特色"的核心和灵魂。正是文化特色赋予特色小镇产业特色、生态特色、功能特色以丰富的内涵和鲜活的灵气。

培育和建设特色小镇是浙江省适应和引领经济新常态、推动创新发展和转型升级的重大战略选择。特色小镇不贪大求全,以品质论高低,以特色论输赢,围绕单个产业打造完整的产业生态圈,主攻最有基础、最有优势、未来最有潜力的产业,充分彰显产业特色、生态特色、文化特色、功能特色等,以此培育具有行业竞争力的"单打冠军",走差异化、独特性的发展之路,实现错位发展。特色小镇不仅是以舒适休憩与人居环境建设为基础、以特色新兴产业和历史经典产业培育壮大为功能的创业创新共同体,而且也是以文化特色形成与认同为支撑的"产城人文"融合发展的新载体。培育和建设特色小镇,顺理自然地要求发挥文化的先导性和引领性作用。实现特色小镇产业上"特而强"、功能上"有机合"、形态上"小而美"、机制上"新而活",既要破解"人才""技术""资本""环境"等瓶颈,也要破解"文化"瓶颈,既要集聚人才、技术、资本等高端要素,也要提升文化软实力。特色小镇既是创新、协调、绿色、开放、共享发展的重要功能平台,也是一个生活中心、劳动中心、创新创业中心,是一种气氛,一种特征,一个灵魂。这种气氛、特征和灵魂,就是特色小镇独一无二、不可复制的"生命信息""遗传密码",就是特色小镇最具魅力的文化特色，就是维系特色小镇这个共同体的根。特色小镇的文化特色应该是鲜活的、具体的，是外在形象与内在精神的统一，是自然景观、社会景观和人文景观共同构成的视觉图景，以及这种视觉图景给人们带来的各种新兴产业和历史经典特色小镇的意象，是文化内涵、自然环境、精神状态、生产生活方式、民俗风情、建筑风格等多方面因素的综合表现，同时又渗透和体现在特色小镇"产城人文"各个层次、各个环节、各个方面。强化文化特色可以更好地彰显特色小镇个性，更好地构筑"镇民"的"我们感""归属感"和"家园感"，更好地展现特色小镇发展的优势、品位和旺盛的生命力、核心竞争力。

从2015年开始，浙江省政府先后公布了3批特色小镇创建名单，2批特色小镇培育名单，命名了2个省级特色小镇，共批复特色小镇创建名单114个，批复特色小镇培育名单69个；去除两次考核中被降级的6个特色小镇，至2017年底浙江省特色小镇创建名单共有108个（包括2个省级特色小镇，不包括三部委发布的23个国家级特色小镇）。顺便说明一下，此后几年，浙江省每年都公布一批省级特色小镇创建名单和培育名单。比如，2018年9月浙江省公布第四批包括拱墅智慧网谷小镇、鄞州现代电车小镇、永嘉教玩具小镇等在内的21个省级创建类特色小镇以及第三批包括下城电竞数娱小镇、萧山图灵小镇等在内的10个培育类省级特色小镇。2019年9月浙江省公布第五批15个省级创建类特色小镇、第四批7个省级培育类特色小镇。2020年11月浙江省公布第六批15个省级创建类特色小镇、第五批4个省级培育类特色小镇。

从2015年开始创建和培育的这些特色小镇文化+的模式和特征已经越来越鲜明。比如，在第一批和第二批78个省级特色小镇中，文化+旅游产业占29%，文化+现代制造业占24%，文化+创意产业占33%，文化+历史经典产业占14%。这就表明，文化是特色小镇的灵魂，特色小镇是打造包括文化产业在内的八大亿万产业的重要载体和平台，特色小镇创建与文化建设、文化产业发展必然形成一种共生共荣的关系。

2017年6月，省第十四次党代会召开。这次会议对浙江所处的历史方位作出了新的、全面的判断。世界多极化、经济全球化、社会信息化、文化多样化深入发展，变革创新的步伐持续向前，中国经济发展新常态的特征更加明显。这些大趋势、大变革、大逻辑总体上有利于浙江实现持续健康发展，特别是"一带一路"和长江经济带建设在浙江交汇，以贸易投资、海洋经济、中国制造、信息经济、创新驱动、金融发展等为主题的众多国家级改革试点在浙江叠加，为浙江深化改革、扩大开放、激发全省人民创造创新活力提供了难得的历史机遇。与此同时，在新的历史方位，浙江省也面临一些新挑战和新问题。外部的诸多风险挑战、国内的改革发展稳定难题与浙江转型发展的矛盾问题相互交织，宏观形势更加错综复杂。会议认为，未来五年是浙江大有可为的战略机遇期、干事创业的发展黄金期、不进则退的转型关键期。

基于对浙江新历史方位的分析和把握，省第十四次党代会提出了今后五年的奋斗目标：确保到2020年高水平全面建成小康社会，并在此基础上，高水平推进社会主义现代化建设，以"两个高水平"的优异成绩，谱写实现"两个一百年"奋斗目标在浙江的崭新篇章。省第十四次党代会将努力建设文化浙江与努力建设富强浙江、法治浙江、平安浙江、美丽浙江、清廉浙江一起作为落实"两个高水平"奋斗目标的六个具体目标，强调，要在提升文化软实力上更进一步、更快一步，努力建设文化浙江，"文化自信进一步坚定，中国梦和社会主义核心价值观深入人心，红船精神、浙江精神广泛弘扬，优秀传统文化得到有效保护和传承，公共文化服务体系更加完善，文化产业成为万亿级产业，人民精神文化生活更加丰富，公民文明素质和社会文明程度明显提高，文化创造力传播力影响力显著增强"。

努力建设文化浙江，是在努力实现高水平全面建成小康社会、高水平推进社会主义现代化建设"两个高水平"奋斗目标大背景下浙江文化建设的更高阶段和升级版本。努力建设文化浙江，就是要使浙江成为文化创造活力更加迸发、人文精神更加高尚、文化事业更加繁荣、文化产业更加发达、文化氛围更加浓郁、文化形象更加鲜明、文化生活更加丰富多彩的全国文化、文明高地。努力建设文化浙江与加快建设文化大省、文化强省具有内在的联系，是在文化大省、文化强省接力建设基础上，增强文化自信、激发文化活力、提升文化软实力的新目标载体，是新的时代条件下对"八八战略"中加快建设文化大省顶层设计的进一步具体对接和发展，是继从文化大省迈向文化强省具体布局和部署之后，又一次围绕深入实施"八八战略"，对浙江开拓文化发展新境界、推动文化建设取得新成就制定具体清晰的路线图和重大举措。从加快建设文化大省、文化强省到努力建设文化浙江，一以贯之，都是中国特色社会主义先进文化发展道路在浙江的具体实践。

作为落实推进文化浙江建设的重要举措，2017年9月，浙江省委省政府发布《关于加快把文化产业打造成为万亿级产业的意见》，在《浙江省文化产业发展"十三五"规划》基础上提出"基本建成全国文化内容生产先导区、文化产业融合发展示范区和文化产业新业态引领区"的战略任务，强调，要使"文化产业市场主体进一步壮大，形成一批主业突出、实力雄厚的龙头骨干文化企业和特色鲜明、集聚度较高的文化产业园区和街区"；"优势行业进一步巩固，新闻出版、广播影视、动漫游戏、数字文化、文化演艺、文化制造等行业在全国的领先地位更加突出"；"产业结构进一步优化，文化加快融入国民经济各行业各领域，在全省建成一批综合实力和示范带动力强的文化产业重点县（市、区）"；"现代文化市场体系进一步构建，市场在文化资源配置中的积极作用得到更好发挥，文化消费日益拓展；对外文化贸易规模进一步扩大，国际竞争力显著提升"。这就从文化产业市场主体、优势行业产业结构、现代文化市场体系、对外文化贸易等方面，进一步明确了浙江文化产业发展的新目标。《关于加快把文化产业打造成为万亿级产业的意见》还提出，浙江将实施影视演艺产业发展计划、数字内容产业打造计划、文化创意设计产业提升计划、文化新兴业态促进计划、工艺美术产业升级计划、文化制造业转型计划、文化旅游融合发展计划、文化体育产业推进计划等八大重点产业计划，从深化文化体制改革、实施重大产业项目、引导提升文化消费、全面推动文化走出去、打造文化产业服务和交易平台、加大人才培养和引进等六个方面强化产业发展支撑，从加强组织领导、健全工作机制等五个方面加强政策制度保障。这就将打造万亿级产业这一浙江文化产业发展的新战略新目标，进一步细化和具体化了。

2017年11月发布的省委省政府《关于推进文化浙江建设的意见》提出了关于推进文化浙江建设总体目标："通过实施文化浙江十大工程，搭建一批文化大平台、做强一批文化大企业、培育一批文化新品牌、打造一批文化新标识、抓好一批重点文化项目，着力提升浙江文化的引领力、创造力、传播力、服务力、竞争力，使浙江文化改革发展各项主要指标走在全国前列，把浙江建设成为公民素质优良、社会文明进步的示范区，文化事业繁荣、文化产业发达、文化名家荟萃、文化氛围浓郁、文化印记鲜明的文化发展先行区，成为在全国具有重要影响的文化高地、文明高地。"这就不仅明确了推进文化浙江建设的主要抓手、文化改革发展的目标，而且也描绘了推进文化浙江建设的蓝图和愿景。

在这段关于总体目标的表述中，首先，明确了通过"实施文化浙江十大工程""搭建一批文化大平台""做强一批文化大企业""培育一批文化新品牌""打造一批文化新标识""抓好一批重点文化项目"等推进文化浙江建设的主要抓手。其次，明确了通过着力提升浙江文化的引领力、创造力、传播力、服务力、竞争力，使浙江文化改革发展各项主要指标走在全国前列这个推进文化浙江建设"可量化"的目标。再次，描绘了在文化大省、文化强省接力建设基础上、"两个高水平"浙江建设背景下推进文化浙江建设的蓝图和愿景,确立了"文化改革发展各项主要指标走在全国前列","公民素质优良、社会文明进步的示范区","文化事业繁荣、文化产业发达、文化名家荟萃、文化氛围浓郁、文化印记鲜明的文化发展先行区","在全国具有重要影响的文化高地、文明高地"等目标。这就明确了"两个高水平"建设新历史方位下浙江文化建设的新使命新任务新要求,是浙江省沿着"八八战略"指引的路子,发展中国特色社会主义先行探索先行实践的"谋新篇"和继往开来、再创辉煌的担当作为,体现了浙江文化建设与全国历史进程同步、发展水平更高的不懈追求。

《关于推进文化浙江建设的意见》提出的文化浙江建设重点任务,是实施马克思主义理论研究和建设、社会主义核心价值观引领和公民文明素质提升、优秀传统文化传承发展、媒体融合发展、文艺繁荣发展和高峰攀登、万亿级文化产业推进、网络内容建设、基本公共文化服务提升、文化走出去、文化人才和文化名家培育等"十大工程"。这就将"文化改革发展各项主要指标走在全国前列","公民素质优良、社会文明进步的示范区","文化事业繁荣、文化产业发达、文化名家荟萃、文化氛围浓郁、文化印记鲜明的文化发展先行区","在全国具有重要影响的文化高地、文明高地"等总目标和"进一步提升浙江文化的引领力、创造力、传播力、服务力、竞争力"等具体目标,以实施"十大工程"的方式具体化、可操作化了。

《关于推进文化浙江建设的意见》不仅将"万亿级文化产业推进工程"列入推进文化浙江建设的"十大工程"之中,提出加快推进文化产业提质增效和转型升级,聚力打造全国文化内容生产先导区、文化产业融合发展示范区、文化产业新兴业态引领区等目标,而且从全面深化文化体制改革、做大做强文化市场主体、大力发展新兴文化业态、打造文化产业发展支撑平台等方面,提出了浙江文化产业发展的战略举措、指导性意见。

作为落实打造万亿级文化产业战略部署的重要措施,2018年6月浙江省政府印发《之江文化产业带建设规划》，提出要按照"五年基本建成、八年提升能级、远景繁荣可持续"的建设要求，优化文化产业布局、全面提升产业能级，把之江文化产业带打造成为浙江省文化产业发展的主引擎地带、全国文化产业发展的重要增长带，树立文化产业强势崛起和文化驱动产业转型的国际典范。这个《规划》还提出了近期、中期和远期的发展目标：近期（2018—2022年），力争到2022年，之江文化产业带文化产业增加值达到800亿元左右，占全省文化产业增加值的比重达到13%以上；中期（2023—2025年），到2025年，文化产业增加值达到1400亿元左右，占全省比重突破15%；远景展望到2035年，区域文化产业综合实力位居国内前列，成为辐射带动全省文化产业发展的核心区域和国内外知名的文化产业集聚地。

实施打造万亿级文化产业战略以来，省政府每年都把加快提升文化产业竞争力作为工作重点。比如，2020年2月省政府颁发的《关于下达2020年浙江省国民经济和社会发展计划的通知》，就把"加快文化产业高质量发展"作为重点工作目标，提出了"加快推进之江文化产业带建设"；"健全现代文化产业体系和市场体系，推动文化与旅游、科技深度融合发展，建设文旅深度融合先行区"；"加快出版业高质量发展"；"实施一批诗路文化标志性项目，推进100个重大文化产业项目，打造10个4A级博物馆、美术馆景区，建设20个文旅产业融合试验区"；"支持横店影视文化产业集聚区、中国（浙江）影视产业国际合作区"等具体工作任务。这就使省委省政府制定的打造万亿级文化产业的路线图、时间表，能够通过年度计划等得以有步骤、有效地落实，持之以恒地加以实施和推进。

为了加快实现把文化产业打造成为万亿级产业的战略目标，浙江省不断完善财政支持文化产业发展投入保障机制，加大投入力度。2017年3月，经省政府批准，省财政增加浙江省转型升级产业基金规模20亿元，用于支持文化产业发展和重大文化设施建设。2018年初，经省政府同意，从 2019 年预算年度起，浙江省文化产业发展专项资金规模从原先的 9000 万元扩大至 2 亿元，用于支持各县市区文化产业发展，支持文化产业发展平台、文化产业公共服务平台、国有文化企业重点改革任务和政府引导文化产业发展政策举措等。文化特色小镇、产业园区、创意街区孵化器，文化企业改制、兼并重组、建立现代企业制度，以及体现社会主义核心价值观的优秀文艺作品，文化传播促进文化"走出去"等都属于专项资金的支持范围。浙江省文化产业发展专项资金采用竞争性分配，由省财政厅、省委宣传部联合组织实施，择优选择 20 个县市区予以支持。

进入"十三五"时期以来，浙江文化产业发展速度进一步加快。统计数据显示，2016 年全省文化产业总产出达 1.08 万亿元，全省"四上"文化及相关特色企业 5590 家，营业收入 8304 亿元，全省文化及相关特色产业增加值达 3232.98 亿元，增加值占全省 GDP 比重从 2015 年的 5.81% 上升到 6.8%（2016 年全国文化产业增加值占 GDP 的比重为 4.14%），文化产业综合指数和生产力指数均列上海、北京、江苏之后居全国第 4 位，影响力指数居全国第 3 位。浙江省的影视、出版、演艺、动漫、游戏、文化旅游、文化制造等领域在全国形成了比较优势。2017 年全省文化及相关特色产业增加值 3744.68 亿元，占 GDP 比重达 7.23%，增速 15.8%，总产出约 1.22 万亿元；全省"四上"文化及相关特色企业 5675 家，营业收入 9372 亿元，利润 1345 亿元，同比分别增长 19.4% 和 28.4%；新闻出版广播影视业营业收入突破 2000 亿元；有影视制作单位 2690 家，居全国第 2 位，全年分别生产电影和电视剧 106 部和 53 部，均居全国第 2 位，其中电影票房收入 41.16 亿元，比上年增长 18.5%，25 部浙产剧在央视和一线卫视播出，居全国领先地位。2018 年，浙江省 5705 家规模以上文化及相关特色产业企业营业收入 10091 亿元，比上年增长 12.3%；文化服务业营业收入 5696 亿元，占规模以上文化及相关特色产业营业收入的 56.4%，比上年增长 17.0%，拉动规模以上文化及相关特色产业营业收入增长9.2个百分点；文化制造业、文化批发零售业和文化建筑业营业收入分别为3077亿元、1301亿元和17亿元，分别增长6.4%、7.4%和52.9%，合计拉动规模以上文化及相关特色产业营业收入增长3.1个百分点；新闻信息服务业营业收入2375亿元，比上年增长17.8%，拉动规模以上文化及相关特色产业企业营业收入增长4.0个百分点；内容创作生产服务业营业收入2083亿元，增长15.1%，拉动规模以上文化及相关特色产业企业营业收入增长3.0个百分点；文化类土木建筑、创意设计服务、文化商务及专业技术服务、文化传播渠道、文化辅助生产和中介服务5个行业均保持两位数增长，分别增长52.9%、16.6%、15.0%、11.5%和10.5%，合计拉动规模以上文化及相关特色产业企业营业收入增长4.1个百分点。2019年，浙江文化产业发展提质增效，4家企业跻身"全国文化企业30强"，3家企业成为国家文化和科技融合示范基地，国家级短视频基地落户杭州，文化与旅游融合发展进一步深化，国家全域旅游示范省建设步伐加快，文化产业增加值4600亿元，增长10%。2019年，在A股上市的浙江文化企业已上升至41家，包括浙数文化、华数传媒、宋城演艺、横店影视、华策影视、思美传媒、华谊兄弟、海伦钢琴等。2019年，全国省市文化产业发展综合指数的排名中，浙江省再次位居全国第2名，与第1名的北京仅有细微差距。

"十三五"时期，浙江文化走出去步伐进一步加快。2016年浙江省文化服务进出口总额达40.68亿元，同比增长29.84%，其中，文化服务出口达14.68亿元，同比增长140.42%，居全国第2位，对全省文化产业贡献率也上升了1.6%。2017年，全省文化服务进出口总额55.29亿元，比上年增长28.36%，其中文化服务出口额27.01亿元，比上年增长84.04%，覆盖184个国家和地区。采用互联网线上交易方式的文化服务贸易额接近50%，出口内容涉及网络文学、影视剧、电子书、数字期刊、网络音乐、网络游戏等。入围2017—

2018年度国家级文化出口重点企业39家,比2015—2016年度增长近40%。中国(杭州)国际动漫节、中国(义乌)文化产品交易会、杭州文博会、宁波特色文博会、温州时尚文博会等重点文化会展品牌度和外向度持续提升。2018年全省文化服务进出口16.64亿元,同比增长10%,其中出口1.43亿元,同比增长24.4%;进口15.21亿元,同比增长8.8%。2018年第十四届中国国际动漫节共吸引85个国家和地区的143.35万人次参与,实际成交及达成签约交易、意向合作项目1291项,涉及金额138.35亿元;第十三届义乌文交会吸引10.43万人次的境内外采购商及观众,实现洽谈交易额53.21亿元;第十一届杭州文博会达成签约项目168项,现场成交金额达38.6亿元;2018中国(宁波)特色文化产业博览会现场成交5.47亿元,意向成交金额14.5亿元;2018温州国际时尚文化创意产业博览会成交额3.87亿元,投融资签约额18.6亿元。浙江出版联合集团与全世界近100家出版社建立了出版业务联系,有1000多种图书通过版权贸易和合作出版;围绕"一带一路"建设,全省出版企业先后与马来西亚、尼泊尔、吉尔吉斯斯坦等20多个丝路国家签订了新闻出版贸易合作项目;图书、期刊等产品出口从2011年的105万美元增长到2018年的650万美元。2018年,浙江横店影视产业合作区影视出口增长迅速,欢娱影视、华谊兄弟、正午阳光、千乘影视、唐德影视等企业共出口创汇6000多万美元,占全国影视出口的半壁江山,其中《延禧攻略》版权已被90多个国家和地区买下,位居全国出口海外电视剧的榜首;中国(浙江)影视产业国际合作实验区与央视合作共建译制中心,向东南亚、东非及欧美等20多个国家和地区发行译制影视作品《媳妇的美好时代》《老爸的心愿》《妈妈的花样年华》等1300部集,华策影视在韩国、美国、英国等国以及我国香港、台湾地区设立了分公司,向180个国家和地区销售了10000多小时的影视作品,海外发行总量占全国的30%;温州企业家先后在美国、巴西及欧盟等国家和地区开办报刊社、网站、广播电视台达35家。金华邮电工程公司自筹资金在吉尔吉斯斯坦创办德隆电视台，开通中、英、俄、维等语种的118个频道，成为该国第二大有线电视频道运营商。越来越多的龙头企业不断走向集约化、规模化和国际化，有效地推动了全省文化产业竞争力的提升。2019年中国（浙江）影视产业国际合作区企业出口合同签约总额达465万美元，比上年同期增长90.57%。

2020年6月省委十四届七次全会通过《关于深入学习贯彻习近平总书记考察浙江重要讲话精神 努力建设新时代全面展示中国特色社会主义制度优越性重要窗口的决议》，提出了建设十大"重要窗口"的新目标，其中之一就是"努力建设展示坚持社会主义核心价值体系、弘扬中华优秀传统文化、革命文化、社会主义先进文化的重要窗口"的目标，强调要促进文化旅游深度融合，着力打造集文化长廊、生态长廊、旅游长廊等为一体的之江文化产业带、大运河（浙江）文化带、四条诗路文化带、"两山"文化发展示范区、滨海文化旅游带等重大平台，建设影视文化创新中心和影视产业高质量发展基地，完善现代文化产业发展体系。这就在习近平赋予浙江建设"重要窗口"新目标新定位这一新的时代背景下，对浙江文化产业发展进行了新的定位。同年11月省委十四届八次全会通过《关于制定浙江省国民经济和社会发展第十四个五年规划和二〇三五年远景目标的建议》，围绕"忠实践行'八八战略'，奋力打造'重要窗口'，争创社会主义现代化先行省"这一新目标新任务新战略，进一步强调，要实施文化产业提升计划，"高水平推进之江文化产业带建设，以横店影视产业文化集聚区为龙头打造具有国际影响力的影视文化创新中心"；"实施骨干文化企业培育工程，发展壮大文化市场主体"；"推进文旅、体旅深度融合，创建富有文化底蕴的世界级旅游景区和度假区、文化特色鲜明的国家级旅游休闲城市和街区，打响'百县千碗''江南古镇'品牌，发展红色旅游"；"办好世界互联网大会等品牌活动"。特别值得一提的是，省委十四届八次全会《建议》提出，要

"实施文化产业数字化战略，大力发展数字文化产业，打造先进数字创意产业集群，建设'文化云'平台，抢占数字文化产业制高点"。这就把推动文化产业与新科技融合发展摆在了更加突出、更加重要的位置。2021年1月浙江省《政府工作报告》围绕加快发展文化旅游产业战略目标，再一次明确了"十四五"时期浙江文化产业发展任务，强调，要实施文化产业提升计划，大力发展数字文化新业态，健全现代文化产业体系和市场体系；推进之江文化产业带建设，支持横店影视文化产业集聚区、象山影视城建设，打造具有国际影响力的影视文化创新中心；实施浙江文化出海工程，打造国际化人文交流基地，建设国际传播媒体集群；深化文旅融合，以挖掘文化内涵和提升游客微观感受为导向，开展旅游业"微改造、精提升"，深入推进大运河国家文化公园建设，创建国家全域旅游示范省。

第二章　创新文化产业发展的宏观体制机制

实施建设文化大省战略特别是被确立为文化体制改革综合试点省以来，浙江省出台了一系列相关配套政策，围绕以改革促发展这一主题，积极稳妥、扎实有序地推进改革，创新文化发展体制机制，取得了显著的成效，从而有效地破除了束缚文化产业发展的体制性瓶颈，激发了文化创造力，释放了文化产业发展活力。归纳而言，浙江省文化体制改革主要在宏观和微观两个层面上进行。宏观文化体制改革的目标，是积极探索形成新形势下保证党委领导、政府管理、行业自律、企事业单位依法运营的格局，初步建立调控适度、运行有序、促进发展的宏观管理体制。微观文化体制改革的目标，则是培育一批适应经济社会发展和群众文化需求、具有较强实力、活力和竞争力的文化事业和文化产业主体，初步建立保证正确导向、富有经营活力的微观运行机制。宏观体制机制层面的改革，为浙江省加快公益性文化事业和经营性文化产业的发展创造了良好的环境。这里将着重就此进行分析。微观运行机制层面改革拟结合有关国有文化企业和民营文化企业发展进行阐述和分析。

一　建立和完善新型宏观文化管理体制

在计划经济时期，我国文化产品和文化服务曾经全部或几乎全部被纳入政府"大包大揽"的宏观文化管理体制之中，所有文化艺术机构分别拥有"全民"或"集体"的所有制性质,产权形态高度单一。在这种"大包大揽"的宏观文化管理体制下,政府部门既"管文化"也"办文化",文化产品和文化服务以"文化事业"的方式提供,文化产品生产和文化服务职能主要由"文化事业单位"来实现,不区分公益性文化事业和经营性文化企业(产业),文化领域基本上由各级政府财政支持,高度重视文化产品和文化服务的意识形态属性,忽视其经济属性。政府统一调配为执行文化产品生产计划所需要的人力和物力,以指令方式规定文化生产部门的产品品种、产量以及供销渠道,确定其职工数量、干部级别及具体人选,控制其资金规模及使用方向;文化产品的生产部门只能按照计划进行创作和生产,不能自行决定文化产品创作和生产的品种和数量。

诚然,这种"大包大揽"的文化事业体制,也发挥了重要的历史功能。"只有当千千万万的单位服从国家统一的指令性安排之时,才能保证达到在短时期内实现扩充社会资源总量的目的,为中国现代化向纵深方向发展提供保障。"[1] 如前所述,经过社会主义改造以后形成的集中统一管理的计划经济体制,对于集中人力和财力办大事,从而迅速改变包括文化领域在内的中国社会领域的落后面貌具有重要的作用。国家权威支配下的计划经济体制,也曾经在中国文化领域爆发出了难以低估的能量。比如,1949 年,全国仅有公共图书馆 55 个,文化馆 896 个,乡镇文化站建设基本上处于空白状态。到 1952 年,在短短的三年时间中,新中国已经初步建立了一个由图书馆、俱乐部、文化馆(站)、电影放映队、文工队(团)等组成的全国文化网络。全国共有省市以上图书馆 59 所(学校图书馆及其他机关图书馆未计算在内),博物馆 40 所(其中 14 所为新建),文化馆 2436 个(几乎每个县都有一个),文化站(县以下的区设文化站)6000 多个,工厂、农村俱乐部与图书馆约 2 万个,全国戏曲社团约 2000 个,戏

---

[1] 刘建军:《单位中国——社会调控体系重建中的个人、组织与国家》,天津人民出版社 2000 年版,第 147 页。

曲艺人约20万人，全国每日观众近100万。① 全国有电影院757所，放映队1800个。电影观众从1950年的1.5亿人次增加到6亿多人次，此外，新建立电影放映队2439个、文化站4122个。② 从1949年到1952年，全国共拍摄故事片86部，在"一五计划"（1953—1957）期间，共摄制故事片126部。③ 全国电影观众从1949年的0.5亿人次增加到1952年的5.6亿人次，其中城市观众从0.5亿人次增加到3.8亿人次，增加6倍多，农村观众从无到有，1952年达到1.8亿人次。全国电影发行收入从1949年的205.8万元增加到1952年的1621.1万元，增加了6.9倍。其中影片的发行收入从27.5万元增加到586.5万元，由于国营电影制片厂几乎从无到有地发展生产，其影片发行收入增加了20多倍。④ 同时，一些城市还建立了话剧团、歌剧团、歌舞团、舞蹈团、音乐工作团等，在文工团和文艺工作者的帮助下，群众业余文化活动有了较快的发展。各个城市的工厂也纷纷建立了业余艺术组织，开展了戏剧、音乐、绘画以及其他文艺活动，在农村，业余艺术组织数量尤其是剧团数量大增，发展相当迅速。⑤ 至1958年底，全国各种专业的艺术表演团体达到3100多个，剧场2600多个，电影放映单位12000多个，其中电影院1300多个，流动放映队8300多个，县以上的公共图书馆922个，县以上博物馆达到了360个。⑥ 此外，中华人民共和国成立初期，绘画、音乐创作、诗歌、小说、舞蹈等也呈现出了一定程度的繁荣局面。

更重要的是，高度组织化的文化事业体制，既保证了文化方针政策在特定时期能得到高效率的推广和实施，也为文化艺术人员提供了

---

① 沈雁冰：《三年来的文化艺术工作》，《人民日报》1952年9月27日。
② 《建国以来重要文献选编》第5册，中央文献出版社1993年版，第23页。
③ 蒯大申、饶先来：《新中国文化管理体制研究》，上海人民出版社2010年版，第156页。
④ 季洪：《新中国电影事业建设四十年（1949—1989）》，1995年，第35—36页。
⑤ 《周扬文集》第2卷，人民文学出版社1985年版，第41—42页。
⑥ 蒯大申、饶先来：《新中国文化管理体制研究》，上海人民出版社2010年版，第163页。

终身保障，使他们摆脱了生活的动荡和压力，规避了文化艺术创作与演出中的经济风险。在全面"改造"过程中，普通文化艺术人员的人格、地位和劳动，也开始得到了前所未有的尊重。比如，在"改戏、改人、改制"的"三改"过程中，旧社会将艺人视为"戏子"的做法得到了根本性的改变。如彭真所说，中国共产党坚决反对"玩戏子"的思想，"旧剧演员也是艺术工作者，是劳动人民的一部分。在旧社会他们受压迫、受剥削、受侮辱，他们中间有不少人有很高的艺术成就"，因此，"应该尊重他们的人格、地位和劳动，尊重他们的艺术成就，关心他们的生活"。①

与此同时，也应看到，从产生和形成开始，这种政府大包大揽、政事政企不分的管理体制，就已经暴露出了种种弊端。文化艺术群体、知识分子群体全部由国家"包下来"，并迅速单位化，成为各类文化机构和团体中拥有固定岗位并拿着国家工资的"单位人""国家干部"。这些"单位人""国家干部"依靠单位工资从事文化艺术生产，通过政府"大包大揽"保护规避市场风险，无论"单位"效率高低、盈亏与否，都可以捧"铁饭碗"、吃"大锅饭"，导致了文化事业单位机构臃肿、人浮于事以及文化艺术工作者创造力萎缩等现象。

不仅如此，政府将文化事业产品和服务的所有者、经营者、管理者和供给者集于一身，通过行政化手段配置文化资源，既"管文化"也"办文化"，不仅混淆了政府的职能界限，带来了角色混同与角色冲突，而且也加重了公共财政的负担，导致了政府管理的低效率、文化生产的低效率以及文化产品和服务供给的普遍短缺。比如，在头几个"五年计划"期间，政府对包括文物及出版社在内的文化事业单位的年度财政拨款最高才达到3亿元，按6亿人口计算每人每年平均

---

① 《彭真文选》，人民出版社1991年版，第188页。

仅有 0.5 元。① 在农村或偏远地区，文化投入以及文化产品和服务的供给更是捉襟见肘。

一个社会的文化管理体制并非是与经济体制无关的自足体系。无论是自然经济体制、计划经济体制，还是市场经济体制，都会形成相应的文化管理体制。比如，计划经济体制下的文化生产，会更倾向于以文化产品和服务的生产者和供给者而不是以消费者为导向。"实际上，计划经济已经成为这样一种体制，在这种体制中，完成计划本身而不是满足顾客的需求，是它所关心的事情，市场经济以消费者为导向，而计划经济以生产者为导向。"② 在文化生产由计划决定的条件下，文化产品和服务的生产者和供给者从中央计划部门得到指令，受众对文化产品和服务的接受方式往往表现为没有选择性的、被迫性的消费。

市场化取向改革，有其内在发展逻辑和客观必然性，不仅作用于经济领域，而且也必然会影响文化领域。从计划经济体制向市场经济体制转换，顺理自然地要求突破"大包大揽"的传统文化管理体制。从"全能政府"向"有限政府"的转变，也要求政府转变文化管理职能，既必须从"越位"的地方"退位"，也必须在"缺位"的地方"补位"，重构宏观文化管理体制。

首先，市场化取向改革对传统文化管理体制形成了压力和冲击。改革开放以来，受物品价格上涨、人员和设备更新等因素影响，原有政府"大包大揽"的财政支出模式，已经难以满足"文化事业"机构的正常运转。"文化事业"体系内部不区分公益性文化事业和经营性文化产业的"大包大揽"模式，不仅使那些本质上具有经营和产业属性的文化单位长期依赖政府，游离于市场经济之外，而且也分薄

---

① 章建刚、陈新亮、张晓明：《中国公共文化服务发展的历史性转折》，载章建刚、尹昌龙、张晓明主编《中国公共文化服务发展报告（2007）》，社会科学文献出版社 2007 年版。
② ［挪威］伊萨克森、汉密尔顿、吉尔法松：《理解市场经济》，商务印书馆 1996 年版，第 6 页。

了本来就捉襟见肘的公共财政资源，加重了原本具有公益属性文化事业单位的经费不足问题。这些都表明，虽然几乎与改革开放相同步，中国文化事业体制再次恢复了运行，但伴随着从计划到市场的转变，宏观经济社会环境已经开始发生根本性的变化。在这一背景下，传统文化事业管理体制顺理自然地受到了影响和冲击，从而必然要求其作出相应的调整和改变，以适应宏观经济社会环境的发展趋势和变化要求。

其次，伴随从全能政府到有限政府的转变，"有所为有所不为"意识的逐渐强化，政府已经不能也无必要像过去那样"大包大揽"一切事务，从而也顺理自然地要求其必须重构宏观文化管理模式。随着市场经济逐渐发育和完善，中央政府和各级地方政府不仅逐步认识到了市场的优势和缺陷，也逐步认识到了政府的优势和缺陷，认识到了在市场经济条件下从事文化管理的特殊性和规律，逐渐从"大包大揽"向"有所为有所不为"转变。党的十二届三中全会要求"实行政企职责分开，正确发挥政府机构管理经济的职能"，按照政企职责分开、简政放权原则进行改革。党的十三大报告提出"使政府对企业由直接管理为主转变到间接管理为主"。党的十四大顺应建立社会主义市场经济体制的改革目标，明确提出要加速推进政府职能转变，建设服务型政府。党的十四届三中全会提出要"转变政府职能，建立健全宏观经济调控体系"。党的十五大提出要"建立办事高效、运转协调、行为规范的行政管理体系，提高为人民服务水平"。党的十六大提出要"完善政府的经济调节、市场监管、社会管理和公共服务的职能"。在2004年《政府工作报告》中，温家宝总理要求"各级政府要全面履行职能，在继续搞好经济调节、市场监管的同时，更加注重履行社会管理和公共服务职能"。在2005年《政府工作报告》中，温家宝总理进一步明确了"建设服务型政府"的行政体制改革目标。服务型政府是以社会发展和为人民服务为出发点和宗旨并承担相应服务职责的现代政府治理模式。"建设服务型政府"，不仅要求各级政府职能加速向服务型转变,大量减少对经济活动的微观管理和直接干预,更加注重加强宏观调控、市场监管和公共服务等职能建设,而且顺理自然地也要求政府推进文化体制改革,转变文化管理职能,从"办文化"到"管文化",重构宏观文化管理体制。

再次,经济社会结构的变化和调整,人民群众文化需求的日益多样化,客观上要求对传统文化管理体制进行相应的调整和改革,加快转变政府文化管理职能,更好地回应人民群众文化需求。改革开放以来,经济结构、社会结构、城乡结构、消费结构变化步伐逐渐加快,人民群众精神文化需求日益增长,呈现出多方面、多层次、多样性等特点。这就使政府面临着文化产品和服务供给范围与内容不断扩大、增加和复杂化的挑战,面临着文化产品和服务需求的丰富化和多样化与政府供给能力的有限性与单一化之间的矛盾。破解这些挑战和矛盾,客观上要求改变政府传统的"大包大揽"、单一化的文化产品与文化服务生产和供给模式,形成更优的宏观文化管理体制,加快培育和发展国有、民营等多样化的微观文化主体,广泛吸引社会力量参与,发挥各自比较优势,引入市场化运作机制,提高文化产品和服务的生产和供给效率,更好地满足人民群众日益增长的多方面、多层次、多样性文化需求。

最后,新媒体新技术的发展,也对传统文化管理体制产生了冲击和挑战,客观上要求破除体制性障碍,创新宏观文化管理体制。在新媒体新技术的发展过程中,一方面,报刊、广播电视、互联网所依赖的技术越来越趋同,各种信息在同一个平台上得到了整合,不同形式的媒体彼此之间的互换性与互联性显著增强,媒体一体化融合发展趋势日趋明显。另一方面,长期以来,由于历史形成的行业壁垒和行政区划等原因,不同媒体往往分属于不同行政部门或地区。媒介融合必然会兼容多种媒体内容、横跨多种媒介渠道,相应地会受到来自电信、广电、文化、新闻出版等多个部门的共同监管。而不同部门、地区、行业之间利益纷争,媒介规制的分立与交叉,各自为营、条块分割、多头管理等现象，则成为新媒体新技术发展特别是媒体融合发展面临的一个瓶颈性问题。此外，报纸、电视、电信、广播等传统媒体虽然都形成了相对独立、完整的产业链条，管理体系也逐渐完备，但内部管理落后、整合能力缺乏等现象，也在相当程度上存在。这些都束缚了新媒体新技术的融合发展。因此，如何修订政策法规，创新管理手段，改革宏观文化管理体制，就成为推动媒体融合发展的一个迫切课题。

作为一个市场经济的先发省份，浙江不仅先于全国多数省份遇到了市场经济条件下文化发展方式的重构问题，而且有着不少先于全国其他多数省份打破传统"大包大揽"文化发展模式，破解政企不分、政事不分、事企不分以及各自为营、条块分割、多头管理等问题的特殊机遇。市场经济、民营经济的先发优势，转变政府职能的先行探索，民间组织的涌现，使全省各级政府较早地形成了有所为有所不为的传统，为政府转变文化管理职能，从文化产品和服务的直接提供中解脱出来，集中精力于"管文化"，从"越位"的地方"退位"、在"缺位"的地方"补位"，创造了必要的条件。改革开放以来，浙江省在文化体制改革特别是宏观文化管理体制方面进行了一系列积极的尝试和探索并取得了明显成效，也为实现更大力度的改革和突破积累了丰富的经验。

从基本脉络看，浙江文化领域经历了从传统的、由公共财政"大包大揽"的"文化事业"发展模式，到在市场化压力下不加区分地把包括图书馆、博物馆、美术馆等公益性文化机构在内的所有文化机构推向市场，通过"以文助文""多业助文"等方式被动地开展"生产自救"，再到20、21世纪之交先于全国把"公益性文化事业"和"经营性文化产业"从"大包大揽"的"文化事业"中剥离出来，实行分类对待、分类指导、分类发展的原则，进而逐步实现对政企、政事、事企不分传统文化管理体制的突破。

然而，长期以来形成的旧体制弊端并不是短期就能消除的。像全国其他地区一样，相对于改革开放的总体进程，20世纪末21世纪初以前，浙江省文化体制改革只是局部的，相对于经济体制等其他领域的改革，文化体制改革仍然严重滞后。尽管经历了改革开放以来多年的"调整"和"改革"，在世纪之交，宏观文化管理体制不健全，管办不分、政企不分、事企不分、多级多头管理、政出多门、标准不一等问题，文化投入资金缺口大且效率低，文化产品和服务供给渠道单一和供给效率低等现象，仍然在相当程度上存在。因此，浙江省迫切需要通过一场更加全面、更加深刻的宏观文化管理体制和微观文化管理体制改革，来完成新型文化发展体制的构建。

自从2003年6月浙江被确定为全国文化体制改革综合试点省以来，习近平从浙江实践出发，站在党和国家全局的高度，对文化体制改革进行了深入的探索和思考。2003年7月，在文化体制改革和文化大省建设座谈会上，习近平明确指出，文化具有鲜明的意识形态属性。因此，"文化体制改革，必须充分考虑我国国情，着眼于管住方向，管活机制，管出效益，管好质量"。他强调，要把管理重心放在社会管理和市场监管上，管导向、管原则、管规划、管布局、管市场、管秩序，重点做好规划、协调、服务、监督和优化发展环境等方面工作。他要求文化主管部门要切实转变职能，正确处理"有为"和"无为"的关系，不断改进、完善领导方法和管理方式，把更多的精力放到调动积极因素、调节利益关系、调整行为规范上来，"逐步实现由办文化向管文化转变，由管微观向管宏观转变，由主要面向直属单位转为面向全社会，实行政企分开、政事分开。要综合运用法律、经济和行政手段，发挥经济政策杠杆作用，改善宏观调控体系，加快建立党委领导、调控适度、运行有序、促进发展的宏观管理体制"[①]。这就不仅明确了以构建党委领导、政府管理、行业自律、企事业单位依法运行为根本目标和方向的宏观文化管理体制改革的基本

---

① 习近平：《干在实处 走在前列》，中共中央党校出版社2006年版，第328页。

思路，而且也阐明了市场经济大背景下宏观文化管理体制改革的基本原则，即市场能做的，让市场发挥资源配置的基础性作用；市场失灵的领域，在党的领导下充分发挥政府的"优势"，让政府发挥应有的作用。

自 2003 年 8 月中央批复同意《浙江省文化体制改革综合试点总体方案》以来，浙江省文化体制改革综合试点工作从宏观和微观两个层面上全面启动。作为"走在前列"的省份，浙江文化体制改革综合试点工作的一项重要任务，就是要率先全国更彻底地打破"大包大揽"的"文化事业"发展模式，围绕政府与市场各自的"优势"和"缺陷"重构宏观文化管理体制。

党的十六大以来，党中央、国务院提出了建立和健全"党委领导、政府管理、行业自律、企事业单位依法运营"的宏观管理体制改革目标。与此相应，在文化体制方面，党中央、国务院也明确了"建立党委领导、政府管理、行业自律、企事业单位依法运营的文化管理体制"改革总目标，提出了"形成科学有效的宏观文化管理体制、富有效率的文化生产和服务的微观运行机制、以公有制为主体、多种所有制共同发展的文化产业格局和统一、开放、竞争、有序的现代文化市场体系"；"建立职责明确、反应灵敏、运转有序、统一高效的宏观调控体系，完善预报、引导、奖惩、调节、责任、监督、保障、应对等机制"；"按照权利、义务和责任相统一，管资产和管人、管事相结合的要求，加强对国有文化资产的监督管理"；"形成完善的文化创新体系，形成以民族文化为主体、吸收外来有益文化，推动中华文化走向世界的文化开放格局"等改革任务。

与国家文化体制改革总目标相衔接，浙江省把统一的宏观文化管理体制改革目标（即"党委领导、政府管理、行业自律、企事业单位依法运营"）具体化为以下三个方面："推进文化领域宏观管理改革"，"推进政事分开、管办分离"，以及"加快转变政府职能"，重点是以文化市场综合执法为契机，实现"建、并、分"。自从开展文化体制改革综合试点工作以来，围绕上述三个方面，浙江省对宏观文化管理体制改革进行了积极的探索与实践。从加快建设文化大省、文化强省到建设文化浙江，历届省委坚持一张蓝图绘到底，一任接着一任干，浙江省宏观文化管理体制不断趋向健全和完善。

在"推进文化领域宏观管理改革"目标任务方面，顺应市场经济孕育和发展、政府职能转变、民间社会组织兴起等的趋势和内在要求，浙江省着力于实现政府宏观文化管理方式的"四个过渡"：一是指令性管理向指令性、指导性管理并存过渡，逐步改变以往政府文化管理部门对文化单位的指令性控制，政府文化管理部门与下属、基层文化单位进行行政指令脱钩，由纯粹的上下级隶属关系转变为同时具有指导与被指导的关系；二是从全面管理向重点管理过渡，改变各种文化艺术活动都由政府一手操办的情况，政府转而集中精力考虑文化发展的大政方针、目标方向，指导、监督文化发展计划的落实，培育文化中介组织和成熟有序的文化市场；三是从统一管理向分类管理过渡，根据不同类型文化单位的性质和特点，制定不同的管理措施，使管理细化、具体化；四是从单一管理向多样管理过渡，改变计划体制时代以行政手段为主的管理方式，综合运用经济、政策、法律、行政等手段进行管理调控。[①]

与上述"推进文化领域宏观管理改革""四个过渡"的目标和趋势相适应，在开展文化体制改革综合试点工作过程中，浙江省把进一步解决政企不分、政事不分、政企不分、事企不分等问题，作为一项十分重要的改革任务，力求探索出适应市场经济大背景下文化发展需要的新管理体制和运行机制，重建政府和文化企事业单位的关系。

在这一方面，省广电系统的探索与实践具有典型性。浙江省广播电视局是在全国广电系统上未管办分开、下（市、县）未管办分开、绝大多数省市也未管办分开的格局下，实行管办分开、机构分设的。

---

① 参见骆威《对构建公共文化服务体系的思考》，《今日浙江》2005年第16期。

21世纪以来的经济社会发展形势对省广电局的工作方式、工作手段、工作目标和运行机制等方面都提出了新的要求。在这一背景下，省广电局党组提出了行政管理"进足退够"的指导思想。所谓"进足退够"，即，明确一个中心——围绕发展抓管理；履行两种角色——对总局和市县广播电视的管办工作照做，对省本级只管不办；实现三个转变——从管办不分向管办分开转变，从事前、事中、事后全程管理向事前准入审核审定和事后检查监督转变，从组织落实具体业务向强化、优化依法行政的规范管理转变；推进四项工作——机关行政职能的重新定位和机构调整的重新报批工作，机关内部思想观念和运行机制的转变及作风建设工作，从理论与实践的结合上探索并积累管办分开后履行行政管理职能的经验。围绕"进足退够"指导思想，省广电局进一步提出了"抓管理，促发展"的工作方针，把该管的坚决管起来、管到位，不断探索新的管理方式，不该管的坚决退出退到底，努力做到不错位、不越位、不缺位，着眼于加快全省广播影视业的协调、可持续发展，全面、公正地履行广播影视行政管理工作。在处理局与集团关系上，省广电局重新确定了10类30项职能，强化了舆论监管、政策调节、规划引导、公共服务、市场管理等5项职能，管理也更加科学规范。像省广电系统一样，省新闻出版系统也对适应市场经济大背景下文化发展需要的新管理体制和运行机制进行了积极的探索与实践。省新闻出版系统在实行管办分开后，省新闻出版局正确处理好"裁判员"和"运动员"、管理与服务的关系，突出抓导向、抓规划、抓制度、抓市场、抓队伍等管理重点，做到不越位、不错位、不缺位。在省本级广播影视系统和新闻出版系统实行政事分开、管办分离的基础上，浙江省进一步理顺了党委部门、政府部门、行业组织和文化企事业单位的关系，规范了各自职能，构建了政事、政企新关系，完善了文化管理体制机制，也推动了"企事业单位依法运行"。

在构建政事、政企新关系的同时，浙江省也积极探索"党委领导、政府管理、行业自律、企事业单位依法运行"宏观管理环境下党政关系的新模式。省委宣传部与省广电局、省新闻出版局也探索了一些新机制和新做法，做到职能各有侧重和分工。如舆论监管方面，宣传部重点抓新闻舆论导向，广电局、新闻出版局重点抓影视剧目和出版物导向；宣传部重点抓事前调控，广电局、新闻出版局重点抓事后监管；宣传部重点抓省级媒体，广电局、新闻出版局重点抓市县媒体。通过几年的探索，基本形成和理顺了"党委领导、政府管理、集团运作"的新体制。

"党委领导、政府管理、行业自律、企事业单位依法运行"宏观文化管理模式的重要方面，就是"行业自律"。自律就是自我约束。就一般意义而言，行业自律包括两个方面，一方面是行业内对国家法律、法规政策的遵守和贯彻，另一方面是行业内的行规行约对自身行为的制约。每一方面都包含对行业内成员的监督和保护的功能。行业自律是建立在行业协会的基础之上的，如果一个行业没有一个行之有效的行业协会，行业自律也就无从谈起。实现"行业自律"，就是要规范行业行为，协调同行利益关系，维护行业间的公平竞争和正当利益，促进行业发展。在文化体制改革工作中，浙江省把促进"行业自律"作为政府文化管理职能转变的一项重要任务，大力加强文化行业组织建设，充分发挥文联、社联等群众团体，记协、作协、报协、广电、演艺、印刷等行业协会在加强行业自律、完善中介服务等方面的积极作用。

长期以来，我国也形成了中央政府按照各部门系统分头管理、地方政府按照行政区域分级管理即"条条、块块"的文化行政管理体制，造成了职能交叉、政出多门以及"越位"（主要表现为政府对产业属性较强的文化机构干预过多）、"缺位"（主要表现为政府对公共文化服务性质较强的文化机构支持不足）、"错位"（主要表现为不同政府机构之间文化管理权限不清、重叠错位）等现象，导致机构重叠、效能低下，对于公益性文化事业和文化产业发展形成了严重的障碍。

按照党中央、国务院决策部署，实现"建、并、分"，是浙江省破解传统文化管理体制弊端、推动宏观文化管理改革的一项重要探索与实践。2004年9月，中央宣传文化管理部门对文化体制改革综合试点地区建立文化市场综合执法机构提出了具体意见，明确在文化体制改革综合试点地区，以属地管理对文化市场实施统一综合执法，在地级市、县级市和县域内，对现有的文化局、广电局、新闻出版局实行合并，设立文化广电新闻出版局，同时履行原三个部门的职能。浙江省在2004年10月就制定出台了《关于建立文化市场综合执法机构的实施意见》，提出了"建、并、分"三方面工作，要求全省所有市县，包括中央未作要求的杭州和宁波两个副省级城市，都调整归并为"文化、广电、新闻出版等行政管理机构"；要求全省所有县市都建立起集中统一的文化市场综合执法机构；并要求全省所有市县广播电台、电视台，都要按照政事分开、管办分离的原则，从广电局等行政机构中分离出来，建立管与办、管与管等方面新的工作机制。事实上，建立文化市场综合执法机构，不仅仅意味着一场政府机构的改革，而且更意味着政府职能的大转变。以文化市场综合执法机构改革为契机，通过归并省级以下的文化管理部门，一直以来难以有效推进的"政事分开、管办分开"迅速地得以实现。至2010年浙江省基本完成文化市场综合执法改革，省市县都建立了文化市场管理领导小组及其办公室，建立了集中统一的文化市场综合执法机构。包括杭州、宁波两个副省级城市在内的各市、县都合并了文化、广电、新闻出版行政管理机构，进一步理顺了文化市场综合执法体制，形成了文化市场管理工作合力，促进了文化市场健康发展。2013年12月，浙江省新闻出版广电局组建成立，原省新闻出版局、省广播电影电视局不再保留。这次机构改革和职能转变，推动了浙江省新闻出版和广播影视融合发展。

从加快建设文化大省、文化强省到建设文化浙江，浙江省宏观文化管理体制改革伴随党委和政府整体宏观管理体制改革的深化而不断深化。2018年2月，党的十九届三次全会通过《关于深化党和国家机构改革的决定》，提出，要构建系统完备、科学规范、运行高效的党和国家机构职能体系，形成总揽全局、协调各方的党的领导体系，职责明确、依法行政的政府治理体系，中国特色、世界一流的武装力量体系，联系广泛、服务群众的群团工作体系，推动人大、政府、政协、监察机关、审判机关、检察机关、人民团体、企事业单位、社会组织等在党的统一领导下协调行动、增强合力，全面提高国家治理能力和治理水平。同年10月，党中央、国务院批准《浙江省机构改革方案》，全省机构改革进入全面实施阶段。省委职能部门和省政府组成部门在机构设置和职能配置上，与中央和国家机关基本对应。同时，适应区域经济社会发展需要，浙江省在机构限额内因地制宜设置了部分机构，优化调整一些领域的机构职能。其中，与宏观文化管理体制有关的机构改革包括：省委宣传部统一管理新闻出版和电影工作；将省文化厅、省旅游局的职责整合，组建省文化和旅游厅，作为省政府组成部门，不再保留省文化厅、省旅游局；省文物局改为省文化和旅游厅管理的副厅级机构。通过这一轮机构改革，浙江省进一步优化了职能配置，对于深化文化管理转职能、转方式、转作风产生了重要推动作用，提高了政府文化管理的效率效能。

"最多跑一次"改革，是浙江省提高行政效能，优化营商环境，建设人民满意的法治政府和服务型政府，推进治理体系和治理能力现代化的重大战略举措。以"最多跑一次"改革为契机，浙江省进一步深化了宏观文化管理体制改革。2016年12月，浙江首次提出实施"最多跑一次"改革，要求自然人、法人和非法人组织向行政机关申请办理一件事（即一个办事事项或者可以一次性提交申请材料的相关联的多个办事事项），申请材料齐全、符合法定形式的，从提出申请到收到办理结果全程只需一次上门或者零上门。2018年12月，省政府发布《浙江省深化"最多跑一次"改革推进政府数字化转型工作总体方案》，提出要"以'最多跑一次'改革为总牵引，聚焦'掌上办事之省'和'掌上办公之省'建设目标，以一体化数据平台为关键支撑，以构建业务协同、数据共享两大模型为基本方法，全面推进经济调节、市场监管、公共服务、社会管理、生态环境保护等政府职能数字化转型，打造整体协同、高效运行的数字政府，推进政府治理体系和治理能力现代化"。"到2022年，数字技术与政府履职全面深度融合，'掌上办事'和'掌上办公'实现政府核心业务全覆盖，大数据成为政府处理复杂治理问题的有效手段。数字政府有力引领数字经济、数字社会发展，成为全国政府数字化转型的先行区、示范区，为全国数字政府建设输出浙江方案、浙江经验。"2019年以来，继"最多跑一次"改革后，浙江省又积极推进社会治理领域"最多跑一地"改革。以县（区、市）为重点建设完善社会矛盾纠纷调处化解中心，坚持和发展"枫桥经验"，发动社会力量参与，提升政府公信力，让老百姓的幸福感更强、获得感更实、安全感更足。2020年6月省委办公厅、省政府办公厅印发《浙江省县级社会矛盾纠纷调处化解中心规范化建设指引（试行）》，进一步明确了县级社会矛盾纠纷调处化解中心功能定位，即"集信访和矛盾纠纷调处化解、社会治理事件处理、社会风险研判等三个平台为一体的现代社会治理共同体"。

浙江"最多跑一次"改革坚持换位思考，从群众视角思考政府改革，用群众语言设定改革目标，以群众感受确立改革标准，努力打造"审批事项最少、办事效率最高、政务环境最优、群众和企业获得感最强"的省份。全省文广新系统围绕省委省政府"最多跑一次"顶层设计，简政放权、放管结合、优化服务，创新审批举措，大力推行"一窗受理、集成服务"的"最多跑一次"改革，取得了重要进展。比如，截至2017年底，新闻出版广电系统省级办事事项"最多跑一次"实现覆盖率达90.38%，市县级新广事项全部实现"最多跑一次"。省文化厅颁发《关于加快推进"最多跑一次"改革工作的通知》《关于印发"最多跑一次"办事事项、办事指南的通知》，对照

《事项标准化梳理"八统一"要求》，制定了《全省文化系统"最多跑一次"办事指南（修订稿）》等，制定标准，统一规范，明确相关的法定依据、办事条件、办事材料、办事流程、办理期限等。至2017年底，省文化厅13项办事事项100%实现"最多跑一次"；全省文化部门34项办事事项全部实现"最多跑一次"。与此同时，省文化厅行政权力事项精简比例达77%；省新闻出版广电局发布实施《浙江省新闻出版广播影视（版权）行政管理权力运行制度规范体系》，减少行政审批事项50%；杭州市文广新局，权力事项从683项缩减为56项；宁波精简市级文化行政权力事项140项。根据《浙江省深化"最多跑一次"改革推进政府职能转变和"放管服"改革行动计划（2018—2022年）》《深化数字浙江建设实施方案》和《浙江省深化"最多跑一次"改革推进政府数字化转型工作总体方案》等统一部署，从2019年开始，省文化和旅游厅以"最多跑一次"改革为总牵引，聚焦"掌上办事之省"和"掌上办公之省"建设目标，以一体化数据平台为关键支撑，以构建业务协同、数据共享两大模型为基本方法，建立健全文化和旅游信息服务平台，包括：基于政务"一朵云"建立文化和旅游基础数据资源目录，采集和完善文化和旅游基础数据，推进文化遗产资源及博物馆、公共图书馆、美术馆、科技馆等公共文化机构馆藏资源数字化；打造一体化文化和旅游管理、公共服务平台，实现文化和旅游资源一张图导览；全面提升智慧文旅管理、服务、推广及体验水平，加快发展智慧文旅乡村（社区），等等。

"无证明城市"是浙江省"最多跑一次"改革的深化，横店影视产业实验区所在地东阳市是浙江省较早推行"无证明城市"改革的县级市之一。在2019年"无证明城市"改革前，办理影视文化服务方面营业执照，需提交房产证明或租房协议、身份证复印件及原件，以及村委会证明或镇街道证明等。"横漂"来演员公会办理演员证前，则需要前往横店公安分局，先办理暂住证等证明。实施"无证明城市"改革后，所有证明事项全部取消，经营者只需带上身份证原件、手机、产权人信息到窗口即可办理,甚至在家里通过电脑登录浙江政务服务网"企业开办全程网上办"平台,也能完成申报,市场监管部门当天即可把办好的营业执照快递出去。"无证明城市"改革也为"横漂"一族提供了便利,现在只需向公安机关线上申报相关材料,就可到演员公会办理演员证。自2019年深化改革以来至2020年5月底,东阳市共清理证明事项425项,群众办事在市域内基本实现了"无证明"。此外,在"无证明城市"改革过程中,东阳市税务、财政等众多部门也通过大数据平台,推行"网上办""掌上办",用"数据跑腿"代替"群众跑腿",极大方便了影视企业、影视演员办理涉税等事项。随着办事流程进一步优化、证明材料大幅度缩减等,横店影视文化产业实验区入区企业累计已达1347家;在演员公会注册的"横漂"累计已超8万人,常年"漂"在横店的有6000人至8000人。

改革和完善宏观文化管理体制,是贯穿于浙江省从加快建设文化大省、文化强省到建设文化浙江全过程的重大主题。浙江省一直致力于探索建立保证党委领导、强化政府管理,调控适度、运行有序,管人管事管资产相统一的文化领导体制和协调、决策机制,努力打造推动浙江文化繁荣发展的宏观管理体制机制新优势;致力于加快推进政府职能转变,理顺政府与文化企事业单位关系,实现政企分开、政事分开、管办分离,履行好政策调节、市场监管、社会管理、公共服务职能;致力于扩大文化市场综合执法改革成果,不断深化县(市、区)文广新局、文化与旅游局运行机制改革,创新文化市场综合执法方式和监管模式;致力于推动文化领域数字技术与政府履职全面深度融合,"掌上办事"和"掌上办公"实现政府核心业务全覆盖,大数据成为政府处理复杂治理问题的有效手段。在这个过程中,浙江省的宏观文化管理体制不断优化,科学化、法制化水平不断提升,从而更好地适应了不同阶段浙江文化发展的趋势和要求。

二 加强对文化发展的规划引导

实践表明，当市场经济已经成为一个社会的基本经济制度时，不仅文化产业必须围绕市场和政府的"优势"和"失灵"发挥自身的功能，而且具有公益性质的公共文化服务体系也要围绕市场和政府的"优势"和"失灵"发挥自身的功能。解决长期以来我国文化发展滞后、投入不足、供给短缺、分配不平衡等问题的关键，在于转变政府职能。市场不能解决或不能有效解决的事务，政府必须"到位"，没有到位的应当逐步到位；凡属于可以通过市场机制解决的，政府不应介入，已经介入的应当逐步退出，介于二者之间的，政府应当发挥公共财政"四两拨千斤"的杠杆作用，积极引导社会资金投入。在市场经济条件下，虽然从总体上说，政府不能"大包大揽"文化发展，但这并不意味着政府可以放弃责任。恰恰相反，在推动文化建设过程中，必须充分地把政府"有形之手"和市场"无形之手"的优势结合起来，并尽可能地避免两者的"失灵"。

在推进文化体制改革试点工作中，浙江省提出了"加强规划引导、政策保障、资产管理"这三项举措，并将之作为"文化领域宏观管理改革"目标任务的重点。这也体现了浙江省对市场经济大背景下政府宏观文化管理体制的一种新定位：政府从"办文化"转向"管文化"；从"越位"的地方"退位"，在"缺位"的地方"补位"；市场能做的让市场发挥资源配置的基础性作用，市场失灵的领域在党的领导下政府发挥应有的作用。"加强规划引导、政策保障、资产管理"这三项宏观文化管理体制改革的重点目标任务，也贯穿于浙江从加快建设文化大省、文化强省到建设文化浙江的全过程，为加快推动浙江公益性文化事业和文化产业发展，创造了良好的宏观体制环境。在这三项"文化领域宏观管理改革"目标任务中，首先是"加强规划引导"。

在《文化规划：基于文化资源的城市整体发展策略》一书中，黄鹤归纳了相关领域一些权威性研究机构和研究学者对文化规划的定义[①]：（1）英国德蒙特福特大学国际文化规划和文化政策研究室认为，文化规划是城市和社区发展中对文化资源战略性以及整体性的运用。这个定义蕴含两层含义：其一是战略性，文化规划是城市和社区战略性发展中不可或缺的一部分，它不仅仅同物质环境的规划相联系，同时也同经济与产业发展目标、社会公正、娱乐休闲规划、住宅和公共领域相联系。为达成长期的发展目标，众多的团体要进行合作，并且制定不同阶段的目标以分期实现。其二是整体性，文化规划是各种规划中一个不可分割的部分，它是对于城市生活的整体安排，因而其应当从一开始就介入城市或社区的规划，与其他领域的规划密切合作以促进城市的整体发展。（2）英国文化策略研究机构 Comedia 的负责人查尔斯·兰德利（Charles Landry）认为，文化规划是一种基于文化资源的确认项目、制定规划和管理实施策略的过程，并不倾向于是"对文化的规划"——这是一种不可能、不合时宜也是危险的任务——而是城市规划和城市政策的一种文化途径。（3）美国学者 Craig Dreeszen 认为，文化规划是结构性的、社区层面上基于调查研究和集体意识建构的过程；确定文化资源、社区需求和发展机会；规划行动和保护相应的资源以对上述需求和机会作出回应。文化规划通过动员人力、财力和其他资源来解决社区的发展问题。（4）英国学者 Graeme Evans 认为文化规划一方面是城市规划设计的艺术，是城市文化艺术表述的整体性；另一方面也是城市和社区发展中对文化资源战略性以及整体性的运用。

理解"文化规划"，必然涉及对"文化"的理解。1871年，在《原始文化》"关于文化的科学"一章中，爱德华·泰勒第一次明确地提出了关于文化的定义。此后，关于文化的定义可以说层出不穷，

---

① 黄鹤：《文化规划：基于文化资源的城市整体发展策略》，中国建筑工业出版社 2010 年版，第 5—6 页。

据克罗伯和克拉克洪 20 世纪 50 年代早期的统计，从 1871 年到 1951 年，关于文化的定义已有 164 种之多。① 此后，关于文化一词用法的辩论一直十分激烈。因此，如威廉·A. 哈维兰所说："当前，即使站在最为'包容性'的立场上，这一词汇依然十分复杂，以至于无论我们单独采用哪种文化'归类'方法，都会成为交叉火力下的靶心。"② 约翰·R. 霍尔和玛丽·乔·尼兹也说："围绕文化概念的普遍争论使得今天仍然无法得出一种'确切的'定义。像'文化'这样涵盖广泛的词，我们不能指望单单通过仔细的界定就可以把握其真谛。"③ 按照雷蒙·威廉斯的说法，文化（culture）一词，乃是英文里两三个比较复杂的词中的一个。原因有二：第一，这个词在一些欧洲国家语言中，有着极为复杂的词义演变史；第二，在一些学科领域里以及在不同的思想体系里，这个词被用来当成重要的观念。④ 黑格尔曾说过，词语的最初意义总是隐喻的、形象的，后来才逐渐地从中孕育、发展或引申出抽象义、精神义，虽然后来的抽象义、精神义往往反客为主，掩盖了词语原初的感性本义。"文化"一词就典型地经历了黑格尔所描述的词汇演化历程。在《文化与社会（1780—1950）》（*Culture and Society*, *1780—1950*）⑤ 导论中，威廉斯开宗明义地说，一些今天举足轻重的词语，是在 18 世纪末期和 19 世纪前期成为英语常用词的。这些词语普遍地经历了变迁，而其变迁的模式可视为一张特殊的地图，其间可以呈现出更为广阔的生活思想变迁。按照威廉斯的说法，在工业化时期以前，文化（culture）一词，基本上是指作物

---

① [美] 威廉·A. 哈维兰：《文化人类学》，瞿铁鹏、张钰译，上海社会科学院出版社 2006 年版，第 36 页。
② [英] 奈杰尔·拉波特、乔安娜·奥弗林：《社会文化人类学的关键概念》，鲍雯妍、张亚辉译，华夏出版社 2005 年版，第 78 页。
③ [美] 约翰·R. 霍尔、玛丽·乔·尼兹：《文化：社会学的视野》，周晓虹、徐彬译，商务印书馆 2002 年版，第 18 页。
④ [英] 雷蒙·威廉斯：《关键词：文化与社会的词汇》，刘建基译，生活·读书·新知三联书店 2005 年版，第 101 页。
⑤ Raymond Williams, *Culture and Society 1780 – 1950*, Harmondsworth: Penguin, 1963 (orig. 1958).

的培育，由此引申为心灵的培育，而后一种用法，在18世纪到19世纪初叶逐渐自成一统，演变为今日意义上的"文化"概念。

尽管如此，从众多的文化定义中，可以区分出"广义的"和"狭义的"两种定义类型。按照广义的定义，文化是包括物质财富和精神财富在内的人类社会所创造和共享的全部产品，这些产品分为物质和非物质两种基本形式。物质文化包括人类创造并赋予意义的全部制品，或者说有形物品，如车轮、衣服、学校、工厂、城市、书籍、宇宙飞船、图腾柱等。非物质文化包括更为抽象的创造物，如语言、思想、信仰、规范、习俗、神话、技术、家庭模式、政治制度。按照狭义的文化定义，文化仅指人类创造的精神财富。如爱德华·泰勒所说："文化或文明，就其广泛的民族学意义来讲，是一复合整体，包括知识、信仰、艺术、道德、法律、习俗以及作为一个社会成员的人所习得的其他一切能力和习惯。"[1] 文化发展规划中的"文化"既不对应于广义的文化定义，也不对应于狭义的文化定义，而是对应于"文化资源"这个概念。所谓"文化资源"，是人们从事一切与文化活动有关的生产和生活内容的总称，以精神状态为主要存在形式，是人们从事文化生活和生产所必需的前提准备。"文化资源"包括：考古成果、地方习俗、节日庆典、文学、饮食文化、地方方言等；地方手工艺、文化创意产业、艺术与媒体机构及其活动、文化活动、教育培训等；历史文物及历史文化地区、文化设施、文化生产与消费场所、文化地区、公共文化空间等。[2]

在中国语境中，"文化规划"中的"规划"，又具有相对于"计划"的特殊含义，政府"规划引导"模式则相对于政府"大包大揽"的传统"计划管理"模式。从1953年开始，我国实施第一个"五年计划"，简称"一五"。从"十一五"起，国家将"五年计划"改为

---

[1] Edward B Tylor, *Primitive Culture*, London, J. Murray, 1871, p. 1.
[2] 黄鹤：《文化规划：基于文化资源的城市整体发展策略》，中国建筑工业出版社2010年版，第6—7页。

"五年规划"。从"计划"到"规划",不仅是词语上的变化,更重要的是,还意味着经济体制转换背景下政府职能的重大转变。"计划"和"规划"分别相对应于计划经济和市场经济这两种不同经济体制下政府管理、统筹经济社会发展的不同职能。如前所述,经济体制是一个严密的逻辑整体,不仅体现于经济领域,而且也体现于文化领域。经济体制从计划到市场的转变,不仅要求政府宏观管理职能实现从"计划"到"规划"的转变,也顺理自然地要求政府实现由传统的"大包大揽"的文化发展"计划管理"模式向文化发展的"规划引导"模式转变。

计划经济体制下文化发展模式最突出的特点,是在全社会范围内依靠计划形式来对文化资源进行调节和配置,文化发展的基本决策权,都集中在文化计划的决策者手中,文化发展模式具有高度集中计划的形式和特点。在此,把樊纲等在《公有制宏观经济理论大纲》中关于高度集中计划经济体制的基本运行模式[①]略作修改,将之应用于具体的文化领域,便可得出计划经济体制下文化发展模式的基本运行机制。

第一,计划决策者决定文化产品的创作和生产计划,文化单位或文化产品的创作者和生产者只是按照计划安排进行创作和生产,不能自行决定文化产品创作或生产的品种和数量。

第二,文化投资格局是全社会计划的一部分,是国家计划的结果,文化产品投资或生产由计划决策者统一决定和部署,基层文化单位不具有投资或生产的自主权;文化产品的创作或生产必须经过计划决策者统一计划、综合平衡、批准后才能进行。

第三,计划决策者规定文化产品的消费者价格和"实际生产者价格"。所谓"实际生产者价格",由消费者价格(名义价格)加上"政策性亏损补贴"或减去上缴利税后的生产者实际收入构成。

[①] 参见樊纲《公有制宏观经济理论大纲》,上海三联书店1994年版,第74—75页。

第二章 创新文化产业发展的宏观体制机制　175

第四，为执行文化产品创作和生产计划所需要的人力资源和物质资源，由计划者统一调配；文化产品的生产和流通，也由计划者组织和安排；非短缺文化产品由消费者自由选购，短缺文化产品则实行计划配给。

正如诺夫所说，计划经济奠基于如下假设，即"社会（实际上是政治领导当局控制下的计划部门）知道或能发现需要什么，能按需要分配生产资料，并发布命令协调这些需要，所以能最经济地满足需求"[①]。计划经济体制下文化发展模式之运行机制要能充分而有效地发生作用，其前提是计划决策者必须能够充分了解和掌握一个社会或国家文化资源的状况、文化产品和服务的供给能力、文化产品和服务的需求状况及其变化趋势。只有在此基础上，才能合理配置文化资源，使之得以充分利用并发挥最大作用。然而，这些条件往往是难以达到的。在计划经济时期，我国文化产品和服务曾经全部或几乎全部被纳入传统"文化事业"发展模式之中，以政府"大包大揽"的方式提供，文化服务职能主要由政府及其"文化事业"单位来实现，文化领域完全由各级政府财政支持，由政府文化部门实施行政管理。由此形成的传统公共发展模式的主要弊端是：供给渠道单一，保障水平不高，项目范围狭窄，享有对象规模有限，资金缺口大且利用率低，刚性隐性的福利化，供给效率低，等等。

从计划到市场的经济体制转换，必然要求突破"大包大揽"的传统"文化事业"发展体制，重构宏观文化管理模式和文化发展模式，实现政府从"办文化"向"管文化"、从统一决定和部署文化产品投资、生产的计划决策者向文化发展的规划引导者等转变。市场经济的孕育和发展，为文化发展提供了以结果、绩效为导向，被实践证明灵验的市场机制、市场手段；从"全能政府"向"有限政府"的转变，也要求政府转变文化管理职能，从"越位"之处"退位"，在"缺

---

① ［英］约翰·伊特韦尔等编：《新帕尔格雷夫经济学大辞典》（第3卷），经济科学出版社1996年版，第944页。

位"之处"补位"。与此同时,伴随民间社会组织的涌现,"国家包办社会"传统格局的改变,"社会"在一定程度上表现出了相对独立性,进而逐渐形成了国家与社会之间一种新型的关系。这些变化都为政府在不放弃政策制定职能、不放弃满足人民群众基本文化权益责任的前提下,重新界定自身在文化发展中的角色,把政府权威与市场交换的功能优势有机地组合在一起,实现文化产品和服务从传统的单中心提供方式向多中心、多层次、协同合作的提供方式转变,形成更优的政府统筹、管理文化发展模式,提供了必要的条件。

而"规划引导",恰恰体现了市场经济大背景下政府在文化发展领域既不"大包大揽"又不放弃政策制定责任的一种新的角色定位。文化发展规划是引导区域文化未来发展、优化文化发展空间布局、统筹安排文化发展主要任务、协调文化各方面发展的谋划和部署,是一定时期内包括文化产业发展在内的区域文化发展蓝图,是政府宏观文化管理内容和职能的重要组成部分。它既是宏观文化管理的前期工作,又是文化建设和管理的依据,具有指导和规范包括文化产业在内的文化发展的重要作用。

实施建设文化大省战略以来,浙江省高度重视发挥"规划引导"作用,逐步强化规划在政府宏观文化管理中的地位和功能,通过规划"引导"公益性文化事业和经营性文化产业发展。2000年,省委出台了《浙江省建设文化大省纲要(2001—2020年)》,其中,首次对推动浙江文化产业发展进行了布局和部署。2005年省委出台了《关于加快建设文化大省的决定》,并制定了加快建设文化大省的"八项工程"规划。其中,"文化产业促进工程",从发挥地域文化资源和非公有制经济优势、培育一批具有较强实力和竞争力的文化产业主体、形成要素完备和管理有序的文化市场体系、形成多种所有制文化企业共同发展的开放格局、加大对重点产业的扶持力度、培育一批高新技术文化企业等角度,系统全面地提出了加快浙江文化产业发展的顶层设计。2006年2月,省政府发布了以引导文化产业发展为主的《浙江省文化建设"四个一批"规划（2005—2010）》，对建设一批重点文化设施、发展一批重点文化产业、培育一批重点产业区块、壮大一批重点文化企业这"四个一批"进行了布局和规划。2008年7月，省委出台《浙江省推动文化大发展大繁荣纲要（2008—2012）》。2011年1月省政府公布《浙江省文化产业发展规划（2010—2015）》，这是浙江省首个由省政府颁布实施的文化产业发展规划，也是全国第一个省级文化产业发展专项规划；同年11月，省委出台《关于认真贯彻党的十七届六中全会精神大力推进文化强省建设的决定》，对从文化大省迈向文化强省进行了布局和部署。2016年8月省政府公布《浙江省文化发展"十三五"规划》；同年10月，省政府办公厅发布《浙江省文化产业发展"十三五"规划》。2017年9月，省委省政府出台《关于加快把文化产业打造成为万亿级产业的意见》；同年11月，省委省政府发布《关于推进文化浙江建设的意见》。2018年6月，省委宣传部发布《浙江省之江文化产业带建设规划》。2018年4月，浙江省委省政府出台《关于加快推进横店影视文化产业发展的若干意见》。2019年10月，省政府印发《浙江省诗路文化带发展规划》；同年12月省委办公厅、省政府办公厅颁发《关于加强文物保护利用改革的实施意见》。2020年4月省发改委印发《浙东唐诗之路三年行动计划》，省发展改革委、省自然资源厅、省文化和旅游厅、省委宣传部等部门联合发布《浙江省大运河文化保护传承利用实施规划》；同年9月，浙江省科学技术厅、省委宣传部、省委网信办、省经信厅、省财政厅、省文化和旅游厅、省广电局等七部门发布《浙江省关于促进文化和科技深度融合的实施意见》。2021年4月，省发改委发布《大运河诗路建设、钱塘江诗路建设、瓯江山水诗路建设三年行动计划（2021—2023）》；同年6月，省发改委和省委宣传部印发《浙江省文化改革发展"十四五"规划》；同年9月，省委出台《关于加快推进新时代文化浙江工程的意见》。这些不同阶段出台的文件，对于加快建设文化大省、文化强省和文化浙江，推动公共文化服务体系建设和文化产业发展，发挥了重要的指导、引导和规范作用。

实施加快建设文化大省战略以来，根据中央和省委精神、省有关部门的统一部署，全省各地也分别结合自身特点制定了一系列文化发展规划。比如，2005年，杭州市委、市政府提出实施现代制造业和现代服务业"两轮驱动"战略，将大文化产业列入现代服务业八大重点行业之一，出台了《关于进一步推进杭州大文化产业发展规划（2005—2010年）》，市本级设立了专项资金，制定了《杭州市大文化产业投资指南》。2006年9月，杭州市委市政府出台了《关于加快"一名城、四强市"建设的若干意见》以及教科卫体四个强市建设的规划纲要。按照加快建设"一名城、四强市"和"生活品质之城"的总体要求，2007年11月杭州市委办公厅、市政府办公厅发布《杭州市公共文化服务体系建设规划（2008—2010年）》，这是杭州市关于公共文化服务体系建设的第一个规划。2008年初，杭州市委市政府出台了《关于打造全国文化创意产业中心的若干意见》，对发展杭州文化创意产业进行了全面的规划和布局。2009年、2011年市委办公厅、市政府办公厅先后发布《杭州市文化创意产业发展规划（2009—2015年）》《杭州市"十二五"文化创意产业发展规划》《杭州市"十二五"公共文化服务体系建设规划》。2012年杭州市委出台《关于认真贯彻党的十七届六中全会精神，深入推进文化名城文化强市建设的若干意见》，杭州市委市政府出台《关于实施创新强市战略完善区域创新体系发展创新型经济的若干意见》。2017年6月，杭州市政府办公厅印发《杭州市文化创意产业发展"十三五"规划》。2018年9月，杭州市召开全市打造国际文化创意中心暨加快推进之江文化产业带建设大会，同时发布《关于加快建设国际文化创意中心的实施意见》。同一年底，杭州市政府发布《杭州市大运河世界文化遗产保护规划》。杭州市的这些文化发展规划和布局，不仅覆盖了主城区，而且也覆盖了各市县。比如，2009年5月出台的《杭州市文化创意产业发展规划（2009—2015年）》，将富阳文化创意产业发展纳入杭州市总体发展布局之中，提出，要结合区、县（市）块状经济发展，以工业设计、服装设计等产业为重点，培育发展富阳体育运动研发生产基地、富阳银湖文化创意园等产业基地，推动产业结构优化升级，增强区域经济综合竞争力。2011年8月出台的《杭州市"十二五"文化创意产业发展规划》进一步明确，要加快富阳银湖科创园等新兴园区建设，依托丰富的文化内涵、风景旅游资源和体育基础设施，突出休闲、娱乐、时尚等元素，培育发展富阳黄公望风情小镇、新沙岛风情小镇等文化休闲旅游组团；结合区、县（市）块状经济发展，以设计服务、运动休闲等产业为重点，培育发展东洲运动休闲创意园等产业基地，打造块状文创经济组团，推动产业结构优化升级，增强区域经济综合竞争力。

实施加快建设文化大省战略以来，宁波市也制定了一系列引导文化发展的规划。比如，《关于推进文化大市建设加快社会事业发展的决定》《宁波市文化建设"四个一批"规划》《宁波市"十五"时期文化发展规划》《宁波市文化产业发展规划》《宁波市"十一五"时期文化发展规划》《关于贯彻党的十七届六中全会精神，加快文化强市建设的决定》《宁波市"十三五"时期文化发展规划》《宁波市"十三五"文化产业发展规划》等。除了杭州市和宁波市以外，温州、绍兴、嘉兴、湖州、丽水、金华、衢州、台州、舟山等全省各地级市都相继出台了一系列文化发展规划。这些规划确定了全省各地各阶段文化发展的指导思想、方针原则和目标任务，是全省各级党委和政府履行文化领导和管理职能的重要依据，对于引导文化资源配置方向，统筹公益性文化事业和经营性文化产业发展，规范文化建设主体行为，保证全省各地文化发展战略一张蓝图绘到底，产生了重要的作用。

三　完善文化发展政策

雷蒙·威廉斯曾把文化政策分为政策"本身"和政策"展示"

两个部分，他梳理并确认了国家与文化五种类型的关系，也就是五种文化政策，其中，三种关系与文化政策"本身"（cultural policy 'proper'）相关，两种关系与作为文化"展示"的政策相关。作为展示的文化政策包括"国家形象放大（national aggrandizement）的政策"和"经济还原主义（economic reductionism）的政策"这两种政策。有关文化政策"本身"的政策则包括"公共经费资助艺术的政策""媒介调控政策""文化身份的协商构建政策"等。文化政策"本身"是有关艺术、媒介调控和文化身份外显的政策。文化展示政策大多是潜隐的，偶尔才会显现出来。国家在文化展示中应该扮演的角色、发挥的功能，是对艺术、文化和媒介的发展产生辅助性作用。在《重新思考文化政策》一书中，麦圭根对这五种文化政策逐一进行了阐述。关于文化政策"本身"的研究，通常是以民族国家为单位开展的。然而，一个国家之内不同地区之间也有差异，因此往往也有体现地区特色、相对于全国的地区文化政策；世界上也有超越民族国家边界的文化政策，而这一方面的典型事例，就是欧盟的文化政策。放大国家形象的文化政策，往往以彰显国家/民族特色为目标，比如，大大小小的各种展览会、博览会就是展示地方和国家形象的方式和途径，也是参会地区和国家之间激烈的软实力较量的一种平台。经济还原主义的文化政策，则把一切文化活动还原为经济活动。经济还原主义就是"市场原教旨主义"，也可称之为"新自由主义全球化"；它崇尚市场力量，把市场力量当作一种教条和普世价值。巴黎迪士尼乐园，就是经济还原主义文化政策的典型案例；而一些展览会、博览会、标志性建筑，则是展示国家形象放大政策的典型。[1]

值得进一步说明的是，文化产业政策既是一种文化政策，也是一种产业政策，因此除了具有一般文化政策的特点外，也具有一般产业政策的特点。小宫隆太郎最早对产业政策进行了研究和阐发。他认

---

[1] 参见［英］吉姆·麦圭根《重新思考文化政策》，何道宽译，中国人民大学出版社2010年版，译者前言、第三章。

为，产业政策是"政府为改变产业间的资源分配和各种产业中私营企业的某种经营活动而采取的政策。换句话说，它是促进某种产业的生产、投资、研究开发、现代化和产业改组而抑制其他产业的同类活动的政策"[1]。小宫隆太郎还将产业政策内容区分为两种类型：（1）与产业分配资源有关的内容，包括：关于产业的一般基础设施（包括工业用地、产业用的公路、港口、工业用水和供电等）的政策、关于产业之间的资源分配政策；（2）与各种产业的组织有关的内容，包括：与各领域的内部组织有关的政策（产业改组、密集化、缩小开工率、对生产和投资进行调整等）、属于横向产业组织政策的中小企业政策。伊藤元重等则将产业政策定义为："是通过干预一国的产业（部门）间的资源分配或产业（部门）间的资源分配或产业（部门）内的产业组织，达到该国国民的（经济的、非经济的）目标的政策。"[2] 与文化产业政策相类似，公共文化服务政策既是一种文化政策，也是一种公共服务政策，因此除了具有一般文化政策的特点外，也具有一般公共服务政策的特点。

从20世纪60年代末开始，"文化政策"受到了联合国教科文组织的广泛关注和高度重视。据《联合国教科文组织与文化政策研究：20世纪七八十年代》一文所述[3]，在20世纪70—80年代，从1970年威尼斯文化政策会议到1982年墨西哥城世界文化大会，联合国教科文组织主持或协助召开了一系列地区性部长会议，出版了一系列有关不同国家文化政策的报告，比较系统集中地讨论了文化政策，提出了文化政策领域一系列值得关注、研究和探讨的问题，并通过与众多成员国及文化政策行为主体的互动和讨论，丰富和发展了文化政策的

---

[1] ［日］小宫隆太郎等编：《日本的产业政策》，国际文化出版公司1988年版，第3—4页。

[2] ［日］小宫隆太郎等编：《日本的产业政策》，国际文化出版公司1988年版，第242页。

[3] 毕晓梅：《联合国教科文组织与文化政策研究：20世纪七八十年代》，《中国文化产业评论》2017年第2期。

内涵，拓展了文化政策的边界，直接或间接地推动了文化政策研究的深化和发展。

在中国，文化政策是中央和地方各级党委和政府为保障人民群众基本文化权益、实现文化发展目标，而制定的指导、促进和支持各项公益性文化事业和经营性文化产业发展的基本方针、准则和措施。不同的经济体制，往往伴随不同的文化政策。在计划经济大背景下，我国文化产品和文化服务曾经全部或几乎全部被纳入传统"文化事业"发展模式之中，由政府以"大包大揽"的方式提供，文化服务职能主要由"文化事业"单位来实现，不区分"公益性文化事业"和"经营性文化产业"，文化领域几乎完全由各级政府财政支持，由政府部门实施统一集中的行政管理。计划经济体制下政府公共财政"大包大揽"的文化政策，对缺乏独立经营机制和独立核算能力的文化单位，往往难以形成有效的激励和约束，从而导致了文化生产的低效率以及文化产品和文化服务供给的普遍短缺现象，在农村或偏远地区更是捉襟见肘。

改革开放以来，经济体制从计划到市场的转换，顺理自然地要求推进文化体制改革并形成和完善与市场经济规律和文化建设规律相适应的新的文化政策。通过建立和健全项目补贴、贷款贴息、政府采购、奖励、税收优惠、贷款担保、股权投资、配套资助、后期赎金、创业投资引导基金等政策体系，发挥政府对文化发展的扶持、引导、激励和拉动作用，为公共文化服务体系建设和文化产业发展有效地注入资金，通过公共财政的"四两拨千斤"杠杆效应，有效地吸引社会资本流入文化发展领域，更好地保障公共文化服务和文化产业的健康发展，推动文化的繁荣兴盛。

与改革开放进程相伴随，从20世纪80年代开始，我国就已经对与经济体制转换相适应的文化政策进行了积极的探索与实践。1983年，中共中央批转中宣部、文化部等《关于加强城市、厂矿群文工作的几点意见》，在群众文化事业系统内首次提出"以文补文"政策，允许群众文化活动可以适当收费,用以补助群众文化事业单位活动经费的不足。[①] 这就在由政府公共财政"大包大揽"提供文化产品和文化服务、与传统计划经济相适应的文化政策体系中打开了一个缺口。1984年,在《中共中央关于经济体制改革的决定》出台、城市经济体制改革已经正式启动的宏观大背景下,国家进一步在文化事业单位的一些行业特别是演艺业中进行了积极的改革探索与实践,出台了鼓励这些行业开展经营性活动的文化政策。1985年中共中央办公厅批转文化部《关于艺术表演团体的改革意见》,要求改革全国专业艺术表演团体数量过多、布局不合理等状况,精简大中城市专业艺术表演团体,合并或撤销重复设置的文艺院团,也要求调整市县专业文艺团体的设置。特别值得一提的是,《关于艺术表演团体的改革意见》还提出,要在文化单位实行以承包经营责任制为内容的改革,并实行以文补文、多业助文等改革措施,以解决经济体制从计划向市场转变背景下产生的文化单位的经济困难。1986年,人事部颁发《关于加强事业单位编制管理的几项规定》,明确提出,中央政府鼓励一些有条件的科研、设计、文艺新闻、出版等事业单位实行企业化管理,实现经济上的完全自给。对已实行企业化管理、国家不再拨付各项经费的事业单位,其编制员额可以适当放宽。1987年,文化部、财政部、国家工商总局联合颁布《文化事业单位开展有偿服务和经营活动的暂行办法》,允许文化事业单位向工商行政部门申请登记,取得营业执照,合法开展企业化经营活动,鼓励文化事业单位运用自身的知识、艺术、技术和设备等条件,开展有偿服务,获得劳动收入,用于补充事业经费的不足。这就将"以文补文"政策适用范围由群众文化事业单位拓展到了所有文化事业单位,某种意义上也标志着"双轨制"一定程度上的合法化。1988年国务院批转文化部《关于加快和深化艺术表演团体体制改革的意见》以及1989年中共中央《关于进一步

[①] 参见陈明、胡杏《我国文化事业管理制度改革30年回顾》,载章建刚、尹昌龙、张晓明、陈新亮主编《中国公共文化服务发展报告(2009)》,社会科学文献出版社2009年版。

繁荣文艺的若干意见》中，不仅对"双轨制"进行了定义，即一轨为国家扶持的少数全民所有制院团，另一轨为多种所有制艺术团体；而且也提出了实施"双轨制"改革的具体意见，即，国家主办的全民所有制艺术表演团体，应当能够代表国家和民族艺术水平，或带有实验性，或具有特殊的历史保留价值，或属于少数民族地区，这类院团要少而精；大多数艺术表演团体则实行多种所有制形式，由社会力量主办。显然，这些政策性文件，都使改革由公共财政"大包大揽"的传统文化事业发展体制的目标和措施，更加具体化和可操作化了。1988年2月，文化部、国家工商行政管理局还发布了《关于加强文化市场管理工作的通知》，正式提出了"文化市场"这个概念，这是文化体制改革理念和政策上的一个重大突破。在这些新理念新政策的作用和引导下，中国娱乐性文化市场逐渐孕育发展。比如，广州开设了第一家音乐茶座，上海和广州等地相继开始了音像放映、出租等经营活动。1991年，在文化部《关于文化事业若干经济政策意见的报告》中，出现了"文化经济"这一新提法。显然，国家文化管理部门的这些新理念新提法新政策，反映了中国文化领域的新发展趋势，顺应了计划经济体制向市场经济体制转换背景下文化发展的内在逻辑和要求。

1992年10月，党的十四大报告首次明确提出要"完善文化经济政策"。这就意味着，在建立社会主义市场经济体制已经被确定为国家经济体制改革基本目标的大背景下，形成健全的文化经济政策体系，已经被摆上了更加重要的议事日程。1997年，党的十五大报告把"深化文化体制改革，落实和完善文化经济政策"，作为建设中国特色社会主义文化的重中之重。这一年，国务院出台了一系列有关文化金融、财政和税收的政策。2000年，《中共中央关于制定国民经济和社会发展第十个五年计划的建议》不仅在中央全会文件中首次提出了"文化产业"概念，把发展文化产业纳入"国民经济和社会发展计划"之中予以谋划和部署，而且在20世纪90年代初已经提出"完善文化经济政策"基础上，首次提出要"完善文化产业政策"。2001年中央批转中宣部等《关于深化新闻出版广播影视改革的若干意见》，提出了关于深化新闻出版广播影视改革的政策措施。2003年，国家新闻出版总署颁发《出版市场管理条例》，国家广电总局颁布《电影制片、发行、放映经营资格准入暂行规定》《中外合作摄制电影片管理规定》等一系列有关引导和促进民营资本进入文化产业的文化政策。2006年，国家进一步出台了一系列有关扶持新兴文化产业发展的政策。比如，国务院出台了有关管理互联网服务营业场所的政策措施，信息产业部出台了有关推动动漫产业发展的政策措施等。这些政策的出台，都有力地推动了中国文化产业的转型发展、创新性发展和加快发展。2009年，国务院发布《文化产业振兴规划》，提出降低准入门槛、加大政府投入、落实税收政策、加大金融支持、培养文化产业人才等要求。同一年，中宣部、文化部联合颁发《关于深化国有文艺演出院团体制改革的若干意见》，提出了深化国有文艺演出院团体制改革的一系列新思路、新举措、新政策。此外，这一年，文化部还颁发了《关于加快文化产业发展的指导意见》和《文化产业投资指导目录》等；财政部等颁发了《关于支持文化企业发展若干税收政策问题的通知》。2010年，文化部等9部门联合出台《关于金融支持文化产业振兴和发展繁荣的指导意见》；文化部还联合保监会出台了《关于深入推进保险支持文化产业发展有关工作的通知》，进一步细化保险支持文化产业发展的政策措施。这些文化政策，对于加快推动文化产业发展和转型升级，推动文化产业成为国民经济支柱性产业，增强国家文化产业整体实力和竞争力，产生了重要的激励、引导和促进作用。

党的十八大以来，伴随文化体制改革的全面深化，国家又相继出台了一系列文化政策，形成了全面扶持文化改革与发展的政策体系，涵盖了文化体制改革，国有文化产业和民营文化产业发展，文化与金融、科技、贸易、旅游、产业等融合发展，文化产品社会效益与经济效益相统一，国际文化贸易，文化人才培养等各个领域和方面。2013年12月，中共中央办公厅印发《关于培育和践行社会主义核心价值观的意见》，对推动社会主义核心价值观纳入国民教育体系、融入精神文明创建，入法入规，进行了统一布局和部署；2014年2月，中央全面深化改革领导小组第二次会议通过《深化文化体制改革实施方案》，提出了推动新时代文化改革与发展新的顶层设计；2015年7月，国务院办公厅印发《关于支持戏曲传承发展的若干政策》；2015年9月，中共中央办公厅、国务院办公厅印发《关于推动国有文化企业把社会效益放在首位、实现社会效益和经济效益相统一的指导意见》，这是一个把文化体制改革特别是国有文化企业改革进一步向纵深推进的重要文件；2015年10月，中共中央印发《关于繁荣发展社会主义文艺的意见》，对繁荣发展社会主义文艺作出了重要的制度设计和政策安排；2017年1月，中共中央办公厅、国务院办公厅印发《关于实施中华优秀传统文化传承发展工程的意见》，首次以中央文件形式专题阐述扶持中华优秀传统文化传承发展的文化政策；2017年3月，中共中央印发《关于加快构建中国特色哲学社会科学的意见》，提出了支持中国特色哲学社会科学发展的政策措施；2017年5月，《关于实施网络内容建设工程的意见》印发，对加强网络内容建设作出全面系统部署；2017年6月，国务院法制办办务会议通过《全民阅读促进条例（草案）》；2018年10月，中共中央办公厅、国务院办公厅印发《关于加强文物保护利用改革的若干意见》。此外，党的十八大以来，伴随全面依法治国战略布局的稳步实施和推进，文化立法速度也呈现明显加快的态势，《公共文化服务保障法》《电影产业促进法》《网络安全法》《公共图书馆法》等相继出台并实施。改革开放以来，我国文化政策的逐步制定和完善，有效地激励、引导和促进了公共文化服务体系建设和文化产业发展，推动了文化的繁荣兴盛，更好地满足了人民群众的精神文化需求。

改革开放以来，国家在制定和完善与市场经济规律和文化建设规律相适应的新文化发展政策方面进行积极探索的同时，也积极鼓励全国各地党委和政府制定和完善符合本地实际的文化发展政策。比如，早在1991年6月，国务院批转同意文化部《关于文化事业经济政策意见的报告》，已经鲜明地体现了这一点。这个《报告》是国家层面较早较系统地就全国性"文化经济政策问题"提出明确指导意见的一个文件，其中，明确强调，全国各地应"制定符合本地区实际情况的文化经济政策"。2011年10月党的十七届六中全会通过的《中共中央关于深化文化体制改革 推动社会主义文化大发展大繁荣若干重大问题的决定》，不仅进一步要求全国各地扩大公共财政覆盖面，完善公共财政投入方式，强化资金管理，提升资金使用效率；而且也要求全国各地落实和完善文化经济政策，推广全国先发地区已经较普遍实行的社会组织、机构和个人捐赠或兴办公益性文化事业、非营利文化机构提供公共文化产品和服务等做法；还要求全国各地在财政、税收、金融、用地政策等方面加大对文化产业的扶持力度，鼓励和引导文化企业与社会资本对接，对非物质文化遗产项目经营、文化内容创意生产等实行税收优惠政策。2017年4月，中共中央办公厅、国务院办公厅印发的《国家"十三五"时期文化发展改革规划纲要》提出，全国各级地方党委和政府要加大政策创新和执行力度，围绕为坚持把社会效益放在首位、社会效益和经济效益相统一提供强有力支撑这个目标，进一步健全文化经济政策体系，并强调，要增强针对性、拓展覆盖面，更好地发挥引导激励和兜底保障作用。这个《规划纲要》还进一步提出，中央和地方要设立文艺创作专项资金或基金；全国各地必须结合本地实际，编制好本地区文化发展改革规划；全国各地区各有关部门必须加强对《国家"十三五"时期文化发展改革规划纲要》实施情况的跟踪分析和监督检查，推动文化发展改革的各项任务措施能够真正地落到实处。

作为市场经济和民营经济的先发省份，浙江省是全国各地党委和政府制定和完善符合本地实际的文化发展政策的一个典型和范例。改革开放以来特别是实施建设文化大省战略和文化体制改革综合试点工作以来，在加强文化发展的规划引导，加强国有文化资产管理的同时，按照"政策保障"思路，浙江省着力贯彻和落实中央相关要求，发布了一系列支持文化改革与发展的政策，为文化体制改革、公共文化服务体系建设和经营性文化产业发展，提供了坚强有力的政策保障。

早在2001年5月，浙江省就出台了《关于建设文化大省若干文化政策的意见》，要求各级财政都要加大经常性投入，每年增长幅度不低于经常性财政支出的增长幅度，并明确省财政继续按省级宣传文化企事业单位上年上缴所得税的实际入库数列当年支出预算，纳入宣传文化发展专项资金，用于省级宣传文化单位技术改造、重点文化设施建设、精品创作、理论研究、人才培养、广播电视信号覆盖、图书发行网点建设、文物保护、新闻信息化工程等项目的补助和奖励。2001年，浙江省还发布了《关于深化事业单位改革的意见》等政策文件。2002年，浙江省进一步出台了《关于深化文化体制改革，加快文化产业发展的若干意见》《关于加强基层文化建设的意见》《关于推进省属事业单位改革的意见》等。事实上，这些政策性文件，都属于落实《浙江省建设文化大省纲要（2001—2020年）》这个纲领性文件的具体配套政策措施。2003年6月，被中央确定为文化体制改革综合试点省以来，浙江省对试点方案涉及的相关配套政策、行业政策进行了认真仔细的梳理。在此基础上，浙江省积极借鉴和吸收经济体制改革政策尤其是科研院所和高等院校体制改革政策，在2004年出台了《关于支持省级国有文化单位改革试点和文化产业发展的若干政策意见》。其中包括：文化单位职工依法转换劳动关系后按规定参加企业养老、医疗、失业等各项社会保险的实施办法；文化企事业单位特别是艺术院团转企改制中有关职工离退休的管理办法；国有文化企事业单位转企改制的资产处置政策，包括土地资产处置办法、提留一部分净资产用以支付改革成本的实施细则等；允许艺术等多种要素参与分配的实施办法；转制后的文化企业继续享受转制前原有优惠政策的具体规定；对部分效益差、负担重的文化单位转企改制中所需的职工安置等费用给予财政补助，等等。

　　显然，这些政策措施，较好地顺应了市场经济大背景下文化体制改革的内在逻辑和要求。像其他领域的改革一样，文化领域的改革必然会涉及利益格局的调整。政府文化管理职能的转换，势必会涉及机构的调整和人员的精简，可能会或多或少地削弱一些部门的权力和利益；国有文化单位的改革，也必然会打破国有文化行业和主管部门的原有垄断地位。同时，市场化取向的改革和文化经济的结构调整，也会导致国有文化企业职工身份的变化，甚至在一定程度上会导致失业率的增加。这些因素都会加大深化文化体制改革的难度和阻力。因此，《关于支持省级国有文化单位改革试点和文化产业发展的若干政策意见》等政策性文件的出台，表明浙江省已经意识到了文化体制改革可能遇到的障碍和难题，从而"未雨绸缪"式地在更加大刀阔斧的深化改革前夕，通过制定和实施相关配套政策，理顺利益关系，保障利益可能受损阶层的权益，最大限度地减少进一步改革的摩擦力和阻力。此后，随着文化体制改革的逐步深化，加快建设文化大省、文化强省和文化浙江工作的依次推进，浙江省陆续出台了一系列支持文化改革与发展的政策文件。比如，2004年10月省委办公厅、省政府办公厅转发省委宣传部、省编委办、省财政厅、省文化厅、省广电局、省新闻出版局、省政府法制办《关于建立文化市场综合执法机构的实施意见》，提出了积极稳妥推进"建、并、分"改革工作，省、市、县三级建立集中统一文化市场综合执法机构的政策措施。从2005年省委通过《关于加快建设文化大省的决定》至2010年即"十一五"期末，浙江省相继制定了《浙江省文化产业项目投资指南（2006）》《浙江省非物质文化遗产保护条例》《关于支持文化体制改革和文化企业发展的意见》《浙江省文化产业项目投资指南（2009）》《关于促进电影产业繁荣发展的实施意见》《关于加快广播电视有线网络数字化发展的意见》《浙江省关于金融支持文化产业发展的若干意见》《浙江省经营性文化单位转企改制任务分解表》等政策文件，出台了包括财政、税收、劳动保障、企业用地、投融资等方面在内的推动文化改革与发展的新的扶持政策和配套政策。

进入"十二五"和"十三五"时期以来，浙江省又根据文化改革和发展的新形势、新趋势和新要求，出台了一系列新的政策文件。比如，2011 年出台了《关于加快广播电视有线网络"一省一网"整合发展的通知》《关于加强 IPTV 和有线宽带接入服务管理的通知》《三大省级文化经营管理人员业绩考核暂行办法》《浙江省省属文化集团国有资产管理暂行办法》等政策文件。2013 年，省委省政府发布《关于进一步加快文化产业发展的若干意见》。2014 年，省委全面深化改革领导小组第三次会议通过了《浙江省深化文化体制改革实施方案》和《浙江省深化文化体制改革重点举措及工作项目》。2016年，省委把社会效益和经济效益"双效统一"列入全面深化改革的重点突破项目，制定出台了《省属国有文化集团绩效考核暂行办法》，明确规定社会效益指标占绩效考核指标的 60%，经济效益指标占绩效考核指标的 40%，社会效益部分纳入党委意识形态工作责任制考核范围。这就使绩效考核的指挥棒作用得到较好发挥。同一年，浙江省文化厅还发布了《关于加快推进特色小镇文化建设的若干意见》。2017 年，省委、省政府发布《关于加快把文化产业打造成为万亿级产业的意见》，省政府办公厅发布《关于加快促进影视产业繁荣发展的若干意见》，省委宣传部、省委人才工作领导小组办公室发布《浙江省文化产业人才发展规划（2017—2022 年）》，省委办公厅、省政府办公厅发布《关于进一步深化文化市场综合执法改革的实施意见》。2019 年，省文化和旅游厅印发《关于推进文旅融合 IP 工程建设的实施意见》。2020 年，省科技厅、省委宣传部等七部门联合印发《浙江省关于促进文化和科技深度融合的实施意见》等一系列政策文件。

改革开放以来浙江省陆续出台的这些政策性文件，对于浙江文化体制改革、公益性文化事业和经营性文化产业发展，产生了重要的激励、引导与推动作用。首先，这些政策性文件明确了宏观文化体制改革和微观文化体制改革的思路、方案和举措。比如，2017年省委办公厅、省政府办公厅发布的《关于进一步深化文化市场综合执法改革的实施意见》提出，要围绕建设全省文化市场综合执法法规支撑体系，形成权责明确、监督有效、保障有力的文化市场综合执法管理体制等目标，推动执法重心下移、相对集中执法权、整合规范执法主体、优化执法力量配置等系列改革。这个《实施意见》还强调，要围绕提高执法水平和效率、加快实现跨部门跨行业综合执法等目标，建设一支政治坚定、行为规范、业务精通、作风过硬的文化市场综合执法队伍。这就明确了浙江省新一轮深化文化市场综合执法改革的目标和任务。其次，明确了政府扶持公益性文化事业的重点、扶持的全新理念和全新方式。这些政策性文件都把图书馆、博物馆、文化馆等重要公共文化服务设施，以及党报、党刊、电台、电视台、新闻网站等重要新闻媒体，体现民族特色和国家水准的重大文化项目和艺术院团，重要物质文化遗产、非物质文化遗产和优秀民间文化艺术保护，加快发展农村地区及欠发达地区的文化建设等，作为重点扶持对象；通过政策导向功能，推动全省各级政府转变"大包大揽"的传统投入方式，规范非营利性文化事业机构的管理，探索建立新型公共财政投入方式；积极调动社会各方面力量，通过政策激励作用，引导社会资金投入公益性文化事业。再次，这些政策性文件也明确了支持文化产业发展的财政、税收、物价、土地、投融资、编制、人才等方面的政策。比如，2017年，省委省政府发布的《关于加快把文化产业打造成为万亿级产业的意见》提出，要扩大省级文化产业专项资金规模，要在文化产业发展领域全面落实促进实体经济更好更快发展的若干财政政策，要围绕打造万亿级产业目标加大对文化产业发展扶持力度的同时，加强对文化企业的税务指导和服务力度，规范税收法规执行，增强文化企业适应新税法的能力。《意见》还在再次明确支持国有经营性文化事业单位转企改制、享受国家有关文化体制改革的税收优惠政策等的同时,提出了一些具体的财政优惠和扶持政策。比如:对符合条件的高新技术文化企业减按15%的税率征收企业所得税;实际发生的、不超过工资薪金总额8%部分的职工教育经费支出允许在计算应纳税所得额时扣除,超过部分则允许在今后纳税年度结转扣除。这个《意见》还提出要发挥好各级文化产业基金的引导作用,要扩大省转型升级产业基金规模,新增20亿元定向用于支持文化产业发展。显然,这些政策,都较好地顺应了市场经济规律和文化产业发展规律,对于推动文化产业成为国民经济支柱性产业、万亿级产业,产生了很好的激励和引导作用。

与此同时,浙江省各地也相继发布了一系列支持文化改革与发展的政策,为推动公益性文化事业和经营性文化产业发展提供了政策保障。在这方面,省会城市杭州市和另一个副省级城市宁波都具有典型性。

早在2001年杭州市政府已经出台《关于加快文化产业发展若干经济政策的意见》。自从被确定为试点城市以来,杭州市相继出台了多个政策文件,以保障文化改革与发展。比如,2003年10月,《杭州市文化体制改革试点工作方案》出台,首次明确了改革试点工作的总体目标。同年,杭州市文化系统也出台了《杭州市文化局局属文化事业单位内部分配制度改革指导意见》《关于2003年度市属院团演出收入和主要演员收入两个"翻番"的实施细则》《杭州市市属艺术表演团体改革总体方案》《杭州杂技总团体制改革方案》等文化体制改革方案。2004年5月,杭州市委、市政府颁发《关于深化文化体制改革促进文化产业发展的若干政策意见》,进一步明确了杭州市文化体制改革的主要任务。2005年,杭州市委、市政府出台了《关于进一步推进杭州大文化产业发展的若干意见》《杭州市政府采购公益性文化产品和服务试行办法》等政策意见。2008年,杭州市委、市政府先后制定《关于统筹财政税收政策扶持文化创意产业发展的意见》，市文化创意产业指导委员会印发《关于鼓励为文化创意企业提供融资服务的若干意见（试行）》。2010年，市文创办印发《关于加强杭州市重点文化创意企业（集团）培育工作的实施意见》，市政府办公厅发布《关于鼓励为文化创意企业提供融资服务的实施意见》，市委办公厅、市政府办公厅发布《关于推进电影院线建设加快电影产业发展的实施意见》《关于进一步鼓励和扶持动漫游戏产业发展的补充意见》，市委宣传部、市财政局、市文化创意产业办公室印发《杭州市文化创意产业专项资金管理办法》。2011年，市委办公厅、市政府办公厅发布《关于加快文化创意产业人才队伍建设的实施意见》《关于鼓励和扶持文化类民办非企业单位繁荣发展的若干政策意见（试行）》，市委宣传部发布《关于扶持民营书店健康发展的暂行办法》《杭州市文化事业发展专项资金管理办法（试行）》《杭州市文化类民办非企业单位扶持专项资金管理办法（试行）》。2012年，市委发布《关于支持浙商创业创新促进杭州发展的实施意见》，支持浙商发展文化创意、旅游休闲、金融服务、电子商务、信息软件、先进装备制造、物联网、生物医药、节能环保、新能源、涉海产业等重点产业；市委办公厅、市政府办公厅发布《关于加快推动文化创意产业西进的实施意见》。2014年，市委、市政府办公厅发布《关于促进文化和科技融合的若干政策意见》。2015年，杭州市政府办公厅发布《关于深入推进文化创意产业与相关产业融合发展的实施意见》，市文创办相继发布《杭州市初创型文化创意企业孵化工程（展翅计划）实施意见》和《杭州市成长型文化创意企业培育工程（登高计划）实施意见》。这些政策性文件，有力地促进了杭州市文化的改革和发展，加快推动了杭州文化创意产业发展。

实施建设文化大省战略以来特别是2003年6月开展文化体制改革综合试点工作以来，浙江省另一个副省级城市宁波市也出台了《关于加快推进文化大市建设的实施意见》《关于支持国有文化单位改革试点的若干政策意见》《关于推进文化产业发展的若干意见》《关于市属生产经营服务型事业单位改制的意见》《宁波市文化产业示范基地评选命名管理办法（试行）》《关于加快宁波市服务外包产业发展的若干意见》《大力推进文化创新的若干意见》《关于加快工业设计产业发展的若干意见》《关于进一步推动宁波会展业发展的若干意见》《关于加快推进文化创新团队建设的实施意见》《建立文化强县考核评价体系的实施意见（试行）》《鼓励和引导民间资本投资发展文化产业的若干意见》《金融支持文化产业发展繁荣的实施意见》《关于建立宁波市文艺家工作室制度的实施意见》《宁波市中小文化企业担保风险补偿资金管理办法（试行）》《宁波市文化广电新闻出版产业扶持引导资金管理办法（试行）》《宁波市文化产业发展三年行动计划（2015—2017年）》《宁波市委市政府关于推进文化产业加快发展的若干意见》《宁波市级文化创意产业园区认定及管理办法》《宁波市引导和扩大文化消费专项资金管理办法》《宁波市文化精品工程扶持奖励办法》《宁波市文艺人才培养扶持办法（试行）》《宁波市文化产业发展专项资金管理办法》《"书香宁波2020"建设计划》《"影视宁波2020"建设计划》《"音乐宁波2020"建设计划》《"创意宁波2020"建设计划》等文化发展政策。这就强化了政策的引导作用，为推动宁波市文化体制改革、公益性文化事业和经营性文化产业发展营造了良好政策环境。

值得一提的是，实施建设文化大省战略以来，除了省级、副省级以及地市级以外，全省各县（市、区）也都纷纷出台了包括文化产业发展扶持政策在内的文化发展扶持政策。比如，杭州市富阳（市、区）就相继出台了《富阳市文化创意产业专项资金管理使用实施办法》《富阳市文化创意产业发展专项资金重点项目申报指南》《富阳市文化创意产业发展政策解读》《富阳市文化创意产业领导小组成员单位职责分工》《富阳市鼓励和扶持文化创意产业发展的若干意见》等。其中规定，自2010年起，市财政每年安排500万元专项资金用于扶持文化创意产业发展。凡经认定进入富阳文创产业园区或载体的文创企业，经地税部门批准，可酌情减征其房产税、城镇土地使用税和水利建设专项资金。同时，富阳市采用资助、贴息、奖励等方式，支持重大文创项目的实施，主要用于补贴基地内企业孵化、关键技术研发、公共技术服务平台建设、融资中介、交易推广等公共服务，以此推动产业基地建设。此外，为鼓励文创企业做大做强，富阳市对新引进的文创企业，第一年产生的税收中对地方财政贡献部分的50%资助给企业，第二、三年按照比上年新增对地方财政贡献数额的60%给予资助；对年度纳税总额首次达到50万元的文创企业，3年内按其年度环比新增对地方财政贡献的10%以上部分的60%给予资助。这些政策对推动县（区、市）域文化发展产生了重要的激励作用。杭州市萧山区也相继出台了一系列支持文化和文化创意产业发展的扶持政策。比如，2018年6月，根据建设"文化浙江"和"之江文化产业带"等重大战略决策部署，杭州市萧山区出台了《加快文化创意产业发展扶持政策（试行）》，其中提出，对区级文化创意产业园内新设立（区外新引进）的文化创意企业，自设立或引进年度起三年内，按其对区级财政贡献，给予最高100%的补助；对年实缴税收500万元以上，且年增长率保持10%以上的企业，可自符合条件年度起，按其对区级财政贡献环比增长部分，再给予两年最高50%的补助；对区级文化创意产业园外年实缴税收50万元以上的新设立（区外新引进）文化创意企业，自设立或引进年度起三年内，按其对区级财政贡献，给予最高100%的补助；对年实缴税收增长率保持10%以上的企业，可自符合条件年度起，按其对区级财政贡献环比增长部分，再给予两年最高50%的补助。

宁波市各县（区、市）也纷纷出台了文化产业扶持政策。比如，2016年，宁波保税区管理委员会出台《关于加快文化产业发展的若干政策意见》，提出对区内企业在宁波市范围内租用办公用房，自设立或引进之日起三年内按照市场公允价格给予一定房租补贴，面积

500平方米以内给予全额补贴，超过500平方米低于1000平方米的部分给予50%补贴，单家企业年度最高补贴不超过100万元。区内文化产业企业年地方财政贡献首次突破100万元的，给予企业10万元奖励，首次突破300万元以上的，给予企业30万元奖励，首次突破500万元以上的，给予企业50万元奖励；区内文化产业企业通过融资性担保公司获得金融机构贷款并能按时还贷的，一次性给予一年担保费100%的财政补贴，担保费率不得高于行业平均水平；对企业为发展文化产业所发生的银行贷款，按银行同期贷款基准利率给予全额贴息，每年贴息不超过50万元，单个项目贴息期限不超过三年。鼓励设立文化产业类股权投资基金，具体按照宁波保税区管委会关于鼓励私募金融服务业发展的相关政策执行。2018年，宁波市北仑区出台《关于扶持文化产业发展的实施意见》规定，对依托现有厂房楼宇改造文化产业园区、投资额在500万元以上、经认定达到文化产业园区标准的项目，按照投资额的10%给予补助，最高不超过200万元；对文化产业园区新引进的文创企业，前三年按照实际租金费用的80%给予最高不超过每天每平方米1元的租金补贴，每家企业每年最高补助不超过30万元；对文化产业园区新引进的文创企业自首次获得营业收入起三年内，给予该企业地方财政贡献全额奖励；对成功创建国家文化产业示范园区和浙江省重点文化产业园区的，分别给予150万元和100万元的奖励，对成功创建宁波市级文创产业园区和培育文创产业园区的，分别给予60万元和30万元的奖励；对新纳入规限上统计范围，且填补该细分行业北仑区空白的，给予2万元奖励；对区内文创企业完成股改在境内外成功首发上市的，分阶段给予总金额不超过1200万元的奖励；对文创企业参加规模和影响力较大的展会，按照展位费75%，给予每家企业每年最高5万元的补助；等等。

  实施建设文化大省战略以来，像杭州市富阳区和萧山区、宁波保税区这样相继出台文化与文化产业发展扶持政策的做法，并不是个别现象，而是全省各县（区、市）的普遍做法，从杭州富阳区和萧山区、宁波保税区和北仑区的扶持政策中，可以管中窥豹。

四 创新国有文化资产管理机制

国有企业改革与发展，必然会暴露计划经济下"国有国营、高度集中"管理体制的弊端，顺理自然地要求推进国有资产管理体制改革。某种意义上也可以说，国有企业改革与发展的过程，也是国有资产管理体制改革与完善的过程。改革开放以来，作为一个市场经济的先发省份，浙江省对国有资产管理体制改革与创新，进行了积极的探索与实践，为市场经济条件下不同于一般国有资产、具有特殊的文化属性或意识形态属性的国有文化资产管理机制改革与创新积累了丰富的经验。

改革开放以来，伴随放权让利、建立现代企业制度、国有企业战略重组、调整优化国有经济布局、混合所有制改革等历程，浙江国有资产管理体制改革，也相应地经历了由管企业到管资产，再到以管资本为主的改革与变迁过程。20世纪80年代，伴随国有企业的放权让利改革，浙江省对国有资产管理体制也相应地进行了调整和改革，逐步尝试明晰国家、企业、职工之间的责任、权限和义务关系，全省各级政府加大了对国有企业的简政放权、减税让利力度，开始探索把所有权与经营权分开。虽然20世纪80年代末仍存在政府部门对国有企业多头管理，"九龙治水"，管人、管事、管资产相互脱离等现象，但党委和政府已经初步形成了实现国有企业责任、权利、义务等"三统一"的共识与原则，并贯穿于后续国有资产监管体制改革与创新的过程中。20世纪90年代以来，在多年探索与实践基础上，以产权多元化为核心的公司制股份制改革和建立现代企业制度，逐步被确立为深化国有企业改革的目标任务。经过改革，国有企业被赋予了法人财产权，逐步形成了股东会、董事会、监事会和经营层权力制衡的公司治理结构，国有企业逐渐成为自主经营、自负盈亏、自我发展和自我约束的市场竞争主体。在这个过程中，政资分开、政企分开、经营权和所有权分开等"三分开"的国有资产监督管理体制初步形成。20世纪90年代至21世纪初，伴随社会主义市场经济体制的逐步确立、建立现代企业制度探索与实践的更深入推进，浙江国有资产管理体制发生了更大的变化：一是形成了在国家所有前提下的"统一所有，分级代表"体制，由中央和地方分别行使企业国有资产出资人的职责，从而更好地发挥了中央和地方的积极性；二是进一步理顺了政府与企业之间的关系，通过产权制度改革，突破了原先仅仅局限于利益关系调整的改革框架与取向，为进一步实现"政资分开""政企分开"改革目标奠定了组织制度基础；三是伴随现代企业制度的逐步建立，国有企业获得了法人财产权，所有权和经营权进一步分开。

2002年10月，党的十六大报告提出，关系国民经济命脉和国家安全的大型国有企业、基础设施和重要自然资源等，由中央政府代表国家履行出资人职责；要重新设立专门履行国有资产管理职能的管理机构；在国家所有前提下，由中央与地方分别代表国家履行企业国有出资人职责，实行管人、管事、管资产相结合的国有资产管理制度。党的十六届二中全会进一步明确了国有资产监督管理机构的性质、主要职责、监管范围、与所出资企业的关系等重要问题。2003年3月，第十届全国人民代表大会第一次会议批准《国务院机构改革方案》。根据这个方案，国家成立了国有资产监督管理委员会（简称"国资委"）。2003年5月，国务院颁布了《企业国有资产监督管理暂行条例》，要求将原来分散的资产权、投资权、运营权、人事权统一起来，解决出资人缺位的问题。这是我国国有资产管理体制改革的一个重大突破。

20世纪30年代，美国经济学家伯利和米恩斯认识到企业所有者兼具经营者的做法存在着极大的弊端，因此提出了"委托—代理理论"，倡导所有权和经营权分离，企业所有者保留剩余索取权，而将经营权利让渡。委托代理关系起源于"专业化"的存在。当存在

"专业化"时就可能产生一种关系,在这种关系中,代理人由于相对优势而代表委托人行动。如果当事人双方,其中代理人一方代表委托人一方的利益行使某些决策权,而企业所有者则让渡经营权而保留剩余索取权,代理关系也就随之而发生。"委托代理理论"早就已经成为现代公司治理的逻辑起点。政府"委托代理链条"则是"委托代理关系"在国有资产管理方面的实际操作体现。

依据委托代理关系,可以将整个国有资产委托代理链条大致划分为三个层次。第一个层次就是全国人民作为委托人将全民所有资产委托给国家代理。然而,在现实中,国家是一个抽象、综合的范畴,其具体运行主要由政府来承担。因此,政府代理全民资产就顺理自然地成为国家所有制的符合逻辑的一种选择。在这种情况下,政府作为全民资产的代表,往往会面临两种选择:一是将所有权和经营权集于一身;二是只控制所有权,把经营权归于国有企业。新中国成立以来,无论是计划经济条件下还是市场经济条件下的探索与实践都表明:把所有权和经营权集于一身的做法,不利于充分发挥国有企业的优势。在市场经济大背景下,政府只拥有所有权而将经营权让渡给企业经营者,是市场经济规律的内在要求,是做强做优做大国有企业的必然选择。由此,也产生了第二层次的委托代理关系,即,政府把国有资产委托给国资委代理。第三个层次,就是政府通过国资委以委托人身份把国有资产委托给国有企业代理经营,实现国有资产的保值增值。因此,国有资产监督管理委员会(国资委)的成立,标志着"国家所有、分级行使产权"的新体制,取代了已经实行50多年的国有资产"国家统一所有、地方分级管理"的旧体制,它强化了国有资产委托代理关系链条中第二层委托代理关系,更好地顺应了市场经济发展的内在要求。

新型国有资产委托代理关系的形成,具有重要意义。2003年国有资产监督管理委员会成立之前,虽然一般国有资产管理体制经历了多次调整和改革,但仍然存在不少弊端。国有资产在资产权属上归属于各个政府部门，国有企业的人、财、物的管理权，也被各个政府职能部门分割。政企不分、政资不分、多头管理、出资人权利分散而无人承担最终责任等现象，并未从根本上得以消除。国家成立国有资产监督管理委员会（国资委）的目的，就是要着力于破除传统管理体制的弊端，承担"管人管事管资产"的职能，或准确地说，实现"管资产和管人、管事相结合"，即通过"管资产"这一履行出资人职责的核心手段，实现对出资企业重要人事安排和重大经营事项的有效监管。

在上述背景下，2004年6月，省委省政府明确了浙江新一轮国有企业改革与发展的目标任务。同年7月，成立了作为省政府直属特设机构的浙江省国有资产监督管理委员会，代表省政府履行国有资产出资人职责，享有所有者权益，形成了责任和权利、义务相统一，管资产和管人、管事相结合的国有资产监督管理新框架。这就在相当程度上改变了原有体制下国有企业多头管理、无人负责等状况，通过委托代理关系对企业经营者形成了新的激励和约束机制，也避免了其他政府部门对企业的直接干预，初步实现了出资人职能的一体化和集中化。全省各市、县（市、区）也组建了独立或相对独立的国有资产监督管理委员会，初步形成了全省三级国资联动的组织体制。

与一般国有资产一样，长期以来国有文化资产所有人和出资人的权益也被虚置，国有文化单位一直存在着产权主体在现实中"缺位"的问题，国有文化资产管理体制不顺、政企不分、政资不分、多头管理、权责不明，出资人权利分散而无人承担最终责任，导致经营不善、国有文化资产流失严重等现象。像一般国有资产管理一样，国有文化资产也存在如何进行有效监管、运营和实现保值增值等问题。特别是在推动国有文化单位转企改制过程中，出资人缺位、管理职能分散、权责不明确等弊端，就更加显著地表现了出来。对此，在多年以来一般国有资产监督管理体制改革创新探索与实践积累的经验基础上，2005年《中共中央国务院关于深化文化体制改革的若干意见》

明确提出：要"按照权利、义务和责任相统一，管资产和管人、管事相结合的要求，抓紧制定《国有文化资产管理办法》，加强对国有文化资产的监督管理"。

从字面上看，对国有文化资产管理要求与对一般国有资产管理要求，似乎相同，即都是"管人管事管资产"或"管资产和管人、管事相结合"。而事实上，两者既有相同性又有不同之处。除了具有与一般国有资产相同的监管、运营和实现保值增值等功能外，国有文化资产管理又具有自身鲜明的特殊性。国有文化资产是重要的宣传文化工作、新闻舆论工作、意识形态工作的资源，是推动文化发展繁荣的重要基础和保障。国有文化资产不仅具有与一般国有资产相同的经济属性、经济价值，又有一般国有资产不具有的文化属性或意识形态属性、文化价值或意识形态价值；既涉及经济基础又涉及上层建筑；既涉及"管人、管事、管资产"，又涉及"管导向"；加强国有文化资产管理既是政府部门的工作又是党委的工作。正如有学者所说，国有文化企业与一般国有企业不同，保证文化与意识形态安全，即"管导向"，是委托—代理链条中的关键一环。"国有文化企业中的国有资产承载了政府'委托—代理'链条中的文化与意识形态安全的委托内容。"[1]

在政府宏观文化管理体制从管办不分到管办分离、从办文化向管文化、从直接管理向间接管理等转变，经营性国有文化单位转企改制、建立现代企业制度以后，行政隶属关系随之必然会出现弱化的趋势，党对国有文化企业行使重大事项决策权、资产配置控制权、宣传业务终审权和主要领导干部任免权，必须依托资产管理和出资人权利。在这个方面，国有文化企业与一般国有企业也有区别。一般国有企业的出资人代表国资委是生产性国有企业的"全权出资人代表"，

---

[1] 湖北省省属文化企业国有资产监管制度研究课题组：《我国文化企业国有资产监管体制的特殊性及其政策含义》，《中国文化创新报告（2012）》，社会科学文献出版社2012年版，第63页。

较为容易形成"人格化"特点。而文化企业出资人代表在本质上是一个政府"集合体",无论是改革之前或改革之后文化企业的出资人权能可能要分散在政府这一出资人"集合体"中不同的职能部门来协同行使。[1] 任何一级政府都难以作为文化企业的"全权出资人"代表,难以形成"人格化"的特点。因此,相比于一般生产性国有企业从主管主办制度向出资人制度的过渡,国有文化企业的改革具有特殊性,也更具有复杂性。[2] 这些都表明,坚持和改进党的领导,确保文化企业正确导向和经营方向,客观上要求破除政资不分、部门分割的障碍,明晰产权关系,明确出资人职责,建立和健全国有文化资产社会效益与经济效益综合考核机制,探索建立一套适合中国国情、与市场经济规律相适应、与宣传文化工作特点相协调的新型国有文化资产管理体制,做到既放得开、搞得活,又管得住,有效实现国有文化资源的优化配置,解决国有文化资产结构失衡、效益不高等问题,做强做优做大国有文化企业。

诚然,开展文化体制改革综合试点工作以来,在与意识形态关系较弱的文化领域,国家已经允许非公有资本、外资进入,也允许它们在一定条件下参与国有文化企业的重组与改造。比如,2005年4月,国务院发布《关于非公有资本进入文化产业的若干决定》,明确强调鼓励和支持非公有资本进入文艺表演团体、演出场所、博物馆和展览馆、互联网上网服务营业场所、艺术教育与培训、文化艺术中介、旅游文化服务、文化娱乐、艺术品经营、动漫和网络游戏、广告、电影电视剧制作发行、广播影视技术开发运用、电影院和电影院线、农村电影放映、书报刊分销、音像制品分销、包装装潢印刷品印刷等领域,从事文化产品和文化服务出口业务。《决定》还提出,参与文艺

---

[1] 侯孝国:《公共财政框架和出资人管理制度中财政与国企的关系》,《中国青年政治学院学报》2003年第5期。

[2] 湖北省省属文化企业国有资产监管制度研究课题组:《我国文化企业国有资产监管体制的特殊性及其政策含义》,《中国文化创新报告(2012)》,社会科学文献出版社2012年版,第63页。

表演团体、演出场所等国有文化单位的公司制改造,非公有资本可以控股;非公有资本在国有资本必须控股51%以上前提下,"可以投资参股出版物印刷、发行,新闻出版单位的广告、发行,广播电台和电视台的音乐、科技、体育、娱乐方面的节目制作,电影制作发行放映等领域国有文化企业","可以建设和经营有线电视接入网,参与有线电视接收端数字化改造"。除此以外,非公有资本还"可以控股从事有线电视接入网社区部分业务的企业","可以开办户外、楼宇内、交通工具内、店堂等显示屏广告业务,可以在符合条件的宾馆饭店内提供广播电视视频节目点播服务"。2005年7月文化部、国家广播电影电视总局、新闻出版署、国家发展和改革委员会、商务部联合发布《关于文化领域引进外资的若干意见》提出,允许外商以独资或合资、合作的方式设立包装装潢印刷、书报刊分销、可录类光盘生产、艺术品经营等企业。在中方控股51%以上或中方占有主导地位的条件下,允许外商以合资、合作方式设立出版物印刷和只读类光盘复制等企业。在不损害我国审查音像制品内容权力的前提下,允许外商以合作且中方占主导地位的方式设立除电影之外的音像制品分销企业。在中方控股51%以上或中方占主导地位前提下,允许外商以合资、合作方式设立和经营演出场所、电影院、演出经纪机构、电影技术等企业,参与国有书报刊音像制品发行企业股份制改造。《关于文化领域引进外资的若干意见》还明确允许香港和澳门的服务提供者在内地设立合资、合作、独资经营的演出场所,设立演艺经纪公司分支机构,设立合资、合作经营的演出经纪机构,设立由内地控股的互联网文化经营机构和互联网上网服务营业场所,设立不超过70%股权的音像制品分销合资企业和不超过70%权益的音像制品分销合作企业,以独资形式新建、改建电影院,在内地试点设立发行国产影片的独资公司。

然而,在党报、党刊、电台、电视台等文化领域,由于与意识形态关系较强,不允许非公有资本、外资进入。比如,2005年4月,国务院发布的《关于非公有资本进入文化产业的若干决定》,明确规定非公有资本"五个不得",即,"不得投资设立和经营通讯社、报刊社、出版社、广播电台(站)、电视台(站)、广播电视发射台(站)、转播台(站)、广播电视卫星、卫星上行站和收转站、微波站、监测台(站)、有线电视传输骨干网等";"不得利用信息网络开展视听节目服务以及新闻网站等业务";"不得经营报刊版面、广播电视频率频道和时段栏目";"不得从事书报刊、影视片、音像制品成品等文化产品进口业务";"不得进入国有文物博物馆"。2005年7月,文化部、国家广播电影电视总局、新闻出版署、国家发展和改革委员会、商务部联合发布《关于文化领域引进外资的若干意见》,也明确禁止外商投资设立和经营新闻机构、广播电台(站)、电视台(站)、广播电视传输覆盖网、广播电视节目制作及播放公司、电影制作公司、互联网文化经营机构和互联网上网服务营业场所(港澳除外)、文艺表演团体、电影进口和发行及录像放映公司。

因此,在党报、党刊、电台、电视台等具有较强意识形态属性的国有文化资产领域,除了存在一般国有文化资产意义上的文化资产管理、保值增值等问题以外,还存在国有文化资产管理的核心问题、特殊难题,即,作为具有特殊的意识形态宣传功能的国有文化资产的管理、保值增值等难题。在改革过程中如何在具有较强意识形态属性的国有文化单位中保证党的领导,牢牢掌握意识形态工作的领导权、管理权、话语权,将"管资产和管人、管事"三者有机统一起来,形成有效运营机制和监管机制并实现国有资产的保值增值,这是中国文化体制改革遇到的一大难点。

在推进文化体制改革综合试点工作中,浙江省把破解上述难题的目标和方向,确定为"探索建立新形势下党委领导有力、政府管理有效,调控适度、运行有序,管人、管事、管资产相结合的宏观管理体制"。浙江的探索与实践表明,在一般的国有文化资产管理方面体现"政企分开"原则,已经没有太多的问题,难度较高的是既具有较强的产业性质又具有较强意识形态属性的新闻出版媒体等国有文化资产管理体制的改革创新问题。正如有学者所说:"浙江省宏观文化体制改革突出地表现在,这一轮文化体制改革在宏观管理体制方面,对于一般性文化产业机构的管理体制比较容易理顺,难度较高的是具有较强的产业性质,同时又具有较强意识形态属性的新闻出版媒体的管理体制问题。最核心的问题是,如何将'管人、管事、管资产'的原则具体落实到管理体制上,创新国有文化资产在新闻出版媒体领域的管理体制。"① 正是在这一方面,浙江省进行了积极的尝试与探索并取得了成效。

在推进改革试点工作过程中,省委要求各级党委高度重视对宣传文化工作的领导,坚持管导向、管原则,管体制、管政策,管班子、管队伍,始终掌握对宣传文化工作方针政策和重大问题的决策权,对宣传业务的终审权,对宣传文化系统主要领导干部的任免权,对新闻媒体等国有文化资产配置的控制权。党委宣传部门作为党委主管意识形态的职能部门,要在日常工作中更好地体现党对宣传文化工作的领导核心作用。与此同时,为了确保党对国有文化资产的配置权,浙江省积极探索"管人、管事、管资产"三统一的"国有文化资产管理新途径"。在这一方面,文化体制改革试点城市杭州和宁波的实践尤其具有典型性。

按照"管人、管事、管资产"三统一的原则,2005 年 3 月,杭州市委市政府决定组建成立市文化国有资产管理领导小组,与市文化体制改革领导小组合署办公,负责日常工作,办公室设在市委宣传部,统一管理配置意识形态领域市属国有文化资产。② 传统的国有文化资产管理体制下,政府兴办国有企业,国家所有,国有资产主要依

---

① 张晓明:《文化体制改革:解放和发展文化生产力的关键》,李景源、张晓明主编:《浙江经验与中国发展(文化卷)》,社会科学文献出版社 2007 年版,第 125 页。
② 杭州市文化体制改革工作领导小组办公室编:《杭州市文化体制改革回眸》,杭州出版社 2007 年版,第 4 页。

靠行政手段配置，资产管理和监管采用分散委托监管方式，往往造成监管盲区和空白点，一部分国有资产处于无人监管状态。此外，这种传统监管方式还存在政企不分、被授权者自己监管自己、监管覆盖面不完全、职责不明确等问题，与市场经济大背景不相适应。杭州市文化国有资产管理领导小组及办公室的成立，加强了国有文化资产管理工作的组织保障和统一领导，是杭州探索建立市场经济条件下"管人、管事、管资产"相统一的"国有文化资产管理新途径"的一个重大创新。

在成立国有文化资产管理领导小组及办公室基础上，杭州市着手建立和完善市属国有文化单位授权经营管理制度。2005年底，按照新闻媒体经营业务与宣传业务"两分开"原则，国有独资的杭州日报报业集团有限公司、杭州文化广播电视集团有限公司注册成立，市政府对两大公司国有文化资产实行授权经营管理，并授权两大集团代表市政府行使部分出资人权利。同时，市政府界定了两家集团管理权限，明确两家集团涉及3000万元以上的重大资产转让、抵押、借贷及对外投资等，需经市文化国有资产管理领导小组研究后，按程序报市政府审批。杭州市还针对两大集团制定了经营者年薪考核办法。考虑到国有文化资产经营的特殊性，考核办法中除了经营效益指标外，同时还增加了宣传工作职能考核指标、市委市政府交办的其他重点工作考核指标等内容，这就兼顾了社会效益和经济效益这两种效益指标。由于杭州市在制定年薪制考核办法时，综合考虑了两大集团实际经营情况和会计核算等因素，因而较好地激发了经营者的积极性和创造性，也规范和完善了经营者收入分配机制。此外，杭州市还由市文资委牵头，市财政局、市国资委共同参与，开展了对市属文化国有资产的清查摸底工作。通过清查摸底，杭州市基本掌握了市属国有文化资产的状况，较真实、较完整地掌握了国有文化企事业单位资产、财务状况和经营成果等方面情况，为进一步提高国有文化资产管理水平，探索建立新型国有文化资产管理体制奠定了基础。

宁波市也对"国有文化资产管理新途径"进行了积极的探索与实践，创造了以"联合监管"和"精准考核"为鲜明特色的"宁波模式"。2004 年，市政府批准将宁波报业集团和宁波广电集团纳入国有资产授权经营范围。在出资人职责方面，与宁波市其他被授权企业一样，宁波报业集团和宁波广电集团由国资委来授权，这就明确了国资管理部门作为"委托者"和"出资人"的地位。在运营主体方面，国资委直接授权给实体营运机构宁波报业集团和宁波广电集团，由后者担当受托人。在经营监管层面，2005 年，市委宣传部会同市国资委、市委组织部和市文化广电新闻出版局，建立了"四位一体"的联合监管和考核主体——宁波市国有文化资产考核工作小组，制定了坚持把社会效益放在首位的考核办法，对宁波报业和广电两大集团及其负责人实施宣传工作和经营绩效双重考核。考核有明确的分工，以市委宣传部为主组织实施涉及新闻宣传工作的定性考核，以经营业绩为主的考核则以市国资委为主组织实施。从工作机构组成来看，这种考核监管制度体现了"管人、管事、管资产相统一"的原则。从考核内容和方法上看，这种考核监管制度则体现了坚持社会效益优先，实现社会效益和经济效益最佳结合的要求，能够在保证"党管媒体不变、正确舆论导向不变、党和人民喉舌性质不变、党管干部不变"（即"四个不变"）前提下，比较有效地推进宁波报业集团和宁波广电集团两大传媒集团资产保值增值，壮大整体实力和竞争力。

显然，与以前的方式相比较，这种在文化体制改革试点工作推进过程中形成的、以"联合监管"和"精准考核"为特色的"国有文化资产管理新途径"，具有比较明显的优势。正如有学者所说，第一，由国有资产出资人（国资委）代表和重大利益相关者（宣传部、组织部和行政管理部门）代表共同组成的考核小组有明确的分工；由国资委来进行授权经营和资产管理；由宣传部负责宣传任务和舆论导向方面的监管；由组织部管理干部；由新闻出版部门负责行政管理。这样也就实现了"管人、管事、管资产"和"党管干部不变、正确的舆论导向不变、党和人民喉舌的性质不变"的统一。第二,"宁波模式"的监管层也更加扎实。宁波市国有文化资产考核工作小组创立了一套对授权单位的管理制度和考核标准,保证了工作的顺利进行和有关政策及考核标准的推进有统一的出口,而不是政出多门,在相当程度上破除了"九龙治水"的弊端。[①]

浙江省在文化体制改革试点工作中对国有文化资产管理新途径的探索与实践,在相当程度上加强了国有资产管理工作的组织保障和统一领导,为国有文化资产管理工作奠定了组织基础。同时,这一探索与实践,也提出了文化体制改革面临的一个需要进一步破解的新问题。比如,张晓明认为,探索"国有资产管理的新途径",既要解决党在宏观管理体制中的领导问题,也要解决党对部分微观机构的"主办"问题。从杭州市和宁波市文化体制改革综合试点实践中可以看到,除了一般性的强调"党委领导、政府管理、行业自律、企事业单位依法运营"的宏观环境外,这两个市将改革重点放在"文化市场综合执法改革"和"国有文化资产管理新途径"。前者属于改革政府管理体制的"执行层"问题,从直接主办转型为间接监管,以提高行政管理效率。而"后者则要求,为了'确保党对国有文化资产的配置权',将政府的国有资产部门和宣传部门'合署办公',具体实现'管人、管事、管资产'的三统一,体现了强化直接主办的倾向"[②]。而"直接主办",显然又与"政企分开""政事分开"等原则存在冲突。因此,推进文化体制改革,需要进一步矫正在探索"国有资产管理的新途径"实践中仍然残留的"直接主办的倾向"。有学者已经指出:"由党委直接管理国有文化资产和企业的微观运营似为不

[①] 齐勇锋:《文化体制改革难点探析》,载张晓明、胡惠林、章建刚主编《2008年:中国文化产业发展报告》,社会科学文献出版社2008年版,第96—99页。

[②] 张晓明:《文化体制改革:解放和发展文化生产力的关键》,载李景源、张晓明主编《浙江经验与中国发展(文化卷)》,社会科学文献出版社2007年版,第125页。

妥，不利于党委宣传部门管方针、抓大事。"① 此外，多个部门被纳入监管体系中，也提出了如何协调这几个部门的关系、以什么样的方式把它们联系在一起、在监管体系中谁为主谁为辅、各部门之间又如何协调和分工等问题。当然，这些都是改革和发展中暴露的问题。而问题的暴露，既是解决问题的关键，也是浙江文化体制改革试点工作的重要意义之所在。它表明，"构建新型的国有文化资产管理与运营体制既是国有资产管理体制改革的重要内容，也是文化体制改革的有机组成部分，涉及党政关系、政企关系、政事关系、中央和地方政府的关系等诸多方面，应当统筹规划，科学论证，稳步推进"②。

从加快建设文化大省、文化强省到建设文化浙江，浙江省持之不懈地对国有文化资产管理体制的改革、创新和完善进行了积极的尝试、探索和实践。2011年10月，党的十七届六中全会进一步明确了推进国有文化资产管理体制改革的重要性，提出要"完善管人管事管资产管导向相结合的国有文化资产管理体制"。正如有学者所说："按照相关规定，政府对一般生产性企业的管理仅限定'管人、管事、管资产'，而对国有文化企业的管理权体现为'管人、管事、管资产、管导向'，其中，'管导向'集中体现了国家'文化与意识形态安全'的委托内容。"③ 为落实党的十七届六中全会精神，同一年11月，中共浙江省委十二届十次全会通过的《关于认真贯彻党的十七届六中全会精神大力推进文化强省建设的决定》，强调要"按照管人、管事、管资产、管导向相结合的要求，完善国有文化集团绩效考核等管理制度，切实加强国有文化资产管理"。这就在长期探索与实

---

① 齐勇锋：《文化体制改革难点探析》，载张晓明、胡惠林、章建刚主编《2007年：中国文化产业发展报告》，社会科学文献出版社2007年版，第52页。
② 齐勇锋：《文化体制改革难点探析》，张晓明、胡惠林、章建刚主编：《2007年：中国文化产业发展报告》，社会科学文献出版社2007年版，第53页。
③ 湖北省省属文化企业国有资产监管制度研究课题组：《我国文化企业国有资产监管体制的特殊性及其政策含义》，《中国文化创新报告（2012）》，社会科学文献出版社2012年版，第63页。

践基础上，首次把作为国有资产管理重要工作的"管导向"与"管人、管事、管资产"并列，写入了省委有关浙江文化建设的纲领性文件之中。2012年，浙江省设立了省级文化企业国有资产监督管理办公室（简称"省文资办"）。省文资办是省财政厅的内设机构，承担由省财政厅履行出资人职责的省级文化企业相关管理工作，主要职责包括全省国有文化资产的财政监督管理，省级文化企业国有资产监督管理工作等。这些都对于巩固文化体制改革成果、加强国有文化资产管理、推动国有文化企业做强做优做大，产生了积极的影响和作用。

2013年11月，党的十八届三中全会明确提出，要完善国有资产管理体制，以管资本为主加强国有资产监管，改革国有资本授权经营体制。这就进一步明确了深化一般国有资产管理体制改革的方向，即从管人、管事、管资产，转向管资本为主，推动国有资产监管机构转变职能，专司国有资产监管，不再行使政府公共管理职能，不干预企业自主经营权。通过改组国有资本投资、运营公司，推动国有资本授权经营体制改革，是实现国有资产监管向管资本为主转变的重要途径，也是新一轮改革和完善国有资产管理体制的探索与实践的关键所在。这将改变以往国有资产监管机构直接对所监管企业履行出资人权利的模式，而改由国有资本投资、运营公司对所授权国有企业履行出资人权利，真正形成政府和市场之间的"隔离带"。根据《中共中央关于全面深化改革若干重大问题的决定》《中共中央、国务院关于深化国有企业改革的指导意见》精神，省委省政府出台了《关于进一步深化国有企业改革的意见》，提出要以国有资产证券化为抓手，积极发展混合所有制经济，以规范经营、提高效率为重点加快推进国有企业治理体系和治理能力现代化，以管资本为主推进职能转变，完善国有资产监督管理体制，不断增强国有经济的活力、控制力和影响力，有效服务于全省经济社会发展大局；也明确了完善法人治理结构、选人用人机制、激励约束机制，建立现代企业制度，以管资本为主健全优化国资监管体系等改革任务。2017年3月，浙江省组建了首家国有资本运营平台——浙江省国有资本运营有限公司，迈出了从管资产向管资本转变的新步伐。

与深化一般国有资产管理体制改革的方向有所区别，关于深化国有文化资产管理体制改革的方向，党的十八届三中全会再次强调要"建立党委和政府监管国有文化资产的管理机构，实行管人管事管资产管导向相统一"。2014年3月，中共中央办公厅发布《深化文化体制改革实施方案》，进一步明确要"建立健全新型国有文化资产管理体制，建立党委和政府监管国有文化资产的管理机构"。按照中央统一部署，2014年5月，省委宣传部制定《关于建立完善省国有文化资产监管机构及运行机制的建议方案》，对建立"浙江省国有文化资产管理委员会"（简称"省文资委"）的必要性、主要职能、组成人员及议事规则等提出了具体建议。同一年，这项工作成为《浙江省深化文化体制改革实施方案》中的重点改革举措、省委全面深化改革领导小组2015年30项重点突破改革项目之一。此后，浙江省按照中央"确保对重大事项的决策权、资产配置的控制权、宣传文化内容的终审权、主要领导干部的任免权"的要求，省委宣传部和省财政厅经过多次协商，并报经省委省政府主要领导同意，明确拟设立的省文资委为省委省政府监管国有文化资产的非常设议事决策机构。

2015年3月，省委办公厅、省政府办公厅印发《关于设立浙江省国有文化资产管理委员会的通知》。新设立的浙江省国有文化资产管理委员会（简称"省文资委"），由省委常委、宣传部长任主任，分管副省长任副主任，成员由省委宣传部常务副部长、分管副部长和省财政厅厅长、分管副厅长组成。按照依法规范的要求，着眼于建立党委和政府监管、有机结合、宣传部门有效主导的管理模式，参照《浙江省企业国有资产监督管理办法》和《浙江省省级事业单位出资企业国有资产管理暂行办法》，浙江省从七个方面确定了省文资委的主要职能：（1）审议省属国有文化企业（含企业化管理事业单位，下同）发展方向、战略布局与总体规划；（2）推进全省国有文化资产管理改革，加强国有文化资产管理；（3）提出全省国有文化资产管理重大政策建议；（4）组织实施省属国有文化企业绩效考核及负责人薪酬管理；（5）推动省属国有文化企业建立现代企业制度，完善法人治理结构；（6）审议省属国有文化企业和其他省级文化单位设立、变更、撤销（注销）及生产经营活动中涉及国有文化资产管理的重大事项；（7）承办省委、省政府交办的其他事项。

建立省文资委是浙江省贯彻落实党的十八届三中全会精神和中央《深化文化体制改革实施方案》要求，适应省情、探索具有浙江特色的"管人管事管资产管导向相统一"的国有文化资产管理体制和运行机制的重大创新举措。2016年7月省委办公厅、省政府办公厅印发《关于坚持先进文化前进方向推动国有文化企业做强做优做大的意见》再次强调，"建立党委和政府监管有机结合、宣传部门有效主导的国有文化资产管理模式，推动实现管人管事管资产管导向相统一"；"省国有文化资产管理委员会为省委、省政府监管国有文化资产的议事协调机构，负责审议国有文化资产管理重大事项，统筹协调相关问题"；"推动主管主办制度和出资人制度的有机衔接"。

经省文资委第二次会议审议同意，2016年12月，省财政厅、省委宣传部印发《浙江省省属文化企业国有资产监督管理实施办法》进一步明确提出，国有文化资产实行党委和政府监管有机结合、宣传部门有效主导的监督管理体制，实现管人、管事、管资产、管导向相统一。按照依法规范的要求，推动主管主办制度与出资人制度的有机衔接。省文资委作为省委、省政府监管国有文化资产的议事决策机构，负责审议国有文化资产管理重大事项，统筹协调相关问题。省级有关部门在省文资委领导下承担国有文化资产管理相关工作。省委宣传部作为意识形态主管部门，负责国有文化资产管理中涉及宣传导向、文化安全等重大问题的审查把关。省财政厅代表省政府履行省属文化企业出资人职责，负责指导省属文化企业履行国有文化资产保值增值责任。省文化厅、省新闻出版广电局等省级文化主管部门根据出资人委托，负责下属文化企业国有资产的管理。省属文化企业的出资人职责根据其行政管理体制采取直接行使和受委托行使两种方式，实行分权管理。省财政厅直接履行出资人职责的省属文化企业，资产和财务关系在省财政单列。由省级主管部门负责日常行政管理的省属文化企业，其国有资产出资人职责可全部或部分委托主管部门行使，资产和财务关系根据管理需要确定。受委托履行出资人职责的部门应当按照出资人要求报告相关省属文化企业国有资产监督管理情况。省文资委协调相关部门探索建立省属文化企业外派监事会制度，强化内容导向和文化安全监督，建立健全违法违规经营责任追究体系、重大决策失误和失职渎职责任追究倒查机制。省属文化企业应当根据《中华人民共和国公司法》和《国有文化企业进一步健全法人治理结构的若干规定（试行）》，完善企业内部法人治理结构，明确党组织在企业决策、执行、监督各环节的权责和工作方式以及与其他治理主体的关系，坚持党管干部原则与董事会依法选择经营管理者、经营管理者依法行使用人权相结合，建立健全有文化特色的现代企业制度。这就明确了浙江省国有文化资产监督管理体制。

《浙江省省属文化企业国有资产监督管理实施办法》还从"日常管理制度""重要事项管理""监督管理责任"等方面明确了监督管理实施细则。其中，"日常管理制度"具体规定，"省财政厅作为省属文化企业出资人，会同省有关部门按照国家有关法律法规的规定，制定完善省属文化企业国有资产基础管理、资产处置、对外投资、国有产权变动、绩效考核和重要事项报告等制度，加强省属文化企业国有资产监督管理，落实国有资产保值增值责任"；"省属文化企业绩效考核以及国有资产管理中涉及宣传导向、文化安全等内容的，由省委宣传部会同省财政厅根据各自职责负责管理"；"受委托履行出资人职责的部门按照国家有关法律法规和省属文化企业国有资产监督管理相关制度的规定，制定相关省属文化企业国有资产监督管理制度，报省财政厅、省委宣传部备案"。这些规定破解了长期以来国有文化资产管理体制不顺、权责不明的难题，明确了监管基本原则、具体监管方式，各方监管分工和责任，使"建立党委和政府监管国有文化资产的管理机构，实行管人管事管资产管导向相统一"的要求具体化和可操作化了，有助于保证监管规范到位、国有文化资产保值增值，推动国有文化企业更好地把握正确导向、履行社会责任。

2018年12月，根据国务院《企业国有资产监督管理暂行条例》和《浙江省国有文化资产管理委员会工作规则》《浙江省省属文化企业国有资产监督管理实施办法》以及国家有关法律法规等规定，浙江省财政厅、省委宣传部印发《浙江省省属文化企业重大事项管理实施细则》，以加强对省属文化企业国有资产的监督管理，规范省属文化企业重大事项管理行为，落实国有资产保值增值责任。

第三章 推动文化产业区块和园区发展

改革开放以来,浙江文化产业经历了从区块发展到区块和园区共同发展的过程。这一过程也是浙江文化产业发展从自发到自觉、从自下而上的民间内源到自下而上和自上而下相结合、民间内源与政府增进相统一的过程,是浙江文化产业发展集聚效应和辐射效应越来越凸显的过程。实践表明,特色文化产业区块和园区对于文化产业发展具有集聚和辐射的双重作用。文化产业生产要素在区块和园区的集聚,有助于扩大市场规模,降低运输费用,促进文化企业间的交流与学习,促进基础设施和公用事业的建设与较为充分的利用,甚至还会伴随着大量高素质的文化产业创新创业人才的集中。以区块和园区方式发展文化产业,是浙江文化产业发展的一个重要特点,是提升浙江文化产业规模化、集约化、专业化水平的重要抓手,是浙江文化产业整体竞争力不断提升的一个重要秘密。

一 特色文化产业区块与浙江块状经济

改革开放以来,在民间内源力量和政府力量的共同作用下,浙江形成了许多文化产业区块。区块化是浙江文化产业发展的重要特征。在一定意义上,可以把浙江文化产业区块视为浙江块状经济在文化产业领域的一种自然延伸。浙江文化产业区块覆盖了众多文化产业行业,地理分布上也十分广泛,在全省文化产业发展中发挥着重要的作用和功能。由于文化产业区块化现象是浙江块状经济现象的一种具体、特殊的表现形式，因此，分析前者有必要从分析后者开始。

浙江块状经济是伴随着改革开放以来市场化、工业化不断推进而逐步形成的。"追溯浙江一个个区域工业化的发展历程，它们往往都以中小企业集群为依托，从'一村一品'、'一镇一业'起步，就近建立专业市场，专业生产与专业市场相互促进，经过无数次产业档次提升和市场扩张，区域产业规模不断扩大起来，生产、研发、销售网络逐步向全国扩张，最终在高度专业化的中小企业集群的基础上，形成了小资本大集聚的特色产业区或'块状经济'。"[1] 浙江产业群的一个重要特色，就是成千上万的家庭工厂，及在此基础上形成的同类产业的地域聚集，如宁波服装、温州皮鞋、绍兴化纤面料、海宁皮衣、义乌小商品、永康小五金、嵊州领带、黄岩精细化工、枫桥衬衫、慈溪小家电、路桥汽车等。

早在改革开放初期，浙江就已经显现了块状经济的雏形。据《浙江改革开放史（1978.12—2003.12）》一书所述，在1978年至1984年间，"一些地方形成了'母鸡孵小鸡'型的企业群、企业链。它一般以一二个骨干企业为中心，以某个产品为龙头，把一些零部件的生产或生产过程中的某一工序，扩散给周围的小工厂或家庭工场，实行分散加工、集中装配、统一销售。通过办一厂、带一片，逐渐形成了'一乡一品'、'一村一品'的富有特色的区域化、社会化联合经济，从而扩大了生产能力，提高了经济效益，并使农民得到了实惠"[2]。特别是温州、台州等地区的沿海地带，人多地少，历史上手工业就比较发达，靠手工艺和贩卖小商品外出谋生的人多，农村集体经济薄弱，乡镇（村）办的集体企业较少，离上海、杭州等大城市远，交通不便。"这些地方的干部和农民，不靠天、不靠地、不靠政府贷款，

---

[1] 盛世豪等著：《浙江现象》，清华大学出版社2004年版，第14页。
[2] 《浙江改革开放史》课题组：《浙江改革开放史（1978.12—2003.12）》，中共党史出版社2006年版，第49—50页。

靠自力更生，办起了大量的家庭工业和联户企业。这些企业规模一般较小，但经营机制比较灵活。一家一户的小作坊，以专业市场为依托，以市场需求为导向，一大批供销人员为纽带，使产供销紧密结合，从而形成了一种'小商品、大市场'、'小规模、大协作'的专业化区块经济。"①

浙江区域产业集群或块状经济形成的原因，首先可以用区位比较优势理论阐释。根据区位比较优势理论，不同区域之间资源的配置效益存在差异。一个区域内已有资源的集聚，会产生经济效益、带来外部效应。最先进入集聚地点的，可能是一两家或三四家企业，大多数企业则是以后陆续进入的。先进入企业往往会给后来企业创造劳动力市场、中间产品、原材料的供应渠道、专业知识的扩散等正外部效益。数量可观的企业集聚在一起也会形成产业链条，产生很大的规模经济，从而最大限度地降低成本、提高效率，并形成相关产业的核心竞争优势。同时，区域内的基础设施、公共事业，也会给区域内各产业的生产经营活动带来经济效益，产生区域外部经济。区域间的外部经济不同，会造成资源配置的区域比较优势差异。不同的生产要素比较优势，即区域之间各种生产要素拥有状况及其相对价格的差异，也对应着不同的资源配置的区域比较效益。拥有资本、技术、信息、人力资源等方面优势的区域与没有这些要素优势的区域相比，具有更高的资源配置的区域比较效益。当区域之间存在比较效益差异时，在"资源趋向效益，效益吸引资源"规律的作用下，产业势必在效益高的区位形成集聚。② 显然，浙江块状经济的形成，也是在"资源趋向效益，效益吸引资源"规律的作用下，产业在高效益区位集聚的结果。

---

① 《浙江改革开放史》课题组：《浙江改革开放史（1978.12—2003.12）》，中共党史出版社 2006 年版，第 50 页。
② 参见王缉慈等《创新的空间——企业集群与区域发展》，北京大学出版社 2001 年版，第 63 页。

块状经济、产业集群的形成除了经济学上所说的成本因素、规模效应起作用外，还受到多种其他因素的影响。从经济社会学视野看，块状经济、产业集群作为一种网络组织体系，既是一种经济网络，也是一种社会网络。所谓社会网络，乃是一种由于社会个体成员之间相互作用或互动而形成的相对稳定的关系体系，是经济网络发展的润滑剂，在块状经济、产业集群形成和稳固过程中具有重要作用。

浙江区域块状经济、产业集群的形成，也有社会网络、社会文化的因素。在历史上，浙江是一个受血缘家族文化及其扩展形式影响较深的区域。如钱杭、承载所说，历史上的浙东是强宗林立之地，"宗族之'强'不仅表现在它外有雄踞乡里的经济实力和来自朝廷奥援的政治实力，还表现在它对本宗族内部秩序有效的管理。这两者在大部分场合下可能是统一的，尤其是浙东，这种统一在17世纪就已实现，并且程度也要较其他地区为高"[1]。周晓虹的研究表明，近代以来因诸种因素的影响，宗族血缘关系从苏南到浙北、再到浙南呈递减状态。也就是说，一直到1949年为止，温州一带对宗族血缘关系的重视，仍要强于浙北，尤其要强于苏南。[2] 虽然从1840年鸦片战争以来，江苏与浙江农村中血缘关系已逐渐呈现弱化的趋势，但宗族血缘共同体的松懈程度以苏南为最，浙北次之，浙南再次之。比如，在苏南昆山周庄农村，基本上一无公田，二无祠堂，而这种现象早在19世纪中叶就已十分普遍，所以陶煦在光绪六年（1880年）撰写《周庄镇志》时就说："宗祠为近地所鲜。"[3] 在周庄，至少自19世纪中叶起就已经不存在同族共聚祠堂祭祀祖先的现象，而家祭虽然供奉着"自始祖以下之主"的牌位，但大多数只涉及父母和祖父母两代。周庄所在的苏南一带的大多数地区很早就无族长了，而浙南不少地区直

---

[1] 钱杭、承载：《十七世纪江南社会生活》，浙江人民出版社1996年版，第118页。
[2] 周晓虹：《传统与变迁——江浙农民的社会心理及其近代以来的嬗变》，生活·读书·新知三联书店1998年版，第290页。
[3] 光绪《周庄镇志》。

至20世纪30、40年代仍设有族长,尽管除了扮演调解家庭内部或家庭之间矛盾的角色外,族长对族内成员的约束力已大大减低。[①]

浙北杭嘉湖平原一带可以看作苏南和浙中、浙南之间的一种过渡状态。与苏南类似,近现代以来浙北宗族血缘关系虽然在一定程度上存在,但已经呈现逐步趋于松懈的迹象,只是在松懈程度上较苏南弱,较浙南强。据曹锦清、张乐天、陈中亚的研究,在20世纪30、40年代的浙北乡村到处散布着"家庭组合"式村落。这种村落内部的宗族组织已经解体,宗族血缘纽带已大大松弛,宗族意识已相当淡漠,家庭个体化、独立化已近完成,村落成为各独立家庭的集聚地,村落的地缘关系高于血缘关系。宗族活动大多限于婚丧大事,家庭生产和生活的互助大多限于直系亲属和姻亲属及邻里的小范围之内。据当地老人回忆,在20世纪30、40年代,多数宗族并无族谱,少数保留族谱的"大宗富族",其最晚的延修时间是清末民国初年。而在浙中的嵊县,1949年以前,一些宗族,一般相隔30年修一次宗谱。家谱修成后要造祭谱酒,有的村还演谢谱戏。虽然在"文化大革命"中嵊县所存历代宗谱,大多因为破"四旧"而毁,但1985年,经初步查访,县内尚存王、张等96姓的家谱520部,其中明代1部,清代142部,民国197部,年代不详180部。此外,在20世纪30、40年代的浙北乡村,"绝大多数宗族并无族产,即令少数拥有族产的宗族,其数量也微不足道,其祠田收益或仅够每年一度的共同祭祀,或需各户分摊祭祀费用,或由经商致富者资助"[②]。与浙北宗族文化的外在组织形貌的松懈形成鲜明对照,在浙南温州的虹桥,一直到1949年土改前夕,全镇仍然有宗族公田1078.41亩,占镇内8044.51

[①] 周晓虹:《传统与变迁——江浙农民的社会心理及其近代以来的嬗变》,生活·读书·新知三联书店1998年版,第130页。
[②] 曹锦清、张乐天、陈中亚:《当代浙北乡村的社会文化变迁》,上海远东出版社2001年版,第500页。

亩土地的 13.4%，并且宗祠也随处可见。① 而在浙东南的台州地区天台县，一直到 1949 年以前乃至于改革开放以前，全县乡镇多同姓聚族而居，连县城内也分族姓各居一处，如东门陈姓、溪头姜姓、桥上王姓、后司街曹姓。乡间则由几户、几十户，乃至几百户、上千户组成自然村落。绝大部分村庄是同一个宗族，也有大的宗族分居两个以上村庄，或一个村庄居住两个以上宗族的。聚族而居的村镇必有祠堂。祠又分大宗、小宗。全县最古老的祠堂是县城东门哲山的陈氏祠堂；最宏敞的祠堂是县城袁氏祠堂。民国《天台县志稿》称："天台人，多聚族而居，重宗谊，善团结"，有"好勇斗狠之风，往往因雀角细故，而约期械斗"。若宗族中人有为外姓（族）所侮，则合族群起与外姓（族）争。或争执公山公地而族斗，或因几个人的事闹成斗殴；或因大族欺小族，小族起而反抗；或大族与大族之间各逞其雄而械斗。宗族械斗大多是由一些小问题引起的。

虽然像全国其他地区一样，近代以来以族谱、族田、族规和族长为标志和外在形貌的传统家族制度、家族文化已经逐步解体和衰落，但无论浙北，还是浙中、浙南，构成家族文化存在条件的亲缘（血缘和姻缘的复合）连带体自始至终没有从根本上动摇，作为维系家族延续客观条件的亲族聚居居住空间格局也未有根本改变，家族观念和家族意识的遗存，因而具备一定的社会存在基础。曹锦清、张乐天、陈中亚等的研究表明，在 20 世纪 30、40 年代，无论是在族谱、族田、族规和族长等宗族文化的外在形貌仍然得以保存的浙中和浙南，还是在宗族文化外在形貌已趋于松懈的浙北，亲缘与准亲缘关系和地缘关系也依然是村民所熟悉并能够加以利用的关系。由婚姻、生育和共居而自然建立起来的原始人际关系，依然是村民人际关系的基础，各种各样的家庭需要非单独家庭自身能够得到满足，往往必须借助于亲缘或亲缘式关系网络。所有村民都生活在由亲缘和地缘关系交织而成的

---

① 周晓虹：《传统与变迁——江浙农民的社会心理及其近代以来的嬗变》，生活·读书·新知三联书店 1998 年版，第 129 页。

关系网中。除此以外，朋友关系在20世纪30、40年代的浙北也显示出了其重要性。①

新中国成立以来，像全国其他地区一样，浙江区域经历了千古未有的社会大变革。社会大变革必然对家族制度、家族文化形成冲击。由于经济、政治、社会以及生育制度和生育观念的变革，不仅在浙北，而且在浙中和浙南，以族谱、族田、族规和族长为标志的传统家族制度生存空间一步步缩小，失去外在组织形貌。土地改革没收并重新分配作为族产的族田，血缘共同体逐渐趋于松懈，不能再以经济力量控制族人。属于地主阶级的族长等被斗倒并被剥夺原有的一些"行政"和"司法"权力。农村合作化、公社化运动使土地、宗祠等成为集体财产，从而能够不以血缘原则而是以集体原则加以组织和利用。伴随人民公社制度以及生产大队和小队制度的建立，传统家族和聚落被改造成统一管理的生产和生活单位，从而缩小了传统社区和家族认同的空间，并创造了新的社会关系。② 新中国成立以来，家族观念和家族意识，也在不同程度上被作为封建主义的元素而受到了批判。

改革开放以来，一方面，伴随市场化、城市化、全球化以及现代生育制度建立、人口的垂直和横向流动等，家族制度和家族文化受到了新的冲击；另一方面，有意义的是，改革开放以来，特别是20世纪80年代，像全国许多其他地区一样，虽然家族文化的一些外在组织形貌（如族田）在浙江已不再重新生长，但家族观念和家族意识却在一定程度上和一定范围内得以复活和蔓延。

20世纪80年代末徐家良在浙江慈溪市三灿街南村的调查表明，虽然近现代以来，慈溪市三灿街南村传统的家族结构一定程度上受到

---

① 曹锦清、张乐天、陈中亚：《当代浙北乡村的社会文化变迁》，上海远东出版社2001年版，第508页。
② 王铭铭、王斯福主编：《乡土社会的秩序、公正与权威》，中国政法大学出版社1997年版，第71页。

破坏和分化，也一定程度上削弱了其在村社会的权威性，但是家族关系、连襟关系、表亲关系和继拜亲关系（继亲关系：一个家庭子女与另一家庭父母结成名义上的父母关系，作为亲戚交往）等关系网仍笼罩着乡村社会，形成乡村社会的连环套，无法解开，也无法解脱，使家族结构、家族权威、家族关系与其他关系的发展交织在一起，形成了相互并存的局面。尽管村党支部、村民委员会等组织已经成为名副其实的权威中心，处理着村社会的一切公共事务，但它仍受到家族关系网连环套的重重束缚和牵制。[①] 另据任晓20世纪80年代末对浙江象山县晓一村的调查，晓一村的家族观念在旧社会时较强，新中国成立后逐渐淡薄，但仍保留着家族文化的习俗。凡有联姻关系或继拜关系的，往来十分密切，不仅婚嫁、丧葬、建房这些大事有往来，就是平时"时交月节"也都相互串门，"亲帮亲""邻帮邻"已成为情理中事。附近的亲戚越多，势力越旺，办事就越容易，因此近年有就近联姻的趋势，以防止别人的侵害。[②] 三灿街南村和晓一村在一定程度上可以说是浙北、浙东农村社会的一个缩影。在浙南的温州，宗族意识的复活，甚至影响到了社会生活的方方面面。在乡镇换届选举中，包括温州乐清等地都出现过宗族势力以拉选票、撕票等方式破坏正常选举的事。随着宗族意识的复活，乐清、永嘉等地重修庙宇、宗祠、坟墓、重撰族谱以及看风水、祭祖奉神等风气也盛一时。在虹桥，不仅新中国成立初期或"文化大革命"时期被捣毁的庙宇大部分得以修复，而且许多村庄还建起了新庙宇，甚至还有几座基督教堂，虹桥全镇重建的祠堂也有好几座。而在永嘉，一个黄田乡在1989年时就已重建祠堂33座。苍南县江南地区现存祠堂1000多处；其中3个乡8个行政村的25姓，有祠堂的占68%，至于族谱的重新编撰在台州、

[①] 王沪宁：《当代中国村落家族文化》（附录：案例3 浙江三灿街南村），上海人民出版社1991年版，第354页。

[②] 王沪宁：《当代中国村落家族文化》（附录：案例4 浙江晓一村），上海人民出版社1991年版，第354页。

金华、温州、绍兴乃至整个浙江也在20世纪80年代成为一种气候。在永嘉桥头镇，在1980—1983年的四年间，叶氏等17个大姓就重撰族谱53册。① 在温州瑞安的韩田村，1978年以后韩姓、陈姓、曹姓等家族都先后恢复了修宗谱活动，其他33个姓或以本村的家族为单位，或到原迁出村落认祖归宗，也普遍开展了重修宗谱活动。② 此外，1978年以来，浙江许多地方的祭祀祖宗、拜祖坟的活动也由地下转为公开，而且随着家户经济实力的增加，祭祀活动的单位开始由家庭向家族扩大，开支和场面也越来越大。

在浙江尤其是南部的台州和温州，家族文化的复活还再次助长了历史上经常出现的宗族群体冲突和对抗现象的复活。比如，在历史上，温州苍南县江南片就有宗族械斗的风气："江南俗喜械斗，往往因薄物细故两地起争，即各持刀械出斗，其被戕者报官请验，必罗积其地之富民无辜者，控为凶手，主唆兵差下乡，屋庐财物举为荡焉，而凶手早为兔脱，缠讼数年，案无归结，乃起而讲之，按户贫富科钱出和，以寝其事。而官亦含糊为之了结。每械斗一次，地方元气大伤，正教不善，莫此甚也。"③ 新中国成立以来，江南片的宗族械斗在一定程度上得以扼制，但"文化大革命"中宗族械斗风再次复活。据统计，1967—1991年间江南片共发生大小宗族械斗1000多起，其中发生在1979年以前的有700—800起。1966年以来的一段时期宗族械斗的泛滥，显然有特殊的原因。因为1966—1967年间，正是"文化大革命"爆发，社会处于大动荡阶段，武斗风极其盛行，宗族械斗披着"革命"的外衣，借此机会而在一定程度上肆虐。比如，江南片的宗族以陈、杨两姓为最大集团，势力最强，得到其他许多姓攀附并成为其相好姓。"文化大革命"中，两姓与派性相结合，陈姓成立

---

① 周晓虹：《传统与变迁——江浙农民的社会心理及其近代以来的嬗变》，生活·读书·新知三联书店1998年版，第291页。
② 周祝伟、林顺道、陈东升：《浙江宗族村落社会研究》，方志出版社2001年版，第266页。
③ 民国《平阳县志·风土志》。

了"江南地区和平防守联合会",杨姓也成立了"自卫同盟联合会",各自建立指挥部,开展大规模武斗。改革开放以来,伴随全面拨乱反正,不仅武斗风受到有效遏止,而且宗族械斗也受到政府公检法部门的严厉打击,宗族械斗骨干分子往往被判以重刑。1983年3月中央有关部门根据对湖南、湖北部分农村的调查情况,提出要处置宗族械斗、建立封建宗族组织、私立族规禁约、联宗祭祖、重建旧坟等"封建宗族势力活动"等问题。在这一大背景下,这种旧习本应就此消失。然而,温州苍南县江南片的宗族械斗发生于1980—1983年的仍然有65起,发生于1990年的有22起,发生于1991年的有50多起。[1] 1990年2月13日至18日,台州地区天台县苍山区2个宗族因山林水利纠纷,迅速发展成7个乡43个村"王、汤、戴、奚"与"许、鲍、周、余"两类宗族同盟5000余群众卷入的大规模械斗。[2] 在浙江全省,单1990年第一季度,因个人或家庭纠纷引发的群体性宗族械斗事件就多达26起,其中百人以上的有15起,千人以上的有2起。[3] 显然,家族文化意识的复活,是浙江农村中发生宗族群体冲突和对抗的重要原因,同时宗族群体的冲突和对抗,又进一步强化了乡村宗族文化意识以及农村宗族或家族的边界。

家族文化在改革开放以来的浙江得以一定程度复活的因素是多方面的,其中重要的有以下几点:首先,如有学者所说,虽然1949年以来像全国各地一样,浙江农村一次次急风暴雨式的社会运动,强制性地斩断和淡化了乡村同宗族群体间基于血缘关系的认同意识,也使现实人际关系结构发生了一系列实质性的改变;但是,这种强制性行为又难以消除长期以来形成的农村传统中那种对于血缘共同体的深沉

---

[1] 参见王晓毅、朱成堡《中国乡村的民营企业与家族经济》,山西经济出版社1996年版,第156—157页。
[2] 余红等:《当代农村五大社会问题》,江西人民出版社1995年版,第118页。
[3] 毛少君:《农村宗族势力蔓延的现状与原因分析》,《浙江社会科学》1991年第2期。

关怀。① 事实上，新中国成立后采取的措施虽然"在一定时期内压制了农村宗族活动的发展"，但对"宗法制度在社会结构与社会意识中的深厚基础却触动不够，因此，尽管宗族与宗法关系的影响在将近三十年时间中似已近于消失，而实际上，他们在农村中的根基却依然存在，并以隐蔽的形式长期发挥着作用"②。这是因为，"宗族生存依据与人们的居住条件、日常生活过程中的亲属联系、由传统造成的心理习惯以及宗教需要有关"③。农村的宗族组织、家族意识和家族活动，不仅会在如祭祖、族谱、祠堂、族规等家族仪式、家族象征符号及制度规范等方面得以体现，而且也是活生生地流淌、浮现、浸润于农民的日常生活实践之中，从而具有源远流长的文化意义上的生命。正因如此，改革开放以来，伴随国家政策的松动，家族文化意识较为深厚的浙江尤其是浙南农民，就会以各种方式开始对血缘共同体的重建过程。

其次，除了外在强制放松以外，改革开放以来的家庭联产承包责任制，也对家族制度和家族文化的再生产，产生了刺激作用。在某种意义上说，家庭联产承包责任制所借重的也是家庭血缘关系的力量，它恢复甚至一定程度上强化了家族尤其是家庭作为基本的生产和消费单位的意义，而这正是特殊主义的家族文化得以复活的重要经济基础。同时，人民公社制度下的大队、小队生产单位向家庭生产单位的转变，也在某种程度上导致乡村基层政权的弱化。乡镇、行政村、自然村与村民小组等新的行政制度并没有很强的社会—经济作用。"它们不是一种生产联合的制度，而仅起社会控制与国家权力象征的作用。真正在经济过程起社会化作用的，是民间传统的家族制度与社区认同。换句话说，现代化并没有带来传统的家族房支、姻亲与邻里关

---

① 钱杭：《中国当代宗族的重建与重建环境》，《中国社会科学季刊》（香港）1994年第1卷。
② 钱杭、谢维扬：《宗族问题：当代农村研究的一个视角》，《社会科学》1990年第5期。
③ 钱杭：《关于当代中国农村宗教研究的几个问题》，《学术月刊》1993年第3期。

系网络的破坏,而是促进了这一系列非正式的地方性制度(local institutions)进入功能再现的过程。"① 在此情况下,传统的家庭血缘关系网络,便开始凸显出来,并在一定意义上取代了以前乡村基层政权承担的部分职能。

再次,在浙江尤其是浙南,高度紧张的人地矛盾,以及改革开放以来发展起来的个体民营经济的风险性和不确定性,也使农民面临较大的生存压力,这种压力既强化了其自主谋生意愿和自主创新精神,也使他们产生了孤立无援、不安等焦虑心态,从而"常常要借助于对传统智慧的创造性应用、对幸存的关系网络的强化利用"②,希望依托他们所熟悉的、基于亲缘和准亲缘的传统人际关系去抵御社会生活的新冲击。在浙江尤其是浙南地区,改革开放以后出现了大量个体运输业、商业、加工业和副业等以分散经营为特点的非农业经济活动,加之当地集体经济薄弱,不仅使得个体户民营企业主等需要以宗族血缘共同体等作为依托,解决生产和经营中的各种难题,而且使得农村社区的公益救助事业也必须依托于宗族血缘群体。③

当然,改革开放以来,家族文化、家族观念虽然在一定程度上复活,但其作为一种具体文化形态也会伴随改革开放以来浙江区域的发展变化而发生变化。一方面,在当代社会,家族文化的某些方面随着社会条件的变化而有所弱化,其影响也相应减少;另一方面,家族关系、家族文化和家族观念在其他方向上又有所发展。比如,据王晓毅、朱成堡在温州苍南县的调查表明,当代家族文化大约呈现了两种变化方向:一是家族团体感降低,随着血缘集体内部的利益分化,家

---

① 王铭铭:《中国民间传统与现代化——福建塘东村的个案研究》,载贾德裕等主编、周晓虹执行主编《现代化进程中的农民》,南京大学出版社1998年版,第314页。第53页。

② 赵力涛:《家族和村庄政治》,北京大学社会学系硕士学位论文,转引自杨善华《家族政治与农村基层政治精英的选拔、角色定位和精英更替》,《社会学研究》2000年第3期。

③ 周晓虹:《传统与变迁——江浙农民的社会心理及其近代以来的嬗变》,生活·读书·新知三联书店1998年版,第322页。

庭利益得到更多的重视；二是家族之间的相互交往增加，社会互动频繁。当代的家族文化表现得更为复杂和多样。①

家族文化、家族观念是特殊主义的。在人际交往中，一般是越靠近家族血缘关系——"己"的中心就越容易被信任和接纳，也就越容易形成合作、亲密的人际关系，越是远离"己"的中心，就越容易遭遇排斥、越容易产生不信任心理倾向。改革开放以来，随着经济体制转换和社会转型，人们基于"契约原则"的普遍主义信任观念逐步得以强化，但对处于改革开放初期的不少浙江人来说，基于"血缘原则"的特殊主义依然是占主导的信任模式。比如，2000年陈东升对温州瑞安韩田村的一次问卷调查显示，在回答"亲情与契约，你更相信哪种关系"时，114个样本户中，选择"亲情"的占61%，选择"契约"的占39%。② 这表明，在大多数韩田村村民中，基于亲缘和准亲缘式的特殊主义信任高于基于契约的普遍主义信任。韩田村的经济较为发达，在改革开放之初的1982年，韩田村村民就已经较普遍从事汽摩配件生产，较早涉足商品经济活动，具有较强的市场经济意识。因此，韩田村村民关于"亲情与契约"问题的回答，在温州乃至于浙江，就具有相当程度的代表性。

基于亲缘和地缘的家族文化、家族观念等特殊主义文化和关系网络，对于改革开放以来浙江经济发展产生了重要作用，给浙江区域经济打上了深深的特色文化印记。这种作用不仅体现于外出经商者从特殊主义的社会关系网络中获取信息和社会支持上，而且也体现于遍布全国各地众多浙江村、浙江街，温州村、温州街，台州村、台州街上，体现于浙江本土"一村一品""一乡一品"的专业化特色产业群上。如前所述，浙江产业群的一个重要特色，就是成千上万的家庭工场，及在此基础上形成的同类产业的地域聚集，如宁波服装、温州皮

---

① 王晓毅、朱成堡：《中国乡村的民营企业与家族经济》，山西经济出版社1996年版，第156页。
② 陈东升：《村落家族文化对韩田村汽摩配业的影响》，《温州论坛》2000年第4期。

鞋、绍兴化纤面料、海宁皮衣、义乌小商品、永康小五金、嵊州领带、黄岩精细化工、枫桥衬衫、慈溪小家电等。在浙江同类产业的地域聚集过程中，基于亲缘和地缘的特殊主义文化和关系网络，在相当程度上产生了中介的作用。比如，在温州农村不仅有许多从事第二、三产业的专业户，而且有许多专门从事同一行业的专业家族。尤其是在改革开放初期，这种以家庭为中心、以血缘和亲缘关系为纽带的经济扩散现象更是屡见不鲜。"浙江的特色产业区表面看是从小产品、简单产品起步，而其实质则是从土地中转移出来的一批批农民只能从这类产品生产开始，借助邻里效应，逐步扩散，形成星罗棋布的一村一品圈。"① 比如，当1982年国家政策开始允许农民成为"专业户""重点户"时，原温州瑞安韩田学校五七厂马上有四五十名工人自动离厂，回家办起了家庭工场，韩田村的汽车摩托车零配件业因而开始以家庭为单位向四邻扩散。② 这些家庭工场依靠家族、邻里、朋友等多种社会关系联结成一个个企业网络，网络内部存在着密切的专业化分工与协作关系，不同的企业网络之间又存在着众多的或强或弱的联系，从而使产业群成为一个无形的大工厂。③

上述典型事例，可以被视为浙江全省各地产业集群形成过程的一个缩影。浙江区域的特色产业群是以亲戚朋友、邻里同学等关系为纽带，以成千上万的家庭工场为基础，在"一人带一户，一户带一村，一村带一乡（镇）"的模式下起步并快速发展起来。在这个过程中，特殊主义的社会关系网络提供了信息、知识和社会支持。基于亲缘和地缘的特殊主义文化和关系网络的农村聚落，天然就是众多参与者信息共享、互教互学、提高整体竞争技能的"学习型社区"和"创新型组织"。在起始阶段，一个村庄中一旦有人从事某种产业并赚了钱，

---

① 颜春友：《浙江民营经济发展与特色产业区》，《纵论浙江》，浙江人民出版社2003年版，第239页。
② 陈东升：《村落家族文化对韩田村汽摩配业的影响》，《温州论坛》2000年第4期。
③ 朱华晟：《浙江产业群——产业网络、成长轨迹与发展动力》，浙江大学出版社2003年版，第76页。

就会产生邻里效应、亲戚效应、朋友效应，这一信息会向这个人社会关系网络中的其他成员传播、扩散，从而带动其他成员也来从事相同产业，而其他成员又依次把与自己有关系的人带进这一产业，从事同一产业的人越来越多，规模像滚雪球一样扩大。在浙江，不仅物质产业集群或块状经济的形成经历了这一过程，而且特色文化产业区块的形成也经历了相同的过程。在一定意义上也可以说，特色文化产业区块乃是浙江块状经济的普遍性特征在文化产业领域的特殊表现。

习近平到浙江工作后不久，就已对块状特色产业这一浙江经济发展的特点和优势有了深入的认识。他说，20 世纪 80 年代以来，浙江各地从培育"一村一品、一地一业"的传统产业起步，形成了一批中小企业、专业市场和特色产业紧密结合、互为依托，竞争优势比较明显的企业集群和区域块状特色产业。"以中小企业为主体的块状特色产业是我省工业发展的特点和优势，在全省经济发展中占有举足轻重的地位，呈现出小商品、大市场的产业格局，低成本、高效率的比较优势，小企业、大协作的集群效应和小资本、大集聚的群体规模。"[1]

在实施"八八战略"前夕，浙江块状经济已基本覆盖全省各个县（市、区），呈现出良好的成长性和发展潜力。据 2001 年 6 月的统计，在 88 个县（市、区）中，有 85 个县（市、区）形成了块状经济，比 1997 年的 66 个增加 19 个；年产值超亿元的区块 519 个，比 1997 年的 306 个增加 213 个，涉及 175 个大小行业和 23.7 万余家企业，年产值近 6000 亿元，其中产值在 10 亿—50 亿元的有 118 个，50 亿—100 亿元的有 26 个，100 亿元以上的有 3 个；块状经济总产值 5993 亿元，约占当年全省工业总产值的 49%，比 1997 年的 37% 提高 12 个百分点；块状经济在县域工业经济中的比重也大幅提高；三分之一以上的县（市、区）达到 50% 以上，其中占 50%—70% 的有 17 个县

---

[1] 习近平：《干在实处　走在前列》，中共中央党校出版社 2006 年版，第 116 页。

(市、区)，占70%—90%的有12个，占90%以上的有2个。①。如宁波服装、温州鞋革、绍兴化纤、台州汽摩配件、乐清低压电器、海宁皮革、永康五金、嵊州领带、诸暨袜子等特色产业区块的产品，在国内外的市场占有率很高，已经成为全国或全世界的加工制造基地。一批县（市）依托区域块状特色产业而成为经济强县（市）。据国家统计局公布的全国最发达的100个县（市）中，2001年、2002年浙江占26席，2003年、2004年、2005年浙江占30席，总数均居全国第一。

二 浙江文化产业区块的形成和发展

改革开放以来，浙江全省各地文化产业区块的发展，也经历了从自发到自觉的过程。在初始阶段，像一般的块状经济一样，大多数特色文化产业区块也不是某个人或某些人预先"设计"的结果，而是"自发自生"地兴起的，不是源于某人或某些人把一系列要素各置其位并且指导和控制其运动的方式而确立起来的人造秩序、人为的秩序、建构的秩序，而是源于一大群人的非意图性行为。温州苍南金乡镇徽章、湖州德清钢琴等产业区块的形成过程，就典型地体现了这一点。

苍南县金乡镇是一个具有几百年历史的文化古城，居民有从事小商小贩、日用小五金、纸制品制作等传统，能工巧匠众多。改革开放以来，金乡人用"一双手（手工制作）"，"两条腿（外出跑供销）"，"三分邮票（业务广告信的邮寄费）"，"四小产品（硬塑片、涤纶标识、铝制标牌、塑料红膜）"，闯出了一条发展家庭工业的致富道路，金乡镇也成为闻名全国的铝塑标识工艺品产销一体化的专业市场，1992年，被苍南县人民政府命名为"中国商标文化城"。金乡发展家

---

① 郭占恒、刘晓清：《快速成长中的浙江区域块状经济》，《浙江经济》2002年第2期。

庭工业这条路并不是某个人或某些人设计出来的,而是"民间内源"力量作用的结果。在改革开放初期,金乡镇有15000多名居民,人均耕地面积0.35亩,只有两家国营工厂,100多名职工。金乡人有巨大的生存压力、强烈的自主谋生愿望。1979年,一些金乡人,了解到全国高等院校恢复考试、扩大招生后,校徽需求量急剧增加。他们很快就赶制出校徽样品,并以价廉物美的优势打开了全国各大院校的销路。1981年,在校徽畅销的同时,金乡人也把眼光瞄准了校园里的其他用品,先后研制成了塑料红膜制品的学生证、毕业证书、借书证等。此后,金乡人又把红膜制品扩展到自行车证、户口册、荣誉证、房地产证,以及各种书、簿册的封面,等等,使用范围由校园扩展到各行业各部门,产品品种达数百种;铝质标牌也从单一的校徽扩展到自行车牌照、门牌、纪念章、领带夹、领章、帽徽、各种标牌等几百个品种。1990年6月,金乡徽章厂与美国海军首次签订了承制领章帽徽合同,不久后又承制了英国海军的帽徽等产品。至1993年底,金乡徽章厂共制作了300多万枚徽章打入了国际市场,创汇100多万美元。1994年世界杯足球赛的35万枚纪念章也由该厂制作。随着新产品的不断开发,市场规模不断扩大,金乡镇也逐渐成为全国最大的徽章生产基地。在这里,徽章的生产工序就有设计、熔化金属、写字、刻模、晒板、打锤、钻孔、镀黄、点漆、制针、打号码、装配、包装等十多道,每道工序的加工都由独立的企业(加工专业户)完成。精细的专业化分工,使生产同种产品的企业能不断地从内部剥离出各种可分割的功能操作,节约了生产费用,形成了专业化优势并实现了整个区域的规模经济。

德清钢琴产业,既与中国钢琴产业发源地上海有关,同时,也是"民间内源"力量推动的产物。早在1895年,上海就诞生了"施特劳斯"这个中国第一架完全自主生产的钢琴。20世纪30年代,"施特劳斯"牌钢琴年产量已达2400余架,上海也成为当时亚洲最大的钢琴生产基地。1988年,受轻工部委托,上海钢琴有限公司制订了中国首部《钢琴制造国家标准》,"施特劳斯"牌钢琴获"上海市著名商标""中华老字号"等多项称号。1985年,德清玻璃厂以高于原厂4倍的工资、1万元保证金以及住房,邀请了上海钢琴厂最为顶尖的3位技师开始创业。两三年后,上海钢琴厂工人又陆续被邀请到德清生产机芯和外壳,推动了德清钢琴产业的孕育和发展。在80年代中后期,德清第一个钢琴品牌——"伯牙"牌诞生,音源、机芯、键盘、外壳等所有配件都已经自产。20世纪80年代末至90年代中期,钢琴产业在德清洛舍镇周围逐渐发展成熟,大大小小的钢琴企业如雨后春笋般成长。90年代初期"伯牙"牌钢琴陷入困境并于1994年倒闭,从中分流的技术工人开始自主创业,德清出现了单独生产钢琴榔头、机芯、键盘、外壳、琴弦、音板的配件企业。洛舍镇钢琴企业达到40多家,相关从业人员3000多人,钢琴产业逐渐发展成德清县支柱产业之一。从1995年至2003年,德清钢琴产业进入了蓬勃发展的阶段,成长出了瓦格纳钢琴、华普钢琴、圣坦威钢琴、海尔钢琴、罗宾钢琴等品牌。经过30多年发展,至2019年,洛舍镇已有钢琴制造及相关配件企业90余家,钢琴年产量占全国总产量的七分之一,培育了"威腾""拉奥特"等一批省、市著名商标和企业,还远销欧洲、东南亚等20多个国家和地区。

今天的横店已经从一个不知名的浙中小镇,成长为全国乃至全球规模最大、累计拍摄影视剧数量最多的影视产业集聚区块,名副其实的东方好莱坞。按照一般的看法,横店影视产业区块发源于1996年建成的广州街、香港街。事实上,在此之前,横店影视文化产业的孕育和萌芽,已经经历了长期"民间内源""自我生成"的自然演化过程。1975年,"出门看见八面山,薄粥三餐度饥寒"的横店开办缫丝厂,此后,又陆续创办针织厂、内衣厂、印染厂、服装厂等。随着企业的发展,横店企业员工逐渐增多,横店也从一个小山村演变为一个小城镇。与此相应,伴随企业员工增多、人口的集聚,文化娱乐需求也逐渐增长,使横店的文化场所和娱乐设施显得相对不足。为了丰富业余文化娱乐生活并留住员工，横店开始逐步建设文化体育休闲设施，先后建起了影剧院、体育馆、游泳池、网球场等文化活动场所，以及度假村、休闲公园等休闲娱乐场所，并在农村建立了26个电影放映点，每年为农民无偿放映电影3000多场。这也可以看作是横店影视文化产业的孕育和萌芽时期。正是因为有了这样的基础，1996年，著名导演谢晋拍摄迎接香港回归的历史巨片《鸦片战争》，横店集团用了4个多月时间，就建起了一个占地319亩、150座各类建筑、总建筑面积6万平方米的"十九世纪南粤广州街"拍摄基地。以此为契机，横店集团进行了发展战略的大调整，在原有的磁性材料、医药化工、电子电气三大支柱产业的基础上，大步涉足影视文化产业，成为全球最大的影视实景拍摄基地，实现了多种社会资源集聚整合，营造要素资源"洼地"。横店建设广州街、香港街这件事，看似偶然，其实却是顺理自然、瓜熟蒂落的事情，是横店长期"民间内源""自我生成"的自然演化结果。

浙江许多特色文化产业区块的形成，一方面，都经历了与此相类似的"民间内源""自我生成"的过程；另一方面，"民间内源""自我生成"的文化产业区块的形成过程，也是与"政府增进"分不开的。

杭州LOFT49创意产业基地的形成，就是自下而上、上下结合，市场主导、政府扶持的结果。2002年9月，在低租金的吸引下，美国DI设计公司入驻杭州市拱墅区杭印路49号。杭印路49号原先是杭州蓝孔雀化学纤维有限公司棉纶分厂厂区，闲置土地52亩，厂房21380平方米。这一区域保留了大量清末以来的民居和街巷，是杭州市具有一定规模的历史街区之一。此后的几年间，又有一大批艺术和设计公司纷纷进入，自发地形成了租用面积达9300平方米的新型创意企业的集聚地。艺术家的运营开发能力往往较为有限，这就使政府支持和帮助成为推动基地发展必不可少的条件。LOFT49创意产业基地的出现，也引起了拱墅区委区政府的高度关注。在深入调查研究后，拱墅区政府初步形成了以可持续发展理念指导旧城改造建设、促进文化创意产业发展的思路，把 LOFT49 基地凝练、整合为 LOFT49 创意产业园，并以此为基础，对拱宸桥西地区发展 LOFT 创意产业园区进行了规划。借鉴国内外创意产业发展的经验，根据"规划引导，政府培育，市场化运作"的思路，拱墅区政府编制了《杭州 LOFT 规划设计》方案，确定桥西地区为发展创意产业的核心区块，并进一步健全和完善了创意产业园区管理和运作机制，依靠 LOFT49 创意产业园集聚的先发优势，带动拱宸桥西运河沿线地区的整体发展。依据"保护第一"、最少干预、修旧如旧的原则，拱墅区政府将部分原有工业厂区改建成融合特色办公、艺术创造、公众休闲娱乐等多种功能的开放式文化公园和具有运河特色的文化创意产业基地。其总体的布局结构为"一点一线"："一点"即杭印路 49 号周边地区，保留 5000 平方米的旧厂房，集中改建为创意产业园区；"一线"即拱宸桥西地区运河沿线，保留 1.5 万平方米到 2 万平方米的旧厂房，集中改建为创意产业园区。为了加快产业集聚，拱墅区组建了跨部门、跨行业的创意产业发展领导小组，由文化、建设和研究机构等部门的领导、专家学者组成，负责规划、指导、协调、组织和管理工作。政府相关部门统一负责做好创意产业园区内部环境卫生管理、形象宣传等工作，并为企业提供咨询、办证等业务，协同老厂房业主共同开展招商引资，把好创意企业引入关，要求引进企业必须与创意产业具有相关性，为创意产业园区发展创造良好的软环境。同时，创意产业园区还自发成立了管理委员会，实现创意公司自我管理、自我服务。在拱墅区委区政府的规划和引导下，除了 LOFT49 创意产业园区之外，拱墅区在杭印路 67 号、余杭塘路 43-3 等地也相继出现了创意产业发展区块。[①]

在现代社会，伴随城市品质的提升、经济结构转型升级，一些产

[①] 拱墅区委宣传部：《拱墅区扶持 LOFT 创意产业基地建设》，载杭州市文化体制改革工作领导小组办公室编《杭州市文化体制改革回眸》，杭州出版社 2007 年版。

业由于附加值低或影响城市环境生态等因素而在产业结构调整中被淘汰，最后导致一些旧厂房、旧仓库、旧建筑物等被闲置或低度使用，形成城市中的"闲置空间"，往往造成社会资源的浪费。一些旧厂房、旧仓库、旧建筑物建成于20世纪50、60年代，甚至建成于清末和民国时期，本身已经积淀了深厚的历史文化底蕴，是宝贵的城市历史文化遗产。因此，如何更好地处理旧厂房、旧仓库、旧建筑物的保护和"闲置空间"的利用，就成为城市化过程中，摆在人们面前的一项重大课题。拱墅区的创造性实践，不仅是"民间诱致"与"政府增进"的浙江文化产业区块形成过程的一个生动案例，而且也表明，将创意产业这一"新生力量"融入曾经辉煌并已经完成历史使命的中心城区旧厂房、旧仓库，能够有效地利用城市的"闲置空间"，实现先进文化、城市历史文化特别是近现代工业文化积淀的交叠、交融，推动新旧物质资源和文化资源的保护传承和最大化利用。对旧厂房、旧仓库、旧建筑物在某些层面上稍加改善，加以合理的保护和利用，这些宝贵的历史文化遗产就能够避免被拆除、被重建的悲惨命运，因注入创新因素而得以传承，从而实现创造性转化，以顽强的生命力重生于当代城市之中。

横店影视产业区块发展也是自下而上、上下结合，民间诱致、市场主导、政府增进的结果。在横店影视产业区块孕育和发展过程中，横店镇、东阳市、金华市乃至浙江省等各级党委和政府，都给予了必要的指导和扶持。实施建设文化大省战略特别是2003年浙江省被中央确定为文化体制改革综合试点省以来，浙江省各级党委和政府对横店指导和扶持的力度显著加大。2003年8月，浙江省拟定并上报、中央文化体制改革领导小组批复同意的《浙江省文化体制改革综合试点总体方案》中，就已明确了建设浙江横店影视产业实验区的任务。2003年12月10日，国家广电总局批复同意建立浙江横店影视产业实验区后，浙江省文化体制改革办公室专门设立了浙江横店影视产业实验区工作协调小组；东阳市委、市政府则主导建立了浙江横店影视产业实验区管委会，并下设常设机构管委会办公室，常驻影视产业实验区为入区企业提供行政服务。此外，从 2010 年 1 月底开始，横店影视产业实验区管委会办公室增挂东阳市影视产业发展局牌子，实行一套班子、两块牌子，探索政企合作、共同促进影视产业发展的新模式。

除上述外，横店镇、东阳市、金华市以及浙江省等各级党委和政府，都相继出台了多个支持横店影视产业发展的政策意见。比如，早在 2004 年 3 月，东阳市政府就出台了《关于支持浙江横店影视产业实验区发展的若干政策意见》，共 16 条，其中包括"对实验区可安排文化产业发展专项基金，并制定相应使用和管理办法，采取贴息、补助等方式，支持文化产业发展（专项资金安排五年，资金来源主要是从实验区影视产业新增税收留市部分中安排），前两年按 100% 安排，后三年按 60% 安排"，"对政府鼓励的新办的报业、出版、发行、广电、电影、放映、演艺等文化企业，给予免征 3 年的企业所得税照顾"等扶持政策。2012 年，省委省政府设立浙江横店影视文化产业实验区，出台《关于设立浙江省横店影视文化产业实验区 提升影视文化产业发展水平的意见》，正式将发展横店影视文化产业上升为省级战略，推动横店在影视文化产业发展方面先行先试、积累经验，为全省文化产业发展提供示范。2018 年 4 月，浙江省委省政府出台《关于加快推进横店影视文化产业发展的若干意见》，要求设立横店影视文化产业集聚区，推动集聚区成为浙江影视文化产业发展的战略性平台，把横店打造成为全省文化产业的龙头基地、全球最强的影视产业基地和全国影视文化产业的集聚中心、孵化中心、交易中心、人才中心、体验中心。在横店影视产业区块发展过程中，金华市委、市政府也相继出台了一系列扶持政策，比如，《金华市影视文化产业全域化发展规划》《金华市文化产业发展专项资金管理办法》等。这些扶持政策对于促进横店影视文化产业区块集聚发展、转型发展、高效发展、持续发展，建立覆盖影视创作、制作、发行、投资、交易、衍生品开发等全环节的产业化平台体系，引导影视产业与科技、金融、创意设计、泛娱乐化等深度融合，培育影视文化新业态，构建现代影视产业集群，产生了重要的作用。

在浙江，正像其他块状经济一样，地方党委和政府往往对于自发形成的文化产业区块的进一步发展，起着主持性、协调性、倡导性、引导性的作用。像杭州 LOFT49、横店影视产业区块的发展历程一样，浙江省各级地方党委和政府，在本地特色文化产业区块已现雏形的情况下，往往能适时出台相关政策加以引导；有些地方党委和政府还在自发形成的文化产业区块基础上积极规划建设各类文化产业园区，鼓励文化企业向园区集聚。这就使浙江各地文化产业区块呈现出了市场主导、政府扶持，自下而上、上下结合的鲜明特点，从而成为能够充分发挥市场与政府各自优势的文化产业发展的有效模式。

在 2003 年省委实施"八八战略"前后，浙江省已经形成了众多具有地方特色的文化产业区块。如"横店影视产业实验区""杭州现代传媒区块""宁波现代传媒区块""温州现代传媒区块""杭州出版物和包装装潢印刷基地""宁波包装装潢印刷区""义乌文体专业市场""台州、嵊州戏剧产业区""龙泉青瓷宝剑产业区""湖州湖笔产业区""青田石雕产业区""东阳木雕产业区""杭州书画市场区""宁波书画市场区""浦江书画市场区""秀洲、临安、奉化、慈溪、义乌、嵊泗、岱山、普陀和定海民间绘画区""仙居工艺礼品区""云和木制玩具区""温州龙湾制笔区""桐庐分水制笔区""宁海文具区""德清钢琴区""富阳体育用品区""江山羽毛球区""嘉兴南湖等红色旅游区""普陀山、天台山、雪窦山风景名胜区""乌镇、西塘、南浔古镇旅游区""海宁盐官、绍兴安昌、景宁畲乡、兰溪诸葛八卦村、武义俞源村、江山廿八都、仙居潘滩、临海桃渚军事古镇民俗文化旅游区""苍南包装印刷工业区""义乌包装印刷生产区""杭州、温州文体用品专业市场"等。一方面，这些文化产业区块形成了一定程度的低成本、高效益的比较优势，小企业大协作的集群效应和小资本、大集聚的群体规模；另一方面，不少文化产业区块还处于发展的低水平阶段，产业层次低，产品档次、附加值不高，产业链比较短，深加工能力弱，低水平重复建设、无序竞争现象也比较突出。

如果把2000年以来有关建设文化大省的几个政策文件做一梳理，就会发现，省委省政府对发展区域文化产业区块重要性的认识，也经历了一个过程。在2000年《浙江省文化大省建设纲要》中，还未出现像"文化产业区块"这样的表述。在2002年出台的省委省政府《关于深化文化体制改革加快文化产业发展的若干意见》中，虽然已经提出"以杭州、宁波、温州等大中城市为重点，加快形成布局合理、各具特色、相对集中、城乡联动的区域文化产业发展格局"，"中心城市也要挖掘地方文化资源，积极发展各具特色的文化产业"，"大中城市要充分发挥文化资源的集聚和辐射作用，通过小城镇带动农村地区的文化产业发展"，但是，文件中仍然未出现"文化产业区块"这一类词汇。这也表明，在实施建设文化大省战略的初期阶段，浙江省还未自觉地把发展"文化产业区块"纳入浙江文化产业发展的总体布局中予以谋划和部署。

三 加快推动文化产业区块和园区发展

实施"八八战略"以来，发展文化产业在转变经济发展方式、优化经济结构、满足人民群众精神文化需求中的地位和作用越来越突出。在这一背景下，省委认识到具有集聚效应和辐射效应的"文化产业区块"对于加快推动文化产业发展的重要意义，开始自觉地对全省文化产业区块发展加以培育、扶持和引导。

习近平到浙江工作后不久，就已对块状特色产业这一浙江经济发展的特点和优势有了深入的认识。他说："以中小企业为主体的块状特色产业是我省工业发展的特点和优势，在全省经济发展中占有举足轻重的地位，呈现出小商品、大市场的产业格局，低成本、高效益的比较优势，小企业、大协作的集群效应和小资本、大集聚的群体规模。"[1] 他要求"先进制造业必须保持特色，进一步把我省块状特色产业做大做强，充分发挥产业集聚所产生的竞争优势"[2]。不仅如此，习近平到浙江工作后不久，也对浙江区域块状文化产业的特点和优势有了深入的认识。在2003年7月18日文化体制改革和文化大省建设座谈会上的讲话中，他说："要借鉴我省发展区域块状经济的经验，发展区域块状文化产业。科学规划、调整结构、整合资源、加强政策扶持，改善发展环境，促进产业集聚，以影视业、发行业、印刷业、演艺业、文化旅游业为产业重点，大力培育区域块状文化产业，发挥文化产业联动效应，实现文化与经济的有机结合。"[3] 这就明确了在浙江文化产业发展领域借鉴发展区域块状经济的经验、发挥块状特色产业特点和优势的思路和理念。

正是在这一理念引领下，2005年省委《关于加快建设文化大省的决定》的配套文件《文化产业促进工程》，首次明确提出，要"培育一批特色鲜明、规模较大、核心竞争力突出的文化产业区块，形成5个以上产值超100亿元、10个以上产值超50亿元的重点文化产业区块"。同年，围绕贯彻落实省委加快建设文化大省战略部署，出台了以加快文化产业发展为主线的《浙江省文化建设"四个一批"规划》，把"培育一批重点产业区块""建设一批重点文化设施""发展一批重点文化产业""壮大一批重点文化企业"一起，作为浙江文化建设的"四个一批"规划之一。"'四个一批'规划"明确了在已有基础上浙江省培育和发展特色文化产业区块的目标和任务，包括：进一步培育一批产业优势明显，发展潜力大的文化产业区块，重点打造"两新三传五优"区块，即重点培育横店影视产业实验区、滨江高新

---

[1] 习近平：《干在实处 走在前列》，中共中央党校出版社2006年版，第116页。
[2] 习近平：《干在实处 走在前列》，中共中央党校出版社2006年版，第119页。
[3] 习近平：《干在实处 走在前列》，中共中央党校出版社2006年版，第329页。

文化产业区两大高新文化产业区块；重点扶持戏剧、工艺美术、金石书画三类传统艺术产业区；在现代传媒、文体用品制造、文化旅游、出版物和包装装潢印刷、文体用品贸易五大领域形成一批在全国乃至全球知名的优势文化产业区块，发挥特色优势，拓展壮大优势文化产业区。

2006年7月，省发改委和省委宣传部联合编制并发布《浙江省文化产业项目投资指南》，首次对浙江省文化产业的市场准入、重点领域和扶持措施进行了全面梳理，成为浙江省规范市场准入、引导非公有资本投资文化产业、培育文化主导产业的重要依据和文化产业项目投资的"政策集成"。这个《投资指南》，以"浙江省文化产业集群发展导向目录"的形式，进一步明确了浙江文化产业区块发展的三种重点类型，即"重点文化产业区""传统艺术文化产业区"和"优势文化产业区"。

一是重点文化产业区。由"横店影视产业实验区""滨江高新文化产业区""中国美术学院文化产业区""杭州现代传媒区块""宁波现代传媒区块""温州现代传媒区块""杭州出版物和包装装潢印刷基地""宁波包装装潢印刷区""义乌文体专业市场"等9大区块组成。

二是传统艺术文化产业区。由"台州、嵊州戏剧产业区""龙泉青瓷宝剑产业区""湖州湖笔产业区""青田石雕产业区""东阳木雕产业区""杭州书画市场区""宁波书画市场区""浦江书画市场区""秀洲、临安、奉化、慈溪、义乌、嵊泗、岱山、普陀和定海民间绘画区"等9大区块组成。

三是优势文化产业区。由"仙居工艺礼品区""云和木制玩具区""温州龙湾制笔区""桐庐分水制笔区""宁海文具区""德清钢琴区""富阳体育用品区""江山羽毛球区""嘉兴南湖等红色旅游区""普陀山、天台山、雪窦山风景名胜区""乌镇、西塘、南浔古镇旅游区""海宁盐官、绍兴安昌、景宁畲乡、兰溪诸葛八卦村、武义俞源村、江山廿八都、仙居潘滩、临海桃渚军事古镇民俗文化旅游区""苍南包装印刷工业区""义乌包装印刷生产区""杭州、温州文体用品专业市场"等 15 大区块组成。

2006 年《浙江省文化产业项目投资指南》出台之时,浙江省规划重点发展的这三大类型文化产业区中的许多区块,都已经初步形成规模。比如,作为重点文化产业区 9 大区块之一的"义乌文体专业市场",就已经形成了相当的规模。2006 年,义乌市已有文化生产和经营单位 1 万余家,全市文化产业年产值达 1000 亿元以上,从业人员 30 余万名。义乌既是文化商品的主要销售基地,也是文化商品的重要生产基地。从经销文化小商品起步,义乌逐渐形成了生产、经营并举的产销模式以及文教体育、框画工艺、年画挂历、制笔和包装印刷五大文化产业优势行业。当时,义乌市场上经营的文化产品主要有文体用品、现代办公用品、礼卡、书刊、音像、字画、年画挂历、印刷制品和印刷器材等,产品种类已经达 10 万余种。义乌五大文化产业优势行业年生产销售额占全市文化产业总量的 90%,占全市 GDP 总量的 47%;年画挂历的全国市场占有率超过 70%;笔类产品超过 60% 外销,内销占国内市场销量的 80% 以上;办公用品、纸制品 60% 以上出口;90% 以上的国内名牌企业在义乌设立总代理,70% 以上的体育运动产品销往国外。

富阳市上官乡球拍产业集群,也已经形成规模并成为浙江特色文化产业区块的一个典型。[①] 上官球拍产业起步于 20 世纪 70 年代,进入 20 世纪 90 年代,上官球拍业迅速扩张。至 2003 年底,上官乡已有球拍及各类相关企业 357 家,上官球拍业完成原始积累,从单一的劳动密集型产业开始向资本密集型和技术密集型产业过渡。2004 年中国工业经济联合会授予富阳市"中国球拍之乡"荣誉称号。中国

---

① 富阳市委宣传部:《上官球拍:富阳市实施文化产业集群品牌战略的案例》,载杭州市文化体制改革工作领导小组办公室编《杭州市文化体制改革回眸》,杭州出版社 2007 年版。

球拍之乡，不仅仅是一个产业规模的概念，也不是一个简单的企业数量的集聚，而是一系列具有关联性、构成完整产业链的各种综合要素的集聚。上官球拍产业集群的特色主要表现在：第一，小商品创造大市场。上官球拍产业集群中，分布着各类球拍及配件生产企业，羽毛球拍、网球拍、乒乓球拍、沙滩拍"四拍"齐头并进，产品规格多达百余种，年产量达1亿多副，在国内中低档球拍产品市场中占据80%以上的市场份额，出口产品销往东南亚及欧美等70多个国家和地区。第二，小企业与大合作。富阳的球拍产业以上官乡为中心，辐射全市40%的乡镇。与球拍生产相关联的企业，分别涉及原材料、绳线、定型、包装、机械配件、营销、联运等各个环节，各企业分工协作，环环相扣，使全市成了庞大的球拍工厂。不仅辐射富阳而且辐射周边县市，比如，仅仅穿球拍线这一环，就有龙门、湖源、场口、常安、环山、常绿等周边乡镇以及诸暨、桐庐、临安等周边县市5万余人参与。细密的分工协作，将产品成本降到了最低，同类产品很难与其竞争。第三，小集群产生大效益。至2005年底，上官乡平均每22个人中就有一个开球拍厂，在381家企业中，从业人员达12000余人，外贸生产企业37家，自营出口企业8家，年产球拍1亿副，产值10亿元。

《关于加快建设文化大省的决定》及其配套文件《文化产业促进工程》《浙江省文化建设"四个一批"规划》《浙江省文化产业项目投资指南》等的出台，标志着推动浙江各地文化产业区块发展，已经自觉地被纳入全省性的规划中予以通盘布局和部署。

2007年省第十二次党代会把"创业富民，创新强省"作为深入实施"八八战略"的重大举措，围绕建设惠及全省人民的小康社会，提出了努力实现"六个更加"和"六大突破"的奋斗目标，即经济更加发展、政治更加文明、文化更加繁荣、社会更加和谐、环境更加优美、生活更加宽裕，力争在加强自主创新、深化改革开放、提升民营经济发展水平、统筹城乡区域发展、节约资源保护环境、全面改善民生等方面实现新突破。推动"创业富民,创新强省",实现"六个更加"和"六大突破",必然要求加快推动文化产业发展。

也是在这个时候,文化产业区块和园区呈现出了加快发展的态势,全省初步形成了动漫产品研发、制作、运营和周边产品开发的产业链,并形成了一批文化产业、创意产业园区,在浙江推动创业创新、经济结构转型升级中的地位已经逐步凸显。

省会城市杭州,作为中国七大古都之一,历史悠久、文化积淀深厚,具有市场经济、民营经济等先发优势和人才等方面的优势。早在2005年3月出台的杭州市委办公厅、市政府办公厅《关于进一步推进杭州大文化产业发展的若干意见》中,已经对杭州市文化产业区块和园区建设进行了布局和部署,提出要"以现有高新技术园、动漫产业园、文化企业集聚区、文化产品研发单位集聚区为基础,规划建设一批文化创意产业园,搭建研发、生产和成果交易平台";"结合市区传统工业外迁和旧城改造工程,规划保护杭印路49号等一批LOFT创意产业基地";"积极吸引各类风险投资资金参与发展创意产业";"建好杭州高新开发区(滨江)国家动画产业基地、中国美术学院国家动画教学研究基地";"以杭州高新开发区(滨江)动画产业园、西湖区数字娱乐产业园为核心形成产业聚集,构建数字娱乐产业公共服务平台及研发、孵化中心";"以文三路电子信息街区为主要载体,构建数字娱乐产品批发、消费、应用、体验、竞技等中心";"以中国国际动漫节为契机,构建国际性动漫技术、产业、原创作品和竞技赛事的交流平台"。

经过多年来的培育和发展,杭州文化产业门类齐全,园区集聚加速,部分行业优势突出。至2007年,已建与在建文化创意产业园区18个,总建筑面积达172.2万平方米,其中已建成的园区达13万平方米,吸收就业人数约1.5万人,创造产值超过15亿元。[①] 杭州创意

[①] 李一平、陈宁主编:《杭州特色与经验(文化卷)》,杭州出版社2008年版,第116页。

产业园区开发和管理呈现出了多种形式。比如，高新区成立了动画基地办公室、华荣时代科技大厦，发展动漫游戏产业；西湖区的数字娱乐产业园以组建国有独资公司方式运营和管理；拱墅区的 LOFT49、唐尚 433、A8 艺术公社、乐富·智汇园即萧山区的湘湖文化创意产业园等则分别由民营企业以出租或直接参与开发的方式运营；高新区国家动画基地、西湖数字娱乐产业园、余杭区的创意良渚基地、上城区的西湖文化创意产业园等前期工作则主要由政府及相关部门推动，属于政府主导型；而西湖创意谷、之江文化创意园等则是政府与高校合作的产物。这些园区集聚了大量文化创意产业资源特别是一大批文化创意产业人才资源。比如，至 2007 年，仅拱墅区 LOFT49、唐尚 433、A8 艺术公社三个园区就集聚了 1000 个创意型人才，其中不少领军人才具有海外工作或留学经验。

特别值得一提的是，工业遗存在杭州文化创意产业园区开发中发挥了重要作用。改革开放以来，伴随经济体制改革的深入和城市产业结构的优化调整，一批国有企业进行了关停并转，遗留下来一批具有不同建筑风格、历史文化积淀、艺术特色的老厂房、老仓库。这些老厂房、老仓库适时进行内部改造，为杭州发展文化创意产业提供了良好的条件。从 2002 年开始，一些艺术家利用当时较为廉价的租金，在不改变旧厂房的外观和内部基本格局和主体设施的前提下，借鉴欧美建设文化创意产业园区的经验进行设计包装，形成了独特的环境和氛围，开辟成为文化创意产业园区[1]，比较典型的有 LOFT49、唐尚 433、A8 艺术公社等。

当然，在这一阶段，杭州市文化创意产业园区建设也存在着一些问题。据《杭州文化创意产业发展报告（2007）》所述，由于基础条件、政策环境等原因，已有的杭州市几个创意园区在开发机制上也不尽相同。这种多元化的开发机制虽然在企业集聚过程中发挥了积极作

---

[1] 中共杭州市委宣传部、杭州市文化创意产业办公室编：《杭州文化创意产业发展报告（2007）》，杭州出版社 2008 年版，第 14 页。

用,但同时也暴露出了许多矛盾和问题。比如,"对于企业作为开发主体的园区,在文化创意产业园发展到一定规模和效益时,经营者可能会抬高房租;为了尽快租出闲置厂房,经营者可能会降低门槛甚至招收一些非创意企业入驻。同时,杭州市目前缺少规划文化创意产业发展的纲领性文件,也没有具体负责文化创意产业发展的专责机构,存在着多头管理的现象"[①]。此后,针对这些问题,杭州市陆续出台了一系列政策和措施予以破解。比如,2008年以来,杭州市相继出台了《中共杭州市委、杭州市人民政府关于打造全国文化创意产业中心的若干意见》《杭州市人民政府办公厅关于统筹财税政策扶持文化创意产业发展的意见》《杭州市人民政府办公厅关于印发杭州市本级财政专项资金管理暂行办法的通知》《杭州市人民政府办公厅关于规范财政扶持企业专项资金管理有关工作的通知》等文件。杭州市及区县(市)也都成立了有固定编制的专责机构——文化创意产业办公室,主要职能是:拟制全市(区县、市)文化创意产业发展政策和规划;指导协调全市(区县、市)文化创意产业基地、园区建设,组织和协调推进重大文化创意产业项目建设;承担市(区县、市)文化创意产业专项资金的使用管理相关工作。

自2007年初提出"依托杭州的人才、文化、环境优势,发展'创意经济',打造以文化、创业、环境高度融合为特色的全国文化创意产业中心"以来,杭州市在已有基础上,重点规划和发展十大文化创意产业园区:

1. 西湖创意谷。又名杭州时尚创意园,曾经作为西博会的展览项目之一,位于杭州开元中学,建筑面积达3000多平方米,前身为机床电器制造厂,斥资上千万元改造,成为一个配套完善、功能齐全的文化创意产业园,重点引入工业设计、建筑景观设计、信息软件、文化艺术、咨询策划、时尚休闲等六类创意产业。园区主要由4栋楼

[①] 中共杭州市委宣传部、杭州市文化创意产业办公室编:《杭州文化创意产业发展报告(2007)》,杭州出版社2008年版,第16页。

宇组成，汇集了浙江毛戈平形象设计艺术学校以及咖啡吧、餐厅、商业街、运动场等休闲娱乐场所，化妆产品研发、生活美容美体及广告品牌策划等服务企业，毛戈平、迪悦化妆、浙江棠彩、杭州淡美等知名企业，多功能会议室、艺术中心、接待台，文创企业办公区等。

2. 之江文化创意园。前身是杭州市西湖区转塘镇的双流水泥厂，南接周浦石矿、北通旧320国道、向东可到凤凰山、往西与石龙山接壤，总建筑面积达20万平方米。之江文化创意园规划分为核心示范区、产业拓展区、综合配套区三个区块，共七个项目组成。核心示范区包括凤凰创意国际、凤凰大厦、象山艺术公社、外桐坞艺术村落、中国美术学院象山校区等；产业拓展区位于石龙山、凤凰山北麓，占地面积约808亩，是服务配套中心和文创设计、影视新媒体特色产业集聚地；生活综合配套区位于中国美术学院象山中心校区与创意国际交接处，范围包括规划广场、公园、小区绿地及两侧地块和320国道以南象山路两侧地块，占地面积990亩。规划打造成一个由时尚精品商业街、星级酒店、影视娱乐城、图书馆和创意办公楼组成的综合配套体，成为整个之江地区的文化中心和商业中心。

3. 西湖数字娱乐产业园。位于杭州市西湖区文化路75号，建筑面积24000平方米，可容纳3000多家企业，主要依托数字化娱乐产业发展，为数字化企业提供空间、技术和政策服务支持，具有雄厚的产业基础和区位优势；主要引入游戏开发、动漫制作等数字化企业，形成"设计原创—游戏制作—周边开发—销售发行"产业链，成为杭州唯一的数字娱乐产业示范基地。

4. 运河天地富臣天街创意园。位于杭州市拱墅区，由杭州老工业基地改建而成，首期总建筑面积达19457平方米，是在原有LOFT结构建筑基础上重新构架出富有创意、历史氛围浓厚的创意中心，为IT产业、数字娱乐业、设计、文化传媒、影视制作创意产业的成长提供发展空间。

5. 杭州创新创业新天地。位于杭州市下城区北部，东靠费家路延伸段，南至长大屋路，西至东新东路，北临石祥路，与规划中的重机厂大型高档居住区相连。规划总占地面积约62公顷，总建筑面积约100万平方米。园区定位为集文化娱乐、商业休闲、科研孵化、新型都市工业于一体的杭州次级商务商业中心、新型都市工业示范区。规划结构为一网三轴、一心五区。"一网"指一张水系绿化联系网；"三轴"即两条城市功能联系轴和一条功能空间联系轴；"一心"即一个文化休闲娱乐中心；"五区"为创意产业区、新型都市工业示范区、商业休闲区、科研孵化区、总部商务区五大功能区。主要引入文化娱乐、商业休闲、科研孵化、新型都市工业等企业。

6. 良渚创意产业园。主要由桑梓漾区域、河渚街蒋村集市区域、沿山河四大人文景观区域等三部分组成，是杭州北部集聚度最高的现代服务业基地，也是杭州市北部市级服务业基地的主体。玉鸟流苏创意文化街区是"创意良渚"的主要产业集聚区，建设为杭州市级特色商业街区，并扩展延伸到良渚商业中心，构建了规模更大的良渚创意文化街区。

7. 西溪文化创意园。是西溪国家湿地公园的重要组成部分，隶属于西湖区委区政府和西溪国家湿地公园管委会，是西湖区倾力打造"全省文创第一区"的重要基地之一。园区占地0.95平方公里，由59幢建筑组成，建筑面积约2.6万平方米，投资近1.4亿元。以"名人立园，影视强园"为宗旨，吸引众多的一流人才和名人大师，依托周边丰富的自然景观、深厚的文化沉淀和优异的人才资源，建设成为国家级的影视创作拍摄示范园区，成为全国最美丽文化创意产业名园。

8. 湘湖文化创意产业园。位于杭州萧山湘湖，占地面积达80000平方米，拥有五星级大酒店、游乐园、演出剧院、购物中心、创业中心、公寓等配套设施，拥有良好的硬件和软件环境，是国内占地面积最大的文化创意产业园区，主要集聚影视创作、平面设计、建筑设计、广告策划、工业设计和工艺美术等企业。

9. 下沙大学科技园。位于杭州经济技术开发区，建筑面积达 88 万平方米，是大学生创业者的天堂，由开发区管委会与辖区高教园内相关高校共同开发建设，依托聚集 14 所高校的大学城以及新加坡杭州科技园的文化创意产业集聚区，主要集聚工业设计、平面设计、软件设计、影视制作、文艺创作、时尚设计、传媒文化、旅游及城市规划等企业。

10. 白马湖生态创意城。位于杭州高新区（滨江）南部，总面积约 22500 亩，核心区域为白马湖区域，重点打造成为杭州创业创意示范区，主要集聚动漫、研发、生产、休闲、居住、商贸等企业。特点是"一极、二业、三特、四宜、五结合"："一极"，就是要把滨江白马湖地区打造成杭州经济社会发展的增长极；"二业"，就是培育文化创意产业和旅游产业；"三特"，就是时代特点、杭州特色、钱塘江特征的生态新城；"四宜"，就是宜业、宜居、宜旅、宜文；"五结合"，就是创业发展与生活品质、文化价值与经济运行、个人创业与整体、政府与民间、对外开放与内生创新有机结合。总体布局是"一核、二业、三带、四种生活区、五园"："一核"，即冠山城市核；"二业"，即文化创意、生态旅游；"三带"，即紧缩城市带、田园城市带、山水城市带；"四种生活区"，即生态示范特色居住区、家居改造特色居住区、高端生态特色居住区、新建特色居住区；"五园"，即设计公园、文化创意公园、动漫公园、白马湖生态旅游度假公园、大地生态产业公园。

这一时期，除了省会城市杭州以外，浙江省其他一些城市的文化创意产业区块和园区，也有了相当程度的发展。其中，尤其突出的，是副省级城市宁波。开展文化体制改革试点以来，宁波市加快推动文化产业从粗放型、依附型向集约型、自主创新型转变提升，涌现出了一批文化创意产业园区。比如，全市首个 LOFT 创意园区——新芝 8 号创意园、市工业设计与创意街区、全市首个由民营企业开发的创意园区——三厂时尚创意街区等，相继开业或建设。此外，江东的 228

创意园区、镇海的创e慧谷、鄞州的128创新园、慈城的天工之城和江北的1842外滩创业基地、134创意谷等一批创意园区，都已形成了一定的规模。像杭州和宁波一样，全省各级党委和政府希望通过文化产业区块和园区集聚创意产业资源，打造创意经济，引领、推动本地区经济发展方式和产业结构的转型升级，发挥创意产业在推动创业富民、创新强省中的重要作用。

2008年6月，省委工作会议通过《浙江省推动文化大发展大繁荣纲要（2008—2012）》，在2005年省委《关于加快建设文化大省的决定》配套文件《文化产业促进工程》以及《浙江省文化建设"四个一批"规划》对文化产业区块发展的布局和部署基础上，提出，要"合理规划产业布局，提高文化产业规模化、集约化、专业化水平，重点培育建设一批文化产业园区和基地"；"大力推动杭州、宁波、温州等城市发展文化创意产业，培育文化创意园区，支持杭州打造成为全国文化创意产业中心之一，发挥文化创意产业对转变经济发展方式的带动作用"。这就不仅把推动浙江文化产业园区和基地建设摆上了更重要的议事日程，而且对全省各地文化产业园区和基地建设进行了新的布局和安排。经过多年培育，浙江省文化产业区块化、园区化集聚发展的态势逐步显现，对全省文化产业发展的示范效应和带动效应不断强化和扩大。

如前所述，由于改革开放以来浙江各地大多数文化产业区块一开始是"自我生成"的，是块状经济在文化产业领域的自然延伸。因此，浙江最早形成的文化产业区块，在行业类别上大多数都属于制造业。比如，义乌的文体用品区块、宁波的文具区块、青田石雕、龙泉宝剑、东阳木雕、金乡徽章等传统工艺制造区块等。这些文化产业区块虽然像浙江其他一般区域块状特色产业一样具有低成本、高效率的优势，但在自发发展阶段，其中不少也存在与全省其他自发成长的一般区域块状特色产业相同的"先天不足"。2004年2月，习近平在全省民营经济工作会议上的讲话中指出："我省现在已经拥有一批在全国有较大影响的规模型民营企业和块状经济。但总体上看，这样的大企业还不多，企业集群化发展水平还不高。同时，作为企业集聚发展载体的工业园区布局不合理，无法满足民营企业集约化、规模化发展的要求，影响了我省块状经济国际竞争力的提升。"[1] 他认为，虽然浙江制造业发展中积累和形成了一些比较优势，其中最主要的是产业集群与专业市场互为依托、低成本劳动力与先进适用技术有效结合的区域特色经济。"反映在产业、产品上，就是在部分轻型加工业和中低档次产品中形成了一定的优势。建设先进制造业基地，必须充分发挥和不断增强这一优势，但决不能满足于这一优势，停留于这一优势。先进制造业基地绝不是低附加值产业的集聚地，更不是中低档次产品的生产加工基地。"[2]

浙江文化产业区块当然既具有区域一般块状特色产业的优势，也具有区域一般块状特色产业存在的短板，顺理自然地也需要进一步发挥已有优势，同时弥补短板。如前所述，在20世纪80、90年代，浙江文化产业区块大多属于由微观主体自主创业而自发自然形成，并且在市场机制调节下自组织运行的企业群落。在浙江文化产业区块萌芽和发展的初级阶段，"粗放型"的扩张模式虽然具有发展速度快、发展成效显著等特征和优势，也容易抢占发展先机，但当文化产业进入转变发展方式、推动经济结构调整和转型升级、建设先进制造业基地的新发展阶段时，以中低档次文化产品生产加工、低附加值文化企业集聚为特征的传统文化产业区块发展模式，就难以持续了。

实施加快建设文化大省战略以来，全省各地通过规划引导、政策扶持等途径，集中力量整合提升各类文化产业区块和园区，鼓励和引导文化企业集聚发展、创新发展、融合发展，提高文化产业区块的投资密度和产出水平，把文化产业区块和园区建设成为加快文化产业发展和转型升级的新平台。在政府力量与市场、民间力量良性互动的作

---

[1] 习近平：《干在实处　走在前列》，中共中央党校出版社2006年版，第97页。
[2] 习近平：《干在实处　走在前列》，中共中央党校出版社2006年版，第117页。

用下，浙江特色文化产业区块不仅在量上迅速扩张而且在质上也不断提升。至"十一五"期末，从行业上看，浙江特色文化产业区块不仅涉及传统的文化用品制造和销售业，而且也涉及新兴文化产业和高新文化产业领域。比如，浙江省一些特色文化产业区块和园区的数字动漫、数字电视、数字出版、网络广播影视等快速发展，2010年，全省共生产影视动画片43000分钟，位居全国第2位；同一年，杭州国家数字出版产业基地入选"国家级数字出版产业基地"名单，中国移动手机阅读基地和中国电信数字阅读基地相继建成。

从区域上看，浙江特色文化产业区块不仅分布于杭州、宁波这样的副省级城市，温州、嘉兴、绍兴、湖州、台州、金华、丽水、衢州、舟山这样的地市级城市，而且也分布于全省各地的一些县城和乡镇村。至2010年，全省已形成各种类型文化产业集聚区块70多个，其中，影视制作、动漫游戏、出版印刷、文具生产、艺术品业等成为产业集聚效应最为明显的行业；横店影视实验区已有350多家影视文化企业入驻，实现各类收入20.23亿元，产业链延伸到10多个主要产业环节和门类；杭州高新区国家动画产业基地已入驻81家动漫游戏公司，生产原创影视动画作品38部2345集32996分钟，占全省动画作品的73.2%，动画片产量居全国各基地之首；从产业规模和集聚区块分布情况看，杭州、宁波两地的创意产业集聚较为明显，温州、台州等地印刷产业集聚区块较多，金华、丽水等地文体产品和工艺品集聚区块较多。

根据全省文化产业已经形成的地域特色、区块特征和集聚态势，《浙江省文化产业发展规划（2010—2015）》提出，要把杭州建设成为全省文化产业发展核心，推动形成宁波、温州和浙中城市群三大文化产业增长极，建设湖州、嘉兴、绍兴、衢州、舟山、台州、丽水七大特色性文化产业集聚中心，构筑浙北、浙中、浙东、浙西南四大文化产业发展带，从整体上引导形成"一核、三极、七心、四带"的文化产业发展总体布局。

"一核",就是立足杭州省会城市独特的政治、文化和经济中心地位,依托杭州多年来快速崛起和累积的文化创意产业规模,发挥杭州"动漫之都、休闲之都、创意之都"等知名效应,挖掘省属大型文化产业集团和文化产业高端人才高度集聚的资源优势,引导发展文化创意、新闻出版、影视服务、数字内容与动漫、文体休闲娱乐等优势产业,把杭州打造成为全省综合性的文化产业发展核心以及全国一流的文化创意产业中心。

"三极",就是发挥宁波副省级城市、计划单列市的体制优势,依托其作为全省重要工业中心和国际化港口城市的地位,加快提升文化产业对传统制造业的渗透力和影响力,重点培育发展文化创意、动漫游戏、文化会展等行业,把宁波打造成全省重要的文化产业增长极以及全国重要的文化产业基地。依托温州已有一定优势和基础的印刷业、文化产品制造业、创意设计业及文化旅游业等,发展有助于推动制造业转型升级的文化创意产业,逐步提升制造业文化含量,引导发展数字动漫等新兴文化产业,巩固提升印刷业集群优势,扶持形成全省重要的文化产业增长极和国内外知名的印刷产业基地。强化在金华市区以及义乌、东阳为主体的浙中城市群中已经形成的商贸影视文化优势,进一步发展影视制作、网络游戏、文化旅游、品牌会展、文化产品流通等产业,进一步巩固在全国行业发展中的领先地位,形成全省重要的文化产业增长极。

"七心",就是按照特色优势发展的原则,引导形成全省七大特色性文化产业集聚中心,即湖州太湖文化创意特色中心,重点引导文化创意、数字内容与动漫等行业;嘉兴江南文化创意特色中心,重点引导文化创意、文化会展、艺术创作等行业;绍兴轻纺珍珠文化特色中心,重点引导工业设计、文化休闲等行业;衢州"两子"文化创意特色中心,重点引导文化旅游、文体制造等行业;舟山海洋文化创意特色中心,重点引导文化创意、文化旅游、沙滩运动、影视服务等行业;台州工业产品设计特色中心,重点引导工业设计、文体制造等行业；丽水生态工艺文化特色中心，重点引导发展生态文化旅游、工艺品制造、艺术设计等行业。

"四带"，就是突出各区域原有的文化产业发展资源特色和共性特征，引导形成基本覆盖全省的四大文化产业发展带。以沪杭甬高速公路为总体轴线，依托杭州东部、宁波北部、嘉兴、湖州、绍兴北部等浙北环杭州湾区域较为深厚的平原水乡文化积淀，以及该区域紧邻上海等文化创新资源集聚中心的优势，引导发展文化创意、数字内容与动漫、艺术创作等优势产业，推动新兴文化业态发展，强化文化对其他产业的提升带动作用，构筑具有浓郁现代文化气息的浙北创意文化产业带；以杭金衢高速公路为总体轴线，依托金华、绍兴南部和衢州中部、丽水北部等区域的文化产品商贸流通基础以及东阳横店影视的知名品牌，引导发展文化会展、文化产品流通、影视服务等优势产业，构筑具有浓郁传统文化气息的浙中影视与流通文化产业带；以甬台温高速公路为总体轴线，依托温州、台州、宁波东部、舟山等滨海、海岛地区较为独特的海洋文化特征，以及发达的日用轻工、文体用品等制造基础，利用全省推进海洋经济发展的有利时机，发挥海洋文化底蕴，引导发展海洋旅游、海洋文化会展、工业设计、演艺娱乐、文体制造等优势行业，构筑具有浓郁海洋文化气息的浙东海洋文化产业带；以浙西南山地延展为总体轴线，依托杭州西部、衢州、丽水南部、温州南部等区域的生态休闲旅游资源和传统特色文化优势，引导发展生态文化旅游、艺术创作、传统工艺品制造等优势行业，构筑具有浓郁山水文化气息的浙西南生态文化产业带。

实施加快建设文化大省战略以来，全省不少地区在文化产业区块发展的基础上建立了文化产业园区。顾名思义，与具有更多"自发""无为"色彩的"区块"不同，"园区"具有更多"自觉""有为"的性质，是政府集中统一规划布局、培育扶持、统一管理的文化产业发展区域，是从区块的初级形态发展而来的区块的高级形态、升级版本。经过合理规划布局，形成特色文化产业内部分工和合理结构，实现园区功能的优化，产生最大的资源优化配置效益。2011年省委《关于认真贯彻党的十七届六中全会精神大力推进文化强省建设的决定》，提出，将大力实施文化产业发展"122"工程，着力培育100家重点文化企业、20个重点文化产业园区（基地），助推20家文化企业上市，提高文化产业规模化、集约化、专业化水平。这就标志着在加快推动浙江从文化大省迈向文化强省背景下，省委省政府对文化产业区块、园区发展的重视程度、引导和培养力度，都已经显著地加大了。

"十二五"时期，浙江各地文化产业园区建设加快推进。至2015年底，全省已经建成了各类文化产业园区150多个，形成了影视动漫、文化创意、工艺美术品生产、文化产品制造等一批具有较强影响力的特色文化产业集群。当然，这一时期，浙江文化产业区块和园区发展也存在着一些问题。如《浙江省文化产业发展"十三五"规划》所述，文化产业区块和园区发展还存在"产业布局不够合理，文化产业规划的引导作用尚未得到充分发挥，各地文化产业发展存在同质化倾向，文化产业园区建设尚未形成错位发展格局"等问题。显然，同质化发展，会造成园区资源重复配置，不利于资源综合利用和高效运行。如果不能形成错位发展的格局，就难以从整体上优化全省文化产业空间布局和功能定位，也难以将地方文化产业做特、做优、做强、做大。正是在这一背景下，《浙江省文化产业发展"十三五"规划》着眼于不断增强文化产业发展的人才、资金、科技、知识产权、土地等要素支撑和产业创新能力，做特、做优、做强、做大地方文化产业，提出了"五个一批"的发展目标和任务，即"突破一批文化产业领域的共性关键技术""创新一批文化金融产品""培育一批行业领军企业和复合型人才""建成一批具有鲜明地域特色的文化小镇、文化产业园区、文化创意街区等产业集聚区块""搭建一批文化产业公共服务平台"。

着眼于做特、做优、做强、做大地方文化产业，2015年，省委宣传部、省文改办、省文化厅、省新闻出版广电局联合印发《浙江省重点文化产业园区认定和管理办法》，规范了省内重点文化产业园区的申报条件、认定程序和考核办法。2017年初，省委宣传部认定了首批20家重点文化产业园区（2015—2016年度），包括：凤凰御元艺术基地、运河天地文化创意产业园、杭州运河（国家）广告产业园、杭州数字娱乐产业园、西溪创意产业园、之江文化创意园、聚落5号创意产业园、白马湖生态创意城、宁波和丰创意广场、宁波广告产业园区、宁波市国家大学科技园、浙江创意园、钢琴文化产业园、嘉兴国际创意文化产业园、中国（浙江）影视产业国际合作实验区海宁基地、诸暨珍珠产业园区、金华清大创新科技园、浙江省横店影视文化产业实验区、仙居中国工艺礼品文化创意产业园、龙泉青瓷宝剑园区（龙泉市）。这些入围的重点文化产业园区都符合以下基本条件：设立手续合法完备，规范运营两年以上，社会效益和经济效益显著；用于发展文化产业的建筑面积占园区实际建成建筑面积的比例都大于70%；文化企业占园内总企业数的比例都大于60%；上一年度园区内文化产业总产值都在5亿元以上且占园区总产值都在70%以上，文化产业税收总额都在3000万元以上；均建有功能完善的共享性服务平台，有能力为文化企业提供信息、融资、人才培育、知识产权等公共配套服务；等等。这些重点园区具有较强的集聚和辐射效应，在全省文化产业发展特别是全省文化产业区块和园区发展中发挥了领头羊的作用，成为推动浙江文化产业迅速发展的重要增长极。

根据"十二五"时期浙江文化产业发展态势特别是文化产业区块和园区发展态势、发展基础与特色优势，《浙江省文化产业发展"十三五"规划》对"一核、三极、七心、四带"文化产业发展布局进行了修正和完善，提出了"一核、三极、三板块"的新布局，即，推进形成以杭州为中枢的全省文化产业核心，宁波市、温州市、金华市为节点的区域文化产业增长极，以及浙中北文化内容生产与创意设计板块、浙东沿海沿湾文化产品智造板块、浙西南历史经典与文化旅游板块，引导特色优势产业集聚，带动湖州、嘉兴、绍兴、衢州、舟山、台州、丽水等城市协同发展。

特别值得一提的是省会城市杭州，"十二五"时期，杭州市文化创意产业发展取得了显著的成就，增加值年均增速高于全市GDP年均增速7.74%，2016年，文创产业增加值占全市GDP比重达23%。清华大学和台湾亚太文化创意产业协会联合发布的《2015年两岸城市文化创意产业竞争力研究报告》显示，杭州文化创意产业实力居大陆城市第三。在这一时期，杭州文化创意产业园区化集聚速度进一步加快。至2015年，杭州全市共有西泠印社集团有限公司、浙江中南卡通股份有限公司等国家文化产业示范基地7家；依托工业旧厂房、旧仓库、旧建筑、农居等资源，打造了西溪创意产业园、之江文创园、运河天地文化创意产业园、白马湖生态创意城等市级文化创意产业园24个，建成面积636.3万平方米，集聚企业5399家，实现营业收入557.52亿元。杭州市还认定了LOMO创意谷、数娱大厦等市级文创特色楼宇35个。艺创小镇等一批文创特色小镇建设也加快了推进速度。

在这样的背景下，2017年4月杭州市政府办公厅印发《杭州市文化创意产业发展"十三五"规划》，不仅进一步明确了"十三五"时期杭州市文化创意产业发展的总体要求、重点工程和保障措施，而且也进一步完善了杭州市文化创意产业的空间布局，明确了杭州市文化创意产业区块化园区化发展的方向。

《杭州市文化创意产业发展"十三五"规划》提出，杭州市将遵循城市总体规划确定的空间发展战略安排，按照"布局集中、用地集约、产业集聚、功能拓展"要求，坚持"特色性、开放性、联动性、渐进性"发展原则，在充分保护当地资源环境的前提下，发挥各地比较优势，加快推动文化创意产业园区从"要素集聚、企业集群"向"创客空间、创意社区（小镇）"转变，着力培育构建为杭州建设"全国文化创意中心"提供良好载体支撑的"两廊带动、三圈环构、多组团支撑"的文化创意产业发展格局、空间布局。

所谓"两廊带动",就是构筑沿钱塘江文化创意产业走廊和沿运河文化创意产业走廊,进一步突出文化创意产业的示范引领和融合带动作用。一是"沿钱塘江文化创意产业走廊":以钱塘江为轴线,依托深厚的历史文化底蕴和高新技术产业优势,发挥中国美术学院、浙江音乐学院等高校的智力支撑作用,推进浙江文化城等重点项目建设,突出"文化+科技"特征,重点发展互联网文化创意产业、动漫游戏、创意生活、文化会展等产业,着力打造历史和现代、艺术和生活、文化和科技相互融合的文创产业功能区。二是"沿运河文化创意产业走廊":以运河为轴线,深度挖掘运河沿线独特的传统历史文化资源,发挥国家广告产业园等品牌项目的引领作用,依托旧厂房、旧仓库、旧建筑等载体,融入文化创意元素,重点发展广告设计、建筑设计、工业设计、新传媒等产业,着力打造集设计服务、休闲观光、非遗保护、民俗风情与创意体验于一体的文化创意产业功能区。

所谓"三圈环构",就是发挥自然山水、历史人文与科教等特色优势,构筑环西湖文化创意产业圈、环西溪湿地文化创意产业圈和环湘湖文化创意产业圈,打造具有独特杭州文化韵味、创意风格和城市风情的文创产业功能区。一是"环西湖文化创意圈":以西湖为中心,充分发挥历史、人文和区位等特色优势,整合周边的美术馆、博物馆、纪念馆等场馆资源,突出"文创+旅游""文创+生活""文创+金融"等特征,重点发展时尚设计、文创金融、艺术品、演艺娱乐等行业。二是"环西溪湿地文化创意圈":以西溪湿地为中心,充分发挥区域独特的自然景观、文化底蕴和产业基础优势,依托华策影视、咪咕数媒等知名企业,重点发展影视产业、数字阅读、网络文学、文学IP开发等行业。三是"环湘湖文化创意圈":以湘湖为中心,依托大型展会场地、体育设施和特色小镇建设,充分发挥区域独特的水文景观和悠久的吴越文化资源优势,重点发展文化会展、演艺娱乐、文化休闲旅游等行业。

所谓"多组团支撑",就是根据各区、县(市)经济社会发展实际，依托资源禀赋条件，挖掘特色文化资源，注重环保基础设施配套，建设特色文化创意产业园区、特色小镇，形成文创组团区域联动发展。一是"良渚组团"：突出良渚文化元素，重点发展创意生活、工业设计等业态，打造综合性文创产业平台，带动周边区块和谐发展。二是"富春山居组团"：主打"富春山居"文化品牌，突出黄公望"隐逸"文化和中国山水画艺术圣地两大主题，把文化创意、运动休闲、科技创新、高端商务、生态人居等功能有机融合和叠加，建设海峡两岸文化交流基地和"三江两岸"艺术聚落及特色文化休闲旅游基地。三是"桐庐特色组团"：发挥制笔、针织服装、箱包等产品的制造优势，强化产业联动和协同创新，重点发展文化休闲旅游、文化用品及装备制造业、时尚产业等，着力提升创新能力、品牌价值和智造水平。依托自然山水和历史人文资源，促进地方特色文化与相关产业相融合，培育发展文创特色小镇。四是"临安特色组团"：以吴越文化为底蕴，以生态资源为依托，深入实施"文化+"战略，重点推动文创产业与制造业、农业、旅游等产业的深度融合，着力打响国石文创产业品牌。五是"建德特色组团"：依托当地的自然和历史资源，挖掘与活化"严州文化""九姓渔民文化"等人文资源，着力打造山地休闲创意生活品牌。六是"千岛湖特色组团"：依托良好的自然生态和深厚的文化底蕴，重点发展文化旅游、康美养生、影视摄影三大特色产业，积极培育特色小镇、文创园区、文创村、文创街区等文创产业发展节点，努力打造国内外文化休闲旅游目的地和长三角知名的康美之都。

2018年9月，杭州市委正式发布《关于加快建设国际文化创意中心的实施意见》，提出要加快全国文化创意中心向国际文化创意中心转变，全面提升文化创意产业的规模总实力、行业引领力、平台集聚力、创新创造力、发展带动力和国际影响力，加快建设竞争力强、特色鲜明、发展领先的国际文化创意中心。这就不仅明确了杭州文化创意中心从全国到国际的未来发展战略目标，而且也标志着杭州文化创意产业区块和园区步入了国际化发展的新阶段。

虽然与省会城市杭州相比,浙江省另一个副省级城市宁波文化产业总量规模、增加值占 GDP 比重等都有一定差距,但"十二五"时期也取得了较快发展,已成为国民经济的支柱产业。"十二五"期间,宁波市文化产业增加值年均增长 13.5%,2015 年全市实现文化产业增加值 565.14 亿元,占全市 GDP 的 7.1%,文化产业增加值总量位居全省第二,文化制造业总量位居全省首位。宁波市初步形成了文化制造、创意设计、广告、影视演艺、网络信息、文化软件服务等一批具有宁波特色的文化产业集群,文化产业区块和园区转型发展的步伐进一步加快。

在这一背景下,2016 年 10 月宁波市颁发《宁波市"十三五"文化产业发展规划》,提出要将宁波打造成全国一流文化产业强市,建设国内一流的"创意设计高地""文化智造基地""文化休闲胜地"。围绕打造全国一流文化产业强市的目标,《规划》不仅提出要构建"2+3+3"的文化产业体系,即重点提升发展高端文化用品制造业、创意设计业两大优势产业,壮大发展影视制作业、文化休闲旅游业、工艺美术业三大潜力产业,创新发展现代传媒业、会展业和信息传输服务业三大新兴产业,而且也提出要推进文化产业功能区空间协调发展,构建"一核、一轴、一带、多中心"的文化产业空间发展格局。

所谓"一核",就是以泛三江片核心区为载体的"文化核",涵盖了集聚文化产业主要环节的宁波文创港、宁波音乐港、老外滩时尚产业功能区、东外滩创意产业功能区和环月湖历史文化休闲功能区,重点依托丰富的历史文化资源、优势的商业资源以及创意设计和时尚产业,发挥集聚融合、带头引领作用。

所谓"一轴",就是"文化服务产业轴",沿轨道交通 1 号线,推进文化产业功能区点轴扩散、东西延伸,串联梁祝文化产业园、天一商圈、文化广场等宁波主要的文化和商业设施,是服务宁波市民文化娱乐消费,服务相关产业转型升级的主要轴线。

所谓"一带",就是C形"文化融合产业带",即串联镇海创意科技功能区、高新区文化科技融合功能区、宁波会展服务功能区、东钱湖休闲旅游功能区和鄞南创意产业功能区,是宁波市创意、科技、金融资源最为集中的区域,重点推动文化创意和科技、旅游的融合发展,扩大创意设计、现代传媒和文化信息传输等产业规模。

所谓"多中心",就是以功能区和分片区为中心,辐射带动周边区域和县(市)区文化产业整体发展和文化内涵提升。

《宁波市"十三五"文化产业发展规划》还提出,在全市重点布局宁波文创港、宁波音乐港、老外滩时尚产业功能区、东外滩创意产业功能区、环月湖历史文化休闲功能区、高新区文化科技融合功能区、宁波文化广场功能区、鄞南创意产业功能区、镇海创意科技功能区、宁波会展服务功能区、东钱湖休闲旅游功能区、宁波保税文化功能区、梅山海洋文化创新功能区、杭州湾欢乐休闲文创功能区、宁波影视文化产业功能区、象山海洋文化产业功能区、宁海全域化休闲旅游功能区、奉化弥勒文化休闲功能区、慈溪艺术品交易功能区、余姚智能制造功能区等20个文化产业发展功能区,通过功能区建设打造资源要素集聚及政策措施落地的空间载体,使功能区成为带动产业转型、服务城市居民、展示活力宁波的大平台;鼓励各县(市)区按照自身定位和文化产业的产业链分工,采用突出重点、适度交叉、协调推进、错位发展的原则,确定各自的特色主导产业及功能目标,明确1—2个重点文化产业,兼顾发展N个协调创新文化产业。这些都不仅意味着宁波文化产业进入了更高的发展阶段,而且也意味着宁波文化产业区块化和园区化发展有了更高的战略目标和战略定位。

2017年11月,省委省政府发布《关于加快把文化产业打造成为万亿级产业的意见》进一步强调,要"依托钱塘江两岸的文化、人才、科技、金融等资源优势,规划建设数字文化产业基地、动漫游戏产业基地、影视文化产业基地、艺术创作产业基地等,打造在全国具有示范引领意义的之江文化产业带";"深入挖掘运河文化资源,充分利用两岸现有旧民居、旧厂房、旧办公楼、旧码头、旧仓库等发展文化产业园区,培育和引进一批文化企业,为大运河文化带建设提供产业支撑";"大力发展浙报集团富春云大数据中心、浙江广电国际影视中心、浙江数字出版印刷中心、宁波文创港和音乐港、海盐山水六旗、湖州龙之梦乐园等重点文化产业项目,推动之江文化中心、浙江自然博物园核心馆区、浙江省考古遗产展示园等省级重点文化设施建设";"加快推进文化产业重点县(市、区)、文化类特色小镇、重点文化产业园区、文化创意街区和重点文化企业等产业发展平台建设,示范带动全省文化产业发展"。

2018年6月浙江省政府印发《之江文化产业带建设规划》,提出了"一带、一核、五极、多组团"的之江文化产业带空间开发格局。"一带",即之江文化产业带;"一核",即之江发展核,包括之江转塘及紧邻的富阳银湖区块,将聚力打造高能级的数字文化产业平台,加快集聚文化产业龙头企业,大力发展数字内容、影视文化、演艺娱乐、艺术创作等产业,使之成为之江文化产业带的核心引擎和抢占全球数字文化产业发展制高点的重大平台;"五极",即滨江(白马湖)、奥体(湘湖)、上城、九乔、富春五大发展极,是之江文化产业带沿江扩展的重要支撑点和发展增长极;"多组团",就是要整合沿江重大平台和重大项目,串点成面,围绕四大基地建设,谋划建设具有全国乃至国际影响力的11个特色文化产业组团,其中包括之江数字文化产业组团、世纪城数字音乐产业组团、之江—西溪国际影视产业组团、转塘艺创小镇产业组团、馒头山影视产业组团、白马湖—湘湖动漫游戏产业组团、之江演艺娱乐产业组团等。《关于加快把文化产业打造成为万亿级产业的意见》《之江文化产业带建设规划》等的制定和出台,都标志着浙江文化产业区块化和园区化发展进入了新的历史阶段。

以区块和园区的方式发展文化产业,是浙江文化产业发展的一个重要特点。显然,文化产业区块化和园区化是一种产业集群现象。迈克尔·波特将产业集群定义为同类和相关公司与机构集聚在一个特定地理空间，即在某一特定领域中，大量联系密切的企业及相关支撑机构在空间上集聚，并形成强劲、持续竞争优势的现象。迈克尔·波特提出了判断集群的两个标准，即除了地理临近性外还特别强调集群或园区内部的机构、公司和个人之间的相互关联性。[①] 按照这两个标准，如果艺术家、创意人才或文化公司虽然集聚在一起但没有什么交易性或非交易性的关系，也就不是真正意义上的集群。只有同时满足上述两个标准的集群，才能产生所谓的集群效应，如很强的创新能力、很高的生产率、明显的知识溢出等。产业集群是竞争型产业诞生与成长的秘密，产业集群的竞争力大于各部分加起来的总和。一旦产业集群形成，集群内部的产业之间就形成互助关系。

正如其他产业集群一样，文化产业生产要素在区块和园区的集聚，也能有效地促进基础设施和公用事业的建设与有效利用，减少硬件成本以及与客户之间的距离，从而有助于降低运输费用、节约交易成本、扩大市场规模，甚至还会推动大量高素质文化产业创新创业人才集聚，促进专业化分工和协作，节约研究成本和开发成本。"产业空间集聚的诱因是多方面的。从生产过程本身来说，节约费用和能源，以及共同利用地方组合资源优势和基础设施是重要的诱因。"[②] 文化产业生产要素在区块和园区的集聚，也有助于密切特定区域内各个体之间的关系，推动个体相互之间的整合、协调、互助和良性竞争，促进文化企业相互间的交流与学习，推动文化企业创意和知识的外溢和扩散。在文化产业区块和园区内地理位置接近，也有助于促进文化企业间形成更密切的协作关系。同时，一些文化企业通过研发创新所获得的新技术、市场信息、品牌以及企业的管理方式等新知识，很大一部分也会外溢成为文化产业区块和园区内企业的公共知识。只

---

① [美] 迈克尔·波特：《国家竞争优势》，华夏出版社2004年版，第139—143页。
② 王缉慈等：《创新的空间：企业集群与区域发展》，北京大学出版社2001年版，第16页。

有在文化产业区块和园区内的企业才有可能获得这些知识,而一旦离开区块和园区就可能丧失这一机会。

实践表明,特色文化产业区块和园区对于浙江文化产业发展产生了集聚和辐射的双重作用,它是提升浙江文化产业规模化、集约化、专业化水平的重要平台,是浙江文化产业整体竞争力不断提升的一个重要秘密。正如有学者所说:"以区块化的方式和路径发展文化产业是浙江文化产业发展的一个重要特点,是打破行政和行业壁垒,建立起有效的文化资源整合机制、生产要素重组和创造机制,并将潜在的资源优势切实转化为产业优势和竞争优势的一种制度创新和政策创新。区块在调整文化产业布局、优化产业结构方面也发挥了重要作用。"[1] 从创新的角度看,相关文化企业在区块和园区的集聚,有效地促进了专业知识的传播和创新的扩散,激发了新思想、新理念、新方法的应用。此外,通过在区块和园区的集聚,相关文化企业相互靠近,促进了人与人信任关系的建立,从而积累了社会资本,降低了交易费用,也强化了地方文化产业的特色和比较优势,增强了全省各地文化产业的核心竞争力。

经过多年来的区块化和园区化发展,浙江文化产业园区已经不再是一个平面的载体,而是一个承载了文化产业发展所需的多样主体、多样要素以及产学研密切合作,创业创新创造和生活、服务高度融合的高质量发展的多维空间。在这个过程中,浙江文化产业集聚发展、辐射带动的特色也更加鲜明。2016年,杭州、宁波、金华三市文化产业增加值规模占全省的60%左右,其中,杭州市的空间集聚效应和产业规模效应尤其明显,钱塘江沿线的上城、江干、西湖、滨江、萧山、富阳6个区的文化产业增加值合计达290亿元,区域内集聚了10个国家级文化产业园区(基地)、4个省级文化产业示范基地和13个市级文化创意产业园区;全省10个文化产业发展重点县(市、区)综合实力突出、产业特

---

[1] 贾旭东:《文化产业:增量拉动的发展模式》,载李景源、张晓明主编《浙江经验与中国发展(文化卷)》,社会科学文献出版社2007年版,第167页。

色鲜明，其中2016年杭州西湖区、滨江区的文化创意产业增加值占GDP比重都超过30%；全省拥有文化产业园区140多个，文化企业占入园企业总数的比重超过75%；横店影视文化产业实验区、西溪创意产业园等竞争力不断提升，横店影视产业实验区共吸引包括华谊兄弟、唐德影视、新丽传媒等在内的843家影视企业和492家艺人工作室入驻，2016年实现营业收入180.9亿元，上交税费20.87亿元。

2016年，浙江省在全省遴选首批22个试点单位，启动开展了浙江省文化创意街区创建试点工作，积极推动文化与相关产业融合发展、集聚发展。这些文化创意街区围绕特定文化主题展开，是以特色文化产品（服务）的设计、研发、生产、销售为主要业态，以促进文化贸易与消费为手段，由城镇、乡村一条或多条街巷构成的开放空间。文化创意街区汇聚了文化创意、创业创新、商贸会展、休闲娱乐等综合功能，把文化创意产业与商业等融合在一起，使具有无形的高科技和创意附加值的有形产品进一步融入了百姓生活。比如，位于温州鹿城区滨江街道杨府山公园南侧的黎明92文创街区，东接蒲州河，南连新城大道，既是文化交流平台、设计孵化平台，也是动漫艺术平台、艺术交流平台、项目孵化平台。至2018年6月，全省涌现出了78个文化创意街区创建单位，共改造（建）原文化设施、工业遗址、老旧厂房等260余处，有国家级及省级非物质文化遗产115种，集聚文化企业7044家，吸纳文化产业从业人员11.9万余人，累计投入建设资金近200亿元。2019年1月、2021年1月省委宣传部又在原有78个文化创意街区基础上，分别认定临海市紫阳街南段历史文化展示区等40个街区为2018年度浙江省文化创意街区、杭州市凤凰山南影视街区等40个街区为2020年度浙江省文化创意街区。这些文化创意街区不仅承担了传承优秀传统文化、集聚产业发展要素、转化特色文化资源、展销特色文化产品、推动文化产业发展等功能，也发挥了挖掘文化印记、改造街区面貌、提升城市品位、丰富群众文化生活等功能，对于推动浙江文化产业转型升级、提升文化产业的资源整合度和空间集聚度、加快推动文化浙江建设等都产生了重要的作用。

2015年初，省政府工作报告明确要求加快规划一批特色小镇，这是浙江省深入实施"八八战略"、践行新发展理念的重大创新举措。特色小镇是浙江省推动新一轮发展、打造包括文化产业在内的"八大万亿产业"的重要战略平台，是培育发展新动能、打好高质量发展组合拳的关键一招。浙江省特色小镇建设聚焦于信息经济、环保、健康、旅游、时尚、金融、高端装备制造、文化产业等支撑全省未来发展的八大产业，兼顾茶叶、丝绸、黄酒、中药、青瓷、木雕、根雕、石雕、文房等历史经典产业，坚持产业、文化、旅游"三位一体"和生产、生活、生态融合发展。2015年出台的《浙江省人民政府办公厅关于进一步推动我省文化产业加快发展的实施意见》也明确提出要培育一批文化小镇，强调，要把打造文化小镇作为促进县域文化产业发展的重要载体和抓手，重点培育一批文化元素特征突出、产业基础较好、产业融合潜力较大的文化小镇，符合条件的，可列入省重点特色小镇创建名单，享受相关政策。《浙江省文化产业发展"十三五"规划》也提出，要提升文化产业发展水平，"推进文化产业园区、文化小镇等发展平台建设"。

2016年6月，浙江省文化厅印发《关于加快推进特色小镇文化建设的若干意见》，标志着特色小镇文化建设、文化产业发展被摆上了更加重要的位置。《意见》指出，在特色小镇建设中塑造文化灵魂，树立文化标识，留下文化印象，是文化作为特色小镇内核的必然要求。要运用"文化+"的动力和路径有效助推特色小镇建设，充分发挥文化在塑魂、育人、兴业、添乐、扬名等方面不可替代的独特作用。这就表明，产业发展定位是特色小镇"特色"最集中、最浓缩的概括，是特色小镇"特色"的总纲和统率。文化特色则是特色小镇"特色"的核心和灵魂。正是文化特色赋予特色小镇产业特色、生态特色、功能特色以丰富的内涵和鲜活的灵气。特色小镇不仅是以舒适休憩与人居环境建设为基础、以特色新兴产业和历史经典产业培育壮大为功能的创业创新共同体，而且也是以文化特色形成与认同为支撑的"产城人文"融合发展的新载体。特色小镇既是创新、协调、绿色、开放、共享发展的重要功能平台，也是一个生活中心或劳动中心，更具体点说，是一种气氛、一种特征、一个灵魂。这种气氛、特征和灵魂，就是特色小镇独一无二、不可复制的"生命信息""遗传密码"，就是特色小镇最具魅力的文化特色，就是维系特色小镇这个共同体的根。

2015年至2017年，浙江省政府先后公布了3批特色小镇创建名单，2批特色小镇培育名单，命名了2个省级特色小镇，共批复特色小镇创建名单114个，批复特色小镇培育名单69个；去除两次考核中被降级的6个特色小镇，至2017年底浙江省特色小镇创建名单共有108个（包括2个省级特色小镇，不包括三部委发布的23个国家级特色小镇）。2018年9月在余杭艺尚小镇召开的浙江省特色小镇规划建设工作现场推进会，正式命名西湖云栖小镇、余杭艺尚小镇、诸暨袜艺小镇、德清地理信息小镇、桐乡毛衫时尚小镇为第二批省级特色小镇。至此，浙江省被正式命名的特色小镇数量达到7个。这次现场推进会上还公布了拱墅智慧网谷、鄞州现代电车小镇等21个省级特色小镇第四批创建名单，下城电竞数娱小镇、奉化时光文旅小镇等10个为第三批培育名单。2019年9月，在上虞举行的全省重大项目暨特色小镇建设现场推进会上，省政府正式命名西湖龙坞茶镇、西湖艺创小镇、萧山信息港小镇、建德航空小镇、江北膜幻动力小镇、鄞州四明金融小镇、长兴新能源小镇、秀洲光伏小镇、嘉善巧克力甜蜜小镇、海宁皮革时尚小镇、上虞e游小镇、新昌智能装备小镇、开化根缘小镇、仙居神仙氧吧小镇、莲都古堰画乡小镇等为第三批省级特色小镇。全省各地在特色小镇建设过程中更加突出产业特色，更加聚焦支撑未来发展的重量级产业、新技术新业态新模式和经典产业，强化资源整合、项目组合、产业融合，更加突出集约节约特别是亩产效益导向，更加注重"多规合一"和功能叠加，更加突出创新创业生态系统特色，围绕建立现代产业体系"典型单元"，着眼"产学研用金、才政介美云"十联动，打造最佳营商环境。

这些"特色小镇文化+"的模式和特征也越来越鲜明。比如，在第一批和第二批78个省级特色小镇中，文化+旅游产业占29%，文化+现代制造业占24%，文化+创意产业占33%，文化+历史经典产业占14%。这就表明，文化是特色小镇的灵魂，特色小镇是打造包括文化产业在内的八大万亿产业的重要载体和平台，特色小镇创建与文化建设、文化产业发展必然形成一种共生共荣的关系。

2017年11月省委省政府发布《关于推进文化浙江建设的意见》将"万亿级文化产业推进工程"列入推进文化浙江建设的"十大工程"之中，并从"全面深化文化体制改革""做大做强文化市场主体""大力发展新兴文化业态""打造文化产业发展支撑平台"等方面，对"万亿级文化产业推进工程"提出了指导性的意见。为了落实打造万亿级文化产业的战略部署，2018年6月浙江省政府印发《之江文化产业带建设规划》，提出，要按照"五年基本建成、八年提升能级、远景繁荣可持续"的建设要求，优化文化产业布局、全面提升产业能级，把之江文化产业带打造成为浙江省文化产业发展的主引擎地带、全国文化产业发展的重要增长带，树立文化产业强势崛起和文化驱动产业转型的国际典范。《规划》还提出了近期、中期和远期的发展目标：近期（2018—2022年），力争到2022年，之江文化产业带文化产业增加值达到800亿元左右，占全省文化产业增加值的比重达到13%以上；中期（2023—2025年），到2025年，增加值达到1400亿元左右，占全省比重突破15%；远景展望到2035年，区域文化产业综合实力位居国内前列，成为辐射带动全省文化产业发展的核心区域和国内外知名的文化产业集聚地。

为加快文化产业园区建设，规范省内文化产业园区认定、遴选和管理，2018年9月，省委宣传部修订出台了《浙江省重点文化产业园区认定管理办法》，在基本保留2015年版本"设立手续合法完备，规范运营 2 年以上""园区内用于发展文化产业的建筑面积占实际建成建筑面积的比例大于 70%（含）""文化企业占园内总企业数的比例大于 60%（含）""园区内文化产业总产值在 5 亿元以上，且占园区总产值的 70% 以上""文化产业税收总额 3000 万元以上"等重点文化产业园区认定条件基础上，进一步突出了"园区运营管理机构建有科学规范的管理机制和运营机制""园区建有功能完善的共享性服务平台""符合土地利用总体规划和城乡建设总体规划，在土地、建设、消防、安全等方面符合国家相关规定和标准"等认定条件。

根据这个新修订出台的《浙江省重点文化产业园区认定管理办法》，2019 年 1 月，省委宣传部部务会议研究决定认定 40 个园区为 2017—2018 年度浙江省重点文化产业园区，包括，凤凰御元艺术基地（杭州市上城区）、杭州经纬国际创意产业园（杭州市下城区）、杭州白马湖生态创意城（杭州市滨江区）、杭州创意设计中心（杭州市江干区）、聚落五号创意产业园（杭州市江干区）、西溪创意产业园（杭州市西湖区）、之江文化创意园（杭州市西湖区）、西溪银座文创园（杭州市西湖区）、杭州西溪艺术集合村（杭州市余杭区）、梦栖小镇设计中心（杭州市余杭区）、宁波国家广告产业园（宁波市鄞州区）、宁波和丰创意广场（宁波市鄞州区）、宁波市国家大学科技园（宁波市镇海区）、宁波影视文化产业区（象山县）、民和文化产业园（宁波国家高新区）、博地文化创意园区（宁波市北仑区）、明月湖文化创意产业园（慈溪市）、浙江创意园（温州市鹿城区）、温州智慧谷文化创意园（温州市鹿城区）、浙南·云谷（温州市龙湾区）、浙江红连文创园（温州市龙湾区）、瑞安日报电商文创园（瑞安市）、钢琴文化产业园（德清县）、湖州影视城文化产业园（湖州市吴兴区）、湖州文创中心产业园（湖州市吴兴区）、嘉报集团文化产业园（嘉兴市南湖区）、海宁中国皮革城品牌风尚中心（海宁市）、中国（浙江）影视产业国际合作实验区海宁基地（海宁市）、绍兴金德隆文化创意园（绍兴市越城区）、浙江省横店影视文化产业实验区

（东阳市）、金华清大创新科技园（金华市婺城区）、开化根艺文化产业园（开化县）、舟山市定海伍玖文化创意中心（舟山市定海区）、台州市路桥区广告创意印刷产业园（台州市路桥区）、台州老粮坊文化创意园区（台州市椒江区）、台州市黄岩区模塑工业设计基地（台州市黄岩区）、仙居中国工艺礼品文化创意产业园（仙居县）、丽水绿谷信息产业园（丽水市莲都区）、青田县石雕文化产业集聚区（青田县）、庆元县铅笔文化产业园（庆元县）。培育省级重点文化产业园区，是加快打造万亿级文化产业、推动文化产业高质量集聚发展的重要举措。这些重点文化产业园区的认定，标志着浙江省文化产业园区建设进入了更高的历史阶段。作为文化产业规模化、集约化、专业化发展的重要载体，浙江文化产业园区近年来取得了快速发展。至2019年初，全省已建成并实际运营的文化产业园区有143个，吸纳文化企业近1.8万家，吸纳就业40余万人，总产出近千亿元。

2021年6月，省发改委、省委宣传部印发《浙江省文化改革发展"十四五"规划》，着眼于"十四五"时期浙江经济社会发展战略目标和文化改革发展目标，强调，要推进区域文化产业带建设，发挥之江产业带要素集聚、示范带动效应，加快推动浙报融媒体发展中心、浙数文化产业园、中国TOP直播电商产业园、中国蓝文化创意产业园、西溪511电影数娱综合体、之江电影集团数据中台项目等重大文化产业项目落地，打造高能级文化产业发展平台；要深入谋划红色文化、海洋文化、生态文化和优秀传统经典文化等融合发展产业带建设，提升四条诗路带建设整体水平；规范发展文化产业园区、文化创意街区，支持中国寓言小镇、黄酒小镇、禅意小镇等文化特色小镇建设，健全重大文化产业项目数据库。这就对推动浙江文化产业区块化园区化发展提出了更高的要求。

第四章　做强做优做大国有文化企业

改革开放以来，正是由于国有经济和民营经济相辅相成、共同发展，才促成了浙江经济又好又快增长。一方面，国有经济凭借其雄厚的资本实力、规模效益、技术优势、规范管理和基础产业、先导行业等成为推动浙江经济发展的重要力量，辐射、引导和带动浙江经济的增长；另一方面，浙江的民营经济以其灵活的机制、顽强的生命力，在众多竞争性行业生根、开花、结果，既填补了在一些竞争性行业国有经济留下的空白，并使之更加富有生机和活力，又在客观上造成了国有经济必须改革、只有改革才有出路的竞争态势和生存环境，从而有力地促进了国有经济经营机制的转换和竞争能力的提升。[①] 与经济领域一样，改革开放以来浙江文化产业领域的变革，也是民营文化企业等民间诱致的增量改革与国有文化企业等存量改革相互作用的结果。"民间诱致"的文化产业领域的增量改革、民营文化企业的孕育和发展，不仅有效地突破了原先大包大揽的"文化事业"体制壁垒，逐步扩大了民营文化产业增量部分的比重，而且也有效触动了仍然保留的存量部分（国有文化企业）的改革。实施加快建设文化大省战略以来，特别是2003年开展文化体制改革综合试点工作以来，浙江省以更加自觉、更加有为的精神，实施了一系列改革举措，有效地释放了国有文化企业和民营文化企业的发展活力，加快培育和打造文化

---

① 参见吴永革《在改革中创新中实现超越——对浙江国有经济改革发展历程的分析》，载何福清主编《纵论浙江》，浙江人民出版社2003年版，第134页。

产业主力军，形成了国有文化企业的存量资源和民营文化企业的增量资源共同推动文化产业发展的生动局面。

一 市场化取向改革与国有文化单位变革

"国有文化企业"这个词组包含"国有""文化""企业"三个词。顾名思义，"国有"是"国有文化企业"的所有制性质，即国家所有（全民所有制），相对于民营经济、集体经济、外商和港澳台商独资及其控股的经济组织等而言；"文化"是"国有文化企业"从事的经营内容和特殊属性，相对于其他从事物质生产和经营的经济组织而言；"企业"则是指"国有文化企业"虽然具有"国有"和"文化"的特殊属性，但也像其他企业一样从事生产经营活动，是具有营利属性的经济组织。

在计划经济时期，并无符合上述定义的、严格意义上的"国有文化企业"，所谓的"国有文化企业"与"文化事业单位"混合在一起，并未从中剥离出来。这些与"文化事业单位"不加区分、混合在一起的"国有文化企业"主要集中在新闻出版发行、广播电视、电影发行放映、文艺院团和场馆等多个行业。而"文化事业单位"则是中国"事业单位"的重要组成部分或一种重要类型。事业单位管理体制是在计划经济时期逐步建立并发展起来的，具有典型的计划经济体制特征：各类事业机构都为公立机构，资产都属国有；政府决定事业单位的设立、注销以及编制，对事业单位各种活动进行直接组织和管理；各类事业单位的活动经费都来自于政府拨款。1963年，国家第一次明确"事业单位"这一类社会组织的编制类型，这也可以看作由政府公共财政"大包大揽"的文化事业单位产生的标志。仅仅3年后，"文化大革命"开始，传统"大包大揽"的文化事业体制不能正常运转，文化事业单位无法正常开展文化产品的生产和服务。直至1978年改革开放以来，文化事业体制和文化事业单位才再次恢复运行。① 然而，伴随着改革开放以来经济体制从计划到市场的转变，包括"文化事业"在内的传统"大包大揽"式的事业体制的生存和发展环境逐渐发生了深刻的改变，弊端逐渐暴露。特别是受物品价格上涨、人员和设备更新等因素影响，原有政府"大包大揽"的财政支出已经显得捉襟见肘，难以有效满足"文化事业"机构的正常运转。"文化事业"体系内部不区分公益性文化事业和经营性文化产业的"大包大揽"模式，不仅使那些本质上具有经营属性和产业属性的文化单位长期依赖政府，游离于市场经济之外，而且也分薄了本来就捉襟见肘的公共财政资源，加重了原本具有公益属性文化事业单位的经费不足。这些都表明，虽然几乎与改革开放相同步的中国文化事业体制再次恢复运行，但伴随着从计划到市场的转变，文化事业单位所面临的宏观经济社会环境已经开始发生了根本性的变化。在这一背景下，传统的文化事业体制和文化事业单位顺理自然地受到了影响和冲击，从而必然要求其根据宏观经济社会环境的变化而作出相应的调整。

据陈涓《县级图书馆开展"以文补文"活动反思》一文所述，20世纪80年代初是中国图书馆事业发展的黄金时期，经过"文化大革命"十年的文化禁锢，全民的学习兴趣和求知热情空前高涨。然而，"随着经济的发展，特别是1985年以后，图书馆事业由巅峰状态回落，而且一落再落，陷入了前所未有的困境之中，其地位降低、功能衰退、社会效益也严重下降。经费短缺造成图书馆书刊入藏量连年下降。数据显示，自1986年以来，全国公共图书馆系统年购新书总数比上一年平均逐年递减100万册，平均下降幅度为10%左右；社会导向对图书馆的影响更是不容忽视。社会的客观现状促使'读书无用论'再次抬头，造成了读者锐减，图书馆专业人才严重流失的现象。随着改革、开放、搞活政策的实施，商品经济的大潮席卷中国大

---

① 参见张晓明、齐勇锋《中国文化事业单位改革研究》，载章建刚、尹昌龙、张晓明主编《中国公共文化服务发展报告（2007）》，社会科学文献出版社2007年版。

地，图书馆要想置身于潮流之外已是不可能了。因此，图书馆界开展了一场'有偿服务'的大讨论，许多同志认为我国图书馆事业之所以陷入困境，其根本原因就在于图书馆的生存主要靠国家的财政拨款，自身缺乏'造血功能'，若实行有偿服务则可以以文补文，有利于扭转图书馆在经费问题上'一等、二靠、三伸手'的被动局面。还有些同志认为图书馆改革的突破应选择在与市场经济接轨这一关键点。于是，为了解决经费不足的困难，县以上公共图书馆利用人员、馆藏、设备等优势，在业务工作中展开了一些有偿服务，如信息提供与交流、人才培训、文献检索、文献复印、视听服务、参考咨询等服务性经营项目，这些作为本身业务延伸而开展的经营活动等统称为'以文补文'创收。1987年，文化部、财政部、国家工商行政管理局联合颁发了《文化事业单位开展有偿服务和经营活动的暂行办法》，从政策上对图书馆开展经营活动给予大力支持。于是，在我国许多经济发展较快的地区，图书馆的改革加快了步子，提出'以书为主，多业并举'、'一馆两业、多业助文'的口号。所谓'两业'是指图书馆既要抓好传统的事业，坚持其社会公益性，同时也要建立企业机构（指三产业创收），以便直接创造经济效益，弥补图书馆经费的不足，促进图书馆事业的发展。因此，图书馆的经济收入由原来业务延伸性质的'以文补文'、'以文养文'发展到多业并举的'以副养文'大开发，一场轰轰烈烈的创收活动在中国公共图书馆界拉开了序幕"[①]。上述文字虽然仅仅描述了市场经济大潮对县级图书馆的影响以及县级图书馆作出相应的调整、在市场化压力下被动开展"生产自救"的状况，但也可以管中窥豹，其描述的也是当时几乎所有文化事业单位、整个传统文化事业体制面临的问题和困境。

也正是在包括"文化事业"在内的传统"大包大揽"事业体制弊端逐渐暴露这一大背景下，国家开始改变公共财政"大包大揽"

[①] 陈涓：《县级图书馆开展"以文补文"活动反思》，《图书馆》2008年第1期。

的做法，逐步允许文化事业单位从事经营活动，"双轨制"模式初露端倪。1978年，财政部批准《人民日报》等新闻单位实行"事业单位，企业化管理"，1979年4月，又发文重申并在全国新闻媒体系统推广"事业单位，企业化管理"。显然，这是一个具有重大意义的事件。在计划经济体制下，我国新闻媒体仅仅被赋予意识形态属性，纳入事业单位按照"事业"的方式管理，所需经费完全由政府财政拨款。比如，报纸基本上由国家提供经费，形成了"公款办报、公款订报"的模式，无需追求经济效益；广播电视则从诞生起就由国家财政支撑其生存。因此，财政部批准像《人民日报》这样具有鲜明意识形态属性的"事业单位"实行"企业化管理"，虽然在当时仍然属于财政压力下被动的救济性政策，但已经意味着国家相关管理部门首次承认了即使像《人民日报》这样具有鲜明意识形态属性的"新闻媒体"或"党报"，也可以同时具有经济属性、产业属性，这就为突破政府"大包大揽"的"文化事业"财政支出模式打开了一个重要的缺口。

1979年，也就是党的十一届三中全会召开以后的第二年，是中国新闻媒体改革取得重大突破的一年。这一年的元旦，上海电视台播出了中国电视的第一条外国商业广告；1月4日，《天津日报》在全国报业中率先刊登商品广告，紧接着《工人日报》等也开始刊登整版商品广告；3月15日中央电视台播出了第一条外商广告；4月15日广东电视台设立了中国电视史上的第一个广告节目；4月17日《人民日报》开始刊登广告。在中国电视和报纸等媒体纷纷刊登广告的背景下，同年11月，中共中央宣传部颁布了《报刊、广播、电视刊登和播放中国广告的通知》，事实上以文化政策的形式承认、肯定了刊登广告的做法；12月，中央电视台开辟了"商品信息"栏目。1980年1月，中央人民广播电台播出了建台以来第一条商业广告；在北京市街头也出现了商业性的路牌广告。自此以后，全国各地的广告公司如雨后春笋般地出现，至1981年底，全国广告经营单位已达

1160户，营业额达1180万元；到1990年，则分别达到11123户和250173万元，广告业成为中国发展最快的行业之一。

刊登广告似乎仅仅是新闻广播电视等大众传播领域发生的小小变化，但对于突破计划经济体制下形成的"大包大揽"文化事业发展模式却具有革命性的作用。莫斯可认为，在现代市场经济条件下，所谓大众媒介的构成过程，就是媒介公司生产受众，然后把受众卖给广告商的过程。媒介的节目编排用来吸引受众眼球或注意力，就如从前小酒店为了吸引顾客饮酒而提供"免费午餐"一样。这个过程形成了三位一体，从而把媒介、受众和广告商联结在一种有约束力的相互关系中。大众媒介的节目用来建构受众，广告商为取得受众而付钱给媒介公司，受众则被转卖给了广告商。[①] 用经济学术语表述，受众商品是一种被用于广告商品销售的不耐用的生产原料。受众商品为购买他们的广告商所做的工作，就是学会购买商品，并相应地付出自己的收入。在中国特殊语境中，刊登广告这一做法，意味着新闻广播电视等大众传播媒介开始在政府公共财政拨款以外有了新的资金支撑来源。这就改变了这些过去的"事业"机构对公共财政的单一依赖，从而为突破计划经济下形成的"大包大揽"文化事业发展模式，打开了一个重要的缺口。1988年，新闻出版署、工商总局联合颁发《关于报社、期刊社、出版社开展有偿服务和经营活动的暂行办法》，允许报社、期刊社、出版社依法开展广告业务、有偿咨询服务等与本身业务有关的有偿服务和经营活动。有学者认为，这些事件都标志着，在中国文化事业单位的核心领域，新闻出版传媒机构已经正式开始从意识形态宣传型向宣传与经营并重、双轨制运行的方向发展。[②]

除了新闻出版传媒机构以外，原先由政府公共财政"大包大揽"

[①] 参见［加拿大］文森特·莫斯可《传播政治经济学》，胡正荣等译，华夏出版社2000年版，第144—145页。

[②] 参见张晓明、齐勇锋《中国文化事业单位改革研究》，载章建刚、尹昌龙、张晓明主编《中国公共文化服务发展报告（2007）》，社会科学文献出版社2007年版。

的其他文化事业机构，也在市场取向改革的大背景下开始逐渐地发生变化。20世纪70年代后期，广东等省的一些沿海城市的群众文化事业单位开始以项目经营的方式承包乡镇的文化娱乐设施，从事群众文化的有偿服务活动。1983年，中共中央批转中宣部、文化部等《关于加强城市、厂矿群文工作的几点意见的通知》，在群众文化事业系统内首次提出"以文补文"政策，允许群众文化活动可适当收费，以补助群众文化事业单位活动经费的不足。[①] 1984年，在《中共中央关于经济体制改革的决定》出台、城市经济体制改革正式启动的宏观背景下，国家进一步在文化事业单位的一些行业尤其是演艺业尝试改革，鼓励开展经营活动。1985年中共中央办公厅批转文化部《关于艺术表演团体的改革意见》，要求改革全国专业艺术表演团体数量过多、布局不合理的状况，在大中城市，专业艺术表演团体要精简，重复设置的院团要合并或撤销，对市县专业文艺团体设置也提出了调整的要求；在文化单位实行以承包经营责任制为内容的改革，并实行以文补文、多业助文等改革措施，以解决文化单位出现的经济困难。1986年，人事部颁发《关于加强事业单位编制管理的几项规定》，明确指出，中央政府鼓励一些有条件的科研、设计、文艺新闻、出版等事业单位实行企业化管理，做到经济上完全自给。对已实行企业化管理、国家不再拨给各项经费的事业单位，其编制员额可适当放宽。1987年，文化部、财政部、国家工商总局联合颁布《文化事业单位开展有偿服务和经营活动的暂行办法》，允许文化事业单位向工商行政部门申请登记，获得营业执照，合法开展企业化经营活动，鼓励文化事业单位利用自己的知识、艺术、技术和设备等条件，开展有偿服务，取得劳动收入，用于补充事业经费的不足。这就将"以文补文"政策由群众文化事业单位拓展到了所有文化事业单位，也标志着"双轨制"的合法化。1988年国务院批转文化部《关于加快和深化艺术

[①] 参见陈明、胡杏《我国文化事业管理制度改革30年回顾》，载章建刚、尹昌龙、张晓明、陈新亮主编《中国公共文化服务发展报告（2009）》，社会科学文献出版社2009年版。

表演团体体制改革的意见》以及1989年中共中央《关于进一步繁荣文艺的若干意见》中，都提出了实行"双轨制"的具体改革意见，即一轨为国家扶持的少数全民所有制院团，另一轨为多种所有制艺术团体。国家主办的全民所有制艺术表演团体要少而精，这些院团应当是代表国家和民族艺术水平的，或带有实验性的，或具有特殊的历史保留价值的，或是少数民族地区的；大多数艺术表演团体实行多种所有制形式，由社会力量主办。显然，这些文件的出台都意味着我国改革传统"大包大揽"文化事业发展模式的目标和措施更加具体化了。

另外，改革开放以来政府公共财政"大包大揽"文化事业发展模式逐渐被突破，也是伴随着整体事业单位改革的渐进式推进而得以实现的。从1978年到1987年，全国各地开展了机关后勤社会化试点，恢复职称评审和专业技术职务聘任制，适当下放了事业单位组织人事管理权限。从1987年到1992年，国家进一步扩大了事业单位管理自主权，清理、整顿国家机关所属事业单位，对各类人员实行分类管理。1989年1月，财政部发布《关于事业单位财务管理的若干规定》，根据包括文化事业单位在内的事业单位是否有"稳定的经常性业务收入"，把国家预算内事业单位区分为"全额预算管理""差额预算管理"和"自收自支管理"三种类型，把改革开放以来逐步积累的事业单位改革成果从国家预算管理角度确定下来。其中，全额预算管理单位应建立事业发展基金、职工福利基金和职工奖励基金。而差额预算和自收自支管理单位还应建立收购基金，有条件的自收自支管理单位可设立后备基金。并要求各类文化事业单位将本单位的经营结余经费，用于建立相应的基金制度。这个规定还提出，对有条件向企业管理过渡的自收自支管理单位，主管部门和财政部门应规定期限，促使其实行企业管理；实行企业管理后，执行国家对企业的有关规定。这些做法，事实上意味着对市场经济条件下不同类型事业单位相应地具有公益性、准公益性等不同性质的承认，与过去不加区分地将所有"事业单位"纳入"大包大揽"公共财政模式的做法，形成了一种鲜明的对照。1992年以后，事业单位改革被列为行政管理体制改革和政府机构改革的重要组成部分，各方面的试点工作取得了一些突破性的进展。

作为一个市场经济、民营经济的先发省份，浙江不仅先于全国多数省份遇到了在市场经济条件下文化发展方式的重构问题，而且也面临着不少先于全国其他多数省份打破传统"大包大揽"文化发展模式的特殊机遇。20世纪70年代末80年代初以来，伴随工业化、市场化、城市化的逐步推进以及现代大众传播媒介的迅速成长，区域先发优势的逐步形成，浙江文化领域开始显现出了其经济属性、产业性质的一面，人们逐渐认识到文化产品不仅具有精神的属性而且也具有商品的属性。在这一大背景下，浙江重构文化发展方式已经具备了一些得天独厚的条件。

20世纪80年代初以来，在市场化压力和文化领域"民间诱致"增量改革的触动下，发展文化"三产"，"以文补文""多业助文"，增强自身造血功能，逐渐成为全省各地"文化事业"单位的一种共识和较为普遍的行为。1996年全省文化系统的补文收入占当年总收入的47.56%。1999年全省广播电视经营收入20亿元，居全国第2位（上海21亿元）；出版系统总资产26.8亿元，居全国第9位，净资产14.5亿元，居全国第6位，销售收入居全国第7位。

"以文补文"活动的广泛开展，在一定程度上增加了文化单位的经济收入和发展文化事业的财力，缓和了"文化事业"发展与国家财力供应不足的矛盾，虽然只是在市场化背景下的一种开展生产自救的被动选择，仅仅具有"补助"政府投入不足的性质，却是一个重要的标志，即在市场化大背景下全省各地文化事业单位已经开始突破"等、靠、要"观念的束缚，初步改变单一依赖公共财政投入的传统格局。如有学者所说："多年来，由于受文化体制单一性的僵化模式影响，全民所有制文化事业单位吃国家的'大锅饭'，养成'有多少钱就办多少事'的'等、靠、要'的思想，缺乏'造血'能力，不适应商品经济的发展。改革开放后，随着经济体制的改革，一些文化事业单位开展了'以文补文'的文化经营活动。'以文补文'的实质是面向市场办文化，通过有偿服务项目和文化市场使文化产品获得经济效益，从而使文化事业单位适应商品经济发展的形势，走上良性发展之路。"[1] 1988年7月，时任文化部副部长的高占祥总结了"以文补文"的经济价值以及对于突破传统政府"大包大揽"文化发展模式的意义。他认为，以文补文活动取得的成果，主要体现在以下五个方面：第一，增加了文化事业单位的收入，改善了文化服务条件。据粗略统计，1987年全国文化事业单位开展有偿服务和经营活动的纯收入为1.4亿元，相当于国家拨给文化事业单位经费的13.6%。这使文化经费紧张的局面稍有缓解。第二，扩大了文化服务的覆盖面，增强了文化事业自身的活力。促进了文化事业和人民群众生活需求更紧密的结合。第三，对文化服务提出了新的要求，促进了文化服务质量的提高。第四，增强了文化事业单位的经营观念，改善了经营管理。第五，开辟了一条内部人员更替渠道，有利于文化管理体制的改革。"总之，以文补文活动使文化事业单位丰富了活动内容，增强了内部活力，是一件利国利民利文化事业发展的有益之事。""文化事业单位积极开展以文补文，增加自身的创收能力，缓解了国家对文化事业投资的困难。""它打破国包国办一切文化事业的格局，改善了文化事业经营管理的方式。"[2]

伴随着发展文化"三产"，"以文补文""多业助文"活动的开展，浙江省国有文化单位（企业）体制机制方面也面向市场进行了一定程度的改革。比如，据《浙江省新闻出版事业发展规划（1996—2010年)》《浙江省广播电视发展规划（1996—2010年)》等所述，在20

---

[1] 蔡罕、郭鉴等著：《推陈出新 彰显魅力——宁波文化发展三十年》，浙江人民出版社、宁波出版社2008年版，第9页。

[2] 高占祥：《开展以文补文活动促进文化事业发展——在全国文化事业单位以文补文经验交流会上的报告》，《中国图书馆学报》1988年第3期（总第14卷第67期）。

世纪90年代,为了激励出版社多出精品图书,浙江省建立了重点图书补贴办法,确保了一大批重点图书的出版;组建印刷集团,形成了科工贸一体化规模经营;运用集团机制,实行出版发行共同发展、联合开拓。[1] 随着经济体制改革的深入和出版改革的深化,"图书发行体制改革取得了很大进展,一个以国有新华书店为主体,多种经济成分,多条流通渠道,多种购销形式的图书流通体系正在逐步形成。图书发行生产力不断发展,发行体制改革在实践中已经积累了一些成功的经验"[2]。广播电视管理上总结摸索出了一系列行之有效的办法,建立了相应的管理制度,"县级电视台的年检年审制度和新闻抽查评选制度,有线电视台和县级电视台的统一供片制度,社会音像、影视单位的领照及年审制度都已相应建立。这些成功做法,得到了广电部的肯定和推广"[3]。

在20世纪90年代,《浙江省文化事业"九五"及至2010年发展规划》等还对国有文化单位的进一步改革进行了初步部署,提出"'九五'期间,按照国有企业深化改革和建立现代企业制度的要求,对现有文化骨干企业、事业单位实行'改制、改组、改造、改善',以产权为纽带,组建几个对全局能产生重大影响的文化有限责任公司、股份公司和企业集团"[4]。"不断深化电影机制改革,进一步明确文化主管部门的电影行政管理职责,理顺电影行政和电影企业的关系;通过调整制片、发行、放映的利益分配关系,充分发挥省级电影企业的'龙头'作用,在合理竞争的基础上,稳定和改进发行、放映机制;调整结构,改进经营方式,盘活存量,提高投入产出率,搞

---

[1] 沈晖主编:《再创辉煌——浙江文化发展战略文集》,浙江人民出版社1997年版,第214页。

[2] 沈晖主编:《再创辉煌——浙江文化发展战略文集》,浙江人民出版社1997年版,第223—224页。

[3] 沈晖主编:《再创辉煌——浙江文化发展战略文集》,浙江人民出版社1997年版,第205页。

[4] 沈晖主编:《再创辉煌——浙江文化发展战略文集》,浙江人民出版社1997年版,第198页。

好主业，拓展多种经营，组建新型的影业集团，进一步增强电影行业实力。"[①] "引进各种竞争制度，逐步把广播影视节目推向市场。依据节目质量，大胆调改节目（栏目）设置，大刀阔斧地对办得差的质量低的频道、频率和栏目进行撤并调整，保证好节目上好频道、好时段，精心办好黄金时段的节目"；"广播电视的事业、企业单位，在经营上都要研究一个以市场为导向的问题，不断开拓，不断创新，深化内部经营管理机制和财务管理体制的改革，开拓经营领域"；"在今后几年，力争在节目制作、器材生产与开发，网络经营等方面创办几个集团公司，扩展规模经营，提高规模效益，使广播电视事业、企业单位焕发生机，增加经济创收，为全省广播电视事业的发展增强后劲"。[②] "要发展和完备图书市场体系，有计划、有步骤地抓好省级批发市场建设；具备条件的市地也可建立区域性批发市场"；"省新华书店要认真办好图书批销中心，做到品种丰富、格调高雅、备货充足、发行快捷、服务优良"；"加快成立以资产经营为内容的发行集团，提高组织化和集约化程度，发挥整体优势"。[③]

然而，这一时期国有文化单位（企业）的改革仍然是初步的、局部的、零敲碎打的。相对于改革开放的总进程、经济体制等其他领域的改革，国有文化单位（企业）的改革仍然是滞后的。这些尝试性的改革实践，更多地属于国有文化单位（企业）面对市场经济发展对文化领域造成的冲击的一种被动应对，在市场化压力下被动地开展"生产自救"。一方面，计划经济体制下形成的弊端并未从根本上得以突破，有利于国有文化单位（企业）发展的内部和外部体制并未形成。据《1992—1996浙江社会发展蓝皮书》一书所述："从深层次

[①] 沈晖主编：《再创辉煌——浙江文化发展战略文集》，浙江人民出版社1997年版，第196页。
[②] 沈晖主编：《再创辉煌——浙江文化发展战略文集》，浙江人民出版社1997年版，第212—213页。
[③] 沈晖主编：《再创辉煌——浙江文化发展战略文集》，浙江人民出版社1997年版，第224页。

上分析，由于受社会保障机制、资金投入机制、文化经济政策不够完善等制约，已进行的文化体制改革只是局部的改革，某些方面的突破还未达到全面推进，与社会主义市场经济体制相适应的我省宏观文化体制和运行机制尚未建立，队伍臃肿、国家包袱太重的状况依然存在。文化投资渠道不够顺畅，以政府投入为主、广泛吸引社会资金的良性投资机制还未真正形成。文化经济等方面的政策措施也有待于进一步完善落实，文化产业化有待于加速进行。"[1]《浙江省广播电视发展规划（1996—2010年）》指出，浙江省广播电视发展与现行管理体制不相适应，"由于广播与电视、台与台之间的体制问题，带来节目余缺难以调剂，固定资产不能充分利用，经济待遇苦乐不均，人才流向失衡等矛盾，管理难度较大"[2]。《浙江省新闻出版事业发展规划（1996—2010年）》也揭示了国有新闻出版领域存在的问题，指出："优质高效的出版运行机制已经起步，但与此相适应的优质图书出版机制、出版单位内部经营机制、出版人才培养机制等尚需进一步建立和完善。特别是发行体制改革要加大力度，以使我省图书发行事业更好地与社会主义市场经济体制的建立相衔接，与社会主义精神文明的需要相适应。新闻出版管理体制尚未健全，管理力度相当薄弱，管理手段比较缺乏，报刊的散滥问题比较突出，音像市场的管理需要进一步加强。"[3]

另一方面，如前所述，在这一时期，浙江省国有文化企业的改革，很大程度上也是被动适应的结果，是市场经济迅速发展倒逼作用所使然，人们对国有文化单位改革的目标和方向等的认识也不太清晰，对国有文化单位的经济属性和文化属性或意识形态属性的辩证关

---

[1] 浙江社会发展现状与对策研究课题组：《1992—1996浙江社会发展蓝皮书》，浙江人民出版社1997年版，第111页。

[2] 沈晖主编：《再创辉煌——浙江文化发展战略文集》，浙江人民出版社1997年版，第205页。

[3] 沈晖主编：《再创辉煌——浙江文化发展战略文集》，浙江人民出版社1997年版，第216页。

系的认识也比较模糊,从而偏离了国有文化单位主业发展方向。比如,1996年出台的《浙江日报跨世纪发展规划》甚至将"创办房地产公司"等也作为浙江日报的发展目标,提出,要"创造新的经济增长点,跨出兴办实业的步子。创办房地产公司、投资公司。选准有前途的新兴产业,通过合资、合作、参股、兼并等各种有利途径,将报业经济延伸到其他产业,增强经济实力"[①]。这就在很大程度上偏离了报业主业发展方向。"现在报纸、广播电视台的总量迅速增加,而报纸发行总量、广播电视的广告量并没有相应大幅度提高,许多单位特别是一些小报、小刊、小台,为了生存,就采取各种各样的手段和方法进行创收";"近几年社会上爆发的'发行大战''广告大战'是典型表现"。以发行大战为例,"现在一些部门和单位热衷于办报办刊,把办报办刊当成机关的'三产'和'小金库'";"他们的发行一靠国家的钱,二靠政府给的权";"有的用行政经费发工资、保成本,用订报款、广告收入发奖金";"这样躺在国家身上,旱涝保收,肥了个人,损害了国家和人民群众的利益;有的单位为了报刊的发行,发'红头文件',搞强行摊派。人民群众对此反应极为强烈"[②]。

此外,像全国其他地区一样,在这一时期,浙江国有文化企业改革与发展仍然缺乏内生的动力。就如《1998—1999浙江经济社会发展蓝皮书》所述,"在体制的束缚下,一些具体文化部门强调困难多,束缚多,向上级部门要钱多,要优惠政策多,发牢骚多";"由于长期受计划经济体制的保护,相当一部分文化人养成了一种安于现状、不思进取的精神状态,'该进的进不来,改出的出不去'是个非常普遍的现象";"剧团、演员演多演少、演好演坏一个样";"理论

[①] 沈晖主编:《再创辉煌——浙江文化发展战略文集》,浙江人民出版社1997年版,第232页。
[②] 杨建华、葛立成主编:《1998—1999浙江经济社会发展蓝皮书》,中国国际广播出版社1999年版,第222页。

工作者、编辑记者工作多工作少、质量好质量坏没有什么大的差别"。① 浙江省新华书店集团公司在总结中指出:"省属文化单位的职工一直以来既有从事文化工作的优越感,又有省属单位的自豪感,更有事业、企业两边都能享受的实惠感,就是缺乏改革的紧迫感。"② 20 世纪 90 年代担任浙江省文化厅副厅长的连晓鸣也说:"浙江省在 1993 年实行院团调整,省级剧团由 9 个合并为 6 个,剧团内部也实行了聘任制、考核制。这次改革在省属院团的布局结构等方面是成功的,但因关键问题即体制改革的问题尚未涉及,三五年后,剧团人员重新膨胀,经费支出更加困难。剧团改革为什么十多年来越改越难,长期走不出困境?关键是没有把剧团看成社会主义的文化企业,未能遵循社会主义市场经济规律和艺术生产规律,未能在体制上做彻底的改革。20 多年来,浙江省绝大部分专业剧团一直属全民事业单位,演职员全是国家干部,干不干都是由国家养着。""国有事业体制使剧团养成干与不干一样。其结果,剧团成了躺在政府'怀抱里'永远长不大的'婴儿'。"③

不仅如此,在市场化压力下被动开展的属于"生产自救"性质的国有文化单位尝试性改革实践,虽然在一定程度上减轻了政府的财政负担,为那些具有经营性属性的国有文化机构面向市场、发展文化产业提供了机遇,但也带来了一些负面的问题。比如,在传统文化体制未从根本上受到触动尤其是国有文化单位产权还未明晰的背景下,"以文补文"的做法,在一定程度上导致了国有资产的流失。正如连晓鸣所说:"一些以文补文单位打国营牌子,占用国家房子和资金,在不付房租和利息的情况下,由于经营人才缺乏等原因,经济效益不

---

① 杨建华、葛立成主编:《1998—1999 浙江经济社会发展蓝皮书》,中国国际广播出版社 1999 年版,第 219 页。
② 张晓明:《文化体制改革:解放和发展文化生产力的关键》,载李景源、张晓明《浙江经验与中国发展》(文化卷),社会科学文献出版社 2007 年版,第 131 页。
③ 陈立旭、连晓鸣、姚休:《解读文化和文化产业》,浙江人民出版社 2003 年版,第 209 页。

明显，致使国有资产得不到保值增值。就省级文化系统而言，1996年，近百家多种经营单位场地2123平方米，资金740万元（大部分为注册资本），从业人员277名，其中主办单位人员117人，占总数的42%，但所创造的利润，盈亏相抵后亏损44万元，而部分亏损企业承包人却'手拿大哥大，脚踩桑塔纳'，显得非常阔气，这种情况是侵占国有资产的典型。"①《1998—1999浙江经济社会发展蓝皮书》也指出，20世纪90年代"以文助文"等在市场化压力下开展"生产自救"做法，所导致的结果是："一方面是公益性文化事业严重不足，另一方面，又有大量设施管理不当，许多文化设施闲置浪费、移作他用，还有的被出租，成为少数单位和个人的生财之道。从一些地方的情况来看，有的文化单位丢掉自身的任务、特点，一门心思搞创收。影剧院、新华书店、图书馆、群艺馆等文化场所被改为其他经营场所的绝不是少数。一些庄重典雅的文化场所被用来搞展销、开餐馆，搞得不伦不类。这不仅是市场经济的误区，也是文化建设的误区，是文化资源的严重浪费。一方面是各级党委政府特别是财政，千方百计筹钱，增加文化投入，但兴建的文化场所，并没有真正发挥作用。"② 市场化取向改革背景下，西泠印社也曾因主体缺失、产权不清、管理混乱等体制性因素，而引发了出版社停业整顿、孤山社址失修、严重亏损等生存危机。"新中国成立后，西泠印社将社团资产悉数上缴国家，之后党和政府恢复了已经中断的西泠印社，包括出资恢复西泠印社营业部的经营活动。西泠印社在保有事业单位性质的同时，逐步丰富其经营性质的构成成分。但该社自20世纪90年代以来一直处于停滞不前的局面，根本原因在于旧体制中的'五位一体'，即社团、孤山社址、经营企业、出版社、事业单位对外都称'西泠印

---

① 连晓鸣：《从以文补文到文化产业回顾和反思》，载陈立旭、连晓鸣、姚休《解读文化和文化产业》，浙江人民出版社2003年版。

② 杨建华、葛立成主编：《1998—1999浙江经济社会发展蓝皮书》，中国国际广播出版社1999年版，第221页。

社'，在自收自支事业单位名下，一个模式管理，'一个锅里吃饭'，结果是社团、事业、产业都不能按照各自规律运作，互相钳制、资源内耗而形不成合力。"①

上述表明，像全国其他省市一样，在相当一段时期内，浙江新型国有文化产业主体的培育和打造，采取了旧瓶装新酒的方式，即以传统的体制机制形式服务于市场经济大背景下的新任务新要求。虽然这种方式和形式使传统国有文化单位产生了一些新的质素，但也特别容易形成路径依赖，从而使旧体制中的一些弊病延续下来。因此，迫切需要一场更加深刻、更加彻底、更加全面的文化体制改革，来完成国有文化单位脱胎换骨的改造，使之成为具有面向市场自我发展能力、活力的新型国有文化产业主体。

二 培育和打造新型国有文化产业主体

培育和打造新型国有文化产业主体，不可能是一件一蹴而就的、孤立的事情，而必然是一个伴随着相应条件的成熟而逐步进行和完善的过程。新型国有文化产业主体的培育和打造，必须以市场经济的孕育和发展，以政府与企业、市场持续良性互动，以市场机制、宏观文化管理体制机制、法律制度等的完善和健全，以政府职能的转变和规范等，作为必要条件和有效保障。而这些必要条件和有效保障的形成，都需要一个过程。市场化取向改革的逐步推进和政府职能的逐步转变，必然会一步步地对国有文化单位的改革提出相应要求。

在20、21世纪之交，浙江省已经逐步具备培育和打造与市场经济体制相适应的新型国有文化主体的内外条件。市场经济、民营企业先于全国的孕育和发展创造了一个良好的外部环境，对浙江国有企业改革形成了"自外而内"的市场推动和倒逼机制。改革开放以来浙

---

① 李一平、陈宁主编：《杭州特色与经验——纪念改革开放30周年（文化卷）》，杭州出版社2008年版，第122页。

江省在推动事业单位和国有企业改革中已经积累了丰富的经验,并已开始尝试将这些做法和经验引入国有文化企业单位的改革实践中。这些都使对国有文化单位进行全面彻底的改革、加快培育和打造新型国有文化产业发展主体,成为一件顺理自然、瓜熟蒂落的事情。

实践已经表明,浙江省对国有文化单位改革的认识和实践,总是伴随着总体改革的深化而不断深化的。在2003年6月被中央确立为文化体制改革综合试点省以前,浙江省已经按照集约化经营、专业化分工、产业化发展、企业化管理的要求,组建了新闻出版、广播影视、文化演出等方面10家国有文化集团。比如,1999年12月底,浙江省新华书店系统率先改制完成,合并全省71家新华书店和浙江省外文书店、浙江图书公司的省属国有资产,成立了浙江新华发行集团和浙江省新华书店集团有限公司。2000年6月,省委省政府批准成立浙江日报报业集团。集团制定并实施了以《浙江日报》为主体,以《钱江晚报》和《今日早报》为两翼的"一体两翼"战略,基本形成了"六报两刊一网站"的报业发展格局,在办好媒体的同时,发展发行、广告、印务和技术服务产业,探索资本经营的新路子,培育新的增长点。2000年12月,浙江实施局社分设、政事分开,在原浙江省出版总社及所属事业单位的基础上浙江出版联合集团组建成立。2001年12月由浙江电台、浙江电视台及相关企事业单位组建成立了浙江广电集团。在省级国有文化产业集团相继组建成立的背景下,2000年《浙江省建设文化大省纲要(2001—2020年)》明确提出,要大力扶持文化骨干企业,"加快资产重组,组建以产品为龙头,以资本为纽带的文化企业集团";"积极创造条件,逐步发展跨部门、跨行业、跨地区、跨所有制和跨国经营的大型企业集团";"省本级在完成旅游集团、浙江日报报业集团、出版集团、广电集团组建的基础上,重点抓好演出、电影发行放映和文化科技等集团的组建,促进资产、人才、技术等要素的合理组合,走规模化、集约化生产经营之路,形成以产业集团为骨干、各类中小型文化企业共同发展的文化企业群"。

除组建省级国有文化产业集团外，杭州、宁波等地也组建了市级国有文化产业集团。2001年7月市委八届七次全会扩大会议通过了《关于加快发展杭州文化产业的若干意见》《关于加快文化产业发展若干政策的意见》《关于加快市属文化事业单位转企改制的若干意见》等三个重要政策性文件。其中，《关于加快发展杭州文化产业的若干意见》提出了"推进文化企业集团化发展""组建具有较强竞争力，跨部门、跨行业、跨地区、跨所有制的大型文化企业集团"等战略，着力于改变杭州市"文化产业单位规模小、相对分散、难以形成社会化生产和规模经营的状况"等问题。此后，杭州市相继组建了杭州日报报业集团、杭州文化广电集团、西泠印社等。2000年9月，宁波市委市政府全市文化工作会议通过的《关于加快文化改革和发展的决定》，确立了建设文化大市的目标，提出要推动"文化类型从城镇文化向都市文化转变，文化体制从适应计划经济向适应市场经济转变"。此后，宁波市重点对"完善一个体系（文化市场体系）""调整两个结构（文化产业结构、国有文化资产布局）""深化三项改革（经营机制改革、管理体制改革、投资体制改革）"等进行了探索与实践，先后组建了宁波市歌舞团、宁波日报报业集团和宁波广电集团等。通过组建国有文化产业集团，浙江全省的文化资源得到了更优化的配置，文化产业低、小、散状况初步得到了改变，竞争实力大大增强。这些新组建的国有文化产业集团逐渐成为浙江文化领域的主导力量和文化市场的战略投资者。

习近平到浙江工作后的第二年，即2003年6月，浙江省被确定为全国文化体制改革综合试点省。全国文化体制改革试点工作会议要求"通过深化改革，建立有利于加强和改善党的领导，充分发挥社会主义市场经济体制的作用，充分发挥国有文化企事业单位的主体主导作用"，"以增加投入、转换机制、增强活力、改善服务为重点，抓好公益性文化事业的改革和发展；以创新体制、转换机制、面向市场、增强活力为重点,抓好经营性文化产业的改革和发展",这就明确了国有文化单位改革的方向,也为浙江国有文化企业单位改革提供了"自上而下"的动力。同年10月,党的十六届三中全会通过《中共中央关于完善社会主义市场经济体制若干问题的决定》,不仅提出"要坚持公有制的主体地位,发挥国有经济的主导作用,积极推行公有制的多种有效实现形式,加快调整国有经济布局和结构";而且强调"要适应经济市场化不断发展的趋势,进一步增强公有制经济的活力,大力发展国有资本、集体资本和非公有资本等参股的混合所有制经济,实现投资主体多元化,使股份制成为公有制的主要实现形式";"需要由国有资本控股的企业,应区别不同情况实行绝对控股或相对控股";"要建立健全国有资产管理和监督体制,深化国有企业改革,完善公司法人治理结构,加快推进和完善垄断行业改革"。

在这一大背景下,推动国有文化单位改革、培育和打造新型国有文化产业主体,被提到了更加重要的议事日程,不仅成为浙江省文化体制改革综合试点工作的重要任务,也成为浙江省深化国有企业改革的一项重要内容。

在布局部署浙江省文化体制改革和国有企业改革过程中,习近平高度重视新型国有文化产业主体的培育和打造。他不仅提出了"培育文化市场主体,要深化国有文化单位改革,重塑一批国有或国有控股的文化企业;发挥我省的民营经济优势,发展一批民营文化企业;充分利用我国加入世贸组织的有利条件,引进一批外资或合资文化企业,形成以公有制为主体、多种所有制共同发展的文化产业格局"[①]的目标;而且从浙江实际情况出发明确提出了培育文化市场主体的难点和突破点在于国有文化单位改革,亮点则在于民营文化企业发展的战略理念和思路。

显然,把国有文化单位改革、民营文化企业发展,分别作为培育

[①] 习近平:《干在实处 走在前列》,中共中央党校出版社2006年版,第326页。

文化市场主体的"难点和突破点"与"亮点",是抓住了推动文化体制改革的"牛鼻子"或"纲","纲举"才能"目张"。文化体制改革目的,就在于释放文化发展的活力,而把民营文化企业发展作为"亮点",就是把浙江经济发展的"活力资源"——民营经济引入文化产业发展领域作为"亮点"。而国有文化单位改革之所以成为"难点和突破点",不仅由于国有文化企业在文化产业领域具有控制力、影响力和带动力,而且也由于其具有双重属性。一方面,国有文化单位具有一般国有企业的经济属性;另一方面,国有文化单位又具有意识形态的或文化的属性。正因如此,国有文化单位改革不能单纯采取一般国有企业的改革措施,而是必须充分考虑经济属性和意识形态属性或文化属性这种双重的属性。这就意味着,如何把社会效益放在首位、实现社会效益和经济效益的最佳结合,如何把增强活力与坚持社会主义先进文化前进方向、遵循市场经济规律与遵循精神文明建设规律等结合在一起,既是国有文化企业改革的"难点",也是"突破点"。

除此以外,与民营经济等经济组织、民营文化企业不同,像一般国有企业一样,国有文化企业改革还有一个难点,就是往往缺乏改革的内生动力,改革的推动力通常来自于国有文化企业单位之外,既需要"自上而下"的党委和政府推动,也需要"自外而内"的市场推动。国有文化(单位)企业改革必须破除计划经济体制下形成的严重弊端,也使其成为改革的"难点和突破点"。在计划经济时期,文化艺术工作者统统由国家"包下来",并迅速地单位化,成为各类文化机构和团体中拥有固定岗位并拿着国家工资的"单位人""国家干部"。这些"单位人""国家干部"依靠政府公共财政投入从事文化艺术生产,通过政府"大包大揽"的保护规避了市场风险,无论"单位"效率高低、盈亏与否,都可以捧"铁饭碗"、吃"大锅饭"。这就导致了文化艺术工作者对"文化事业单位"的依赖。在计划经济时期,除全民和集体财产之外,对于个人来说,基本上不存在获得独立性的其他替代性资源的可能性。这种"文化事业单位"虽然发挥了重要的历史功能,但也暴露出了不少的弊端。政府大包大揽、政事政企不分的管理体制,混淆了政府的职能界限,加重了本来就捉襟见肘的公共财政负担,导致了政府运行效率的低下;缺乏自主创新的激励机制的"大锅饭"体制,导致了文化事业单位机构臃肿、人浮于事以及文化艺术工作者创造力萎缩等现象。在计划经济体制下,国有文化单位是事业单位,不是企业,因此不可能真正进入市场参与竞争。所以,有效地推进文化体制改革,就必须把破除国有文化企业的弊端作为"难点和突破点"。

习近平认为,一般省属国有企业改革的目的,是为了发展。加快省属企业改革,必须围绕发展这个主题,通过资产重组和结构调整,进一步优化国有资产的布局和结构,培育一批具有国际竞争力的大企业大集团,提高省属国有企业的整体素质,实现国有资产的保值增值,更好地体现和发挥国有经济的主导作用。这是省属国有企业改革的出发点和落脚点,也是衡量省属国有企业改革是否成功的重要标志。[①]他强调,省属国有企业情况千差万别。就省级授权经营企业集团来说,行业特点、企业规模、资产质量、经营业绩也各不相同。因此,在推进改革时,必须坚持因企制宜、分类指导,针对不同类型的企业采取不同的改制方式,不搞一刀切,不搞单一模式,从实际出发,积极探索和实践。有的可以继续保持国有独资或绝对控股,加快完善法人治理结构,建立长效激励机制;有的可以通过招标招募等办法引进战略投资者,实现产权主体多元化;有的可以进一步突出主业,优化配置资源,整合相关产业和资产,提高核心竞争力;有的可以产权转让、兼并拍卖或让经营层控股,整体转制。但是无论采用什么形式,都要有利于经营机制转变,有利于建立现代企业制度,有利于优化国有经济布局和结构,有利于国有资产保值增值,有利于浙江

[①] 习近平:《干在实处 走在前列》,中共中央党校出版社2006年版,第87页。

的发展。① 显然，国有文化单位除了具有与一般国有企业相同属性外，还具有特殊的意识形态属性或文化属性，更应坚持分类指导原则，采取多种有效形式推动改革。

按照分类指导原则，习近平把国有文化单位改革分成四块，并提出了区别对待的不同改革思路。第一块是新闻媒体所属经营部门的改革。新闻媒体具有鲜明的意识形态性质，要确保党和人民喉舌的性质不能变。要在此前提下，建立宣传业务与经营业务相对独立的组织结构，把经营部分分离出来，组建成独立的企业，并加快改制成规范的现代企业。对一些意识形态属性不是很强的报刊社，要进一步面向市场，先选择几家进行试点，将其改制为企业。第二块是出版单位的改革。要在保证正确出版导向的前提下，转换经营机制，调整产业结构，优化资源配置，加强内部管理，建立现代出版、制作、营销体系，做大做强出版业。对意识形态属性不是很强的出版社，可进行由事业转制为企业的探索。第三块是文艺创作演出单位的改革。文艺院团原则上都要面向市场，遵循市场规律和艺术规律改制为企业，与文化行政部门脱钩。但对国家级重点艺术院团，一些精品项目和民族文化的保护性项目，要有一些特殊的扶持政策。第四块是经营性文化企业的改革。影视和娱乐节目制作、出版物发行、印刷、放映、演出公司等经营性文化企业，要实行规范的公司制改造，依法转换劳动关系，建立现代企业制度。② 这就明确了浙江省国有文化企业改革的思路、原则和方向。

正是在上述理念的引导下，开展文化体制改革综合试点工作以来，浙江省把国有文化单位分为公益性和经营性两类。公益性文化事业单位改革，浙江省以"增加投入、转换机制、增强活力、改善服务"为目标，在世纪之交已经开始的"劳动、人事、分配三项制度

---

① 习近平：《干在实处　走在前列》，中共中央党校出版社2006年版，第88页。
② 习近平：《干在实处　走在前列》，中共中央党校出版社2006年版，第326—327页。

改革"基础上，按照中央关于深化干部人事制度改革和分类推进事业单位改革的总体要求，以转换用人机制和搞活用人制度为核心，以健全聘用制度和岗位管理制度为重点，继续深化公益性文化单位的用人、分配、激励等内部管理体制和运行机制改革，形成权责清晰、分类科学、机制灵活、监管有力，符合公益性文化事业单位特点和人才成长规律的人事管理制度。全面实行全员聘任制、干部聘任制，探索实行人事代理制、签约制、劳动合同制等多种用人方式，积极探索完善不同类型公益性文化事业单位在聘用合同、岗位设置、公开招聘、竞聘上岗等方面的不同管理办法，建立健全以聘用合同和岗位职责为依据、以工作绩效为重点内容、以服务对象满意度为基础的考核办法，建立符合公益性文化事业单位特点的奖惩制度，实现由固定用人向合同用人转变，由身份管理向岗位管理转变；根据分类推进公益性文化事业单位改革的总体要求，健全符合公益性文化事业单位特点、体现岗位绩效和分级分类管理的工作人员收入分配制度，逐步建立起机制健全、关系合理、调控有力、秩序规范的管理运行体系，促进公益性文化事业单位发展和体制机制创新，逐步实现公益性文化事业单位工作人员收入分配的科学化和规范化；拓宽发展渠道，提高服务水平，更广泛有效地为公众服务。

除了完善公益性文化单位内部管理机制和运行机制外，通过建立政府、市场和社会力量之间的伙伴关系，实现市场经济大背景下公益性文化单位的转型，也是浙江开展文化体制改革综合试点工作以来始终尝试和探索的一个重点。具体做法是：其一，改革和创新对公益性文化单位的投入方式。在保障正常运转所需人员和经费的基础上，逐步改变过去政府直接操作或给编制、给经费、给人员等行政化做法，通过购买服务、以奖代拨、拨款跟活动项目走等方式，逐步实现从以钱"养人""养机构"向以钱"养事""养项目"转变，以项目投入为手段，以激发活力为目标，加强审计和监督，提高公共资金使用效益，提高公共文化服务的效率。其二，引导社会力量捐助和兴办公益性文化事业。逐步加大吸引社会资金参与文化发展项目的力度，能够由社会投资建设的文化项目尽可能利用社会资金建设，政府创造条件，利用特许经营、投资补助等方式，吸引社会资金参与有合理回报和一定投资收益的文化基础设施和公共文化事业建设；逐步完善鼓励、捐赠和赞助等政策，拓宽筹资渠道，引导社会资金以多种方式投入公共文化事业。浙江省的改革实践表明，在计划经济体制下，直接提供文化产品和服务的文化事业单位往往缺乏提高效率和生产率的激励机制，实际上不面临任何竞争，处于一种垄断的地位。打破垄断地位的有效途径和方法，则是创建或模拟市场竞争，通过引入更多提供者（采取说服、宣传、政策优惠等手段鼓励社会资本投入公共文化领域）等市场化手段的不同选择，可以在公共文化服务领域形成行之有效的激励和约束机制，创新公共文化发展模式，从而有效地刺激政府及公益性文化单位改善公共文化产品和服务的质量并提高效率，通过回应和满足社会与公众需求证明公共文化部门相对于社会的合法性和合理性。其三，建立公共文化机构评估体系和绩效考评机制，制定博物馆、图书馆、文化馆、文化站、文化活动室等设施建设标准和评价体系，并与政府财政拨款和奖励紧密结合，使公益性文化单位更好地为满足城乡人民精神文化需要服务。

与公益性文化单位的改革有所区别，浙江省以"创新体制、转换机制、面向市场、增强活力"十六字规定了经营性国有文化单位的改革方向，并要求按照分类分步和"单位性质要转变、劳动关系要转换、产权结构要转型"的原则，实现经营性国有文化试点单位的转企改制。开展文化体制改革综合试点工作以来，浙江省不仅显著加大了推进国有文化企业组建的力度，而且坚持分类指导，采取多种有效形式推动改革改制，通过"剥离转制""整体转制""股份化改革"等途径，加快推进国有文化企业改革，着力建立现代企业制度，推动国有文化企业体制机制创新，在完善公司法人治理结构、转换经营机制等方面取得新进展，培育合格文化市场主体，增强企业活力，提高综合实力和市场竞争力。

在传统文化管理体制下，国有文化单位所有者和出资人的权益长期被虚置，激励机制和约束机制不合理、不规范、不充分，经营体制机制僵化、缺乏活力效率和市场竞争力，难以有效地承担国有资产保值增值的责任，也为经营管理者转移资产、侵占利润、短期行为、在职消费等"内部人控制"现象的产生提供了土壤。

在20、21世纪之交，虽然浙江省已经对国有文化企业改革进行了积极的尝试和实践，但上述问题仍然在相当程度上存在。比如，据王国均关于2002年浙江省新闻出版业的调研报告所述，"从经营机制上说，总体上还处于'小国寡民'、条块分割状态，在出版、印刷、批发、零售等相关的上下游纵向产业之间，图书、报刊、音像、电子、广播、电视等相关的横向行业之间分割严重，相互隔断"；"地方或部门保护主义、贸易壁垒问题始终存在"；"单个的新闻出版单位囿于人力、财力制约，品种少，市场影响力小，缺乏竞争能力和实力"；"近年先后组建的几家集团，尚处于磨合期，在跨地区、跨行业经营上，在做大做强方面，还没有迈出实质性步子"；与此同时，"经营机制改革进展不大，利用和开发资源的能力不足，粗放经营明显，难以适应国际国内竞争趋势"。[1]此外，国有文化单位市场竞争优势弱化趋势也未从根本上扭转，"国有新华书店、邮政报刊发行系统虽然目前仍然保持着书报发行的主导地位，控制着县及县以上50%的市场份额，但在一般图书的销售市场，面临非国有书商的激烈争夺，尤其在农村市场，新华书店的市场占有率已经降至40%以下"；"新华书店年批销码洋约为30亿左右，但一半以上是教材和教辅材料，一般图书经营乏力，竞争优势逐年弱化"；"而且新华书店的体制改革距建立现代企业制度要求还

---

[1] 王国均：《新闻出版业：由出版大省向出版强省跃升》，载卢敦基主编《2004年浙江发展报告（文化卷）》，杭州出版社2004年版，第168—169页。

有不小距离"。①

因此，推动经营性国有文化单位转企改制的目的，就是要实现国有经营性文化单位的机制创新，完善公司法人治理结构，建立现代企业制度，培育合格的文化市场主体，使微观主体拥有充分的决策权，能够根据市场信息的变化自主决策，从而有效地增强企业活力、综合实力和市场竞争力。正是在这一点上，开展文化体制改革综合试点工作以来，浙江省取得了卓有成效的突破。

从全国范围看，经营性国有文化单位的"转企改制"工作可以分为三种类型：剥离转制、整体转制、股份化改革。浙江省在这三个方面都进行了积极探索，具体做法是：

其一，推进资源整合与结构调整。从发达国家发展文化产业的实践经验来看，一个国家文化竞争力主要表现为若干家文化企业集团以雄厚的资本、技术和人才实力参与国际和国内市场竞争的能力。反观中国，虽然文化企业数量众多，但组织结构不合理，大企业、大集团比较少，文化企业集团也缺乏竞争力。比如，在2003年全国文化体制改革试点工作开始前夕，"我国的广播电视从中央到县市都有自己的系统，行政上是分级管理，财政上是分灶吃饭，体系上呈分割状态，无法发挥不同媒体间的互补和提携，要实现跨媒体、跨地区运作，更是不易"；"与国外跨越不同传媒集团相比，我国广播电视媒体经营单位的规模普遍太小，企业化运作的程度还不高，市场竞争力不强，抵御市场风险的能力较弱，节目营销和多元化经营的创收能力不强，影响了广播电视整体市场竞争能力的提高"。② 在浙江，如何避免体制性摩擦和低效率，也是浙江省广电集团与广电局分离后面临的一个新问题。

---

① 王国均：《新闻出版业：由出版大省向出版强省跃升》，载卢敦基主编《2004年浙江发展报告（文化卷）》，杭州出版社2004年版，第168页。

② 周静：《广电媒体业：集团化改革促进产业化建设》，载卢敦基主编《2004年浙江发展报告（文化卷）》，杭州出版社2004年版，第180页。

因此，按照中央要求和本省实际，浙江在组建国有文化集团时就以"转企改制"为目标，强调不搞"翻牌"，力求"化学反应"，推进资源整合与结构调整。实施建设文化大省战略以来，浙江广电集团对所属20多家单位进行"同类项合并"。在全国当时已经组建的六个省级广播电视集团中，浙江广电集团虽然挂牌在后，但实质性的改革已经先行一步。自2001年底组建成立以来，浙江广播电视集团通过优化资源配置和资产组合，调整内部结构和机构职能划分，构建集团集约化经营、专业化分工的基本框架，初步形成了统一高效、规范有序的管理体制和运行机制。浙江出版联合集团兼并省内2报4刊，并利用刊号资源调整报刊结构，培育新的增长点。对经营性企业加大资产重组力度，先后完成所属浙江印刷集团、浙江出版印刷物资总公司等20多家企业改制任务。同时，积极鼓励和扶持集团间的相互合作，在更高层次上进行资源优化配置。推进资源整合必须与结构调整、转企改制结合在一起，才能产生"化学反应"。2006年底，浙江出版联合集团在全国省级出版集团中，率先完成了整体改制，实现了单位性质从事业转变为企业、人员身份从国有事业单位干部转变为劳动合同制的企业员工、运行机制从国有事业单位管理模式转变为现代企业运行机制等"三个转变"，成为合格的微观文化市场主体。2007年，集团公司所属浙江人民出版社，也实现了体制机制转换。

开展文化体制改革综合试点工作以来，浙江省还对省委外宣办、浙江日报报业集团和浙江广电集团各自所属的三家网站实行"三网合一"，整合重组新的浙江在线新闻网站。整合后的浙江在线树立起了重要主流媒体形象，经营业务收入也大幅增长。2007年5月，由浙江省人民政府批准并出资，委托省文化厅管理的浙江省首家国有独资大型文化产业集团——浙江新远文化产业集团正式挂牌成立。这个集团由省文化厅直属的浙江省电影有限公司、浙江文化大厦有限公司、浙江舞台设计研究院有限公司、浙江文艺音像出版社（浙江天创光电有限公司）、杭州剧院、浙江胜利剧院、浙江省文化实业发展中心、杭州电影拍摄基地、浙江舞美演艺有限公司、浙江省对外文化交流公司、浙江省广告展览公司、浙江省演出公司、浙江省文化厅招待所等13家企事业单位和西湖文化广场中省文化厅管理的三万平方米经营性国有资产划转组建。

杭州和宁波等城市在开展文化体制改革过程中，也通过跨地区、跨行业合作，运用兼并、重组、集团化等形式，积极推进资源整合与结构调整。比如，杭州市整合了有线广播电视传输网络，2005年已经实现全市有线广播电视传输网络统一规划、统一业务、统一标准、统一经营、统一管理。宁波市则在推进文化体制改革中特别重视推动资源整合和结构调整，打破部门垄断、行业分割、地区封锁、城乡分离体制，解决"软、小、散、滥"问题，创造了许多成功的案例，比如，推动出版发行、电影放映、影视剧制播、演艺等领域兼并重组，先后组建了宁波出版发行集团有限公司、宁波市演艺集团有限公司、宁波广电网络股份有限公司等全新的市场主体。

其二，在党报、党刊、电台、电视台、通讯社、重点新闻社和时政类报刊，少数承担政治性、公益性出版任务的出版单位等新闻媒体的改革方面，浙江省省级层面的探索主要集中在浙报、广电、出版等集团，在这些集团内实行"两分开，两加强"，建立一种新型的公司化体制。除了省级以外，全省各地也对国有文化集团内实行"两分开，两加强"改革进行了积极的探索与实践。

一是按企业法人治理结构重新构建与下属经营单位的组织框架。比如，面对多频道运营的播出体系和市场环境下频道已成为直接面向受众、争夺市场份额的竞争主体、广电宣传和经营支柱等实际情况，浙江广播电视集团把频道经营作为广电发展和文化体制改革的主题。根据"统筹规划、独立编排、各具特色、资源共享"的原则，集团对所属频道资源实行全面重组，形成了以浙江卫视和广播新闻综合两个主频道为龙头、广电13个专业频道为两翼，既有整体统一形象又具合理分工的多功能、立体型、系列化的新型广电频道体系。构建

"两级管理、分频道经营"的运营体系,将宏观管理功能集中到集团层面,对所有频道实行总监负责制。在宣传上,频道拥有节目选题权、节目微调权、节目购置权、节目评估权、大型活动组织权等;在经营上,拥有广告(活动)价格制定权、广告播出安排权等;在人事上,拥有聘用人员选择权、临时用工决定权、人员内部调配权等;在分配上,拥有奖金二次分配权、创优嘉奖权等。集团根据频道常态的运营状况和要求增长的幅度,对频道实行"核定收支、超支不补、节余留用"的经济目标管理,对频道实行全成本核算。集团每年对频道下达宣传创优和经济创收两项指标,按月统计,年度考核。年度以宣传创优、经济创收、队伍建设三项进行综合考核。2010年1月,钱江报系在浙报集团率先启动人力资源管理体系改革,尝试打破严重制约员工发展的身份界限,实行同工同酬,体现岗位价值和贡献,通过体制机制创新,建立起既符合现代传媒发展诉求又符合精神产品特点的人力资源管理体系。报系所有员工原属事业单位的行政级别、专业职务以及与之相关的薪酬福利标准全部取消,只作为档案留存。所有员工依据管理、专业技术、辅助三大岗位序列,以及各序列的不同等级和档级,通过竞争上岗和双向选择确定岗位和薪酬。钱江报系建立起了以岗位设置管理为基础,以绩效考核为导向,以薪酬管理为激励的人力资源管理体系框架。通过改革,创建职工岗位价值评价体系,实现同工同酬;完善职工绩效考核量化机制,强化职工薪酬管理激励权重,体现岗位价值。这些做法都表明,浙江省积极尝试在国有文化集团中注入活力机制,实现原有"事业集团"的脱胎换骨,把它们打造成具有内在发展动力的新型市场主体。

二是积极探索新闻宣传业务和经营业务"两分开",建立宣传业务与经营业务相对独立、党委领导与法人治理结构相结合的领导体制和组织结构。具体做法是:将经营业务剥离出来组建相对独立的经营公司,在集团本级以下将宣传业务以事业法人形式,经营业务以企业法人业务形式形成独立分支,形成与集团的资产关系,同时吸收社会资本进入公司。实行党委领导下的总编负责宣传业务、总经理负责经营业务的领导体制。为加强领导和协调，一般集团党委书记兼任集团经营公司董事长。

在这个方面，浙江日报报业集团率先全国较早进行了探索与实践。早在2002年，浙报集团在全国首创报业集团有限公司（后更名为浙报传媒控股集团有限公司），使原有体制发生了变化，初步形成了新闻宣传业务和经营业务"两分开"的新格局。集团以资产为纽带，以集团公司为出资人，在所属媒体经营部门及其他经营单位全面推行公司化，将属于产业经营的发行、广告、印刷、技术服务、投资、物业等经营实体和经营业务分离出来，组建对国有资产负责、国有独资的浙江日报报业集团有限公司，着力塑造面向市场的微观主体，激发微观动力和活力，优化配置内部资源，实现事业与企业分线运行。浙江日报报业集团有限公司主要负责报业集团的资产管理、产业经营、资本运作，主要经营报刊出版发行、广告经营、印刷加工、物业管理、会展咨询、投资等业务，保证集团资产保值增值，促进集团产业做大做强。公司组建后，实行"大集团、小核算"，各经营实体积极进行企业化改造和劳动用工制度改革。《钱江晚报》和《今日早报》经营业务与宣传业务相对独立，分别组建了钱江晚报有限公司和今日早报有限公司。各报刊实行企业财务一本账，逐步由过去的"编报纸"向"经营报纸"转变。浙江广电集团、浙江出版联合集团等也都在这方面进行了改革。通过"两分开"改革，宣传业务定性为公益性，经营业务转为企业，从而不仅使新闻宣传得到强化，事业发展进一步加快，而且也使浙江省国有文化集团产业经营业务得以拓展，活力不断得以提升，经济实力不断得以增强。

试点城市杭州和宁波也对新闻宣传业务和经营业务"两分开"改革进行了积极的探索与实践。杭州市在进一步规范市属媒体集团与集团有限公司关系的基础上，健全党委领导和法人治理结构相结合的管理体制，推进公司按照现代企业制度运营。把新闻媒体中的广告、印刷、发行、传输网络部分,以及影视剧等节目制作与销售部门,从事业体制中剥离出来,转制为企业。比如,杭报集团有限公司和杭州文广集团有限公司,通过剥离经营性资产并吸收社会资本,改制组建了都市快报有限公司、杭州网通信息港有限公司、好朋友传媒公司等一批新兴市场主体。杭报集团将其旗下广告中心作为集团改革的试点,整体改造为集团控股的传媒公司,在授权经营或代理集团所属报刊广告业务外,拓展会展、路牌广告等其他产业;印务中心剥离副业,引入社会资本,组建了浙江盛元印务公司,在承接书报印刷的同时,进军商务印刷领域。杭州文广集团旗下的杭州广播电视报对经营性资产进行了剥离,组建了杭州实力文化传播有限公司,主营报社的广告、发行业务,并进行多元化经营。

宁波市则根据中央关于加快文化体制改革试点工作的要求,确定《东南商报》为改革试点单位。2004年初《东南商报》在"坚持党管媒体不变、党管干部不变、党和人民的'喉舌'性质不变、正确的舆论导向不变"等"四个不变"前提下,将报纸的经营部分和采编部分相分离,经营部分引入社会资金,组建规范化的股份制企业。2004年5月成立的宁波东南商报经营有限公司实行董事会领导下的总经理负责制,全权负责《东南商报》的广告、发行等相关经营业务,进行规范化市场运作。与此同时,《东南商报》仍保留原来的编辑部和编委会,在宁波日报集团党委和编委会领导下,负责采编任务及对新闻舆论导向的把关。在采编部门中大力推行"三脱钩一挂钩"改革。宁波市的这一成功改革案例还被中央文化体制改革领导小组办公室作为典型向全国推广。

浙江的文化体制改革综合试点工作实践表明,在新的体制下不仅"事业"和"企业"可以分开并在公司化的治理结构中实现新的结合,而且可以对宣传业务和经营业务实行统一领导,做到"两加强",以宣传业务统领经营业务,以经营业务支持宣传业务。比如,浙江报业集团已经建立起了三个层面的集团化管理格局:集团党委和集团公司董事会一体化，对重大事项进行决策和实行统一领导；集团总编辑和集团总经理分别对宣传业务和经营业务实施管理和指挥；各媒体和公司负责本单位日常运营的决策和管理。显然，这种新的集团化管理格局，使浙报集团的宣传业务和经营业务都得到了加强。

需要进一步说明的是，浙江的成功实践，并不意味着改革的终结。像全国其他一些省市一样，在浙江"两分开、两加强"改革过程中，也暴露出了需要进一步破解的问题。如有学者所说，传媒的编播业务和经营创收是皮和毛、体和用的关系，事实上无法完全剥开。在一个媒体内部把两者剥离，只是一种业务上的分工，没有实际意义；如果将一个媒体分成事业和企业两个不同性质的主体，一个负责编播业务，一个负责经营创收，其结果将导致价值运行链的断裂。最好的办法是根据媒体所承担的公共服务和商业运营的不同性质，对现有媒体实行分类管理、分类运营、分类发展、分类规制，最终形成公共文化服务和商业运营的二元格局和双轨制。[①]

2016年，省委办公厅、省政府办公厅印发《关于坚持先进文化前进方向推动国有文化企业做强做优做大的意见》，上述问题终于有了最终的答案和定论。《意见》提出，党报党刊、电台电视台、时政类报刊等新闻单位，可以依法依规开展有关经营活动，但必须做到采编与经营分开，禁止采编播人员与经营人员混岗。要推动党政部门逐步与所主管主办的非时政类报刊社等企业脱钩，可以整合资源组建出版传媒集团，由集团履行相应主管主办职责，也可以划转给党报党刊所属的非时政类报刊和其他国有文化企业来主管主办，推动政企分开。已经转企的出版社、非时政类报刊出版单位、新闻网站等，实行国有独资或国有文化企业控股下的国有多元。新闻媒体中的广告、印刷、发行、传输网络部分等剥离进行转企改制时，必须由国有资本绝对控股。在坚持出版权、播出权特许经营前提下，探索制作和出版、

---

① 庞井君：《构建新型文化体制框架的理论思考》，载张晓明、胡惠林、章建刚主编《2008年中国文化产业发展报告》，社会科学文献出版社2008年版，第71页。

制作和播出分开。

其三，对于一般性的经营性文化单位，如艺术表演团体、与意识形态关系不是太密切的出版单位、影视制作销售单位以及文化经营中介机构等单位，"直接"或"间接"实现转企改制。"直接"实现转企改制的做法是：单位性质变，即注销原事业单位；劳动关系变，即实现人员安置分流和身份转换；产权结构转型，即实行资产评估、授权经营与工商注册，一步到位成为完全的市场主体。[①] 比如，2003 年浙江省文化体制改革试点工作领导小组批复《浙江出版联合集团深化改革总体方案》，浙江出版联合集团成为首批全国文化体制改革试点单位之一，率先全国在新华书店集团、科技出版社、电子音像出版社等 3 家单位进行"事转企"改制试点工作。通过"事转企"改制工作，出版发行单位减轻了负担，优化了资产，补充了资金，为市场经济大背景下更好生存和发展奠定了基础。2004 年以来又相继启动并完成了其余 8 家出版单位的"事转企"改制和集团本级的改制工作。至 2007 年，整个集团（包括浙江人民出版社）"事转企"改制工作全部完成。集团改制实现了从事业性质向企业性质转变、从事业干部身份向劳动合同制企业员工转变、从传统国有事业单位管理模式和运行机制向现代企业制度转变，从而释放了发展活力。2003 年，浙江省新华书店集团也被中宣部列为全国文化体制改革首批试点单位之一，整体进行了"事转企"改制，各项改革工作顺利推进，2008 年被评为"全国文化体制改革优秀企业"。2006 年 7 月，杭州市召开了全面推进文化体制改革工作会议，进一步明确了经营性文化事业单位转企改制的五种类型：转制为企业的文化事业单位可分为除国家重点扶持以外的一般艺术表演团队；除少数承担政治性、公益性出版任务以外的出版单位；文化、艺术、生活、科普类等报刊社；新华书店、电影制片厂、影剧院、电视剧制作单位和文化经营中介机构；党政部

[①] 张晓明：《文化体制改革：解放和发展文化生产力的关键》，载李景源、张晓明主编《浙江经验与中国发展（文化卷）》，社会科学文献出版社 2007 年版，第 125 页。

门、人民团体、行业组织所属事业编制的影视制作和销售单位等五类。凡按规定需要转企的，均要按照成熟一个推进一个的原则，逐步转制为企业。

当然，在浙江，除了"直接"实现转企改制这种方式外，也有其他一些"间接"的转企改制做法。杭州市对部分市属国有院团实行"事生企"的转企改制方式，就属于后一种做法。开展文化体制改革试点工作以来，杭州市确立了"市属重点院团（杭州歌舞团、杭州越剧院）实行国有控股的股份制改造，其他院团分步实施转企改制"的策略，由点到面推进各类文艺院团改革并取得了初步成效。比如，黄龙越剧团引入现代企业制度，把企业人事管理与绩效考核制度引入景区和剧团，以岗位绩效竞争激活了内在动力，创下了一年逾千场演出场次的绩效，推动了戏曲事业和产业的协调发展。2003年6月，建德婺剧团完成彻底改制，成为全省第一家进行改制的艺术院团。改制前这个剧团已经多年没有演戏。建德市委市政府对剧团实行了置换身份、办理提前退休等做法，理清劳动关系，然后再按照县级专业剧团民营化或事业单位企业化运作方式，招聘人才、重整队伍，建立符合市场经济规律和戏剧艺术发展规律的管理机制和运营机制，改制后三个月内演出场次就达118场。在这些剧团积累的改革经验基础上，杭州市确定杭州杂技总团、杭州滑稽艺术剧院作为市属文艺院团转企改制试点。然而，在推进改制试点工作中，杭州市遇到了以下几大问题：一是国有文艺院团由于传统的事业体制属性、缺乏符合现代企业管理理念和要求的经营管理人才等因素，依靠自身面向市场的能力较弱，改革的内生动力不足，加之从业者年龄小、从业时间短等特点，职工对改制有较大抵触情绪；二是随着文化消费热点转移，传统文艺演出市场呈现逐步缩小的趋势，资本市场对文艺院团改革不能产生积极响应，从而难以实现多元化股份制改革的目标；三是改制成本巨大，文艺院团已有国有资产无力支付。正因如此，杭州市委市政府按照2005年中央和浙江省有关一般性国有文艺院团"逐步改为企业"

的精神，提出了探索市属院团"事生企"改革的初步设想，逐步推进院团改革。

按照杭州市文化体制改革工作领导小组办公室的总结，杭州市"事生企"主要采取了两种形式[1]：一种形式是先暂时保留院团独立建制、法人地位、人员身份性质不变，在每个院团原有事业体制外另组建股份制演艺公司，公司租赁院团的经营性资产，吸收院团人员进入公司工作，将院团委托给公司经营，实行"事生企"改革。在劳动人事、社会保障等政策方面执行"老人老办法，新人新办法"，即原事业编制员工、退休人员保留事业身份不变，继续参加事业单位养老保险和享受国家对事业单位的工资和福利待遇，新公司招聘的员工原则上一律按照《劳动法》参加企业养老保险和企业单位工资及福利待遇。与此同时，新公司引入现代企业制度进行市场化运作，逐步形成与市场经济要求相适应、与国有文艺院团性质和作用相配套的艺术生产、人事、分配和社会保障机制。"事生企"改革后政府继续保持并增加投入，但投入方式开始由"养人"向"养事"转变。比如，杭州市财政部门对实行"事生企"改革的杭州杂技总团、杭州滑稽艺术剧院以2006年预算安排的人员经费为基数，5年内继续给予拨付，其间确需按事业编制引进的特殊人才，财政及时追加其人头经费。同时在5年内，财政每年在工资总额外新增加230万元考核经费，用于对市属文艺院团演出场次和精品创作的考核奖励。除此以外，市财政用于文艺院团的各项专项补助仍然保留并酌情增长。"事生企"改革后，待条件成熟再注销现院团事业单位"壳子"，最终完成转企改制。杭州市"事生企"改革的第二种形式是院团新组建演艺公司，采取项目制方式对院团生产的优秀剧目进行营销运作，逐步推进院团市场化改革。"事生企"改革的有效实施，突破了一步到位"事转企"改革中可能会遇到的人员分流难、改制资金筹措难等瓶

---

[1] 杭州市文化体制改革工作领导小组办公室编：《杭州市文化体制改革回眸》，杭州出版社2007年版，第6页。

颈，既保障了文艺工作者利益，避免了高额改革成本的付出，又推动了文艺院团现代企业制度的建立。

浙江省培育和打造新型经营性国有文化产业主体贯穿于从建设文化大省、文化强省到建设文化浙江的全过程。2007年10月党的十七大报告明确了要大力"培育文化产业骨干企业和战略投资者"的战略任务。2008年6月省委工作会议通过《浙江省推动文化大发展大繁荣纲要（2008—2012）》，对国有文化企业改革发展作出了新的部署，围绕"推动国有文化资本向市场前景好、综合实力强、社会效益高的领域集中，发挥国有文化资本的控制力、影响力和带动力"；"运用市场机制，以资本为纽带实行联合、重组，重点发展一批具有较强实力和竞争力的大型文化企业集团"等新目标，进一步强调要"改革领导体制，理顺内部关系，建立完善党委领导与法人治理相结合的组织结构"；"加快推进国有文化企业的公司制和股份制改造，完善法人治理结构"；"进一步深化集团运行机制改革，全面推行聘用制度和岗位管理制度，充分调动从业人员的积极性"；"在做大做强主业的基础上，充分发挥特色优势，努力在跨地区覆盖、多媒体兼营、跨行业拓展上取得新的突破，促进国有文化集团跨越式发展"。在这一背景下，浙江省国有文化企业改革与发展迈出了新的步伐。比如，浙江广电集团坚持以增强集团调控能力和频道（中心）、直属单位自营能力为重点，进一步完善统分结合、统分适度的管理体制，逐步形成了制度规范、服务优良、职能完善、高效运行的集团管理体系；按照"突出重点、缩短战线、加强管理、提高效益"的思路，以增强广播电视创收能力为重点，积极延伸产业链，构建新的经济增长点，逐步形成了"广告为主、适度多元"的产业经营新格局；发挥集团化管理优势，重点加强重大支出项目成本管理和频道内部管理，实施了"广播电视创收成本""重大宣传项目经费""影视节目购销"等规定，实行节目、栏目经费预算和使用公示制度，严格控制广告提成、宣传经费、节目购买等重大开支，有效降低频道运营成本；制定实施

"对外投资管理办法"等，规范对外投融资决策程序，努力降低和控制经营风险，确保广播电视国有资产保值增值。通过深入实施这些新的改革与发展措施，浙江广电集团舆论引导力、品牌影响力和核心技术竞争力明显提升，资金总量、技术装备实力和人才队伍实力显著增强，2010年经营创收突破40亿元，超额实现经营总量翻两番的目标，走在了全国省级广播电视媒体的前列。2010年，省新闻出版局负责人约谈转企改制中仍留有尾巴的2家出版单位负责人，下达转企改制限制令，指导督促其及时完成转企改制扫尾工作，确保全省所有出版单位彻底完成转企改制任务。

2011年10月，党的十七届六中全会通过《关于深化文化体制改革 推动社会主义文化大发展大繁荣若干重大问题的决定》明确提出，"必须毫不动摇地支持和壮大国有或国有控股文化企业，毫不动摇地鼓励和引导各种非公有制文化企业健康发展"；"要培育一批核心竞争力强的国有或国有控股大型文化企业或企业集团，在发展产业和繁荣市场方面发挥主导作用"。党的十七届六中全会以来，根据党中央的决策部署和省委《关于认真贯彻党的十七届六中全会精神大力推进文化强省建设的决定》提出的"推进文化体制机制改革创新"的新目标新任务，浙江省重点推进深化国有文化单位改革、推进文化管理体制改革和创新文化"走出去"模式三个方面的工作。在深化国有文化单位改革方面，主要是推进全省经营性国有文化单位改革，着力于形成现代企业制度，培育合格文化市场主体，打造一批有实力和竞争力的国有文化企业；拓展出版、发行、影视企业改革成果，加快公司制股份制改造，完善法人治理结构，形成符合现代企业制度要求的文化企业经营管理模式；按照区别对待、分类指导、循序渐进、逐步推开的要求，继续推进一般国有文艺院团、非时政类报刊社、新闻网站转企改制，推进党报发行体制和影视剧制播分离改革，深化广电有线网络"一省一网"整合发展；进一步完善党报党刊、电台电视台管理和运行机制。继续推动一般时政类报刊社、保留事业体制的文艺院团实行企业化管理。

这一时期，浙江省培育和打造新型经营性国有文化主体步伐明显加快。比如，早在2001年，浙报集团就提出了"传媒控制资本，资本壮大传媒"的发展理念，着手内部改革和资本运作，在体制机制上率先实现了公司化运营。2010年，浙报集团在全国十多家提出上市的报业集团中脱颖而出，被中宣部确定为上市发展的先行试点单位。2011年9月，浙报传媒集团股份有限公司（浙报传媒）在上海证券交易所成功上市，成为浙江省第一家国有文化类上市公司，也是全国首家媒体经营性资产整体上市的报业集团，创造了中国资本市场的"浙报速度"。浙报传媒的成功上市，对浙报集团实现体制机制、发展方式的战略转型，全面提升党报舆论引导力和科学发展能力，都具有重要意义。2011年浙江新远文化产业集团公司下属浙江对外文化交流公司、浙江省文化事业发展中心、浙江文艺影像出版社等10家单位完成了转企改制任务，新远文化产业集团公司主营业务不断发展壮大，进入良性发展阶段。

2011年5月，中宣部、文化部联合颁发《关于加快国有文艺院团体制改革的通知》，要求各地在2012年上半年全面完成国有文艺院团体制改革任务；除中央文化体制改革工作领导小组确定的少数保留事业单位性质的院团外，其他国有文艺院团（不含新疆、西藏地区）都要转制为企业。根据这一要求，浙江省加快了国有文艺院团体制改革步伐。至2012年，浙江歌舞剧院、浙江曲艺杂技总团、浙江话剧团全面完成转企改制工作，浙江越剧团、浙江京剧团分别与浙江小百花越剧团、浙江昆剧团合并成立了浙江小百花越剧院、浙江京昆艺术中心。浙江省国有文艺院团改革工作得到了文化部复查验收工作组的充分肯定。浙江省文化厅文改办和浙江歌舞剧院有限公司、浙江曲艺杂技总团有限公司被文化部授予全国国有文艺院团体制改革工作作出突出贡献的先进单位。当然，转企改制后仍面临着一些需要进一步破解的问题。2012年王相华、李义杰等运用问卷和访谈方法对浙江省属文艺院团转企改制后状况进行了调查并得出结论:"大部分演职人员对国有文艺院团的转企改制持支持态度,尤其是青年员工,但仍有部分员工对转企改制认识不清晰;对目前院团人事制度改革相对满意,但对分配制度持有异议,工资待遇和工作环境是其中最为关心的问题;艺术投资逐步增加,但高级人才、创意创作人才不足;院团的市场化和独立性不高,政府、企事业单位仍是院团的主要市场和收入来源,商业性演出和大众市场亟待开拓和培育。"[1]

长期以来,非时政类报刊出版单位作为党报党刊等时政类报刊出版单位以外的报刊出版单位发挥了重要作用。但在社会主义市场经济条件下非时政类报刊出版单位的现行体制制约了报刊出版业发展,存在数量过多、规模过小、资源分散、结构不合理、市场竞争力弱等突出问题,部分单位长期靠行政摊派、买卖报号刊号维持生存,有的成为部门和单位的"小金库",助长了不正之风,迫切需要深化改革。伴随着新闻出版领域改革取得突破性进展,图书出版单位体制改革任务全面完成,报刊出版单位体制改革的探索与实践,深化非时政类报刊出版单位体制改革已经成为瓜熟蒂落、水到渠成的事情。2011年5月中共中央办公厅、国务院办公厅颁发《关于深化非时政类报刊出版单位体制改革的意见》提出了"根据非时政类报刊的不同性质和功能,分期分批进行转制"的改革要求。根据这一要求,浙江省建立了非时政类报刊出版单位体制改革联席会议制度,制定了非时政类报刊出版单位改革方案并确立了第一批和第二批转制改革名单。2012年,浙江省完成了第一批35个非时政类报刊转企改制任务,为分步实施、逐步推广积累了经验。非时政类报刊转企改制,以资本为纽带,推进资源重组、结构调整,提高了非时政类报刊市场集中度和核心竞争力,巩固和发展了主流舆论阵地,推动了浙江报刊出版业更好更快发展。

---

[1] 王相华、李义杰:《转企改制文艺院团发展现状调查——以浙江省属国有转企改制文艺院团为例》,《东南传播》2012年第10期。

除了省级以外，这一时期全省各地国有文化单位改革也取得了重大进展。比如，根据"转制一批、整合一批、撤销一批、划转一批、保留一批"的基本思路，浙江省加大了督查与指导力度，推动全省市县国有文艺院团全部完成既定改革任务。至2012年全省64家承担改革任务的文艺院团（不含4家保留院团）中，转制21家，划转14家，撤销29家。各地广电有线网络公司化和资本联合加快推进，全省广电有线网络完成资本联合和一体化运营。2011年底，宁波市74家公益性文化事业单位推行了用工聘用制度和岗位管理制度，经营性国有文化单位100%实现了转企改制，探索建立了具有宁波特色的"管人、管事、管资产"相结合的国有文化资产监督管理体系。2012年2月，宁波市被中宣部、文化部、国家广电总局、新闻出版总署授予"全国文化体制改革工作先进地区"称号。

党的十八大以来，我国文化发展进入了新阶段，包括国有文化单位改革在内的文化体制改革也步入了攻坚期和深水区。2013年8月19日，习近平在全国宣传思想工作会议上的讲话中指出，关于文化体制改革，只强调一点，就是要在继续大胆推进改革、推动文化事业全面繁荣和文化产业快速发展、建设社会主义文化强国的同时，把握好意识形态属性和产业属性、社会效益和经济效益的关系，始终坚持社会主义先进文化前进方向，始终把社会效益放在首位。无论改什么、怎么改，导向不能改，阵地不能丢。2013年11月，党的十八届三中全会通过《中共中央关于全面深化改革若干重大问题的决定》，对全面深化改革作了全方位的布局和部署，进一步明确了深化国有文化企业改革的新任务，不仅提出要"完善文化市场准入和退出机制，鼓励各类市场主体公平竞争、优胜劣汰，促进文化资源在全国范围内流动"；而且强调要"继续推进国有经营性文化单位转企改制，加快公司制、股份制改造"，"对按规定转制的重要国有传媒企业探索实行特殊管理股制度"，"推动文化企业跨地区、跨行业、跨所有制兼并重组，提高文化产业规模化、集约化、专业化水平"。这就进一步明确了国有文化企业改革与发展的方向。

党的十八届三中全会以来，中央从"五位一体"总体布局的战略高度，对全面深化文化体制改革作出了一系列重大部署，新一轮文化体制改革开始进入全面发力、多点突破、纵深推进的阶段，国有文化单位改革也进入了涉深水、闯险滩、啃硬骨头的阶段。2013年11月29日，紧随党的十八届三中全会召开的省委十三届四次全会通过《关于认真学习贯彻党的十八届三中全会精神　全面深化改革再创体制机制新优势的决定》，不仅把"基本完成经营性文化单位转企改制"作为全面深化改革的重要目标和路线，而且进一步明确了"继续推进国有经营性文化单位转企改制，加快公司制、股份制改造""对按规定转制的重要国有传媒企业探索实行特殊管理股制度"等国有文化企业改革与发展的新任务。

2014年，作为落实省委十三届四次全会提出的全面深化改革再创体制机制新优势战略的重要举措，省委全面深化改革领导小组下设了文化改革专项小组。同年7月，省委全面深化改革领导小组召开第三次会议，审议通过了《浙江省深化文化体制改革实施方案》和《浙江省深化文化体制改革重点举措及工作项目》，确定了浙江省六大方面改革任务和30个重点改革项目，对浙江省深化文化体制改革进行了新的布局和部署，对国有文化单位改革与发展作出了新的安排。《浙江省深化文化体制改革实施方案》提出，要加强国有文化资产管理，探索实行特殊管理股制度，完善互联网管理体制机制，改革文化产品评价体系和激励机制；优化文化微观运营体系，深化"事改企"，推进"企改股"，鼓励"股上市"，探索"事建理"。其中，"深化'事改企'"，"推进'企改股'"，"鼓励'股上市'"这三条，进一步明确了浙江省经营性国有文化单位改革的方向。作为《浙江省深化文化体制改革实施方案》的配套文件，《浙江省深化文化体制改革重点举措及工作项目》对包括国有文化企业改革在内的全面深化改革总方案进行了细化，落实到部门，明确了时间表、路线图。

2016年，省委办公厅、省政府办公厅印发的《关于坚持先进文化前进方向推动国有文化企业做强做优做大的意见》不仅强调要支持符合条件的国有文化企业上市融资，推动发行、影视、演艺集团交叉持股或进行跨地区跨行业跨所有制并购重组，利用市场资源和社会力量做强做优做大核心主业，用优秀文化产品提高市场占有率，培育同行业中的领军企业；而且要求国有文化企业必须为全社会提供更多思想性、艺术性、观赏性俱佳的文化产品，为经济转型升级提供有意义、有品位、有市场的文化服务。2017年11月省委省政府《关于推进文化浙江建设的意见》不仅进一步明确了"健全管人管事管资产管导向相统一的国有文化资产管理体制"这个文化体制改革向纵深推进新阶段国有文化企业改革发展的新目标新任务；而且对"推进出版、发行、影视、演艺等领域国有文化企业进一步完善法人治理结构，建立健全有文化特色的现代企业制度""推进浙江出版集团、东海电影集团等国有重点文化企业股份制改造""加快浙江时代院线、浙江出版传媒等上市步伐"等作出了新的部署和安排。

党的十八大以来特别是党的十八届三中全会以来，浙江省积极贯彻落实中央改革部署，创新体制机制，国有文化企业改革与发展、新型国有文化产业发展主体的培育和打造，取得了新的进展和突破：一是加强文化体制改革的顶层设计，全面部署包括国有文化企业改革在内的文化体制改革任务。省委省政府督促指导11个市和省文化厅、省新广局、浙报集团、浙江广电集团等制定了改革实施方案和项目表，共安排2014—2017年改革项目326个，其中，2014年实施的项目就达245个。每年制定年度文化体制改革任务分解方案，明确任务目标和责任。二是转变政府职能，创新有助于推动国有和民营文化产业发展的宏观管理体制。推进文化领域有关部门职能归并、机构整合，积极开展简政放权，进一步规范文化行政审批事项。省文化厅将原有129项审批项目减少至25项，精简比例达77%，省新闻出版广电局减少行政审批事项60%以上。省文化厅11项行政审批事项中8

项已全部或部分委托下放，全省文化系统34项办事事项已于2017年11月底全部实现"最多跑一次"。省委省政府还出台了深化文化市场综合执法改革实施意见，健全了综合执法运行机制，大力加强执法队伍建设，建立黑名单管理制度。三是继续着力于推进国有经营性文化单位转企改制。加快推进公司制、股份制改造，对按规定转制的重要国有传媒企业探索实行特殊管理股制度；加快推进文化产业投融资服务体系建设，积极培养骨干文化企业，推动文化企业兼并重组；深入实施文化产业发展"122"工程和文化产业倍增计划，加快推动国有和民营文化产业与其他产业融合发展；积极培育文化出口重点企业、重点项目和出口基地，提高文化走出去水平。

开展文化体制改革试点工作以来，浙江省一直致力于推动国有文化企业改革与发展，进一步明确所有权与经营权，赋予更多自主权，使"国有文化资产"成为真正的"资本"，成为享有民事权力、承担民事责任，依法自主经营、照章纳税、自负盈亏、自我发展、自我约束，对出资者承担资产保值增值责任的独立法人实体和市场竞争主体，不断完善内部运行机制，加快形成符合现代企业制度要求的经营管理模式。通过改革，浙江省国有文化企业整体活力和实力大幅度提升。在这方面，浙江日报报业集团、浙江广播电视集团、浙江出版联合集团等国有文化企业集团，都具有典型性。

经过多年来的持续改革与创新，浙江日报报业集团不仅拥有浙江日报、钱江晚报、浙江共产党员、红旗出版社等报刊、出版社26家，而且也发展了浙江新闻客户端、天目新闻客户端、小时新闻客户端等一批新媒体。浙江日报（浙江新闻客户端）、浙江在线、钱江晚报传播力位居国内同类媒体前列，连续多年入选"中国500最具价值品牌""亚洲品牌500强""世界媒体500强"。浙报集团被确定为全国首批"数字出版转型示范单位"，被授牌国家级出版融合发展重点实验室、国家文化和科技融合示范基地。浙江日报报业集团自主研发的"媒立方"获得"王选奖特等奖"这一中国新闻科技奖最高奖，支撑融媒体中心建设的"天目云""天枢"等技术平台已得到广泛运用。集团旗下浙报传媒于2011年借壳上市,成为全国首家实现经营性资产整体上市的省级报业集团和浙江省首家国有文化上市企业。2017年3月,浙报传媒进行重大资产重组,将新闻传媒类资产转移至控股股东,由浙报集团进行统一的集团管控和全媒体融合,上市公司则专注于数字娱乐和大数据产业业务,转型为互联网数字文化产业集团。彻底剥离传统新闻媒体资产后,浙报传媒(浙数文化)着力发展以IP为核心的数字娱乐、数字体育和"四位一体"的大数据三大重点产业,业务结构更加优化,市场竞争力进一步提升。集团总资产、总营收、总盈利能力在国内同行中名列前茅。浙报传媒控股集团有限公司连续多年入选"全国文化企业30强"。面对舆论生态、媒体格局、传播方式的深刻变化,从2019年开始浙江日报报业集团围绕打造全程媒体、全息媒体、全员媒体、全效媒体,深化媒体融合,落实"四力"要求,全面实施集团三年发展规划(2019—2021年),以"内容品质化、媒体品牌化、传播智能化、服务智慧化"为重点,大力推动"创业创新创优",把"高质量高效益高水平"的发展导向贯彻到集团工作全过程、各方面,加快建设具有强大传播力、引导力、影响力、公信力的新时代一流传媒集团。

经过多年来的持续改革与创新,浙江广播电视集团已经发展成以新闻宣传为主体、兼营相关产业,直属于浙江省委省政府、具有强大实力和影响力的综合媒体集团。集团共有员工7100多人,下辖12个电视频道、8个广播频率,其中,浙江卫视、浙江之声分别为电视、广播综合主频道(率),其他为专业频道(率),拥有IPTV、新蓝网、中国蓝新闻、中国蓝TV、蓝媒视频、喜欢听等新媒体渠道和平台;下属16家全资企业单位、11家控参股公司,主营报纸杂志、音像出版、影视剧制作、文化园区、媒体工程、旅游宾馆、综合物业等业务。围绕打造"六位一体"新型媒体集团战略目标,集团持续推进新媒体环境下的内容宣传、媒体融合、产业经营、人才支撑、组织管理、文化环境建设,坚持"立足广电、多元拓展",加速布局子文化园区、影视生产、融媒产业、新零售领域及资产证券化,加快推动产业转型升级、发展动能提速,各项事业始终保持高质量发展态势。集团从2011年至2019年连续9年入选"中国500最具价值品牌",自2017年至2019年连续3年荣膺"亚洲广播电视十大品牌"并排名亚洲第五。集团持续打造节目、栏目、活动、频道、主持人和金牌制片人等系列品牌,精心创制了一批重大主题报道、重点理论节目、重要新闻行动,一些综艺节目在全国受众中产生了很大影响力。集团还积极打造以浙江卫视为主龙头、浙江国际频道为主窗口,广播电视海外播出与互联网传播并重的对外媒体合作、文化交流新格局,外宣节目覆盖全球200多个国家和地区,并实现高清播出。更值得一提的是,集团积极适应媒体生态和舆论格局的深刻变化,坚持广播电视与新兴媒体"一体两翼、双核驱动",按照"拓面、提质、增效"总体思路,立破并举,内外兼修,成功打造"中国蓝云"省级技术平台,探索构建以"中国蓝云"为依托、IP技术为基础、信息服务为核心、聚合"广电、报网、端屏"业务的全媒体支撑保障体系,并通过参与中宣部县级融媒体中心建设相关标准制订、开展与浙江全省市县媒体融媒体中心建设合作,以及构筑全省广电融合传播协作体"蓝媒号"等一系列举措,不断打通广播电视与新兴媒体之间的渠道平台界限,已初步形成富有浙江广电特色的融合传播平台矩阵和融合发展新型格局。集团技术装备实力全国领先,有高清电视转播车和各类卫星直播车29辆,配备了代表行业先进水平的4K/IP超高清转播车集群,建成了规模不一、功能不同的电视演播厅和广播可视化直播室28个,较好地发挥了技术在媒体发展中的驱动引领作用。

浙江出版联合集团于2007年完成了整体"事转企"改制,经过十多年的持续改革与发展,已经成为以图书、期刊、音像制品和电子、多媒体出版物的出版、制作、发行为主业,兼营与出版产业相关的物资贸易、投资等业务,浙江省政府直属的国有独资出版企业集团和国有资产授权经营单位，拥有浙江省新华书店集团、浙江教育出版集团、浙江印刷集团、浙江省出版印刷物资集团、博库网络传媒集团 5 家全资子集团，浙江人民出版社、浙江人民美术出版社、浙江科学技术出版社、浙江文艺出版社、浙江少年儿童出版社、浙江古籍出版社、浙江摄影出版社、浙江电子音像出版社、浙江省期刊总社、浙江出版集团数字传媒公司等 11 家出版单位，以及浙江出版集团投资公司、浙江出版集团资产经营公司。浙江出版联合集团全资和控股法人单位共计 120 余家，各类从业人员 8200 余人，总体经济规模综合实力位列全国出版集团前 5 名，是全国文化体制改革先进单位、全国新闻出版"走出去"先进单位、全国首批数字出版转型示范单位和中国服务业 500 强企业。2016 年，集团首次入选全球出版企业 50 强，列第 18 位。2008 年至 2018 年，集团连续十次入选全国"文化企业 30 强"。集团本级和少儿社、教育社、省店集团以及华硕公司被中宣部、商务部、原新闻出版总署等国家六部委认定为"全国文化出口重点企业"。在新闻出版主管部门历年颁布的《新闻出版产业分析报告》中，集团在全国出版集团总体经济规模综合排名中均名列前茅。省店集团、印刷集团、美术社、少儿社、教育社等单位在各自门类的总体经济规模综合排名中均在前十之列。印刷集团获得首批"国家印刷示范企业"和"中国印刷业企业信用等级 AAA 级企业"称号并连续 13 次入选"中国印刷企业百强"榜。2016 年，浙江出版联合集团下属浙江出版传媒股份有限公司（简称"浙版传媒"）成立。浙版传媒是一家集出版、印刷复制、发行及零售等传统业务，并融合数字出版、数字媒体、数字营销、信息技术服务、在线教育与培训等新兴业态于一体的大型综合文化企业，2019 年的营业收入已迈入百亿元大关。2021 年 2 月 4 日，浙版传媒首发申请获中国证监会通过，稳步走向中国资本市场。这是浙江出版联合集团继 2007 年完成事转企改制之后的改革发展新的重大突破。

三 实现国有文化企业两个效益最佳结合

在加快推动国有文化企业形成符合现代企业制度要求的经营管理模式,培育和打造新型国有文化产业发展主体,利用市场资源和社会力量做强做优做大核心主业的同时,浙江省着眼于国有文化企业在发展文化产业、发展先进文化中的重要地位和功能,积极尝试和探索更好地处理国有文化企业的意识形态属性与产业属性、文化企业的精神特点和现代企业制度要求的关系;积极探索把加强党的领导与完善公司治理结构统一起来的途径和方式。围绕上述目标,浙江省积极尝试创新资产组织形式和经营管理模式,建立健全把社会效益放在首位、实现社会效益和经济效益相统一的考核评价标准,明确把社会价值优先的经营理念体现到企业章程和各项规章制度中,逐步形成了体现国有文化企业特点、符合现代企业制度要求的资产组织形式和经营管理模式。牢牢把握正确方向,坚持社会效益和经济效益相结合,是浙江推进文化体制改革过程中始终坚持的原则,也是浙江国有文化企业改革之所以取得显著成效的关键。

浙江的实践表明,国有文化企业改革既要适应社会主义市场经济发展方向,把推进体制机制创新作为关键和重点,又要牢牢把握先进文化的前进方向,遵循社会主义精神文明建设的特点和规律。

第一,国有文化企业改革与发展,必须适应社会主义市场经济发展方向。一个社会的文化发展体系并不是与经济体制无关的自足体系。经济体制是约束人们行为及其相互关系的一套行为规则。"制度是一个社会的游戏规则,更规范地说,它们是为决定人们的相互关系而人为设定的一些制约。制度构造了人们在政治、社会或经济方面发生交换的激励结构,制度变迁则决定了社会演进的方式,因此,它是理解历史变迁的关键。"① 经济体制是一个严密的逻辑整体，通过一系列规则界定人们的选择空间，确立经济和社会的激励和约束机制，引导人们采取可预测的因而是有秩序的行为。不同的经济体制既会形成不同的经济资源配置方式和不同的经济领域激励和约束机制，也会形成不同的文化资源配置方式和不同的文化领域激励和约束机制，从而形成不同的文化发展模式。计划经济体制的特征，是生产资料归国家所有，用计划来解决资源配置和利用问题，产品的数量、品种、价格、消费和投资的比例、投资方向、就业及工资水平、经济增长速度等均由指令性计划来决定。计划经济体制，既是一种特殊的经济发展方式，也是一种特殊的文化发展方式。市场化取向的改革，有其内在发展逻辑和客观必然性。从计划到市场的经济体制转换，必然要求包括国有文化企业突破"大包大揽"的传统"文化事业"发展体制，按照社会主义市场经济规律形成体现国有文化企业特点、符合现代企业制度要求的资产组织形式和经营管理模式，积极构建符合社会主义市场经济体制要求的微观运行机制。

开展文化体制改革试点工作前后，作为市场经济的先发省份，浙江省已经对包括国有文化企业在内的文化改革与发展必须顺应市场经济规律这一点形成了较广泛的共识。正如有学者所说，"在坚持党的领导的前提下，浙江人认为，当前建设文化市场、解放文化生产力所需解决的主要矛盾是在充分的市场经济条件下解放文化产品的商品属性，而解放商品属性更集中地体现为解放文化产品中的娱乐休闲功能——文化产品应尽可能通过贴近市场而贴近实际、贴近群众"；需要强调的是，"解放文化产品的娱乐休闲功能，坚持三贴近原则，反过来要求我们在文化经济化这个大背景下对文化产品的意识形态导向、教化功能和追求卓越的取向进行新的反省"；"要求意识形态导向和教化功能以'润物细无声'的方式融入消费者的文化商品中，

---

① [美] 道格拉斯·C. 诺斯：《制度、制度变迁与经济绩效》，上海三联书店 1994 年版，第 3 页。

要求在市场竞争中实现旨在追求创造卓越的文化精品"。在这一语境下，"浙江的学者们对'文化规律与经济规律'、'先进文化与多元文化'、'精英文化与大众文化'等关系进行了广泛的探讨，表现出对文化产业特殊性和复杂性深刻的理论自觉。"[1]

正因如此，浙江省较早对发挥市场机制的作用，合理配置资源，提高国有文化单位自我更新、自我完善、自我发展能力进行了探索与实践。早在《浙江省文化发展规划（1996—2010年）》中已经提出，要"积极稳妥地深化新闻加快图书发行体制改革，逐步形成一个以国有新华书店为主体、多种经济成分、多条流通渠道、多种购销形式的图书流通体系"；"要积极推进以艺术表演团体改革为重点的文艺体制改革，建立既符合艺术创作生产规律、又适应社会主义市场经济发展规律的新体制"。这些表述，都鲜明地体现了市场经济大背景下推动经营性国有文化单位面向市场、顺应市场经济规律的目标、方向和思路。

开展文化体制改革综合试点工作以来，一方面，浙江省大力推进文化体制创新，建立科学合理、灵活高效的管理体制和文化产品生产经营机制，转变政府职能，理顺关系，真正实行政企分开、事企分开、管办分离，发挥市场在资源配置中的基础性作用，促进各种文化资源和文化要素的合理流动；另一方面，不断增强经营性国有文化单位市场意识，明确其在文化市场中的主体位置，积极引入市场机制，加快推动经营性国有文化单位转企改制，建立现代企业制度，创新体制机制，完善公司法人治理结构，转换经营机制。浙江省的这些探索与实践，使国有文化企业更好地顺应了市场经济规律，从而释放了活力，增强了竞争力和影响力。

第二，在顺应市场经济规律的同时，国有文化企业改革必须牢牢把握先进文化的前进方向。实践表明，市场机制既有推动文化繁荣兴

---

[1] 李景源、张晓明主编：《浙江经验与中国发展（文化卷）》，社会科学文献出版社2007年版，第32页。

盛、促进文化产品社会效益和经济效益相统一的一面,又有导致文化产品两种效益相矛盾的一面。马克思早就指出:"流通成了巨大的社会蒸馏器,一切东西抛到里面去,再出来时都成为货币的结晶。连圣徒的遗骨也不能抗拒这种炼金术,更不用说那些人间交易范围之外的不那么粗陋的圣物了。正如商品的一切质的差别在货币上消灭了一样,货币作为激进的平均主义者把一切差别都消灭了。"① 由于文化产品具有"内容"和"意义"或意识形态属性,以及文化艺术生产的不确定性、其成果难以量化评价的模糊性、投资和消费的审美偏好等因素,"使之在与市场经济的结合的过程中,既有利用市场机制发现价格、放大文化的财富效应,以及引入竞争机制提高运营效率的一致性,同时也存在着市场经济的商业价值追求的趋利性与艺术价值和社会价值追求之间的矛盾、由于市场经济本身缺陷所导致的公共文化产品供给不足与人民享有基本文化权益之间的矛盾等"②。

市场机制在促进两种效益相统一的同时又导致相互矛盾,在浙江省国有文化企业改革与发展过程中,也曾有相当程度的表现。如王国均在关于2002年新闻出版业的调研报告中所说:"在浮躁心态和短期行为驱使下,出版工作突出存在着'四多四少':一是在质量上,内容平庸的一般图书多,思想性、艺术性俱佳的精品佳作少;出版品种规模增长迅速,但印数逐年下降,库存急剧上升。二是在出书上,耕人家田的多,种自己地的少。有的出版单位不是根据专业分工和出书范围加快营建自己的品牌和特色,而是什么省心搞什么,什么时髦干什么,什么来钱出什么;还有一些编辑人员受经济利益驱动,身在曹营心在汉,致使不少优秀选题外流,甚至见利忘义,把一些畅销书拿到外面自印自发,大发个人之财。三是在经营上,眼前利益考虑得多,长远利益考虑得少,只顾眼前,不看长远,只顾'可批',不顾

---

① 《马克思恩格斯全集》第23卷,人民出版社1972年版,第152页。
② 齐勇锋:《文化体制改革:进展、难点和前景展望》,人民网—理论频道,2011年10月15日。

'可行'。四是在形式上，出版图书的多，其他载体的少，难以适应多层次、多样化的阅读需求。同时，还存在不少误区，认为精品等于畅销书；平庸书、重复书只要包装精致、炒作得力，也能卖得出去；要加快发展，做强做大，只要突破专业分工搞教辅，搞来钱快的，甚至'有奶便是娘'；看不到面临的机遇，对加快发展抱怀疑悲观态度。这些问题直接制约了新闻出版业持续、健康、繁荣发展。"①

浙江省新闻出版局也在研究报告中指出，在市场机制的作用下，"少数出版社短视行为严重，热衷于抓'短平快'选题，一哄而上做助学类读物，忽视抓好投资额较大、编辑难度较高、效益显现较慢的精品选题，更有甚者让粗制滥造出版物流入市场，出版物市场占有率和美誉度不高。2003年，全国文学类畅销书前100名中没有浙版书，非文学类畅销书前100名中只有《大败局》位列第72名。在北京开卷公司列出的八类图书5年畅销排行榜中，除少儿类出版物19种外，浙江省分别只有3种文学类出版物和1种科技类出版物上榜"②。这些事实也表明，社会效益不好的文化产品，也不一定会产生好的经济效益。此外，"危害新闻出版健康发展的问题时有发生。个别出版社政治敏锐性不强，把关不严；有的管理不严，存在低俗化倾向；有的责任心不强、水平不高，出版物编校差错严重；少数报纸各类差错事件频发；印刷业制假问题仍较突出"③。

早在1996年10月党的十四届六中全会通过的《关于加强社会主义精神文明建设若干重要问题的决议》中，一方面，已经明确了文化体制改革必须遵循精神文明建设规律和市场经济规律这"两个规律"的要求，强调文化体制改革"要符合精神文明建设的要求，遵循文化

---

① 王国均：《新闻出版业：由出版大省向出版强省跃升》，载卢敦基主编《2004年浙江发展报告（文化卷）》，杭州出版社2004年版，第149—150页。
② 浙江省新闻出版局：《浙江省出版业改革和发展的现状与对策》，载陈野主编《2006年浙江发展报告（文化卷）》，杭州出版社2006年版，第120页。
③ 浙江省新闻出版局：《浙江省出版业改革和发展的现状与对策》，载陈野主编《2006年浙江发展报告（文化卷）》，杭州出版社2006年版，第122页。

发展的内在规律,发挥市场机制的积极作用";另一方面,也明确了实现文化产品社会效益和经济效益等"两个效益"相结合的原则,提出"文化产品具有不同于物质产品的特殊属性,对人们的思想道德和科学文化素质有重要影响","要坚持把社会效益放在首位,力求实现社会效益和经济效益的最佳结合"。

这就意味着在顺应市场经济规律的同时,推动国有文化企业改革与发展必须遵循精神文明建设的特点和规律,不仅要形成做强做优做大国有文化企业的激励机制,而且要形成有效的监督、约束机制,从而使国有文化企业积极有益的生产和经营活动得到鼓励,消极有害的生产和经营活动受到限制和约束。正如习近平所说:"关于文化体制改革,我只强调一点,就是要在继续大胆推进改革、推动文化事业全面繁荣和文化产业快速发展、建设社会主义文化强国的同时,把握好意识形态属性和产业属性、社会效益和经济效益的关系,始终坚持社会主义先进文化前进方向,始终把社会效益放在首位。无论改什么、怎么改,导向不能改,阵地不能丢。"[①]

然而,长期以来,在强调国有文化企业必须始终把社会效益放在首位、强化和突出国有文化企业应承担的社会责任时,经济效益往往会被作为"硬指标"而社会效益则往往会被作为"软指标",不具有量化和硬性的约束力。

因此,在社会主义市场经济条件下,如何坚持意识形态属性和产业属性相统一、社会效益和经济效益相统一的原则,将社会效益的"软指标"变成"硬指标",破解实现社会效益与经济效益相统一的矛盾和困境,既发挥市场机制促进国有文化企业社会效益和经济效益相统一的一面又避免其矛盾消极的一面,摆正市场在国有文化企业改革与发展中的位置、处理好国有文化企业与市场的关系,就成为浙江省贯穿于从建设文化大省、文化强省到建设文化浙江过程中一直不断

---

① 中共中央文献研究室编:《习近平关于社会主义文化建设论述摘编》,中央文献出版社2017年版,第185页。

探索与实践并着力破解的一个重大现实课题。

早在《浙江省建设文化大省纲要（2001—2020 年）》中，已经提出"繁荣文化事业，发展文化产业，必须把社会效益放在首位"；"在社会主义市场经济条件下，文化产业是国民经济的有机组成部分，文化产品具有商品属性，必须在坚持社会效益的前提下，十分重视文化产品的经济效益，努力实现两者的最佳结合"。《纲要》还提出，要坚持一手抓繁荣、一手抓管理，进一步理顺和健全文化市场管理体制；根据"分级管理，条块结合，逐级负责"的原则，不断改进管理的手段和方法，实现管理的经常化、制度化；加大文化执法力度，维护合法经营，保护知识产权，严厉打击文化侵权和非法出版活动，坚决禁止制造和传播不良文化的行为，扫除"黄、赌、毒"等社会丑恶现象；加强对文化市场的引导，大力扶持健康的文化产品，倡导健康有益的文化娱乐活动，确保文化市场规范有序、健康发展。切实加强网络信息管理，加强对文化娱乐场所和进口文化产品的管理，净化文化环境。这些都体现了浙江省推动文化产品社会效益与经济效益相结合的诉求和意志。

习近平到浙江工作后，把坚持意识形态属性和产业属性相统一、社会效益和经济效益相统一的原则，提升到了更重要的地位来认识。在 2003 年 7 月文化体制改革和文化大省建设座谈会上，他不仅强调"文化体制改革的着力点就是围绕面向群众、面向市场进行体制和机制创新，逐步建立有利于调动文化工作者积极性，推动文化创新，多出精品、多出人才的文化管理体制和运行机制"[①]；而且强调"文化具有鲜明的意识形态属性"，"文化管理体制改革，必须充分考虑我国国情，着眼于管住方向，管活机制，管出效益，管好质量"。[②]

2003 年 6 月被中央确定为文化体制改革综合试点省后，浙江省委提出了推进综合试点工作中必须重点把握好六个方面的问题特别是其

---

① 习近平：《干在实处　走在前列》，中共中央党校出版社 2006 年版，第 326 页。
② 习近平：《干在实处　走在前列》，中共中央党校出版社 2006 年版，第 328 页。

中"注重两个属性""实现两个目的""抓好两个层面"这三个方面，鲜明地体现了把握好意识形态属性和产业属性、社会效益和经济效益的关系，从而也明确了国有文化企业改革和发展的方向与原则。所谓"注重两种属性"，就是注重文化产品的意识形态属性与产业属性。既要防止过分强调文化产品意识形态属性而忽视文化产业属性的倾向，又要防止忽视文化产品意识形态属性，主张完全市场化的倾向；既要树立面向市场理念，强化资源意识、商品意识、市场意识和效益意识，努力实现面向市场与面向群众的一致，又要通过体制机制创新，改进文化产品的组织结构和生产方式，努力打造经得起时间和市场检验，思想性、艺术性、观赏性俱佳，实现社会效益和经济效益最佳结合的精品力作，努力实现占领市场与占领阵地的一致。所谓"实现两个目的"，就是要增强控制力与提高竞争力。文化体制改革特别是国有文化企业改革既要从增强活力和竞争力、壮大宣传文化事业实力出发，面向市场创新体制机制，又要从增强党对文化领域的控制力出发，通过改革提高党对宣传文化工作的领导水平，牢固确立马克思主义在意识形态领域的指导地位，确保"四权""四不变"，把增强控制力与提高竞争力有机统一起来。所谓"抓好两个层面"，就是抓好宏观管理体制改革和微观运行机制改革。在宏观层面上，要探索建立新形势下党委领导有力、政府管理有效，调控适度、运行有序，管人、管事、管资产相结合的宏观管理体制，要转变政府职能，把管理重心放在社会管理和市场监管上，管导向、管原则、管规划、管布局、管市场、管秩序，管住方向，管活机制，管好质量，管出效益；在微观层面上，要着力于搞活内部机制，深化干部、人事、劳动、分配等内部制度的改革，建立舆论导向正确、经营活力充沛、竞争优势明显的微观运行机制。

2005年省委《关于加快建设文化大省建设的决定》进一步提出，要"切实把握文化的意识形态属性，加强和改善党对文化工作的领导，保证文化大省建设的正确方向，努力维护文化安全。始终掌握党对文化重大事项的决策权，对宣传业务的审核权，对主要领导干部的任免权，对国有文化资产配置的控制权"。这就在省委有关文化建设纲领性文件中明确了党对国有文化资产配置的控制权，保证浙江省在推动国有文化企业改革与发展中能够始终坚持先进文化前进方向，把握好意识形态属性和产业属性、社会效益和经济效益的关系。

实施"八八战略"以来，把握好文化产品的意识形态属性和产业属性、社会效益和经济效益的关系，一直是浙江省在推动文化改革和发展特别是推动国有文化企业改革和发展中始终坚持的一条基本原则。2008年《浙江省推动文化大发展大繁荣纲要（2008—2012）》强调，要"高度重视文化的意识形态属性，同时又充分考虑文化的产业属性，一手抓公益性文化事业发展，一手抓经营性文化产业发展，始终坚持把社会效益放在首位，努力实现社会效益和经济效益的最佳结合"。2011年11月，省委《关于认真贯彻党的十七届六中全会精神大力推进文化强省建设的决定》提出，要"正确把握文化的意识形态属性和商品属性，始终把社会效益放在首位，努力实现社会效益和经济效益的有机统一"；"加强对文化产品创作生产的引导，坚决抵制庸俗、低俗、媚俗之风，更好地发挥文化引领风尚、教育人民、服务社会、推动发展的作用"等建设文化强省的基本原则；而且提出要"把遵循社会主义先进文化前进方向、人民群众满意作为评价作品的最高标准，推出更多思想性知识性艺术性观赏性相统一、深受群众喜爱的精品力作"；"坚持把群众评价、专家评价和市场检验统一起来"。这就进一步从可操作层面明确了实现文化产品意识形态属性和商品属性、社会效益和经济效益相统一的目标和方向。2017年11月，省委省政府《关于推进文化浙江建设的意见》不仅再次强调，要"正确把握文化意识形态属性和产业属性的关系，始终把社会效益放在首位，实现社会效益和经济效益相统一，为人民群众提供更多更好的精神文化产品和服务"；而且进一步提出"完善文化管理体制，加快构建把社会效益放在首位、社会效益和经济效益相统一的体制机制"。这就在省委省政府有关文化建设的纲领性文件中，首次对如何通过体制机制构建使社会效益的"软指标"变成"硬指标"、破解实现社会效益与经济效益相统一的瓶颈，提出了要求。

开展文化体制改革综合试点工作以来，浙江省不仅把实现文化产品意识形态属性和产业属性、社会效益和经济效益相统一作为一以贯之坚持的一条基本原则，而且也持之不懈地在实践上探索使社会效益"软任务""软指标"变成"硬任务""硬指标"的途径和方法，并取得了显著的成效。

全省各地推动文化企业特别是国有文化企业更好顺应市场经济规律，加强文化市场管理，就是使社会效益"软任务"变成"硬任务"、实现社会效益和经济效益相统一的一种具体实践。在这方面，杭州市的做法具有典型性。早在2002年，杭州就已成立了管理全市文化市场的文化稽查大队。2003年，杭州市首创了"零点断网"新做法，率先全国实施了零时停止对网吧接入的措施，从源头上卡断了违规经营行为，改变了网吧业的混乱状态，得到文化部的充分肯定。2004年10月浙江省制定出台了《关于建立文化市场综合执法机构的实施意见》，要求全省所有市、县，包括中央未作要求的杭州、宁波两个副省级城市进行文化市场综合执法体制改革。按照全省统一部署，2005年，杭州市组建了杭州市文化行政执法总队，各区、县（市）也建立了相应的执法队伍，以解决群众反映的热点和难点问题为目标，以净化网络文化市场、打击非法出版物，整顿音像制品、印刷业市场以及境外卫星电视播放秩序为重点，组织开展文化市场专项整治活动。2006年底，包括杭州、宁波两个副省级城市在内的全省所有市、县文化市场综合执法体制改革工作已经基本完成。杭州市还设立了"行政许可办事窗口"，统一受理各许可事项，统一市、区县两级管理部门行政许可规程和文书格式，建立了严格、完整的行政执法责任制考评体系，行政执法行为进一步规范；建立预警机制，加强售前审读，有效预防非法出版物流入市场；根据"横向到边、纵向到底"的管理要求，在全国首创公安、工商驻文广新局综合执法联络室；以规范执法为重点，深化文化市场综合执法改革，理顺市及区县（市）两级文化市场管理体制，发挥乡镇属地管理优势，创建文化牵头、部门协作、街道（乡镇）支持、社区（村）参与、社会监督"五位一体"的农村文化市场管理机制；建立健全联席会议、信息通报、责任倒查追究、义务监督员等机制。这些措施对于实现文化产品社会效益和经济效益相统一产生了有效的促进作用，也为文化企业坚持把社会效益放在首位、实现社会效益和经济效益相统一营造了良好的发展环境。

更值得一提的是，开展文化体制改革综合试点工作以来，全省各地也对实现国有文化企业实现两种效益更好结合、使社会效益"软任务""软指标"变成"硬任务""硬指标"的途径和方法进行了积极的探索与实践。

如前所述，在文化体制改革综合试点过程中，国有文化企业改革的一项重要内容，就是实行新闻宣传业务和经营业务"两分开"，建立宣传业务与经营业务相对独立、党委领导与法人治理结构相结合的领导体制和组织结构，进而使新闻宣传得到强化，事业发展进一步加快，产业经营得到拓展，活力、实力、影响力不断增强。而实行"两分开"改革后，必然要求对国有文化企业考核方式进行改革。在这方面，浙江全省各地也进行了积极的探索。比如，杭州市对国有文化企业经营者实行了绩效挂钩的年薪制考核制度。年薪由基本年薪、效益年薪和工作目标考核收入三块组成。效益年薪的考核，对杭报集团主要以净资产收益率为标准；对杭州文广集团的考核，先以广告收入为标准，文广集团建立企业核算体系后，也按照净资产收益率进行效益年薪制考核。年薪制考核办法的制定，考虑了两个集团经营情况和会计核算方法等因素，因而完善了经营者收入分配机制，较为有效地调动了经营者的积极性和创造性。更值得注意的是，针对国有文化资产经营的特殊性，考核办法中除了经营效益指标外，同时还增加了对宣传工作职能的考核，兼顾了意识形态属性和经济属性、社会效益和经济效益。

宁波市也对实现国有文化企业两种效益更好结合的途径和方法进行了积极的探索。按照国家关于国有资产管理体制改革总体要求，考虑经营性国有文化单位意识形态和产业"双重属性"的特点以及本地国有资产管理基本格局，宁波市探索建立了新型的国有文化资产管理体制和运营机制，确定了对国有文化资产"统一并表监管，高度授权经营"的监督管理思路。比如，对宁波日报报业集团和宁波广电集团实行高度授权经营，日常经营由两大集团自行处理。由市委宣传部会同市国资委、市委组织部、市文化广电新闻出版局对两大集团进行一年一度的国有文化资产考核，制定把社会效益放在首位并促进社会效益和经济效益相统一的考核办法，保证两大传媒集团资产保值增值、实力发展壮大。此外，宁波市还建立了报刊审读、广播电视评价制度，开展报纸质量综合评估和全市广播电视播出机构综合评估工作，发挥行业监管的职能和作用。

党的十八大以来，浙江省文化体制改革全面发力、多点突破、纵深推进，进入涉深水、闯险滩、啃硬骨头阶段。在这个文化体制改革向纵深推进的新阶段，浙江省特别重视统筹好社会效益与经济效益、导向要求与利润指标的关系，着力于健全文化产品评价体系，改革评奖制度，建立有利于出精品、出人才、出效益的文化发展体制机制。2013年11月29日，省委十三届四次全会通过《关于认真学习贯彻党的十八届三中全会精神　全面深化改革再创体制机制新优势的决定》，不仅提出，要"统筹社会效益与经济效益、导向要求与利润指标，健全文化产品评价体系，改革评奖制度，建立有利于出精品、出人才、出效益的文化发展体制机制"；而且强调"健全坚持正确舆论导向的体制机制"。2014年7月，省委全面深化改革领导小组第三次会议通过的《浙江省深化文化体制改革实施方案》进一步提出要"健全文化宏观管理体系，完善文化管理体制，健全坚持正确舆论导向的体制机制，加强国有文化资产管理，探索实行特殊管理股制度，完善互联网管理体制机制，改革文化产品评价体系和激励机制"。这些都意味着在这个文化体制改革向纵深推进的新阶段，浙江省已经把通过创新体制机制实现国有文化企业两种效益更好结合、使社会效益"软任务""软指标"变成"硬任务""硬指标"这个问题摆到了更加重要的议事日程。

也正是在这个时候，中央出台了相关文件，为浙江的进一步探索与实践指明了方向。2015年9月中办、国办印发《关于推动国有文化企业把社会效益放在首位、实现社会效益和经济效益相统一的指导意见》明确要求正确处理社会效益和经济效益、社会价值和市场价值的关系，当两个效益、两种价值发生矛盾时，经济效益服从社会效益、市场价值服从社会价值，越是深化改革、创新发展，越要把社会效益放在首位。这个《意见》不仅强调"以建立有文化特色的现代企业制度为重点，以落实和完善文化经济政策、强化国有文化资产监管为保障，建立健全确保国有文化企业把社会效益放在首位、实现社会效益和经济效益相统一的体制机制，打造一批具有核心竞争力的骨干文化企业"；而且提出要"正确处理文化的意识形态属性与产业属性、文化企业特点和现代企业制度要求的关系，把加强党的领导与完善公司治理统一起来，加强分类指导，创新资产组织形式和经营管理模式，建立健全把社会效益放在首位、实现社会效益和经济效益相统一的考核评价标准"；"正确处理党委、政府与国有文化企业的关系，统筹制度设计和政策配套，明确谁主管谁负责和属地管理，尊重企业法人主体地位和自主经营权，强化政策引导，严格依法监管，注重道德调节，坚守社会责任，把两个效益相统一的要求落到实处"。《意见》也明确了国有文化企业社会效益指标考核权重应占50%以上的量化指标。2016年7月，中宣部、中央网信办、财政部、文化部、国家新闻出版广电总局联合颁发《关于深化国有文化企业分类改革的意见》，强调在国有企业改革大框架下，要充分体现文化例外要求，与国有企业功能界定和分类相衔接；依据企业战略定位、功能作用、改革发展现状及其主营业务和核心业务范围，将国有文化企业分为新闻信息服务、内容创作生产、传播渠道、投资运营和综合经营 5 种类型，区别对待、分类改革，确保资产保值增值，增强核心竞争力；根据国有文化企业功能界定与分类改革要求，不断完善业绩考核、领导人员管理、收入分配制度改革等具体方案，提出有针对性、差异化的政策措施，切实抓好落实。

在这个背景下，2016 年，浙江省委办公厅、省政府办公厅印发了《关于坚持先进文化前进方向推动国有文化企业做强做优做大的意见》，要求"在国有企业改革大框架下，充分体现文化例外要求，深化国有文化企业改革，建立有文化特色的现代企业制度，推动国有文化企业健全确保把社会效益放在首位、实现社会效益和经济效益相统一的体制机制，推动国有文化企业做强做优做大，打造一批具有核心竞争力的国有骨干文化企业"；"明确把社会效益第一、社会价值优先的经营理念体现到企业章程和各项规章制度中，形成体现国有文化企业特点、符合现代企业制度要求的资产组织形式和经营管理模式"。《意见》从企业内部组织结构、资产监管和评价考核机制、政策支撑和扶持、企业干部人才管理制度、组织领导等方面，系统阐述了形成推动国有文化企业实现社会效益和经济效益相统一、做强做优做大体制机制的措施。

关于企业内部组织结构，《意见》规定国有文化企业党委成员与董事会、监事会和经营管理班子实行双向进入、交叉任职；企业党委书记兼任董事长，为内容导向管理第一责任人；建立党委和政府监管有机结合、宣传部门有效主导的国有文化资产管理模式，推动实现管人管事管资产管导向相统一；省国有文化资产管理委员会为省委、省政府监管国有文化资产的议事协调机构，负责审议国有文化资产管理重大事项，统筹协调相关问题。《意见》还要求"制定直接涉及内容创作的部门和岗位的职责纪律，规范内容生产程序"；"从事内容创作生产传播的国有文化企业,要建立和完善编辑委员会、艺术委员会等专门机构,设立总编辑、艺术总监等岗位,强化内容审核把关岗位职责,对涉及内容导向问题的事项,具有否决权";"党报党刊、电台电视台、时政类报刊等新闻单位,可以依法依规开展有关经营活动,但必须做到采编与经营分开,禁止采编播人员与经营人员混岗";等等。

关于评价考核机制,《意见》强调,"直接涉及内容创作的部门和岗位要以社会效益考核为主,收入分配和奖励也要适当予以倾斜";"省国有文化资产管理委员会组织实施省属国有文化企业考核,完善考核办法,明确社会效益指标考核权重占60%,经济效益指标考核权重占40%";"完善国有文化企业社会效益、经济效益考核标准,规范考核程序,科学设置政治导向、文化创作生产和服务、受众反应、社会影响、内部制度和队伍建设等具体考核指标,逐步建立第三方机构评估机制";"将国有文化企业社会效益纳入党委意识形态工作责任制考核内容"。同一年,"双效统一"也被列入省委全面深化改革的重点突破项目,制定了《省属国有文化集团绩效考核暂行办法》,明确社会效益指标占60%,经济效益指标占40%,社会效益部分纳入党委意识形态工作责任制考核范围。

此外,关于政策支撑和扶持,《意见》提出要"完善各级文化产业发展专项资金使用管理,对社会效益突出的产业项目予以倾斜";要落实和完善税收优惠政策,"继续执行推动经营性文化事业单位转制和文化企业发展的有关政策","贯彻实施文化内容创意生产、非物质文化遗产项目经营等方面的税收优惠政策","引导民营文化企业注重提升社会效益,实现社会效益和经济效益双丰收"。关于企业干部人才管理制度,《意见》规定,受省委委托,省属国有文化企业省管干部由省委宣传部会同省委组织部共同负责提名、考察和管理,省属国有文化企业中的非省管领导班子成员及重要岗位和重要舆论阵地领导干部按有关规定进行管理;要根据国有企业负责人薪酬制度改革的要求，建立健全国有文化企业负责人绩效考核和薪酬管理办法，"按照国家有关规定，开展国有控股上市文化公司股权激励试点，健全确保把社会效益放在首位的激励机制"；"探索建立国有文化企业职业经理人制度，健全职业经理人考核奖惩机制"。关于组织领导，《意见》强调："各地区各有关部门要高度重视，加强领导，强化措施，切实解决国有文化企业改革发展中的问题，为推进国有文化企业把社会效益放在首位、实现社会效益和经济效益相统一、推动国有文化企业做强做优做大营造良好发展环境。"

国有文化企业是发展文化产业、活跃文化市场、满足群众精神文化需求，弘扬优秀传统文化、革命文化和先进文化的重要力量，是提升文化软实力、参与国际文化竞争、维护国家文化安全的主力军，在推动文化产业实现两个效益相统一中具有示范引领和表率带动作用。实施建设文化大省战略以来，一方面，浙江省对实现国有文化企业实现两种效益相结合的体制机制、途径和方法进行了积极的探索与实践，并取得了显著的成效；但另一方面像全国其他地区一样，浙江省有效实现国有文化企业两种效益相统一并未完全解决。伴随着文化体制改革的不断深入，虽然一方面国有文化企业普遍完善了经营机制，更好地顺应了市场经济规律要求，增强了活力和实力，显著地提高了经济效益；另一方面，也应看到，一些国有文化企业改革还没有到位，两个效益相统一的问题还没有很好地解决，唯票房、唯收视率、唯发行量、唯点击率等片面追求经济效益、忽视社会效益的现象在相当程度上存在，相关体制机制和配套政策措施有待进一步完善，两个效益相统一的环境条件需要进一步优化。从这个角度看，建立和健全两个效益相统一的考核评价标准，就具有重要的意义。

把社会效益放在首位、实现社会效益和经济效益相统一的体制机制、考核评价标准的建立和健全，把国有文化企业的社会责任与绩效考核挂钩，使社会效益"软指标"真正成为"硬指标"，这就把社会效益优先、两个效益相统一的原则落到了实处，使"指挥棒"的引导作用得到较好发挥，具有重要的意义。第一，建立和健全实现两种效益相统一的体制机制、考核评价标准，有助于使社会价值优先的经营理念体现到企业章程和各项规章制度中，推动党委领导与法人治理结构相结合、内部激励和约束相结合，形成体现文化企业特点、符合现代企业制度要求的资产组织形式和经营管理模式；第二，建立和健全实现两种效益相统一的体制机制、考核评价标准，有助于更好地处理文化的意识形态属性与产业属性、文化企业特点和现代企业制度要求的关系，把加强党的领导与完善公司治理统一起来，加强分类指导，创新资产组织形式和经营管理模式；第三，建立和健全实现两种效益相统一的体制机制、考核评价标准，有助于正确处理党委、政府与国有文化企业的关系，统筹制度设计和政策配套，明确谁主管谁负责和属地管理，尊重企业法人主体地位和自主经营权，强化政策引导，严格依法监管，注重道德调节，坚守社会责任。

第五章　加快培育有竞争力的民营文化产业

发展民营文化企业，有利于形成与多种所有制经济发展格局相适应的文化发展格局，是浙江文化产业发展的必由之路，也是浙江文化改革与发展的特色与优势所在。改革开放以来，浙江民营文化产业伴随民营经济的发展而发展。被中央确立为全国文化体制改革试点省以来，浙江省始终注重利用民营资本这个现实优势，把发展民营文化产业作为浙江文化体制改革试点工作的亮点，把培育一批重点民营文化企业、鼓励参与国有文化单位改革、优化民营文化产业发展环境作为三项主要任务，加快培育和发展民营文化产业。民营文化产业发展，已经成为浙江文化体制改革和文化产业发展的一个突出亮点。

一　民营经济与民营文化产业发展

民营经济的迅速崛起，是改革开放以来浙江发展的最大优势之一。至 2020 年底，浙江在册市场主体达 803.2 万个，企业 282.0 万家，其中，民营企业 260 万家，占企业总数的 92.3%；在册个体工商户 515.3 万户。2020 年新设企业 50.3 万家，其中，民营企业 47.6 万家，占全部新设企业的 94.8%；新设个体工商户 117.9 万户。民营经济贡献了浙江全省 65% 的 GDP、74% 的税收、77% 的出口、87% 的就业、91% 的企业数量。2020 年，全国工商联公布的中国民营企业 500 强中，浙江省入围企业 96 家，连续 22 年居全国第一，浙江省入围民营企业数量占全国的比重达19.20%，营业收入51728.35亿元，占全国的比重达17.15%。资产总额39477.64亿元，占全国的比重达10.68%。在浙江省民营企业中，涌现出如吉利控股集团、阿里巴巴集团等一批世界500强企业。

浙江既是全国民营经济大省、强省，也是全国民营文化产业大省、强省，两者之间具有内在的逻辑联系。

王梦奎认为，我国文化体制改革要解决两个根本性的问题：一是扩大市场机制的作用；二是发展多种所有制文化主体。在过去的计划经济体制下，文化事业领域也实行单一的公有制。与社会主义市场经济体制下经济上的多种所有制共同发展相适应，文化事业领域也呈现出了多种所有制共同发展的趋势。基于中国的国家性质和文化的特殊社会功能，国有文化单位应该起主导作用，但公有制的实现形式也需要进行积极的尝试和探索，比如，可以采取股份制等现代企业办法。对非公有制要扩大市场准入范围。公有制和非公有制对于文化的投入，都是投资行为。[1] 在国家逐步扩大文化领域非公有制市场准入范围的背景下，作为全国民营经济大省强省、市场经济先发省份的浙江就具有了发展民营文化产业得天独厚的优势和条件。

改革开放以来，伴随市场经济孕育和发展而来的民营经济迅速发展，为把市场化运作机制和手段引入文化发展领域创造了重要条件。经过改革开放以来的发展，民营企业在竞争性市场中的利益已经或即将达到饱和点，同时也有推动经济结构转型升级、寻求新经济增长点的内在驱动力；民营企业进入文化发展领域是树立自身良好社会形象、积聚自身无形资产的重要新途径。正因如此，民营企业参与文化建设具有不可低估的潜力。更重要的是，把民营企业引入文化发展领域，不仅能够有效推动经营性文化产业发展，而且能够有效打破传统体制下政府"大包大揽"文化事业的垄断格局，借用民营经济市场

---

[1] 张晓明、胡惠林、章建刚主编：《2005年：中国文化产业发展报告》，社会科学文献出版社2005年版，第53页。

化的管理方法和技巧，提高文化发展的效率。民营企业往往具有独特有效的激励机制，众多民营企业持续不断的管理、技术与方法创新，为赢得顾客而进行的价格与服务质量竞争，也会对国有文化单位产生重要影响，既直接提高了公众对高水准服务的认知和期待，也向公众展示了提升文化产品和服务质量的多种多样方法。

浙江省具有培育民营文化企业主体、发展多种所有制文化主体的比较充分的土壤和条件。以民营企业为经济活动的主体，是浙江发展取得显著成效的关键。习近平到浙江工作后，对改革开放以来浙江从一个资源小省崛起为经济大省这一现象进行了深入的思考。他认为，考察改革开放时代背景中的"浙江模式""浙江现象"的形成和发展，至少有三个方面的因素：一是走体制创新之路，包括积极推进农村经济体制创新、产权制度创新、流通体制创新、投融资体制创新等。二是走民本经济之路，也就是我们通常所说的，浙江经济是"老祖宗"经济，自古以来就有工商皆本、义利双行的文化传统，浙江经济是"老天爷"经济，资源贫乏逼迫浙江人必须学会"无中生有"，走出去"闯世界"；浙江经济是"老百姓"经济，人民群众有强烈的自我创业欲望和浓厚的商品经济意识。三是走内源式发展之路，凭借民间力量的推动，激发和依赖企业的自生能力，由此创造了灵活有效的经济体制、适应企业发展的机制和制度，推动了农民进城和城市化的进程。[①] 习近平所说的作为"浙江模式""浙江现象"形成和发展原因的"体制创新""民本经济""内源式发展"等三个因素，都与"民间诱致""民众主动作为、积极响应"的浙江民营经济现象有关。民营经济的发展，是浙江从一个资源小省崛起为经济大省的一个重要奥秘。"浙江模式""浙江现象"形成和发展过程中，民间力量、市场力量起着自组织的作用，政府则起着促进性的作用。这是一个自下而上和自上而下、民间诱致和政府增进相结合的过程，它既是政府在

---

① 习近平：《干在实处　走在前列》，中共中央党校出版社 2006 年版，第 82 页。

政策上给予松动（取消限制性政策）的结果，也是民众主动作为、积极响应所使然。浙江全省各地专业市场的兴起，个体民营经济、股份合作经济的迅速发展，一乡一品、一村一品特色经济、块状经济的崛起，遍布全国各地"浙江村""浙江街""温州村"的形成等，都充分地显示了这一点。

习近平在浙江工作期间对浙江民营经济发展历程进行了回顾和分析。他把浙江民营经济从20世纪70年代末80年代初起步发展至实施"八八战略"前后的历程分为三个阶段。第一阶段是70年代末到90年代初，主要特点是在乡镇集体企业大发展的同时，个体私营经济从无到有、从小到大，快速发展。1978年到1990年，集体经济占GDP比重基本保持不变，个体私营经济的比重上升了10个百分点；在工业中，集体经济上升了29.1个百分点，个体私营经济上升了5.5个百分点。第二阶段是90年代初到90年代末，主要特点是个体私营经济大发展，乡镇集体企业加快改制步伐、比重明显下降，浙江个体私营经济出现了一个发展高潮。1997年底，全省个体工商户发展到150多万户，比1992年增长36%；私营企业9.2万户，比1992年增长7倍。1990年至1997年，个体私营经济占GDP的比重从15.7%上升到33.7%，而集体经济从53.1%下降到36.7%。但通过改革，集体经济也焕发出了新的生机和活力，市场竞争力明显增强。第三阶段是90年代末至实施"八八战略"前后，主要特点是在个体私营经济保持快速发展的同时，各种所有制不断融合，混合所有制经济加快发展，民营经济发展水平显著提高。"科技进步与创新步伐明显加快，科技化发展趋势不断加强；积极'引进来''走出去'，国际化发展趋势不断加强；与其他所有制经济相互渗透、互相融合，股份化发展趋势不断加强；块状经济的规模效益、集群优势进一步显现，集聚化发展趋势不断加强。"[1] 经过改革开放以来的发展，浙江积聚了雄厚

---

[1] 习近平：《干在实处　走在前列》，中共中央党校出版社2006年版，第91页。

的民间资本。在实施"八八战略"前后，浙江全省70%以上的生产总值、60%左右的财政收入和80%以上的就业岗位由民营经济创造和提供。

民间内源、政府增进是浙江经济腾飞的法宝，也是浙江文化产业发展的重要奥秘。改革开放以来浙江民营经济的迅速崛起，是浙江经济快速发展的关键因素，也是浙江民营文化企业发展的重要条件。积聚的民间资本，为民营文化企业的发展奠定了雄厚的物质基础。民营企业灵活的运作机制，既为民营文化产业发展提供了内生机制，也为搞活国有文化企业提供了可资借鉴和运用的经验与手段。早在《浙江省文化发展规划（1996—2010年）》中，浙江省已经提出要"发挥市场机制的积极作用，合理配置各种文化资源，提高各项文化事业自我更新、自我完善、自我发展能力"，"要加快图书发行体制改革，逐步形成一个以国有新华书店为主体、多种经济成分、多条流通渠道、多种购销形式的图书流通体系"。《浙江省建设文化大省纲要（2001—2020年）》则进一步把社会力量办文化纳入文化发展的总体规划之中，明确提出要"引进市场机制，鼓励社会力量兴办文化事业和文化产业"，"鼓励个人、企业、社会团体兴办国家政策许可的各种文化经营企业"，"将社会力量办文化纳入文化发展的总体规划"，"努力形成政府投入与社会投入相结合的多渠道、多元化的文化投入机制"，"积极探索以市场化运作方式发展文化的新途径，坚持'谁投入，谁受益'的原则，建立新的分配激励机制、市场营销机制、风险共担机制"。这些政策和提法，比国家层面的相关政策和提法早了4—5年[1]，表明作为一个全国民营经济大省的浙江省已经"先人一步"地意识到了将多种所有制形式引入文化发展领域以锻造国有和非国有文化企业主体的必要性，是一个市场经济、民营经济先发省份在

---

[1] 2004年10月，文化部制定发布了《关于鼓励、支持和引导非公有制经济发展文化产业的意见》，2005年4月，国务院发布了《关于非公有制资本进入文化产业的若干规定》。

文化产业发展领域先行先试的生动体现。

正是由于有了这种"先人一步"的自觉,自实施建设文化大省战略以来,浙江省在国家政策允许范围内,积极鼓励民营企业逐步扩大文化投资领域,提出,除重要新闻媒体业以外,其余文化产业如演艺业、娱乐业、发行业、印刷业、会展业、文化培训业、文化咨询业、影视制作业等,都可以按照国家规定,鼓励民营资本以股份制、合伙制、个体私营的多种形式参与兴办;凡我国加入世界贸易组织承诺允许外资进入的文化领域,都可对民间资本开放。鼓励社会力量投资文化设施建设和经营,参与文化产业园区和特色街区开发建设,参与影视剧的生产和交易、出版物的印刷和发行、文艺院团的演出和中介;鼓励民营资本参与公益性文化事业建设,其投资、捐赠,可按国家有关规定给予优惠政策等。在这些政策的鼓励、规范、引导下,浙江的民办文化尤其是民营文化产业取得了相当迅速的发展。浙江广厦文化传媒集团、横店集团、宋城集团等一批龙头民营文化企业分别在影视、印刷、演艺、旅游、休闲、文化传播、教育等不同领域取得了显著的成绩,形成了不同的特色。

改革开放以来,浙江民营文化企业伴随浙江民营经济的发展而迅速成长。在2003年实施"八八战略"前后,浙江民营文化企业已经发展到一定规模,并在影视、出版发行、印刷、演艺娱乐、文体用品制造等行业形成了明显的优势。据2002年统计,浙江省共有民营文化企业4万余家,投资总规模达到230亿元,已涵盖从文化制造到文化服务的多个领域,涉及影视、印刷、演艺娱乐、艺术品经营、旅游、广告、会展等十余个行业。民营文化企业的规模扩张不仅表现在总体上,而且也表现在单个文化企业上。在4万家民营文化企业中,投资规模在200万至500万元的有1370余家,500万元以上的有680家。[①] 至2003年,浙江共有印刷企业20088家,其中98%为民营企

[①] 李景源、张晓明主编:《浙江经验与中国发展(文化卷)》,社会科学文献出版社2007年版,第173页。

业，总产值400亿元；有书报刊电子出版发行单位9389家，其中民营单位约为8000家；有广播影视节目制作公司80家，社会资本多元投资4亿元，其中70%以上为民营企业，2003年社会影视营业收入达到2.81亿元；在社会表演团体中，民营剧团已达485家。[①] 民营文化产业的快速成长不仅对进一步破除体制性障碍提出了迫切的要求，而且也为浙江省全面深化文化体制改革积累了经验、奠定了基础。

上述表明，在2003年实施"八八战略"前后，浙江民营文化企业已经发展到一定规模；但与此同时，也存在着一些问题。比如，文化产业投资结构不合理，国家投资所占比重过大，利用外资和社会资本的比重相对较少。据统计，2000年全年省教育文化艺术和广播电视事业领域的固定资产投资，国有经济单位为663211万元，城镇集体经济单位为11958万元，其他经济单位为1377万元。"在文化事业的行政审批制度中没有大幅度拓宽文化产业的进入限制，现有文化事业行政审批中缺乏对文化事业的界定和明确政策，使得本该由文化产业市场主体依法独立兴办的项目，企业仍然受制于行政审批的较大限制。这是民营经济主体进入的最大制约。"[②]

被确定为文化体制改革试点省以来，在发动民营企业参与经营性国有文化单位改革方面，也存在思想解放不够，观念更新不够，对民营企业有不正确看法，甚至有成见等问题："有些同志总觉得与民营企业合作就是资产流失，总觉得皇帝的女儿不愁嫁，两家合在一起总觉得门不当户不对。或者认为民营企业不懂文化，投资文化产业不是心血来潮，就是急功近利，甚至认为民营企业做文化，是沽名钓誉。所以在谈判态度上、在协议条款里、在班子组建上，往往是不平等的。个别协议内容，并未按照现代企业制度来制定。民营企业始终处

[①] 李景源、张晓明主编：《浙江经验与中国发展（文化卷）》，社会科学文献出版社2007年版，第170页。

[②] 陈平、徐银泓：《文化体制改革与浙江文化产业发展》，载卢敦基主编《2004年浙江发展报告（文化卷）》杭州出版社2004年版，第26—27页。

在被动的从属的位置,无论是事实上,还是观念上,似乎永远也脱不开'乙方'的影子,企业的利益往往被忽视。"①

二 文化体制改革与释放民营文化企业活力

习近平到浙江工作后,高度重视民营文化产业发展。他既把发展民营文化产业作为推动民营经济发展再上台阶,实现民营经济新飞跃的重要途径,也把发展民营文化产业作为浙江文化体制改革试点工作的亮点,把培育一批重点民营文化企业、鼓励参与国有文化单位改革、优化民营文化产业发展环境作为文化体制改革的重要任务。

习近平高度重视民营文化产业发展,首先是与他高度重视浙江民营经济发展同条共贯的。他说,浙江的活力之源就在于改革,就在于率先建立了能够调动千百万人积极性、激发千百万人创造力的体制机制。这首先体现于具有先天市场属性的民营经济的发展。改革开放以来,民营经济在浙江经济社会发展中居功至伟。"从经济意义上说,民营经济已成为浙江经济的重要支柱,1978—2004,全省 GDP 增量的 71.4% 来自于民营经济,其中 55.7% 是个体私营经济创造的。从社会意义上说,民营经济的发展使浙江成为一个小老板的社会,成为一个创业者的社会,这就为构建一个以中等收入群体为主的和谐社会的结构提供了有利的条件。"②

与此同时,习近平也从国际国内形势正在发生的深刻变化,浙江进入了加快全面建设小康社会、提前基本实现现代化的新阶段,民营经济发展面临的新形势新问题和新要求等高度,深入阐述了增强推动民营经济新飞跃的紧迫感。他认为,浙江民营经济自身发展存在四个突出的矛盾:一是民营经济粗放经营、数量扩张发展的路子与资源供

---

① 刘小平:《抓住改革机遇 发展民营文化产业》,载陈野主编《2006 年浙江发展报告(文化卷)》,杭州出版社 2006 年版,第 227 页。
② 习近平:《干在实处 走在前列》,中共中央党校出版社 2006 年版,第 85 页。

给和环境承载力约束明显加大之间的矛盾；二是民营经济主要集中在低成本、低技术、低附加值产业领域与要素成本大幅度上升之间的矛盾；三是浙江省民营企业规模化国际化高科技化与要素成本大幅上升之间的矛盾；四是浙江省民营企业结构调整、产业升级总体上周期相对缓慢与其他省市民营企业加快发展、在同一产业层次上的市场竞争不断加剧之间的矛盾。习近平由此得出结论："这表明，我省民营经济发展、经营模式和增长方式等方面的重大转变，面临着实现新飞跃的历史性机遇和历史性任务。我们必须通过坚持创新，扩大开放，优化结构，加快发展方式转变，来推动民营经济发展再上台阶。"[①]他强调，推动民营经济发展再上台阶，实现民营经济新飞跃，具体而言，要着力推进"五个转变"，实现"五个提高"：一是从主要先发性的机制优势，向主要依靠制度创新、科技创新和管理创新转变，提高民营经济的综合实力和国际竞争力；二是从主要集中在传统制造业和商贸业，向全面进入高技术高附加值先进制造业、基础产业和新兴服务业转变，提高民营经济的产业层次和发展水平；三是从主要依靠国内资源和国内市场，向充分利用国际国内两种资源、两个市场转变，提高民营经济的外向发展水平；四是从现有的块状经济、小规模经济逐步向更高层次的集群化、规模经营转变，提高民营经济的集约化和规模化水平；五是从比较粗放的经营方式向更加注重信用、质量、生态和遵纪守法的经营方式转变，提高民营经济的整体素质和更可持续发展水平。[②] 这就不仅分析了民营经济发展中存在的问题，而且也指明了推动民营经济发展再上台阶、实现民营经济新飞跃的方向和途径，其中的关键，是促进民营经济结构调整和转型升级、转变民营经济发展方式。

习近平认为，发展文化产业，"具有促进经济结构调整和增长方式转变的意义"。他认为，文化产业既是现代服务业的重要门类，也

---

① 习近平：《干在实处　走在前列》，中共中央党校出版社2006年版，第92页。
② 习近平：《干在实处　走在前列》，中共中央党校出版社2006年版，第94—98页。

是体现先进制造业水平的一个重要窗口,"是高附加值的产业""极少消耗的绿色产业","必须把文化产业作为文化大省建设的重要突破口,努力使文化产业成为文化大省建设的重要支撑,成为浙江经济发展的重要增长点"。[①] 推动民营文化产业发展,则是促进民营经济结构调整和转型升级、推动民营经济发展再上台阶、实现民营经济新飞跃的重要途径,"是浙江文化产业发展的必由之路,也是浙江文化改革和发展的特色和优势所在,有利于形成与我省多种所有制格局相适应的文化发展新格局"。因此,"我们必须像支持民营经济那样,进一步放开搞活,突破文化产业发展的体制瓶颈,打开文化产业发展的闸门,抢占文化产业发展的先机,大力发展民营文化产业"。[②]

不仅如此,习近平也把发展民营文化产业作为浙江文化体制改革试点工作的亮点,把培育一批重点民营文化企业、鼓励参与国有文化单位改革、优化民营文化产业发展环境作为文化体制改革的一项重要任务。他认为,发展文化产业是文化体制改革的重要着力点。要从浙江实际出发,把扶持重点产业、重点企业、重点区域的文化产业发展作为改革的重点,一方面要抓好公益性文化事业的改革和发展,另一方面要抓好经营性文化产业的改革和发展。经营性文化产业的改革,要借鉴经济体制改革的成功经验,加快培育文化市场主体和构建文化市场体系。市场主体和市场体系在市场经济中互相依存、不可分割。没有数量众多、发育充分的市场主体,市场体系难以为体系;没有健全、完善的市场体系,市场主体也就难以在市场中生存,两者在改革中同样重要。而培育文化市场主体除了必须深化国有文化单位改革,重塑一批国有或国有控股的文化企业外,就是发挥浙江民营经济优势,发展一批民营文化企业;充分利用中国加入世贸组织的有利条件,引进一批外资或合资文化企业,形成以公有制为主体、多种所有制共同发展的文化产业格局。"从我省实际情况看,培育文化市场主

---

① 习近平:《干在实处　走在前列》,中共中央党校出版社2006年版,第331页。
② 习近平:《干在实处　走在前列》,中共中央党校出版社2006年版,第327页。

体,难点和突破点在于国有文化单位改革,亮点在于民营文化企业的发展。"①

习近平还从放开准入领域、落实和完善政策、优化服务环境等角度,阐述了推动民营文化产业发展的措施和途径。他说,要"在国家政策允许范围内,进一步降低门槛,允许外资进入的,应同时允许民营经济进入,积极鼓励社会力量投资文化设施的建设和经营,鼓励社会力量参与文化产品的创作生产,鼓励社会力量参与文艺院团的转制改造,鼓励社会力量参与文化产品的印刷、发行及疏通,鼓励社会力量参与区域性特色文化产业的开发建设,等等"。要"把已经制定的文化经济政策落到实处,并研究制定扶持民营文化企业发展的新的政策措施","继续改革审批制度,减少环节,简化手续,提高效率。切实帮助民营文化企业解决实际问题。同时,加大宣传力度,在全社会营造大力发展民营文化企业的良好氛围"。②

正是在上述理念的引领下,2003年6月,被中央确定为文化体制改革综合试点省后,浙江着力于进一步利用民营资本充裕的优势、发展民营文化产业的经验,提出"一个亮点、两个坚持、三项任务"的工作思路,把发展民营文化产业作为浙江文化体制改革试点工作的亮点,把坚持正确政治方向、坚持积极的改革取向作为重要指导思想,把鼓励参与国有文化单位改革、培育一批重点民营文化企业、优化民营文化产业发展环境作为重要任务。

习近平在浙江工作期间,民营经济快速发展,至2007年,已占全省GDP总量的70%以上,税收总量的60%以上,外贸出口总量的45%以上,就业人口总量的90%以上;浙江民营经济总产值、销售总额、社会消费品零售额和出口创汇等四项最能反映民营经济实力的

---

① 习近平:《干在实处　走在前列》,中共中央党校出版社2006年版,第326—327页。

② 习近平:《干在实处　走在前列》,中共中央党校出版社2006年版,第327—328页。

指标，已连续 9 年位居全国第一；浙江民营企业拥有中国驰名商标 35 个，中国名牌产品 83 个；在全国民营企业 500 强中占 188 席；全国民营品牌竞争力 50 强中浙江省占 23 席，民资品牌最具竞争力 100 家企业中浙江省占 37 席。显然，民营企业的迅速崛起和发展，形成了浙江民营文化产业发展的内生机制，为浙江省把发展民营文化产业作为文化体制改革的亮点，实现"两个坚持""三项任务"创造了前提条件。

把发展民营文化产业作为浙江文化体制改革的亮点，就是根据浙江省民营经济发展较快、民间资本较为充裕、民间兴办文化产业和参与公共文化服务体系建设热情较高的优势，采取"积极引导，非禁即入"的原则，让个体民营经济进入经营性文化产业和公益性文化事业领域，使浙江经济体制改革的成就向文化生产领域延伸，以参股等形式加入到国有文化企业股份制改造中，并通过"放出一批主体，扶出一批主体"，重点培育一批"专精特新"的龙头民营文化企业。比如，2006 年，浙江省发改委和省委宣传部专门编制并发布了《浙江省文化产业投资指南（2006）》，不仅推出了文化产业"项目库"，吸引一大批个体民营企业进入印刷业、博物馆业、文化旅游业，甚至进入创意和技术含量很高的影视制作、动漫游戏等领域；而且还为投资参股国有文化企业提供了明确的指引。根据这个《投资指南》，非公有资本虽然不能控股，但可以投资参股新闻出版单位的广告、发行以及电影的制作、发行、放映；广播电台和电视台的音乐、科技、体育、娱乐方面的节目制作；可以建设和经营有线电视接入网，参与有线电视接收端数字化改造。2009 年浙江省出台了《浙江省文化创意产业发展规划》并制定了《浙江省文化产业项目投资指南（2009）》，引导包括民营文化企业在内的多元文化产业主体进入文化产业优先发展的 32 个门类 138 项重点领域。大力培育和发展民营文化产业，既是浙江文化体制改革的一大亮点，也是浙江文化体制改革的重要目标，更是衡量浙江文化体制改革成效的重要尺度。

有学者形象地把浙江加快培育和发展民营文化产业的做法和经验，归纳为实施抓"两头"战略。所谓"两头"，就是要培育龙头民营文化企业这个"大头"和发展一批中小民营文化企业这个"小头"。实施"大头"加"小头"的"两头"战略，是浙江发展民营文化产业的一大特点和重要法宝。"第一，培育龙头民营文化企业。浙江的做法，一是充分发挥好、保护好、引导好大型民营企业集团投资文化产业的积极性，引导和鼓励现有文化企业集团进入国家允许的文化领域。二是扶持现有文化企业中具有一定规模、实力较强的企业组建集团公司，扩大生产和经营规模。三是对龙头民营文化企业，在人才、资金、技术等资源配置方面予以扶持。""第二，发展一大批中小民营文化企业。浙江的做法，一是大力发展各类'专、精、特、新'中小民营文化企业。二是引导中小型民营文化企业充分利用地域文化资源，提高文化内涵、增加科技含量、加快市场开拓、提升竞争优势，发展特色区域文化经济。三是大力鼓励和扶持国有企业富余人员和下岗职工转变择业观念，积极从事文化个体经营。"[1]

"一个亮点、两个坚持、三项任务"工作思路的核心，显然是加快培育和发展民营文化产业主体。而文化体制试点工作开展以来尤其值得总结的经验，则是浙江省在实现"三项任务"之一即"鼓励参与国有文化单位改革"中的做法。

2004年10月，文化部制定并颁发的《关于鼓励、支持和引导非公有制经济发展文化产业的意见》，提出要"鼓励非公有制经济以技术、品牌、知识产权等生产要素作价参股，或以投资、参股、控股、兼并、收购、承包、租赁、托管等形式，积极参与转制改企国有文化单位的资产重组，推动国有文化单位的产权结构调整"；"改制前已办理的各项专项审批手续和文化经营许可证不因其所有制性质的变化而取消"；"非公有制经济参与兼并、收购国有文化企业，可享受国

---

[1] 李景源、张晓明主编：《浙江经验与中国发展（文化卷）》，社会科学文献出版社2007年版，第175—176页。

家制定的有关政策待遇"。这就明确了民营经济参与国有文化企业改革的途径、方向和思路。

改革开放以来，正是由于国有经济和其他非国有经济相辅相成、共同发展，才促成了浙江经济的高速发展。一方面，国有经济凭借其雄厚的资本实力、规模效益、技术优势、规范管理和基础产业、先导行业和经济命脉支撑着经济的发展，辐射、引导和带动着整个经济的发展；另一方面，非国有经济以其灵活的机制、顽强的生命力，在众多竞争性行业中生根、开花、结果，既填补了在一些竞争性行业国有经济留下的空白，并使之更加富有生机和活力，又在客观上造成了国有经济必须改革、只有改革才有出路的竞争性环境，从而有力地促进了国有经济经营机制的转换和竞争能力的提高。[①]

习近平在浙江工作期间，不仅深刻地认识到了民营经济在浙江经济社会发展中的作用，"从经济意义上说，民营经济已经成为浙江经济的重要支柱"，而且也深刻地认识到民营经济的发展对浙江国有企业改革乃至整个宏观领域改革的动力源泉作用。在 2006 年 1 月 16 日中央电视台经济频道"中国经济大讲堂"的演讲中，习近平说，浙江民营经济的发展不仅没有使国有经济陷于绝境，反而为国有经济的改革与发展创造了优越的外部条件，实现了不同所有制经济的相互融合、相得益彰、共同发展。"这就是说，蛋糕做大了，蓄水池做大了，国有企业相应地也就壮大了。这个民营企业多的地方、先发的地方，民营经常的一些市场属性对国有企业在客观上有很大的影响，起着促进观念更新的作用，制度参照的作用，市场开拓的作用，参与改制、分流人员的作用。"在这个演讲中，他还进一步用数字说话，"目前浙江国有经济总量比改革开放之初增加了 42 倍，国有企业的主要经济指标跻身全国前列，全省国有企业总额居全国第 5 位，总资产报酬率居全国第 1 位，净资产利用率居全国第 2 位，利润总额居全国第 3

[①] 参见吴永革《在改革中创新中实现超越——对浙江国有经济改革发展历程的分析》，载何福清主编《纵论浙江》，浙江人民出版社 2003 年版，第 134 页。

位。现在从全省来说,国有经济主要集中在大中型国有企业特别是省属 20 多家企业集团,市县国有经济更多地表现为混合所有制的形态"①。

与一般国民经济领域一样,民营经济等非国有经济的发展既对浙江国有文化企业改革与发展形成了倒逼机制、竞争性环境,实现了不同所有制经济的相互融合、相得益彰、共同发展,同时也为鼓励民营经济等非国有经济"参与国有文化单位改革",实现不同所有制文化企业的相互融合、相得益彰、共同发展创造了优越的外部条件。

改革开放以来,浙江国有文化企业虽然也取得了较快的发展,但传统体制的弊端并未完全破除,市场在资源配置中的基础性作用还未充分发挥,国有文化企业特别是属于文化产业核心门类的国有文化单位无法适应新兴文化消费的快速发展趋势和要求。"对国有文化单位而言,民营文化企业的出现是一种激励机制。市场导向、市场化运作迅速发展壮大,这既满足了市场需求,又为企业带来了丰厚利润,员工收入增加,发展空间广阔,与国有文化单位现状形成了强烈反差,激励了国有文化单位改革动机和自觉性,促进了其改革的步伐。民营文化企业的市场观念、创新意识、经营机制、用工和分配制度等方面,为公有制文化企业的改革提供了有益借鉴,具有较强的示范作用和效应。"②

正因为浙江省已经具备先发的民营经济优势和市场经济优势,并在发展国有和非国有经济中已经积累了丰富的经验,因此,开展文化体制改革试点工作以来,浙江省能够比较娴熟地利用民营文化企业的增量动力,吸纳民间资本,鼓励和引导民间资本与国有文化单位合作,将改革目标直指体制内存量资源,实现国有文化单位的体制机制创新,进而实现政府职能的转变、打造市场经济条件下的新型文化主

---

① 习近平:《干在实处 走在前列》,中共中央党校出版社 2006 年版,第 85—86 页。
② 李景源、张晓明主编:《浙江经验与中国发展(文化卷)》,社会科学文献出版社 2007 年版,第 171 页。

体。因此，引导民营经济参与国有文化单位的改革和发展，是浙江省推动国有和民营文化产业共同发展的一条重要途径和必然的选择。

实施"八八战略"以来，浙江省在推动国有经济改革中，始终坚持"做优做强"原则，把推动国有企业改革和促进企业整合、增强企业活力结合起来。2004年6月23日，在省属国有企业改革座谈会上的讲话中，习近平说："改革的目的是为了发展。加快省属国有企业改革，必须围绕发展这个主题，通过资产重组和结构调整，进一步优化国有资产的布局和结构，培育一批具有国际竞争力的大企业大集团，提高省属国有企业的整体素质，实现国有资本的保值增值，更好地体现和发挥国有经济的主导作用。"[1] 这就表明，引导民营经济参与国有企业改革不仅要有利于民营企业的发展，也要有利于国有企业做大做强。

在文化体制改革过程中，浙江省制定配套政策，放手引导、吸引社会资金，积极鼓励民营企业在政策许可范围内，通过产权交易、共同投资、联合开发等途径参与国有文化单位改革，鼓励民营文化企业以投资、参股、兼并、收购、承包、租赁等形式，参与转制国有文化单位的资产重组活动和国有文化企业的产权结构调整，参与国有文艺表演团体、演出场所等文化单位的公司制改造，甚至允许参与对外出版、网络出版，以控股形式参与国有影视制作机构改制经营。比如，单是2003年一年，全省就新批民营图书批发企业53家、民营影视制作和发行企业16家，参与图书批发、影视制作改革。横店集团参与杭州电影公司改制，参股39%组建新公司，重点参与开发浙江横店影视产业实验区，与20多家境内外企业达成合作协议，投资国内6条电影院线，出资5000万元设立了横店振兴中国电影基金。广厦文化传媒集团与浙江印刷集团、浙江日报报业集团印务中心、浙江歌舞剧院签订了管理费用合作意向书，探索建立规范的股份有限公司。广

---

[1] 习近平：《干在实处 走在前列》，中共中央党校出版社2006年版，第87页。

厦集团还与浙江广电集团联合组建影视公司，共同发展影视业、演艺业等，参与投资摄制了多部影视片。

开展文化体制改革试点工作以来，全省各地都对引导民营经济参与国有文化单位改革和发展进行了积极的探索。杭州市制定配套政策，放手引导、吸引社会资金参与国有文艺院团的改革。比如，2006年10月，杭州杂技总团演艺有限公司、杭州滑稽艺术剧院演艺有限公司挂牌成立，标志着杭州国有文艺院团改革工作取得了实质性进展。杭州杂技总团演艺有限公司注册资本200万元，其中杭州文广集团授权杭州杂技团出资102万元法人股，占总股本的51%，公司经营骨干和杂技团艺术骨干个人入股40万元，占总股本的20%，吸引社会法人股58万元，占总股本的29%。杭州滑稽艺术剧院演艺有限公司注册资本300万元，其中杭州滑稽艺术剧院出资153万元法人股，占总股本的51%，吸引社会法人股141万元，占总股本的47%，公司经营骨干和滑稽艺术剧院艺术骨干个人入股6万元，占总股本的2%。

宁波市也积极降低文化市场投资准入门槛，在鼓励社会资本进入文艺表演团体、动漫游戏、网络运营等文化产业领域并在项目审批、资质认定、融资等方面享受与国有文化企业同等待遇的同时，积极培育民营和混合文化市场主体，引导民营资本参与国有文化企业改革。比如，《东南商报》被宁波市文化体制改革试点工作领导小组确定为改革试点单位。2004年初《东南商报》以确保党管媒体不变、坚持正确舆论导向不变、党和人民喉舌性质不变、党管干部不变等"四个不变"为前提，将报纸的经营部分和采编部分相分离，经营部分引入社会资金，开始组建规范化的股份制企业。同年5月成立的宁波东南商报经营有限公司实行董事会领导下的总经理负责制，全权负责《东南商报》的广告、发行等相关经营业务。公司总资产1亿元人民币，其中宁波报业集团占股55%，雅戈尔集团占股45%。除了雅戈尔集团参与《东南商报》改革外，其他如利时集团参与了宁波日报报业集团印务中心的改革，宁波电影公司则由上海联和院线控股60%成立了宁波联和电影有限责任公司，完成了全国范围内首次跨省电影院线的资本重组。

除了杭州和宁波外，这一时期浙江省其他地区也都在引导民营经济参与国有文化单位改革和发展方面进行了积极的探索与实践。比如，台州星星集团出资70万元，与台州市政府一起创办台州市歌舞团（星星艺术团），并以政府支持、企业主导、股份公司模式运行，运行前三年，星星集团每年注入100万元，用于歌舞团发展。通过增资扩股，既不断地增强国有资本的控制力，也实现了民营资本的保值增值。

国有工商企业改革的方向是使国有资本从一般竞争性领域有序退出，但文化产业具有特殊的意识形态属性和特殊的文化传承与教化功能，情况有所不同。因此，在引导民营经济参与国有文化单位改革和发展的过程中，浙江省也强调，鼓励民营资本进入经营性国有文化产业，不仅要有利于民营文化企业的发展，也要有利于国有文化集团做大做强，决不能搞简单的"国退民进"；要善于通过合作，一方面实现国有文化单位的体制机制创新，增强面向市场的活力；另一方面要通过吸纳民间资本为我所用，增强国有资本的控制力和影响力。在这方面，浙江省各地也进行了积极的探索与实践。比如，宁波市按照非公有资本进入文化产业的政策规定，对于不同行业的文化企业，明确不同的资本构成要求和市场准入条件，出版社、期刊社等坚持国有独资或国有绝对控股；对特许经营的文化企业明确不搞管理层或职工持股。正是由于市场经济的先发优势、国有经济的改革经验以及发达的民营经济，浙江才有信心和能力提出通过加强国有和民营文化机构的合作来"壮大国有文化经济的控制力"。因此，"在浙江省，我们看到了一种积极的互动：一边是不断实行自身革命，从全能走向服务的政府，另一边是大量在市场中成长起来的，强壮有力的国有与民营文化机构群体，它们之间正在形成日益多样的合作方式。这个令人鼓舞的过程的结果必定是,性质和形式越来越多样化的各种文化产品,满足层次和类型越来越多样化的需求"①。

顺便说明一下,伴随着从加快建设文化大省、文化强省到建设文化浙江的过程,全省各地引导民营经济参与国有文化单位改革和发展工作不断走向深入。比如,2008年以来,浙报集团抓住发展这个第一要义,加快实施建设全国一流党报集团,通过整合、联合、融合的资源配置方式,实现发展模式转型升级。所谓整合,就是以集约化的理念,打破传统媒体运营"小而全"的格局,充分运用现代管理方式和资源配置方式,重建集约化、专业化、市场化的媒体集群。所谓"融合",就是以创新为理念,突破传统媒体的业态边界,推进内容、介质、渠道等媒体资源的融合,实现跨行业、跨地区发展。而更值得一提的是"联合",所谓"联合"就是以开放的理念,打破传统媒体封闭运营格局,充分利用民营国有资源、业内业外资源、两个市场,发展壮大报业集团。浙报集团与阿里巴巴集团签订战略合作协议,开辟了传统媒体与互联网媒体融合发展的新路径,互相利用各自资源和团队优势,成功推出《淘宝天下》周刊,着眼于创新体制机制、创新发行模式、创新广告赢利模式,着眼于网上网下资源共赢。集团还与绿城房产合作,进军社区传媒领域,打造全新的社区文化服务和经营模式,探索以"绿色家园"入户互动终端为核心的全媒体融资平台。此外,至2010年浙报集团已与中国工商银行、中国移动等22家实力单位缔结战略合作伙伴关系。这是浙报集团利用品牌影响力优势联合社会优势资源的尝试,通过优势互补实现发展共赢。②

2011年5月,中宣部、文化部联合颁发通知,要求把加快国有文艺院团体制改革作为文化体制改革重点任务并确保在2012年上半年

---

① 张晓明:《文化体制改革:解放和发展文化生产力的关键》,载李景源、张晓明主编《浙江经验与中国发展(文化卷)》,社会科学文献出版社2007年版,第132页。
② 参见王一义《从传统报业走向现代传媒产业》,载陈野主编《2011年浙江发展报告(文化卷)》,杭州出版社2011年版。

前完成改革任务。同一年,宁波市为落实转企改制要求,成立了宁波演艺集团,不仅对内部分配制度进行改革,推行全员绩效考核和制作人负责制等,而且也积极吸纳民间资本参与改革。特别值得一提的是,宁波演艺集团把股份制合作引入排戏环节,规定集团任何人都可以用资金或无形资产投资剧目,收益大家分享。各子公司实行团长（总经理）负责制。与此同时,由宁波演出公司出资30%与北京当代舞蹈团、鄞州区正正文化传媒有限公司和若干自然人（70%股份）成立宁波市城乡演出院线股份有限公司,吸引民间资本参与国有文化经营单位股份制改造。在新一轮改革中,宁波市按照党的十八届三中全会精神及《深化文化体制改革实施方案》要求,加快引进民营资本参与文化产业发展。比如,宁波广电集团积极谋划与媒体融合发展相关联的文化产业发展。以广电传媒大厦商务楼为平台,与华数、普天等合作,开发新媒体产业;以大剧院绿地空间为平台,筑巢引凤,引进国家一流文化创作团体,与江北区合作开发文化产业园,并在与大榭合作的基础上,拓展与镇海、杭州湾新区等地的院线合作;以高新区扬帆广场为依托,运用品牌和渠道优势,与民和公司合作开发"七色花教育城"等。2014年,宁波市电影公司还启动了新一轮三年发展规划,打破原有体制形式,与民营经济共同投资建设下应影院和天伦影院,通过改革创新,形成多种市场主体以入股、合作形式参与文化产业发展。[1]

不仅如此,浙江省也积极引导民营文化企业参与公共文化服务体系建设。在欧美各国,政府经常通过在社会上广开财源以寻求社会对公益性文化的支持和捐助。据统计,美国的个人、公司和基金会对公益性文化事业的资助达到政府直接投资的4倍,英国企业的资助占政府投入的40%,德国和法国也高于30%。在这些国家,社会对文化的参与极其广泛,各种文化艺术基金会非常多,有些大公司还制订有

---

[1] 参见李义杰《宁波文化体制改革新进展及面临的困境与出路》,载吴蓓、俞强主编《2015年浙江发展报告（文化卷）》,浙江出版联合集团、浙江人民出版社2014年版。

资助规划。作为全国民营经济大省，浙江发动社会力量资助公益性文化事业具有充分的条件。实施"八八战略"以来特别是开展文化体制改革试点工作以来，浙江在鼓励社会力量对公共文化事业的赞助方面，取得了突破性的进展。从2004年初到2007年初，慈溪市就有2000多家民营企业以各种形式赞助农村公共文化事业。绍兴县齐贤镇阳嘉龙等6个村，由十多位企业家出资320万元建造村文化中心，所有权归个人，由村集体管理，无偿使用。海宁市许村镇永福村采取"上面补一点、集体挤一点、企业助一点、村民捐一点"的办法筹措资金，共投资195万元，建成了村文化活动中心。2005年12月31日，台州市开始在全市范围内实施"百分之一文化计划"活动，即在项目建设投资总额中提取百分之一的资金用于公共文化艺术设施建设。这既是一种公共文化共建机制，也是一种多元化的新的公共文化设施投入方式，不仅拓宽了文化艺术设施建设的筹资渠道，更为台州活跃的社会资本参与文化建设提供了政策依据。"百分之一文化计划"获第三届文化部创新奖，并因成效显著而被其他一些城市仿效。

此外，浙江一些地方按照所有权与经营权相分离的原则，尝试把公益性文化设施委托给专业公司管理或民营企业经营，破解传统体制下公共文化设施经营不善、维持困难等问题，尝试逐步走出"建设一座设施，背一个包袱"的"怪圈"。除了公共文化设施以外，这种做法也扩展到了其他重大的公共文化活动和服务项目。发挥市场机制的作用，采取"政府采购、公司运作、全民享受"的服务外包、委托经营运行方式，引导民营文化企业合理合法、有序地参与公共文化服务体系建设，已经成为全省各地提高公共文化服务效率的有效途径。可以说，这些做法充分地运用了改革开放以来浙江国有经济和其他非国有经济共生共荣、协调发展的经验。这些探索为全国各地破解公共文化设施和服务的运作和管理难题，提供了有益的经验和启示。

浙江省吸引民营经济参与公共文化服务体系建设的实践表明：在市场经济条件下，公共文化服务建设模式已完全不同于计划经济下

"大包大揽"的文化事业发展模式。当市场经济已经成为一种基本经济制度时，不仅文化产业必须围绕市场的优势和缺陷发挥自身的功能，而且具有公益性质的公共文化事业也要围绕市场的优势和缺陷发挥自身的功能。在市场经济条件下，为了更好地保障人民群众的基本文化权益，在坚持公共文化服务公益性原则的前提下，有必要通过引入市场机制和民间资本，优化公共文化服务的微观主体，推动国有文化事业单位的改革和机制转换，以解决政府在公共文化领域投入不足、经营不善、效益低下、资源浪费等问题。引入经济机制和社会力量的目的，不是要放弃政府在公共文化事业发展中的责任，而是为了更好地承担这种责任。在新的机制下，政府的责任是遵循和利用市场经济规律来发展公共文化事业，政府的任务是组织协调各方力量，也即从公共文化产品和服务的经营者转变为组织管理者。这样，不仅可以解决公共文化事业发展中"统得过死"的问题，而且也使政府有更多的精力集中于公共文化事业的管理，从而提高工作效率，更好地履行在公共文化服务体系建设中的责任。

习近平在浙江工作期间，浙江民营经济优势转化为民营文化产业发展优势的速度显著加快。全省民营文化企业涉及影视、印刷、演艺娱乐、艺术品经营、旅游、广告、会展等行业，横店集团、广厦集团、宋城集团等一批骨干民营文化企业脱颖而出，已经成为浙江文化产业发展的主力军。2007年，横店影视产业实验区已入驻企业达218家，总注册资金达7.5亿元，年接待游客达500多万人次，旅游收入近6亿元。横店集团与美国时代华纳、中影集团共同组建了中国首家中外合资电影娱乐公司，参与投资摄制的电影《疯狂的石头》《投名状》，成为2006年、2007年度国产电影冠军。横店集团还出资设立了振兴中国电影基金，组建了校园电影院线，控股或参股了杭州星光、广州珠江、江苏亚细亚等多条院线，横店院线旗下影院达112家。

此外，在这一时期，浙江省还出现了其他一些著名的民营文化企业。比如，开展文化体制改革试点工作以来，杭州市支持社会力量参与改革，兴办各类无明令禁止的文化、教育、卫生、体育单位，发展了一批"专、精、特、新"的民营文化企业。为了吸引民间力量参与文化产业发展，编制了《杭州市重点文化产业项目招标目录》，积极开展各类招商活动。一批民营文化企业"航母"逐渐浮现。杭州文化旅游品牌"金海岸"，在经营娱乐业的基础上，进一步发展了文化休闲业，开发了如杭州剧院"红磨房"、东坡大剧院"西湖之夜"大型旅游演艺专场和"金海岸东坡大舞台"等文化休闲项目，还先后在常州、诸暨、金华等城市发展了 7 家连锁演艺场馆。华宝斋投资兴建的文化旅游中心"中国古代造纸印刷文化村"向游客集中展示了古代文明与现代文明的结晶——造纸术与印刷术，被列为杭州市爱国主义教育基地。民营剧团黄龙越剧团进驻杭州黄龙洞景区，使"听戏黄龙洞"成为戏曲爱好者和中外游客的时尚。宁波则结合自身区域特色，大力扶持和发展了包括文体用品制造销售业、古旧家具生产加工业、包装装潢印刷业、根雕制作业等在内的一批特色民营文化产业，出现了以贝发、广博、三 A 等民营企业为龙头的宁波文具业，年产量占全国的五分之一，出口占全国的三分之一，宁波因此成为名副其实的"中国文具之都"。

三 优化民营文化产业发展环境

除了培育一批重点民营文化企业、鼓励参与国有文化单位改革外，浙江省推动文化体制改革和民营文化产业发展的另一项重要任务，是优化民营文化产业发展环境。

21 世纪以来特别是开展文化体制改革试点工作以来，浙江省一直根据不同发展阶段经济社会发展的新形势新任务，加快建设文化大省、文化强省和努力建设文化浙江不同历史时期文化产业发展的新趋势新特点新要求，着力于进一步简政放权、提高政府服务民营文化企业水平与效率；着力于改善民营文化企业发展环境，全方位优化项目投资环境和人才引进环境等，积极反映并帮助解决民营文化企业遇到的困难，促进民营文化产业持续健康发展；着力于加强金融支持力度，拓宽民营文化企业直接融资渠道，着力解决民营文化企业面临的最普遍、最突出的融资难、融资贵、成本高的问题，落实减税降费政策，降低民营文化企业成本和负担。特别值得一提的是，浙江省不断采取了逐步放宽民营文化企业市场准入、落实国民待遇等一系列政策和措施，着力于破除束缚民营文化产业发展的瓶颈性障碍，着力于清理阻碍民营文化产业发展的各种体制机制和做法，做到国有文化企业、民营文化企业一视同仁，从而优化了民营文化产业发展环境，加快了培育有实力和竞争力的民营文化企业的步伐。

所谓市场准入制度，是有关国家和政府准许公民和法人进入市场，从事商品生产经营活动的条件和程序规则的各种制度和规范的总称，是国家对市场进行干预的基本制度，它作为政府管理的第一环节，既是政府管理市场的起点，又是一系列现代市场经济条件下的一项基础性的、极为重要的经济法律制度。文化市场准入制度是市场准入制度的组成部分，是政府有条件地准许新文化企业进入文化市场的制度，是政府管理文化市场、干预文化经济的制度安排，其取决于文化市场安全与经济效率成本之间的平衡点，并直接影响着文化市场主体进入文化市场的成本和难易程度，文化市场的秩序、交易安全、经济效率和活跃程度。影响文化市场准入制度形成及实施的因素有文化产业发展水平，文化市场和文化市场主体发育程度，国际文化市场参与度，决策者和国民对文化产业认识程度，国家干预文化产业程度等。

在放宽民营文化企业市场准入方面，早在2000年12月省委常委会通过的《浙江省建设文化大省纲要（2001—2020年）》中，已经提出，各地有关部门要进一步贯彻落实国家和省已有的文化经济政策，加大执行力度；要通过政策引导，引入市场机制，鼓励社会力量兴办文化事业和文化产业，盘活存量，优化增量，合理配置资源，集中力量办大事；要积极研究加入世界贸易组织后浙江文化产业发展的应对措施，加快制定民族文化产业的保护和扶持政策；要鼓励个人、企业、社会团体兴办国家政策许可的各种文化经营企业，把社会力量办文化纳入文化发展的总体规划，努力形成政府投入与社会投入相结合的多渠道、多元化的文化投入机制；积极探索以市场化运作方式发展文化的新途径，坚持"谁投入，谁受益"的原则，建立新的分配激励机制、市场营销机制、风险共担机制；积极引入各类文艺体育活动的招投标机制；扩大社会、集体、个人参与艺术、体育产业竞争的准入度；政府设立的各种评奖活动，社会力量兴办的各类文化单位均可参加；运用联合重组、股份制等多种形式，充分吸纳社会资金参与文化建设；逐步建立文化经营准入制度，采取积极措施，使文化中介机构逐步与政府脱钩，成为独立的市场活动主体和联结文化生产、文化服务、文化消费的中间环节，促进文化市场的繁荣。2001年3月浙江省政府发布《关于建设文化大省若干文化经济政策的意见》进一步提出，要充分发挥市场在资源配置中的基础性作用，促使各种文化资源和文化要素的合理流动；要鼓励文化企业之间打破地区、部门、行业和所有制界限，实行优势互补，促进资产、人才、技术等生产要素的优化组合；要积极调整文化产业资产存量结构和文化产业结构，增强文化资源的创新活力，促进文化产业升级。

2003年8月，经中央批复同意的《浙江省文化体制改革综合试点总体方案》全方位、多层次地阐述了文化体制改革的目标，其中提出要"培育一批适应经济社会发展和群众文化需求、具有较强实力、活力和竞争力的文化事业和文化产业主体，初步建立保证正确导向、富有经营活力的微观运行机制"；"形成以若干大型文化集团为龙头、中小型文化企业为主体、文化市场为纽带的文化产业组织体系，初步建立国有文化企业为主导、多种所有制文化企业共同发展的开放格局"。培育和打造"具有较强实力、活力和竞争力的文化产业主体"，形成"多种所有制文化企业共同发展的开放格局",必然要求采取逐步放宽民营资本市场准入、落实国民待遇等一系列政策和措施。在推进文化体制改革综合试点工作过程中,浙江省委提出了必须重点把握好六个方面的问题。其中,第五个方面的问题,就是"运用两股力量",即运用国办文化和民办文化两股力量,在充分发挥国办文化在文化市场中主导作用的同时,充分发挥浙江民营经济发达的优势,加强国有文化企业与民营企业的合作,在国家政策允许的范围内,进一步放开准入领域,制定扶持政策,大力发展民营文化企业。这一点也鲜明地体现了浙江省作为全国市场经济、民营经济的先发省份在放宽民营资本市场准入、落实国民待遇探索与实践上先行一步的自觉。

2004年10月,文化部制定并颁发《关于鼓励、支持和引导非公有制经济发展文化产业的意见》,强调要充分认识鼓励、支持和引导非公有制经济发展文化产业的重要意义;进一步放宽市场准入,允许非公有制经济进入法律法规未禁止进入的文化产业领域;打破所有制界限,打破地区封锁和部门封锁,坚持非公有制文化企业与国有、集体文化企业同等待遇;继续深化文化体制改革,支持非公有制经济参与国有文化单位的重组改造;大力营造非公有制经济发展文化产业的良好政策环境和市场环境;进一步转变政府职能,强化服务意识;依法加强对非公有制文化企业的监督,切实改进管理方式;引导非公有制文化企业认真学习党和国家的路线、方针和政策,自觉遵守国家关于文化市场管理的各项政策法规;充分发挥工商联、商会、行业协会等社会团体和中介组织在引导规范非公有制文化企业发展中的作用;各级文化行政部门要把鼓励、支持和引导非公有制经济发展文化产业作为一项重要任务纳入工作议程;等等。这就进一步明确了我国放宽文化市场准入、加快培育民营文化产业发展主体的方向。《意见》还要求抓紧制订文化产业投资指导目录,明确国家鼓励、限制和禁止投资的项目;凡已经允许外资进入的文化领域,都要积极鼓励和支持非公有制经济进入;在演出业、影视业、音像业、文化娱乐业、文化旅游业、网络文化业、图书报刊业、文物和艺术品业以及艺术培训业等行业，已逐步放宽准入的基础上，进一步降低门槛，搞好服务，鼓励支持非公有制经济以独资、合资、合作、联营、参股、特许经营等多种方式进入。

正是在这一背景下，浙江省加快了放宽市场准入、支持和引导民营经济参与文化产业发展的步伐，逐步形成了以国有文化企业为主导、多种所有制经济共同参与、投资主体多元化、融资渠道社会化、投资方式多样化、项目建设市场化的文化产业发展新格局。2005年7月出台的省委《关于加快建设文化大省的决定》提出，要"积极鼓励和引导社会力量兴办文化产业，推进投资主体多元化，加快文化产业创新，培育一批民营龙头文化企业和特色文化企业，培育一批高新技术文化企业，积极培育文化产品专业市场和文化产业要素市场"。2006年，省政府编制并公开发布《浙江省文化建设"四个一批"规划》，提出了浙江未来5年文化建设具体目标、发展重点。同一年省发改委和省委宣传部联合编制并发布的《浙江省文化产业项目投资指南（2006）》，首次按照文化产业类别，对印刷发行和版权服务、广播电视电影服务、动漫和网络文化服务、广告会展和文化经纪服务、文化休闲娱乐服务、文化艺术服务、教育培训体育和研究咨询服务、文体产品制造、文体产品销售、其他等10个文化产业门类，分别就发展思路、市场准入和重点领域进行了明确说明。这就使浙江省落实放宽文化市场准入、引导民间资本投资文化产业、培育民营文化产业有了重要依据。按照这个《投资指南》，除了允许民营资本投资文化旅游等领域外，浙江省还允许民营资本进入出版物印刷、可录类光盘生产、只读类光盘复制领域；可以在符合条件的宾馆饭店内提供广播电视视频节目点播服务；可以开办户外、楼宇内、交通工具内、店堂等显示屏广告业务；可以控股从事有线电视接入网社区部分业务的企业，可以参与或控股文艺表演团体、演出场所的国有文化单位的公司制改建，等等。

开展文化体制改革试点工作以来,在相关政策和措施的引领和作用下,浙江省放宽市场准入工作明显加快,有效地促进了民营文化产业主体的培育和发展。比如,经过21世纪以来20年的迅速发展,今天的浙江省已经成长为影视产业大省强省,无论影视基地数量、影视剧产量、制作主体规模,浙江均位居全国前列。"北有北京、南有浙江"中国影视格局,已经初步形成。在浙江众多影视制作主体中,99%为民营企业,其中,有37家上市影视公司,约占中国上市影视公司总数的一半以上。浙江影视产业的快速发展,很大程度上是实施建设文化大省战略特别是开展文化体制改革综合试点工作以来放宽影视市场准入、培育多元化影视产业主体的结果。

早在2002年浙江省广电局就已经提出"降低门槛、放宽搞活、大力发展影视制作业"的工作思路。这一年,我国颁布了有关鼓励民间资本进入电影业的规定。此后,省广电局相继制定出台了《关于加快浙江影视产业发展的实施意见》《浙江省电影审查暂行规定》《浙江省广播影视业"四个一批"专项规划》等政策文件,强调要改变影视制作行业垄断经营、市场准入限制过严的状况,鼓励非公有资本参与兴办影视制作经营机构,适当放宽非公有影视企业在注册资金、业务主管机构和设施标准方面的限制;鼓励影视制作单位延伸发展相关产业,积极培育各类影视相关产业主体;逐步形成公开透明、管理规范和统一的行业准入制度,吸引社会资本、民营力量参与影视业发展。这些政策文件适当调整了影视制作企业的注册资金、业务主管、准入条件等管理内容。特别值得一提的是,其中,突破原先"注册资本300万元"和需"挂靠文化行政管理部门"这两条是最大的亮点,率先于全国放宽了民间资本进入电影业的规定。针对"注册资本300万元"这一条,允许在三年内实现,这一点在此后实际操作中也更加"灵活"和"变通"。比如,对确实有影视制作经营前途而一时注册资金又达不到规定要求的公司,允许在三年内累计达到。针对"挂靠文化行政管理部门"这一条,也进一步出台了能够落地的措施,即,允许一时找不到上级业务主管部门挂靠的企业直接挂靠浙江省广播电视局。此外，这些政策文件也针对一些公司制作设备配置不合理、大而全和小而全等问题，鼓励一些实力较强、设备齐全的公司向中小影视公司开展租赁业务，既解决了大公司设备闲置问题，又解决了中小影视公司一时买不起设备的困难，实现了双赢；支持国有影视单位按现代企业制度的要求，根据企业不同的性质、类型，采取国有独资、股份有限公司、有限责任公司、股份合作制等不同方式进行产权制度改革；大力引导社会资本进入影视企业，并参与国有影视企业的公司改革。浙江省广电局还主动改进服务，改革审批制度，减少审批环节，简化办理手续，及时为一批民营影视制作公司办好各种报批手续，使其在较短时间内集中资金投入影视生产。

浙江省一系列放宽市场准入政策措施出台后，对当时浙江民营资本进入文化产业产生了重要的孵化和推动作用，也助推了国有文化单位体制机制的创新，增强了国有资本的控制力，促进了国有和民营文化产业的共同发展。比如，自从浙江省广电局出台放宽市场准入政策以来，大量民营资本从传统体制的束缚中摆脱出来开始注入影视业，有力地促进了影视产业投资主体的多元化，推动了全省民营影视业的蓬勃发展。2003年至2006年浙江省新批影视制作机构200多家，其中80%以上为民营企业。单2005年一年，全省就新批影视制作机构106家，新增注册资金2.5亿元，全年立项影视剧83部、2148集，比上年同期增长30%，占全国立项总数的7%，制作完成电视剧900集。除此以外，在放宽市场准入政策作用下，浙江省其他民营文化产业主体也迅速发育。到2006年，浙江共有民营剧团485家，遍布绍兴、台州、杭州、宁波和温州等地，从业人员1.5万多名，全年演出19.4万多场，营业额3.88亿元。2005年，杭州市委市政府出台了《关于加快现代服务业发展的若干意见》，对具有一般经纪资格的经纪人员，允许其先行从事文化类经纪活动，并放宽经纪企业申办标准，有3名以上执业人员即可申办经纪企业。在这些政策的支持下，杭州的文化中介机构等得到了较快的发展。

实施加快建设文化大省战略以来,持续坚持放宽市场准入政策,落实文化产业扶持措施,制定文化产业投资指导目录,明确鼓励、限制和禁止投资的项目,促进文化市场主体发展壮大,是历届省委省政府一以贯之的做法。

2007年10月,党的十七大报告不仅提出要"大力发展文化产业,实施重大文化产业项目带动战略,加快文化产业基地和区域性特色文化产业群建设,培育文化产业骨干企业和战略投资者,繁荣文化市场,增强国际竞争力";而且提出要"坚持和完善公有制为主体、多种所有制经济共同发展的基本经济制度,毫不动摇地巩固和发展公有制经济,毫不动摇地鼓励、支持、引导非公有制经济发展,坚持平等保护物权,形成各种所有制经济平等竞争、相互促进新格局";"推进公平准入,改善融资条件,破除体制障碍,促进个体、私营经济和中小企业发展";以现代产权制度为基础,发展混合所有制经济"。在这个大背景下,2008年7月《浙江省推动文化大发展大繁荣纲要(2008—2012)》明确提出,要"大力发展民营文化企业,重点培育一批民营龙头文化企业,发展各类'专、精、特、新'民营文化企业";"鼓励个人、企业、外资、社会团体进入国家政策未禁止的文化领域";"在国家政策许可范围内,鼓励民营企业逐步扩大文化投资领域,参与文化体制改革与文化产业发展"。

2011年10月,党的十七届六中全会通过《关于深化文化体制改革 推动社会主义文化大发展大繁荣若干重大问题的决定》,不仅提出要"毫不动摇地鼓励和引导各种非公有制文化企业健康发展";而且强调要"在国家许可范围内,引导社会资本以多种形式投资文化产业,参与国有经营性文化单位转企改制,参与重大文化产业项目实施和文化产业园区建设,在投资核准、信用贷款、土地使用、税收优惠、上市融资、发行债券、对外贸易和申请专项资金等方面给予支持,营造公平参与市场竞争、同等受到法律保护的体制和法制环境";

"加强和改进对非公有制文化企业的服务和管理，引导他们自觉履行社会责任"。2011年11月省委出台《关于认真贯彻党的十七届六中全会精神大力推进文化强省建设的决定》再次强调，要"鼓励和引导非公有制资本进入文化产业，培育和扶持一批民营龙头文化企业，大力支持中小民营文化企业发展，形成以公有制为主体、多种所有制共同发展的文化产业格局"。2016年10月省政府办公厅发布《浙江省文化产业发展"十三五"规划》，提出要"健全文化产品和服务评价体系，建立市场准入和退出机制，降低市场准入门槛，鼓励各类市场主体公平竞争、优胜劣汰"。2017年9月浙江省委省政府《关于加快把文化产业打造成为万亿级产业的意见》进一步提出，要"深化文化领域投融资体制机制改革，降低准入门槛，鼓励引导社会资本参与"。2017年11月浙江省委省政府《关于推进文化浙江建设的意见》再次强调，要"发挥浙江市场机制灵活、民营资本充裕优势，降低社会资本准入门槛，鼓励引导非公有制和混合所有制文化企业发展。推动建设众创空间，扶持文化创客，增强发展活力"。2021年1月浙江省第十三届人大五次会议通过的《浙江省国民经济和社会发展第十四个五年规划和二〇三五年远景目标纲要》，再次强调要"健全民营企业公平竞争政策法规，完善个体工商户发展政策体系"。

实施文化体制改革综合试点工作以来，在上述理念和政策的指引下，浙江省实施了一系列放宽市场准入的具体做法和措施。比如，在贯彻"非禁即入"原则方面浙江实施了如下一些政策：在国家政策允许范围内，逐步扩大了民营企业文化的投资领域；对凡是我国加入世界贸易组织承诺允许外资进入的文化领域，都积极对民营资本开放；大力鼓励民营资本参与公益性文化事业建设，其投资、捐赠，按国家有关规定给予优惠政策；规定除重要新闻媒体业外，其余文化产业，如演艺业、娱乐业、发行业、印刷业、会展业、文化培训业、文化咨询业、影视制作业等，民营资本均可进入；允许并积极鼓励民营资本投资文化设施建设和管理，参与文化产业园区和特色街区开发建设，参与影视剧的生产和交易、出版物的印刷和发行、文艺院团的演出和中介等。

放宽民营文化企业的注册资本，也是浙江省放宽市场准入的重要做法。比如，2008年底出台的浙江省工商局《关于促进全省民营企业平稳较快发展的若干意见》共19条，也被称为"新经济政策"，规定"对一般性服务业企业降低注册资本最低限额，除法律、行政法规和依法设立的行政许可另有规定的外，一律降低到3万元人民币"；"凡允许外资经营的都允许内资经营；凡允许本地企业经营的都允许外地企业经营；凡法律、行政法规未禁止个体私营等非公有制经济经营的服务行业和项目，都允许其经营"。这些降低准入门槛的一般性规定当然也适合于民营文化企业。更值得注意的是，《意见》还对文化等企业提出了"额外"的"放宽政策"："文化、旅游、农业开发机构、中介服务企业和拥有自主知识产权的科技型企业组建企业集团，其母公司最低注册资本放宽到1000万元，母公司和子公司合并注册资本放宽到3000万元。"开展文化体制改革试点工作以来，为了鼓励文化企业集团化发展，杭州市降低了文化企业集团组建的条件；除国家有特别规定外，文化企业的母公司注册资本在1000万元以上，有3个以上控股公司，且母子公司注册资本总额在2000万元以上，即可先登记组建集团有限公司，待具有5个以上控股公司后再申领集团登记证；为了鼓励非公有资本进入文化产业，在市场准入、土地征用、税收返还、规费减免等方面，给予民营资本以国有文化企业单位或者国有经济投资同等待遇。杭州市还放宽文化中介机构准入条件。2008年，杭州市委市政府明确了扶持文化创意产业的财政税收、投融资扶持、园区建设及土地利用、人才引进与培养等4项政策。其中，在财政税收方面，杭州市根据《关于统筹财税政策扶持文化创意产业发展的意见》，设立了1.5亿元的专项资金，用于扶持文化创意产业的成长。同时，要求市科技创新相关专项和市人才专项资金中安排一定的资金，用于扶持文化创意产业公共技术服务平台、科研项目、关键共性技术攻关、孵化器建设、知识产权保护和文化创意人才的培养、交流、引进、使用和奖励。要求市区两级都增加文化创意产业基金，重点用在产业化项目推进上，并引导民间资本参与建立创业投资、风险投资基金。

在落实国民待遇方面，早在2000年12月省委常委会通过的《浙江省建设文化大省纲要（2001—2020年）》中已经提出，对民营文化企业要"在规划建设、土地征用、规费减免、从业人员职称评定等方面与国办文化一视同仁"。2004年出台的省广电局《关于加快浙江影视产业发展的若干意见》提出，"在申办制作经营许可、年检年审、题材规划、作品生产、节目审查、市场营销等方面，给予非公有影视企业与国有影视制作机构同等的待遇"。2005年7月省委《关于加快建设文化大省的决定》强调，要"进一步完善民营文化产业发展的各项政策，实现民营文化企业与国办文化企业在产业政策上一视同仁"。2008年7月省委《浙江省推动文化大发展大繁荣纲要（2008—2012）》、2011年11月省委《关于认真贯彻党的十七届六中全会精神大力推进文化强省建设的决定》都强调，要"鼓励社会力量投资兴办文化实体，在工商登记、项目审批、土地征用、规费减免、财政扶持、投融资以及从业人员职称评定等方面享受同等待遇"。

在上述理念的引导下，浙江省在落实民营文化企业国民待遇方面进行了积极的探索与实践。比如，积极鼓励支持非公有制文化企业参与文化产品出口、申报文化产业示范基地、政府文化项目采购和招投标；非公有制文化企业在申请文化经营许可证、资质证书以及命名、评比、表彰等方面，与国有、集体文化企业一视同仁；浙江省级和全省各地建立的文化产业发展专项资金，对非公有制文化企业兴办的符合国家政策的产业项目，给予与国有、集体文化企业同一程序、同一标准的积极支持；给予有市场前景、发展潜力大、运行机制好的非公有制文化企业重点扶持，促其提升企业核心竞争力，鼓励跨地区、跨行业经营，尽快成长为具有国际竞争力的文化企业集团。

浙江的实践与经验表明,放宽市场准入,让民营文化企业公平享受与国有文化企业一样的"国民待遇",是民营文化企业公平参与市场竞争的前提,是促进民营文化产业发展的一个关键因素。

就本来意义而言,"国民待遇"也被称为"国民待遇原则"(national treatment principle),是指一个国家给予在其国境内从事经济社会活动的外国自然人、法人不低于本国自然人、法人所享有的同等民事权利待遇,而非政治方面的待遇。国民待遇原则是最惠国待遇原则的重要补充。国民待遇又区分为有条件的国民待遇和无条件的国民待遇两种类型。前者又可以有三种情况:一是仅仅给予在本国领土上有住所的外国自然人和有营业场所的外国法人以国民待遇;二是根据国际公约给予缔约国的自然人和法人以国民待遇;三是根据对等原则,互相给予国民待遇。"国民待遇"或国民待遇原则是世界贸易组织的基本法律原则之一。1947年签订的《关税及贸易总协定》第三条第二款规定:"一缔约国领土的产品输入到另一缔约国领土时,不应对它直接或间接征收高于对相同的国产品所直接或间接征收的国内税或其他国内费用。"这一条的第四款还规定:"一缔约国领土的产品输入到另一缔约国领土时,在关于产品的国内销售、兜售、购买、运输、分配或使用的全部法令、条例和规定方面,所享受的待遇应不低于相同的国产品所享受的待遇。"在实现所有世贸组织成员平等待遇基础上,世贸组织成员的商品或服务进入另一成员领土后,也应该享受与该国的商品或服务相同的待遇,这正是世贸组织非歧视贸易原则的重要体现。严格而言,国民待遇原则就是外国商品或服务与进口国国内商品或服务处于平等待遇的原则。

这里的落实民营文化产业"国民待遇"一词,仅仅是一种借用、比喻的说法,等同于非歧视、同等或无差别待遇的意义。"国民待遇"就是不同所有制的企业,无论是国有企业、大企业,还是民营企业、外资企业、小企业都必须享受平等待遇。市场主体法律地位平等是价值规律发挥作用的前提,只有在同一起跑线上竞争,才能最终使资源得到优化配置，实现效益的最大化。

　　长期以来，"身份歧视"观念的影响根深蒂固，一些管理者依然停留在"国企是根本，民企是补充"的传统所有制思想框架里，不少法规政策对民营企业的市场进入和市场机会构成壁垒，民营企业被禁止进入很多基础性和关键性行业，往往被挤压在竞争性行业之中。对民营企业的一些政策措施长期不落实，从一定程度上而言，就是针对民营经济的歧视，包括产业和市场准入歧视、税收歧视、信贷和融资歧视、补贴歧视等。比如，在融资方面，民营企业往往受到歧视，不能享受国有企业同等的融资待遇；民营企业往往信用评级低，债券发行难；民营企业往往融资成本过高，企业不堪重负；民营企业往往融资期限短期化严重，企业倒贷压力大。

　　落实好支持民营经济发展的政策措施，消除各种针对民营企业的经济歧视，需要逐步推动产业政策向竞争政策的过渡，推行公平正义取向的普惠制政策。作为民营经济和市场经济的先发省份，浙江省委省政府较早地认识到，不同所有制企业享受平等待遇是市场经济的基础。中国加入世界贸易组织后遵循的两个最重要原则是：最惠国待遇、国民待遇。浙江省在落实民营文化企业国民待遇上的措施，既是破除束缚民营文化企业发展桎梏的重要尝试，也是一个民营经济大省强省、市场经济先发省份先行探索落实民营企业国民待遇的重要组成部分。

　　回溯21世纪以来的历史，放宽民营文化企业市场准入、落实民营文化企业国民待遇，是贯穿于浙江从建设文化大省、文化强省到建设文化浙江一以贯之的做法。

　　除了放宽市场准入和落实国民待遇外，在培育和发展民营文化产业过程中，浙江省也重视对民营文化企业的管理和引导，不断优化服务环境。这方面的主要做法包括：把民营文化产业发展纳入各地文化产业发展规划，编制民营文化企业投资指南、政策指南、文化产业项目库等，加强对民营文化企业在投资方向等方面的引导，防止盲目投资和低水平重复；完善金融服务，拓宽民营文化企业的投融资渠道，建立多元化的投融资体系，拓展适合民营文化企业特点的贷款融资方式、保险服务等；建立健全管理制度，加强对经营者及其从业人员的教育，把对民营文化企业的监督和管理纳入经常化、制度化轨道，鼓励合法经营，打击违法经营，促进民营文化企业重视社会效益，防止偏离社会主义文化发展方向。

在民间内源力量推动和党委政府政策引导双重因素的作用下，浙江省民营文化企业步入了规模不断扩张、结构不断转型升级的发展阶段。至2019年底，全省拥有各类民营文化企业和从事文化工作的个体工商户超过10万家，涌现出了横店集团、宋城集团、华策影视、长城影视、中南卡通、思美传媒等一批在全国有较大影响的民营文化龙头企业。比如：

自1996年以来，横店集团投入30亿元建成广州街·香港街、明清宫苑、秦王宫、清明上河图景区、华夏文化园、明清民居博览城、梦幻谷、屏岩洞府、大智禅寺、红军长征博览城、春秋·唐园、圆明新园等13个跨越几千年历史时空、汇聚南北地域特色的影视拍摄基地和两座超大型的现代化摄影棚，是中国和全球规模最大的影视实景拍摄基地。2004年4月，国家广电总局批准横店成立全国首个集影视创作、拍摄、制作、发行、交易于一体的国家级影视产业实验区。浙江省和东阳市相继出台了一系列政策扶持横店影视产业发展。比如，2004年4月，东阳市政府出台了《关于支持浙江横店影视产业实验区发展的若干政策意见》；2018年4月，浙江省出台了《关于加快推进横店影视文化产业发展的若干意见》等。先后建成秦王宫、清明上河图景区等30多个大型实景基地和30多座高科技摄影棚，近年来，横店对场景基地进行了大规模的拓展和升级，拓建了大宋皇宫、唐宋府邸群、宫殿群等高品质的古装戏场景。2004年至2018年，横店影视产业实验区实现营收从0.36亿元增长到268.24亿元，累计实现营收1257.23亿元；上缴税收从0.02亿元增长到26.21亿元，累计上缴税收 130.03 亿元。至 2019 年，全国约四分之一的电影、三分之一的电视剧、三分之二的古装剧、累计 6.4 万多部（集）的影视剧在横店拍摄，吸引了 1800 多家影视企业和艺人工作室入驻，其中包括华谊兄弟、唐德影视、印纪传媒、新丽传媒、光线传媒、唐人电影、本山传媒、长城影视等知名企业，其中进入资本市场的企业有 33 家，吸引了国内外众多优秀影视制作、发行和服务机构参与运作，共同打造中国影视产业要素集聚平台。横店影视股份有限公司坚持以主流市场为主、兼顾三线市场、注重县级市场，在全国兴建了近 400 家影城。

2018 年 4 月出台的浙江省委省政府《关于加快推进横店影视文化产业发展的若干意见》，要求设立横店影视文化产业集聚区，推动集聚区成为浙江省影视文化产业发展的战略性平台，把横店打造成为全省文化产业的龙头基地、全球最强的影视产业基地和全国影视文化产业的集聚中心、孵化中心、交易中心、人才中心、体验中心。2019 年 3 月，浙江省政府正式批复设立横店影视文化产业集聚区，标志着横店影视文化产业从此进入集聚发展的新阶段。集聚区空间区域包括以横店影视文化产业实验区 365 平方公里为主体的规划控制区、由金华市域范围内发展影视文化产业的其他区域组成的辐射带动区，其中核心区面积 136 平方公里。横店影视文化产业空间区域的拓展，有效放大了辐射带动效应，也为横店影视文化产业集聚发展拓展了广阔的空间，提供了强有力的资源要素保障。横店影视文化产业集聚区的成立，标志着横店影视文化产业进入了集聚发展的新阶段，横店正从全球"规模最大"向"实力最强"影视拍摄基地迈进。

影视产业的快速发展，有力地推动了横店第三产业的快速发展，促进了横店经济结构的优化升级。横店影视业从无到有、由小到大的过程，也是横店特色第三产业、金色品牌——影视文化旅游业从无到有、由小到大的过程。2018 年全年横店影视城接待电影电视剧组 370 个，接待游客 1608 万人次。2019 年横店影视城共接待中外游客 1918

万人次，接待电影电视剧组 310 个。在 2020 年初疫情发生之前，《大江大河 2》《有翡》等剧组就已在横店影视城紧张拍摄。疫情发生后，横店 20 个在拍剧组及 11 个筹备剧组全部停工。此后，伴随国内疫情很快得到控制，横店影视城相关产业陆续复工复产。至 2020 年 11 月底，横店接待剧组已经达 323 个，超过 2019 年全年的剧组接待量，同比增长 10.6%。其中，电影（含网络电影）233 个，电视剧（含网络剧）90 个。横店影视城，已经成为集影视、旅游、度假、休闲、观光为一体的大型综合性的国家 5A 级旅游景区，成功实现了从品牌、产品、市场、管理服务、企业文化向观光、休闲、体验复合型度假目的地转型，促进了旅游业与文化产业以及其他新兴产业的融合发展。

横店成功的一个重要秘诀，就是经过 20 多年发展已经形成了"四条链"或四个"一条龙"，即两条"文化产业链"，一条"影视基地链"，一条"行政服务链"。所谓两条"文化产业链"，一条是"影视文化产业链"，即通过集聚要素，形成了一条剧本创作、融资投资、实地拍摄、后期制作到发行、衍生产品开发、群众演员、服装道具、制景、灯光等所有环节的"基地化、专业化、产业化、社会化"的完整产业链；另一条是"影视文化旅游产业链"，即从由 28 个大型实景拍摄基地和 13 个高科技摄影棚组成的全球最大影视实景拍摄基地旅游，到景区旅游、宾馆饭店、餐饮服务等，形成了一条"影视为表，旅游为里，文化为魂"的完整的影视文化旅游产业链。除此以外，横店还形成了一条作为上述两个产业链依托的"影视基地链"（硬件）和一条"行政服务链"（软件）。一条"影视基地链"，就是可以拍摄从秦汉至明清、近代、现代、当代题材，纵贯古今，从皇宫到普通民居的影视拍摄基地；一条"行政服务链"，就是从横店影视产业实验区管理委员会、电影审查中心、电视剧审查工作站、演员公会、行政服务中心等机构，到设立文化发展专项基金，为横店影视城提供一应俱全的配套服务，形成了"一条龙"行政服务链。

正是这"四条链"的交互作用、协同、联动、综合发展，对横店经济社会发展产生了综合、联动的效应，比如直接带动了横店服装业、道具业、建筑业的发展，带动了商贸、餐饮、住宿、演艺、娱乐业、中介、租赁、会展、广告和群众演员等行业的发展。也是这"四条链"的交互作用、协同、联动、综合发展，提升了横店的文化品位，对横店文化发展产生了综合、联动的效应。横店也从一个缺乏文化的地方变成了一个有文化的地方，从一个没有文化史的地方变成了一个有文化史的地方；从一个没有文化特色的地方变成了一个有文化特色的地方；从一个没有核心文化竞争力的地方，变成了一个有核心文化竞争力的地方；从一个百姓文化生活贫乏的地方变成了文化生活比较丰富的地方。"四条链"的交互作用、协同、联动、综合发展，也带动了横店的城市化进程，成为推动横店科学发展、转型发展以及城市化的新引擎。

可以将横店与义乌作一比较。两者同属浙江金华区域，成功的奥秘也十分相似。横店是"规模最宏大、要素最集聚、技术最先进、成本最低廉"的"全、新、廉"的全球知名影视产业发展基地、全国影视产品的聚集基地和扩散基地。义乌小商品市场成功的基础，也可以用"全、新、廉"来概括。"全"是指品种齐全，义乌小商品批发市场由中国义乌国际商贸城、篁园市场等市场簇群组成，至2020年12月市场拥有43个行业、1900个大类、170万种商品，几乎囊括了工艺品、饰品、小五金、日用百货、雨具、电子电器、玩具、化妆品、文体、袜业、副食品、钟表、线带、针棉、纺织品、领带、服装等所有日用工业品，在全球商品种类中，超过80%的商品种类可以在义乌找到；"新"是指款式新颖，在义乌小商品市场汇聚着全球最新的商品款式和花样，且品种还以每天500种的速度增加；"廉"是指价格低，义乌小商品市场之所以能够在中国乃至全球竞争中脱颖而出，价格优势不可或缺，在义乌市场的价格比原产地价格更低廉的情况俯拾皆是。"全、新、廉"，使义乌成为"全国性小商品流通中心""国际性商贸中心""小商品海洋""国际购物天堂""全球最大超市",使义乌成为全国最大的小商品集聚基地和扩散基地。2020年,义乌小商品批发市场商品辐射212个国家和地区,行销东南亚、中东、欧美等地,年出口量已达总成交额的60%以上。

横店影视产业最具特色、最具核心竞争力的是"一条龙"(四条链);义乌小商品市场最具特色、最具核心竞争力的也是"一条龙"。经过多年的积累,义乌小商品市场已建立了庞大的客户群体和稳定的销售渠道,从而形成了一定的网络优势。义乌市场规模宏大、品种齐全,是全国最大的小商品集散地,外地客商采购商品不必东奔西走,到义乌市场就可以买到全国各地的小商品,并有广泛的选择余地,提供了"一条龙"小商品以及"一条龙"商贸服务,从而降低了交易成本。这是义乌小商品市场的主要优势之一。

义乌是以商(小商品)兴市,小商品要素的集聚,推动了城市化;横店也是以商(影视文化产业)兴市,影视文化产业要素的集聚,推动了城市化。20多年来,影视基地、影视文化、影视文化要素的集聚,不仅有力地增强了横店经济发展的活力,优化了横店的产业结构,而且也有力地促进了横店由乡村向城市的嬗变,推动了横店的转型发展,加速了横店城市化的进程。伴随着影视产业的发展,文化产业链不断延伸,横店建成区面积不断扩大、基础设施也不断完善,城市功能日益健全、人居环境不断优化。以城南影视文化景观带、城北影视文化景观带、诸永高速影视文化景观带,以及城镇行政功能区、生态休闲发展区、城镇工业发展区和水源涵养发展区等为架构的新横店已经形成。

宋城演艺发展股份有限公司成立于1994年,20多年来,一直致力于深耕文化领域,以"建筑为形,文化为魂"为理念,从传统文化土壤中找寻基因,在时尚潮流的元素里呈现创意,于文化的长河中凝练出有血有肉、激发人们内心真善美的千古情系列作品。杭州宋城景区的《宋城千古情》自推出十多年来,创造了世界演艺史上的奇迹:年演出2000余场,旺季每天演出9场以上,最多时达到一天15

场，与拉斯维加斯的"O"秀、巴黎红磨坊并称"世界三大名秀"。2014年，宋城演艺集团制作的大型歌舞《丽江千古情》正式首演，通过30多种先进舞台技术、道具装置与梦幻舞美视觉设计，淋漓尽致地展现了丽江具有代表性的民俗符号与文化元素，被誉为云南省科技含量最高、原生态文化容量最庞大的一台旅游演艺项目。《三亚千古情》2013年9月首演，被誉为三亚文化产业项目中"亩产含金量高"的典范。至2019年宋城演艺旗下拥有35个各类型剧院、75000个座位数，分别超过世界两大戏剧中心伦敦西区全部剧院的座位总数、美国百老汇全部剧院的座位总数，连续九届获得"全国文化企业30强"称号，创造了世界演艺市场的五个"第一"：剧院数第一、座位数第一、年演出场次第一、年观众人次第一、年演出利润第一，产业链覆盖旅游休闲、现场娱乐、互联网娱乐，是世界大型的线上和线下演艺企业。目前宋城演艺正以"演艺宋城，旅游宋城，国际宋城，科技宋城，IP宋城，网红宋城"为战略指引，已建成和在建杭州、三亚、丽江、九寨、桂林、张家界、西安、上海、龙泉山、澳大利亚等十大旅游区、三十大主题公园、上百台千古情及演艺秀，并拥有六间房、中国演艺谷等数十个文化娱乐项目，公司的行业地位不断得以巩固和提升，逐步形成了行业龙头企业的气象和格局。

浙江华策影视股份有限公司创立于2005年10月，是一家致力于制作、发行影视产品的文化创意企业，涵盖电影、电视剧、艺人经纪、知识产权运营、电影院线建设、电视和互联网渠道经营、文化创意园区运营、产业投资等多个业务领域，设有杭州事业群、上海事业群、北京事业群、综艺事业群、国际合作实验区、影院事业部、国际公司等八大事业群，是目前国内规模最大、实力最强的民营影视文化企业之一，也是经国家商务部、文化部、国家广电总局、新闻出版总署四部委批准的首批国家文化出口重点企业。2010年10月，公司于深圳证券交易所创业板上市，成为国内继华谊兄弟之后内地第二家上市影视公司、第一家以电视剧为主营业务的上市企业。截至上市的这一年，华策影视已经形成年产 300 集电视剧的生产规模，推出了《中国往事》《倾城之恋》《夫妻一场》等一批观众耳熟能详的电视剧作品。2017 年，公司获第十一届全国电视制片业"十佳电视剧出品单位"奖，入选第九届全国"文化企业 30 强"。华策影视之所以成为国内第一家以电视剧为主营业务的上市企业，与其积极实施"文化走出去"战略密不可分。早在上市之前的 2009 年，华策影视已经向世界 30 多个国家和地区发行了 20 多部高品质的电视剧；同一年，中国影视节目出口总量达 5889 万美元，华策影视就占了其中 5.1% 的份额。今天，华策影视已经成为全球最大的华语内容供应商，以"把优质的华语内容传向世界，做中国文化大发展大繁荣的推动者"为使命，在内容、渠道、资本运营等环节全方位开展国际合作，推动华语影视剧走向世界，已将 1 万多小时的影视作品销售至 180 多个国家和地区。华策影视 2017 年新剧《三生三世十里桃花》入选全球知名电视节目趋势研究公司 WIT 发布的"全球最受欢迎电视剧"，成为首部进入这个世界级"榜单"的中国电视剧。华策影视公司已经形成了企划制作、投资控制、营销研发的完整产业链，自制剧、合拍剧、外购剧三大业务并举，制作与销售并举，国内与海外两个市场并举，以强大的发行营销能力、有效的风险成本控制能力、以剧本为核心的资源整合能力及国际化的理念与合作，实现了电视剧业务的产业化、规模化发展，成为国内最专业、最优质的影视内容提供商。华策影视计划从 2021 年开始的未来十年，一心一意聚焦影视作品的头部内容创作，不仅成为全球最大的华语内容供应商，而且要努力成为全球最好的华语内容供应商，做强影视主营业务，做强艺人经纪、音乐版权、商务开发、海外发行等业务。

第六章　推动文化产业转型发展

如前所述，在20、21世纪之交，一方面，浙江的许多经济主要指标已经位居全国前列；另一方面，生产要素缺乏、粗放式开发和生产造成的环境承载能力下降等"发展中的问题"也逐渐暴露了出来。浙江省委省政府在全面自我诊断基础上，自觉提出了转变经济发展方式的战略主题。习近平到浙江工作后，把推动经济结构转型升级提到了更重要的议事日程，并形象地将之表达为"凤凰涅槃""腾笼换鸟""二次创业""浴火重生"等。在这一背景下，一方面，发展文化产业作为转变经济发展方式的有效途径而日益凸显了其重要地位。发展文化产业不仅与推动文化繁荣兴盛、满足文化消费需求、建设文化大省等相联系，而且也与推动浙江经济结构调整和转型升级等相关联。另一方面，浙江文化产业发展历程与浙江整个经济发展历程基本同步，也存在同样的问题，如规模偏小、水平较低、产业层次不高，科技、文化、创意等含量低，既有"先天不足"，也有"成长中的烦恼"。因此，像其他产业一样，浙江文化产业本身也存在如何转型升级和结构优化的问题。实现文化产业发展从量的扩张到质的提升，既成为加快建设文化大省的一项重要任务，也成为浙江省推动经济发展方式转变的一项重要内容。当代文化产业作为一种新兴产业，其本身就是多重元素相互融合的产物，文化与科技、金融、旅游等的融合，为文化产业开辟了新的发展空间。融合创新、提质增效、转型升级等，已经成为当代文化产业发展的一个鲜明的新趋势新特点。实施

"八八战略"以来,推动文化与科技、金融、旅游等融合发展,加快实现文化产业转型升级和结构优化,就成为贯穿于加快建设文化大省、文化强省和努力建设文化浙江的一个重要主题,成为推动浙江文化产业创新性发展、集聚性发展的主旋律和路线图。

一 推动文化产业转型发展的措施与历程

改革开放以来浙江文化产业伴随着浙江其他产业的发展而发展。作为浙江产业的一个特殊门类,浙江文化产业既有浙江一般产业相同的优势和特点,也存在浙江一般产业相同的不足和短板。浙江是资源小省,改革开放前国家投资少、产业基础差。经过20多年的快速发展,浙江经济综合实力和竞争力不断提升,在世纪之交主要经济指标已经位居全国前列;但也存在企业(特别是民营企业)总体规模偏小、水平较低、产业层次不高等问题,产品技术含量和附加值低,组织结构松散,低、小、散特点十分明显。虽然浙江省有少数企业已经成长为大中型企业,一部分民营企业通过联合经营壮大了实力,2002年底,浙江省还首次出现了一家年销售额超百亿的企业。但当时浙江的大多数企业仍处于"千家万户"的经营状态,企业平均规模水平比全国平均规模水平小四分之一。企业规模小会产生许多问题,其中比较突出的,是难以提高技术创新能力,进而会影响企业的国内和国际竞争力。据《"九五"浙江发展报告(1996—2000)》所述,浙江在科技发展和技术创新上还存在诸如知识与技术转化的体制、机制不完善,知识与技术转化资金不足、途径不畅、信息不灵,技术创新激励机制运行不佳,企业创新系统活力不足,企业缺乏市场激励、产权激励、政府激励,科研人员和科研经费投入不足等问题。"更严重的是高级科技人才比重也严重偏低。这已成为支柱产业技术创新工作的瓶颈。政府和企业科技经费投入也不足,尤其是R&D经费投入普遍不足。目前,浙江大中型企业科技活动经费占销售收入的比重仅为

0.9%，其中 R&D 经费占销售收入的比重仅为 0.23%。"科技发展存在的这些不足，最终导致了"浙江'九五'预期目标中科技对经济增长贡献的份额和高新技术产业增加值占工业增加值的比重没能完全实现。尤其是高新技术产业增加值的比重差距甚大。这一目标的预期目标值是到 2000 年达到 20%左右，但 1999 年的仅为 15.6%，初步预测 2000 年这一比重也仅能达到 16.5%左右。"①

在 20、21 世纪之交，浙江产业结构层次也不高，据《"九五"浙江发展报告（1996—2000）》所述，如果按照"英格尔斯的评价体系"进行测算，在实现现代化的 10 项指标中，第三产业和农业占 GDP 比重的标准值应分别大于 45%和小于 15%。"浙江 1999 年第一产业占 GDP 的比重，已降至 11.8%；而第三产业的相对比重仍仅为 34.1%（即使 2000 年实现了 36%的发展目标，差距依然很大）。"据世界银行《1998—1999 年世界发展报告》，1997 年第三产业和第一产业增加值占 GDP 的比重，低收入国家平均分别为 42%和 31%；中低收入国家平均分别为 46%和 14%；中等收入国家平均分别为 50%和 12%；中高收入国家平均分别为 56%和 10%；高收入国家平均则 1980 年已分别达到 61%和 3%。因此，"显而易见，浙江目前产业结构的层次，大致上高于低收入国家的平均水平，但还略低于中高收入国家的平均水平。第三产业发展势头及其对整个经济的推动作用不强，经济结构转换不明显，与'九五'计划的目标结构存在明显差距。目前浙江第三产业仍以传统的商贸、旅游、运输以及金融和房地产为主要支撑（占 70%），信息咨询和计算机应用服务业、经纪与代理中介服务业、商业保险和社会保障服务业等新兴行业的规模都比较小。城市化相对滞后也影响了产业升级和结构转换，压抑了第二、三

---

① 杨建华、葛立成主编：《"九五"浙江发展报告（1996—2000）》，浙江教育出版社 2000 年版，第 24 页。

产业的进一步拓展"①。

在世纪之交,浙江不少企业通过"模仿"这一低成本、高效率的方式,其产品的技术含量和质量已大大提高,但以国内和国际的高标准衡量,多数产品加工精度和深度不高,"千家万户"产品仍占多数,依靠"质低价廉量大"占领市场,以名牌产品为龙头的企业集团很少。2003年,浙江高新技术制造业总产值为1079亿元,销售收入为1044.3亿元,占规模以上工业企业总产值、工业销售收入的比例分别为8.3%和8.2%,而发达国家一般达到30%以上。

习近平到浙江工作后,通过深入调研,对包括民营企业在内的浙江企业发展状况有了全面深入的认识。在2003年6月24日全省工业大会上,他辩证地分析了浙江传统产业发展现状。他说,一方面,浙江传统产业具有良好的发展基础和比较优势,今后仍然有广阔的市场和发展空间,在较长时期内仍将是支撑制造业增长的主体。另一方面,"我省传统产业的发展水平还比较低,产品技术含量和附加值低等问题也非常突出。如果不加快改造提升,在日趋激烈的竞争中,原有优势可能弱化,生存空间越来越窄,甚至陷入困境"②。在2004年2月3日全省民营经济工作会议上,他说,一方面,近年来,浙江民营经济发展出现了一些新趋势、新特点:科技进步与创新步伐明显加快,科技化发展趋势不断加强;积极引进来、走出去,国际化发展趋势不断加强;块状经济的规模效益、集群优势进一步显现,集聚化发展趋势不断加强。另一方面,浙江民营经济发展还存在一些突出矛盾:一是民营经济粗放经营、数量扩张的发展路子与资源供给和环境承载力约束明显加大之间的矛盾;二是民营经济主要集中在低成本、低技术、低附加值产业领域与要素成本大幅度上升之间的矛盾;三是民营企业规模化国际化高科技化发展趋势加快与经营管理、技术人才

---

① 杨建华、葛立成主编:《"九五"浙江发展报告(1996—2000)》,浙江教育出版社2000年版,第21页。

② 习近平:《干在实处 走在前列》,中共中央党校出版社2006年版,第120页。

缺乏之间的矛盾；四是民营企业结构调整、产业升级总体上周期相对缓慢与其他省市民营企业加快发展、在同一产业层次上的市场竞争不断加剧之间的矛盾。①

浙江文化产业发展历程与改革开放以来浙江整个经济发展的历程大体上同步，也存在与传统产业、民营企业相同的优势和短板。在世纪之交，浙江文化产业既形成了良好的发展基础和比较优势，也存在与一般传统产业、民营企业同样的低成本、低技术、低附加值、粗放经营、数量扩张等问题。据《2003年浙江发展报告（文化卷）》所述，"我省文化产业虽然有一些优势产业，但总体上看文化产业结构层次不高"；"传统文化教育产业比重大，现代新兴文化产业发展不够，一些文化产品的科技含量低"；"娱乐服务业数量增加较多，但质量不高，低水平重复现象明显，导致娱乐业的利润增长很少，整体处于滑坡状态"；"我省的广播电视、出版、报业、文化娱乐、印刷、会展等产业门类，虽有一定的优势，但其规模不大，档次不高，特别是一些媒体和出版社是靠政策过日子，参与市场竞争的能力不强"。②《2004年浙江发展报告（文化卷）》也描述了世纪之交浙江出版印刷行业低成本、低技术、低附加值等现象："从产业结构看，图书出版占有较大市场份额，音像、电子出版依然相对较弱，印刷企业规模小、档次低、重复建设的问题仍未从根本上得到改变"，虽然企业总量与广东相差不多，"但广东的'三资'印刷企业数量却远远多于浙江，在规模、管理、技术、设备等方面发挥了带头作用，其产值占全省印刷业总产值的43%，而浙江只占2.5%"；"从市场结构看，组织形式单一，集中度低的问题比较突出，市场主体不健全以及由于垄断经营而导致市场竞争不充分、不公平等问题严重制约着出版物市场的发育与成熟"；"从产品结构看，严重依赖教材和教辅读物、低水平

---

① 习近平：《干在实处 走在前列》，中共中央党校出版社2006年版，第91－92页。
② 李火林：《文化产业：调动社会力量参与发展》，载卢敦基主编《2003年浙江发展报告（文化卷）》，杭州出版社2004年版，第26页。

重复、创新产品和自主品牌的产品少等问题使出版产业可持续发展的基础较为薄弱"。① 2001 年初，时任杭州市副市长陈重华也在《对杭州发展文化产业的调查与思考》一文中描述了世纪之交杭州市"文化产业规模小，社会化、产业化程度低，且产业结构上传统产业所占比重较大，技术含量不高，还停留在简单的文化产品和娱乐服务阶段"②等现象。

世纪之交浙江省文化产业低成本、低技术、低附加值等问题，有历史与现实的原因。改革开放以来浙江文化产业发展基础差、起步低，特别是民营文化产业是"自我生成"的，是浙江的民营经济在文化产业领域的自然延伸。因此，浙江最早形成的民营文化产业在行业类别上大多数都属于制造业，以中低端文体用品制造为主，如义乌的文体用品区块、苍南与平阳的印刷和礼品包装、宁波的文具区块等。这些传统的文化产品制造业，一方面有低成本的比较优势，另一方面也存在规模偏小、水平偏低、产业层次不高，产品文化、创意、科技等附加值低，市场竞争力不强等问题。因此，实施建设文化大省战略以来，如何在促进文化产业规模扩张的同时，改造提升传统文化产业，发展新兴文化业态，不断提高文化产业的科技含量、文化含量、创意含量等，促进文化产业从劳动密集型向技术密集型转变，从低附加值向高附加值转变，从粗放型向质量型转变，就不仅成为关系浙江文化产业竞争力和整体实力提升的重大课题，而且也成为关系浙江转变经济发展方式、浙江文化改革与发展成效的重大战略任务。

从实施建设文化大省战略开始，浙江省委就已经开始重视发挥现代科技在文化产业发展中的作用。早在 2000 年出台的《浙江省建设文化大省纲要（2001—2020 年）》中已经提出，要"加大科技创新力度，大力引进先进的技术设备，管理经验和人才资源，提升我省文化

---

① 王国均：《新闻出版业：由出版大省向出版强省跃升》，载卢敦基主编《2004 年浙江发展报告（文化卷）》，杭州出版社 2005 年版，第 150 页。

② 杭州市文化局编：《杭州先进文化研究文集》，2001 年 10 月。

产业的科技含量和文化产品档次,增强文化主导产品在全国的竞争优势,推进制度创新和技术创新,实现由产业扩张向产业升级转变,促进资源优势转变为产业优势"。这些表述都体现了省委对于提升文化产业文化、科技、创意等含量,推动文化产业转型升级的初步认识。2001年3月浙江省政府《关于建设文化大省若干文化经济政策的意见》不仅再次强调要"积极调整文化产业资产存量结构和文化产业结构,增强文化资源的创新活力,促进文化产业升级";而且进一步提出了"支持文化单位加快科技进步,执行企业会计制度的文化单位的电子设备年折旧率可达到20%,其他文化事业单位参照执行","文化单位的技术开发费可在成本中按实列支","根据技术、管理要素参与分配的原则,允许文化品牌、创作和科研成果等要素参与收益分配"。这就意味着浙江省提升文化产业文化、科技、创意附加值,推动文化产业转型升级,有了初步的文化经济政策方面的保障措施。

习近平到浙江工作后,对浙江现象以及破解"先天不足""先发问题""成长烦恼"等的深入思考,引发了他对于深深熔铸于民族生命力、创造力和凝聚力之中的文化力量的更深层思考。他不仅从更好满足人民群众精神文化需求的高度,而且从推动经济结构转型升级、转变经济发展方式的高度,阐明了发展文化产业的意义。他说:"改革开放以来,浙江的工业化从低门槛的家庭工业、轻小工业起步,能够发展到现在的规模水平,实属不易。但是它也有结构层次比较低、经营方式比较粗放的先天不足,有先天不足就必然导致成长中的烦恼。特别是这些年,随着经济总量的不断扩大,面临着资源要素的制约、生态环境的压力,内外市场的约束。所以,必须从科学发展观的要求出发,推进经济结构的战略性调整和增长方式的根本性转变。这方面的工作十分繁重,概括起来主要是两项内容,打个通俗的比喻,就是要养好'两只鸟':一个是'凤凰涅槃',另一个是'腾笼换鸟'。"① 所谓"凤凰涅槃",就是要拿出壮士断腕的勇气,摆脱对粗放型增长方式的依赖,大力提高自主创新能力,建设科技强省和品牌大省,以信息化带动工业化,打造先进制造业基地,发展现代服务业,变制造为创造,变贴牌为创牌,实现产业和企业的浴火重生、脱胎换骨。而"腾笼换鸟"则是要拿出浙江人勇闯天下的气概和勇气,跳出浙江发展浙江,按照统筹区域发展要求,参与全国各区域的合作和交流,为浙江产业高度化腾出发展空间;并把"走出去"和"引进来"结合起来,引进优质外资和内资,推动产业结构调整和转型升级,弥补产业链短项,对接国际市场,从而培育和引进吃得少、产蛋多、飞得高的"俊鸟"。因此,"实现'凤凰涅槃'和'腾笼换鸟',是产业高度化发展的客观趋势和必然选择"②。

而加快发展文化产业,则是推动经济结构战略性调整和增长方式根本性转变,实现"凤凰涅槃"和"腾笼换鸟"的重要内容和途径。习近平说,"文化产业既是服务业的重要门类,也是体现先进制造业水平的一个重要窗口";"文化产业就是高附加值的产业,是极少消耗的绿色产业"。③但如前所述,浙江文化产业本身也存在低成本、低技术、低附加值、粗放经营、数量扩张等问题。对此,习近平有深入的认识,他说:"目前我省文化产业内部各行业的发展参差不齐,传统文化产业比重大,但质量不高,低水平重复现象明显。"④ 打铁还需自身硬,要在养好"两只鸟"中真正能够发挥作用,浙江文化产业本身就必须先行实现"凤凰涅槃"和"腾笼换鸟"。正因如此,习近平从顺应文化与科技融合的时代发展趋势的高度,提出了推动文化产业创新和转型升级的战略思想。他强调,文化产业要真正成为经济结构战略性调整的重要支点、转变经济发展方式的重要着力点,其本

---

① 习近平:《干在实处　走在前列》,中共中央党校出版社2006年版,第128页。
② 习近平:《干在实处　走在前列》,中共中央党校出版社2006年版,第129页。
③ 习近平:《干在实处　走在前列》,中共中央党校出版社2006年版,第331页。
④ 习近平:《干在实处　走在前列》,中共中央党校出版社2006年版,第329页。

身就必须进行产业结构调整和转型升级。他高度重视文化产业创新，提出，要"适应市场的需求，不断推进文化产业的创新。特别是面向高新技术，积极推动信息产业与文化产业的融合，不断提高技术含量，促进文化产业从劳动密集型向技术密集型转变，从低附加值向高附加值转变，从粗放型向质量型转变"①。习近平还从多方面多角度阐述了发展高新技术文化产业的意义。他认为，高新技术文化产业"首先具有文化意义，它提供文化产品；第二具有科技意义，它是高新技术；第三具有经济意义，它能产生经济效益；第四具有政治意义，它能适应对广大群众特别是未成年人进行思想道德教育的需要"②。习近平认为，从浙江省文化产业发展的实际出发，必须重点扶持现代文化流通业、动漫游戏业、数字电视业等高新文化产业发展。他希望通过几年努力，浙江省文化产业发展水平和层次有明显提升，成为全国文化产品的重要制造基地。

正是在上述战略思想引领下，2005年7月，中共浙江省委《关于加快建设文化大省的决定》强调，要"培育一批高新技术文化企业"。同年出台的加快建设文化大省"八项工程"之一的《浙江省文化产业促进工程》进一步提出，要用高新技术提升文化产业的层次，使高新文化企业成为文化产业发展新的重要增长点，把浙江打造为全国文化产品的先进制造基地。尤其值得一提的是，《浙江省文化产业促进工程》还进一步从"改造传统文化产业"和"发展新兴文化产业"这两个方面，提出了推动文化产业转型升级的途径和方法：一方面，积极利用高新技术改造传统文化产业，"推动信息产业与文化产业的融合，推动高新技术在报刊、出版、印刷、影视等传统产业的运用，不断提高技术含量，促进传统文化产业从劳动密集型向技术密集型转变、从低附加值向高附加值转变、从粗放型向质量型转变"；另一方面，大力发展新兴高新技术文化产业，"从浙江实际出发，进一

---

① 习近平：《干在实处　走在前列》，中共中央党校出版社2006年版，第331页。
② 习近平：《干在实处　走在前列》，中共中央党校出版社2006年版，第332页。

步扶持现代文化物流企业发展，加强品牌建设，加快产业拓展；进一步加快动漫、游戏等新兴产业开发，加快杭州高新技术开发区、中国美院动漫产业两大基地建设，努力打造动漫产业强省；进一步加快数字电视多种功能的开发、推广和利用"。可以说，"改造传统文化产业""发展新兴文化产业"，这是贯穿于建设文化大省、文化强省和文化浙江过程的浙江省推动文化产业转型发展的基本思路和做法。

实施"八八战略"以来，在省委省政府一系列有关政策措施引导和作用下，浙江省文化产业转型升级步伐明显加快。据省委宣传部课题组《关于浙江省文化产业发展的调研报告》所述，实施加快建设文化大省战略以来，浙江省十分重视"以改革的手段培育和发展现代文化产业，不断提高文化产业的高新技术含量，增强浙江文化产业竞争力和可持续发展能力"。至2007年，浙江省已经在现代文化流通方面形成了五大文化连锁产业，即，以浙江新华发行集团为龙头的图书发行连锁，钱江报刊发行有限公司为重点的报刊发行连锁，浙江华人传媒公司为龙头的音像连锁，沸蓝网盟、大安网盟为重点的网吧连锁，星光、时代、雁荡三条院线为龙头的电影院线等现代文化流通业。在网络文化产业方面，随着互联网的迅速普及，浙江省从事电子商务、网络娱乐的企业不断涌现。2007年，浙江省有近3000家行业网站，占全国一半以上；全省网络媒体和网络视听媒体的营业收入约1.5亿元；全省经文化部审批的网络游戏、网络音乐等企业有30家，网吧等互联网服务场所6000余家，从业人员2万多人。全省电子商务网上交易额超过5000亿元，形成了以阿里巴巴为代表的综合性电子商务网站和以中国化工网为代表的行业性电子商务网站两种发展模式（创办中国化工网的网盛科技为第一家在国内上市的互联网企业），培育了一批全国乃至全球知名的电子商务网站，"浙江网商"成为全国知名品牌。在中国行业网站百强中，有七成左右的网站注册地在浙江。据《互联网周刊》统计，全国最具影响的行业性商业网站，浙江省的阿里巴巴、中国化工网、今日五金、中国化纤网、金蚕网、全球纺织网、全球五金网、中国服装网、中国机械网等 8 个网站榜上有名。2007 年，浙江省有专业动画制作企业 50 余家，从业人员 1 万多人，动画产量 10013 分钟，初步形成动漫产品研发、制作、运营和周边产品开发的产业链。

杭州市在推动文化产业转型升级方面一直走在全省前列。早在 1999 年 8 月出台的市委市政府《关于杭州建设文化名城的若干意见》已经提出，"要从人们的文化消费需求出发，立足于杭州独特而丰富的文化资源优势和'老字号'文化品牌优势，依靠现代科学技术，加快文化产业结构布局调整，形成政府引导、民间投资、社会协力、企业经营的社会化、市场化运作机制"。2001 年 8 月，杭州市委市政府《关于加快发展杭州文化产业的若干意见》不仅将"发展与高新技术相结合的现代传媒产业"作为杭州市优先培育和发展的 5 个重点文化产业门类之一，提出，要"以加快建设以'两港两区'为重点的'天堂硅谷'和高起点推进经济社会信息化、网络化为契机，推动信息产业与文化产业的结合，努力发展以新闻出版、广播电视、网络传播为主的现代传播产业，使杭州现代传播产业的发展水平处在全国同类城市前列"；而且单列"推动文化产业与信息产业的结合"专章阐述推动杭州文化产业转型升级的政策措施，提出要"积极推动文化产业与信息产业的结合，加大对传统文化产品和服务升级改造力度，实现文化产业跨越式发展"。更值得一提的是，《意见》还对加快以高速宽带城为重点的信息港基础设施建设、积极推进"三网合一"步伐、推进图书馆档案馆数字化进程、推进印刷出版业的电子信息技术应用和改造、加快用高新技术武装文化体育娱乐设施等进行了布局安排。

实施"八八战略"以来，杭州市推动文化产业转型升级步伐显著加快。2004 年，国家广电总局正式批准杭州高新技术开发区为国家动画产业基地，中国美术学院为国家动画教学研究基地。杭州已初步形成动漫产品研发、制作、运营和周边产品开发的产业链。自 2004

年10月开始,杭州作为全国首批有线数字电视数字化整体转换城市,着力于发挥其先发优势,大力推进数字电视产业发展,取得了显著的成效。至2005年底,杭州市区电视用户已经达到50.5万户,169家星级宾馆实现接收播放数字化,成为全国数字电视发展最快的城市之一。2005年1月,杭州日报报业集团正式创办了华东地区首份手机报纸,首批2000名手机用户能够看到当天的新闻。2005年6月开园的杭州数字娱乐产业园,被文化部授予"国家数字娱乐产业示范园",中国创网、中国博客网、联梦娱乐、华人传媒等国内知名企业均在此落户。

在推动文化产业与科技、创意融合实践的基础上,2005年发布的《杭州市大文化产业发展规划(2005—2010)》提出,在未来5年,杭州市将重点发展"数字娱乐和创意产业、现代传媒业、旅游文化业、艺术品业、文艺演出和娱乐业、体育产业、教育培训业、科技服务业和健康保健业等九大门类"。其中要"优先发展文化旅游业、现代传媒业和数字娱乐业3个门类,力争在'长三角'地区乃至全国范围内占优势地位"。《规划》提出,要充分发挥杭州数字娱乐产业起步早、创业能力强、具有较强产业化能力的优势,高度重视数字娱乐产业发展。结合"动漫之都"的建设目标,在3至5年内培育和完善杭州市数字娱乐产业链,建好杭州高新开发区(滨江)国家动画产业基地和中国美术学院国家动画教学研究基地,形成产业聚集,构建好产业发展的公共服务平台及研发、孵化中心。争取每年推出3—5部原创电视(影)动画剧,30款以上手机游戏,不少于20部漫画书籍,每年举办1—2次大型动漫展示活动。《规划》还提出了杭州网络文化产业发展目标:到2010全市企业上网率达95%以上,家庭上网率达85%以上,网络文化产品销售收入年均递增17%以上。1995年6月,杭州电信推出了互联网业务,使杭州成为全国首批开办互联网业务的城市之一。此后,杭州互联网技术、信息经济快速发展。2007年底,杭州市已经形成了一个有1300多家规模的电子商务网集群，出现了一批在全国乃至全球都有影响的电子商务网站，拥有电子商务服务专业企业 500 余家，从业人员近 1 万人，实现电子商务服务收入 25.44 亿元，电子商务交易额达 420 亿元，阿里巴巴已成为全球最大的 B2B 电子商务服务商，其旗下的淘宝网已跃升为网络个人交易市场的领先者，占据了国内 70% 左右的市场份额。

2008 年初，杭州市第十次党代会报告首次提出了把杭州市打造成"全国创意产业中心"的目标，并明确以"文化创意产业"替代八大门类现代服务业中的"大文化产业"。大文化产业发展的重点是教育培训业、广播电视业、报刊业、出版业、文娱业、动漫、游戏、数字电视、卫生业、体育业。"文化创意产业"的涵盖范围与"大文化产业"基本一致，同时又增加了设计服务类等创意密集型产业。所谓创意就是与众不同的想法和发明，它会衍生出无穷的新产品、新服务、新市场和创造财富的新机会。创意产业既指那些从个人的创造力、技能和天分中获取发展动力的企业群，也指那些通过对知识产权的开发可创造潜在财富和就业机会的活动。1998 年，英国创意产业特别工作小组把创意产业定义为："源于个人创造力和技能及才华、通过知识产权的生成和取用、具有创造财富并增加就业潜力的产业。"[1] 创意产业至少具有三项共同的核心构成元素：以创意为产品内容；利用符号意义创造产品价值；知识产权受到保障。[2] 创意产业的产品往往与现代科学技术相互交融、集成创新，呈现出智能化、个性化和艺术化等方面的特点。创意产业是后工业时代推崇创新与个性化消费、强调知识与文化决定经济发展的新发展观支配下发展起来的新兴产业。

显然，用"文化创意产业"来替代"大文化产业"，不仅更加符合杭州转变经济发展方式、打造和谐创业模式和建设创新型城市的目

---

[1] 转引自蒋三庚《文化创意产业研究》，首都经济贸易大学出版社 2006 年版，第 2 页。
[2] 奚建华：《从文化产业到文化创意产业：现实走向与逻辑路径》，《浙江学刊》2007 年第 6 期。

标要求，更能体现时代特征和杭州特色，更加顺应知识经济时代的产业发展趋势，而且也更加符合 2007 年 6 月浙江省第十二次党代会提出的作为深入实施"八八战略"具体举措的"创业富民、创新强省"重大决策部署。实施"创业富民、创新强省"，就是要全面推进个人、企业和其他各类组织的创业再创业，全面推进理论创新、制度创新、科技创新、文化创新、社会治理创新、党建工作创新和其他各方面的创新，形成全民创业和全面创新的生动局面，最终实现富民强省的目的。推动"创业创新"顺理自然地要求突出创意、与众不同的想法和发明、文化含量、科技附加值等在产业发展中的地位和作用，推动文化、创意、科技与产业的融合发展、集聚发展。

2008 年初，杭州市委市政府先后制定《关于打造全国文化创意产业中心的若干意见》和《关于统筹财政税收政策扶持文化创意产业发展的意见》，进一步明确了文化创意产业的扶持政策。同年 4 月杭州市召开全市打造文化创意产业中心工作会议，进一步明确了到 2015 年杭州文化创意产业发展的总体目标，即，形成产业规模巨大、产业特色鲜明、创新能力强大、文化品位较高、创业环境一流、专业人才聚集、知名品牌众多、产权保护严密、公共服务完善的文化创意产业群，把杭州打造成以文化、创业、环境高度融合为特色的"国内领先、世界一流"全国文化创意产业中心，打响"创意杭州"品牌。在此基础上，市委市政府还从产业实力提升、产业特色初现、产业集聚加快、创新能力增强、创业环境优化、人才资源集聚、品牌效应显现、产权保护加强、公共服务完善等九个方面提出了到 2010 年杭州市文化创意产业具体发展目标。市委市政府希望通过两三年的努力，使文化创意产业成为杭州新兴主导产业；八大门类文化创意产业优势进一步突出，初步形成具有区域特色的现代产业集群；初步建成 25 个以上、总建筑面积 100 万平方米以上、具有区域特色的文化创意产业园区；文化创意作品原创能力和技术创新能力显著提升，推出一批具有国内和国际影响力的作品和产品，杭州成为浙江省技术研发和作品原创的龙头；自然环境美化，政策环境优化，"和谐创业"理念得到大力弘扬，知识分子和文化人在"和谐创业"中的引领作用进一步发挥；吸引和汇聚一批业内领军人物、创业团队和创新创意人才；以动漫游戏、文化演艺、数字电视、女装设计等行业为突破口，培育一批知名文化创意企业和设计师，初步打响"杭州设计""杭州创意"品牌；全民知识产权保护意识不断增强，知识产权保护政策法规体系不断完善，侵犯著作权、专利权、商标权等违法犯罪行为明显减少；建成一批产业孵化、投融资服务、技术创新、产品制作、产品和产权交易平台，产业园区服务机构健全，服务功能增强。文化创意产业具有启动快、扩展强、品位高、无污染，对区域经济、政治、文化、社会和环境等多方面具有引领和带动作用。从"大文化产业"到"文化创意产业"的转变，不仅仅是名称的变化，更重要的是杭州文化发展理念的转变，比较充分地体现了杭州市对提升文化产业科技、创意、文化含量的高度重视，展示了杭州市推动文化产业融合发展、创新发展、集约发展的战略取向。

在这一时期，宁波市也开始加快推动文化产业与科技、创意融合发展的步伐。比如，2006年初，宁波日报报业集团启动了数字报业战略，提出了"以报业为核心，报纸、期刊、图书、网络等多种媒体互动发展的新闻传播集团"理念，探索数字报业发展的战略构想、介入路径、运作模式、实验项目等，先人一步，主动顺应数字化、网络化的新媒体新技术发展趋势。2007年，出台了《宁波日报报业集团数字报业发展规划（2007—2010）》《宁波日报报业集团数字技术平台建设规划》，并明确了集团重点发展的新媒介"四报"项目，启动了数字技术平台建设。这个数字技术平台包括内容管理、业务运营、协同办公、决策支持、网络支撑等5个子系统，实现了由运营模式产生的业务逻辑与技术逻辑的融合，使报业集团在业务数字化（以出版形态和发行形态的数字化为主）、资源价值最大化（资源共享、横向关联）、决策管理精确化（基于数据挖掘整理分析）等三个层面实现面向数字报业的全面转型。此外,宁波日报报业集团还加强了传统报纸与网络和其他新媒体的互动,大力发展新媒体"一网四报",即做大做强宁波网,把互动多媒体报、手机报、电子纸报、公共电子显示屏报作为重点培育的新媒体产品。① 宁波市也积极推进有线数字电视的发展。2006年初,宁波市数字电视用户已经突破6万户,市三区近30%有线电视用户看上数字电视。宁波广播电视集团还出资成立了宁波数字电视有限公司,充分利用宁波市完善的有线电视传输网和数据网络等方面的优势,加快推进数字电视产业化进程,推进宁波数字化、信息化建设。

当然,这一时期,推动文化产业转型发展也存在一些问题,特别是低水平、低技术、低附加值等难题并不是在短时期内就能完全解决的。比如,据《杭州文化创意产业发展报告(2007)》,经过实施建设文化大省战略以来的培育发展,杭州涌现出了一大批文化创意企业,文化创意产业门类齐全,集聚加速,部分行业优势突出。但总体上看,产业发展中存在产品附加值较低等突出问题。"以动漫业为例,近两年来杭州创作生产的动漫原创作品共35部、1337集,但这些作品总体上来看技术含量低,缺乏市场影响力与知名度";"衍生产品开发滞后,产业链条短,使得产品附加值难以得到有效提高"。虽然丰富的人才资源为杭州发展文化创意产业提供了活力源泉,但"对比来看,杭州市文化创意产业不仅在人才储备总量上较少,而且在人才结构上也不合理,具备'A + B + C'(A = Art 代表艺术,B = Business 代表商业,C = Computer 代表计算技术)能力特质的复合型高端人才缺乏"。知识产权保护也有待加强,"从法律保障方面来看,目前杭州市针对文化创意产业知识产权保护的法规体系尚未建立。整个产业还处在初级发展阶段,盗版、侵权等问题时有发生"。此外,"从现实情况看,杭州文化创意产业公共服务平台建设则相对滞后,无法为

---

① 蔡罕、郭鉴等:《推陈出新 彰显魅力——宁波文化发展三十年》,浙江人民出版社、宁波出版社2008年版,第120—121页。

中小文化创意企业提供必要的公共技术、人才培训、信息咨询和成果推广等服务，这成为制约产业发展的一个重要因素"[1]。

2007年10月，党的十七大报告首次提出，要"运用高新技术创新文化生产方式，培育新的文化业态，加快构建传输快捷、覆盖广泛的文化传播体系"。这标志着党中央已经将推动我国文化产业转型升级提到了更重要的议事日程。在这一背景下，2008年《浙江省推动文化大发展大繁荣纲要（2008—2012）》对"改造提升传统文化产业"和"创新文化业态"作出了更全面的布局和部署。关于"改造提升传统文化产业"，《纲要》提出，"要充分利用先进技术和现代生产方式，改造传统的文化生产和传播模式，推动信息产业与文化产业的融合，推动高新技术在报刊、出版、印刷、广播影视、舞台演艺等传统产业的运用，加快文化产业的转型升级。全面推进广播影视制作、传输、播映、存储、交换以及广播影视和演艺产品开发等领域的数字化，推动数字出版、印刷以及现代物流技术的研发和应用。积极拓展新型文化产品和服务，提升文化产业整体技术水平和竞争实力"。关于"创新文化业态"，《纲要》提出，要"大力发展新兴高新技术文化产业，运用数字出版、数字广播影视、网络传输等现代技术，积极发展电子书、数字电视、手机报刊、网络出版物等新兴文化业态"；"鼓励创作和研发具有自主知识产权的网络文化产品和增值业务"；"鼓励公民以知识产权出资，依法创办中小创新型文化企业"；"支持社会力量建立风险投资和担保公司，为中小创新型文化企业发展提供服务"；"大力推动杭州、宁波、温州等城市发展文化创意产业，培育文化创意园区，支持杭州打造成为全国文化创意产业中心之一，发挥文化创意产业对转变经济发展方式的带动作用"；"实施品牌战略，打造文化精品，培育知名文化品牌"。显然，"改造提升传统文化产业"侧重于文化产业的"存量"，"创新文化业态"则侧重于文化产

---

[1] 中共杭州市委宣传部、杭州文化创意产业办公室编：《杭州文化创意产业发展报告（2007）》，杭州出版社2008年版，第16页。

业的"增量"。浙江省试图通过在"存量"和"增量"中都注入现代高新技术，不断提高文化产业的高新技术含量，加快文化产业的转型升级，增强文化产业竞争力和可持续发展能力。

党的十七大以来，全省传统文化产业进一步得到改造提升，数字动漫、数字电视、数字出版、网络广播影视等新兴文化业态快速发展，2009年全省共生产影视动画片43部32758分钟，居全国第2位。至2009年底，全省11个设区市市区和大部分县市开通了有线数字电视，拥有网络出版资质的单位9家，涉足网络出版的经营性网站近100家，网络游戏、网络音乐等网络文化企业58家，注册资金5亿元，居全国第4位。"十一五"时期末，浙江数字出版资质产业发展位居全国前列，全省共有互联网出版资质单位22家，38万家网站中至少有10%的网站实际涉足网络出版业务，已成规模的有100家左右。浙江出版联合集团、浙江大学出版社、杭州日报等传统出版社纷纷涉足数字出版领域，《浙江手机报》《杭州手机报》《宁波播报》等数字出版主体不断涌现，有效推动了传统出版业转型升级。中国移动手机阅读基地、中国电信天翼阅读基地相继投入商用，中国移动手机阅读基地上线发布图书已达26万册，单月访问用户7330万，日均点击量达4.2亿次，收入1.5亿元。中国电信天翼阅读基地上线发布图书达10万册，月活跃用户达800多万，注册用户接近2500万，平台的订购量超过1亿元。网络游戏特别是网页游戏发展迅速，涌现了乐港科技、泛城科技、渡口科技、华人卡通等充满活力、发展前景好的网游企业。视听移动新闻媒体稳步发展，全省共有网络视听网站639个，其中持证网站45个，视听移动节目数量1528万个。浙江广电集团CMMB手机电视正式投入商业运营，已发展58万用户，新蓝网正式上线播出。全省移动、车载、楼宇电视等媒体快速发展，在终端规模、安装率、完好率、节目质量、赢利能力等方面领先全国。[①]

[①] 中共浙江省委宣传部事业处：《浙江文化改革发展调研报告》，载陈野主编《2012年浙江发展报告（文化卷）》，杭州出版社2012年版，第18—19页。

在新兴文化业态呈现快速发展趋势的同时，这一时期浙江文化产业转型发展也存在着一些问题。正如许明娟在一篇有关浙江文化建设状况的调研报告中所说，浙江文化产品的科技含量和附加值都有待提高，"一些地区未能有效地培育新兴文化产业，运用现代科技改造、抢救传统文化资源还很不充分，对有丰富内涵的文化资源缺乏深入的挖掘和创新，具有核心竞争力的品牌产品和品牌企业少，文化资源和高新技术结合的高附加值、高回报的品牌文化产品难以批量涌现"[①]。另据浙江省统计局的一份调研报告所述：浙江省文化产业结构虽然逐步趋于优化但仍然不够合理，"以新闻服务、出版发行和版权服务、广播电影电视服务和文化艺术服务等传统意义上文化及相关产业为主的核心层，以互联网信息、文化休闲娱乐服务和广告、会展、文化商务代理等为主的外围层，以生产、销售文化产品为主的相关层三者实现的增加值 2011 年之比为 29.8∶25.1∶45.1，虽然比 2006 年 25.3∶14.4∶60.3 有明显改善，核心层和外围层的比重增长明显，但占比还是偏低，相关层所占比重仍然很大，文化及相关产业内部结构还需进一步优化。"[②]

在这一背景下，针对浙江文化产业转型发展过程中存在的短板，《浙江省文化产业发展规划（2010—2015）》进一步强调，要"创新文化生产、传播、流通、消费方式，突出高技术、高附加值等特征，提高文化产品的科技含量和品牌含量。坚持以结构调整为主线，加快文化产业转型升级，大力提升文化服务业的比重，增强文化产业对其他产业的渗透提升和带动能力"。要初步形成以企业为主体、市场为导向、产学研相结合的文化创新体系，"文化产业人才资源加速集聚，文化产业关键创新技术得到提升，文化策划和原创能力进一步提高，

[①] 许明娟：《浙江文化强省建设的现状分析与对策研究》，载陈野主编《2012 年浙江发展报告（文化卷）》，杭州出版社 2012 年版，第 33 页。

[②] 浙江省统计局：《浙江省文化及相关产业发展现状分析与对策研究》，载陈野主编《2013 年浙江发展报告（文化卷）》，杭州出版社 2013 年版，第 244 页。

数字化、网络化技术广泛运用，文化企业装备水平和科技含量显著提高，打造一批具有自主知识产权和核心竞争力的文化品牌"。这就把创新文化业态、推动文化产业转型升级提到了更突出的位置。2011年10月党的十七届六中全会通过的《中共中央关于深化文化体制改革　推动社会主义文化大发展大繁荣若干重大问题的决定》强调，要"构建结构合理、门类齐全、科技含量高、富有创意、竞争力强的现代文化产业体系"；"推进文化产业结构调整，发展壮大出版发行、影视制作、印刷、广告、演艺、娱乐、会展等传统文化产业，加快发展文化创意、数字出版、移动多媒体、动漫游戏等新兴文化产业"。2011年11月省委《关于认真贯彻党的十七届六中全会精神大力推进文化强省建设的决定》进一步强调，要"推进文化产业结构调整，加快发展新闻出版、影视服务、文化会展、文体休闲娱乐、文体用品制造等优势文化产业，大力发展文化创意、动漫游戏、数字出版、移动多媒体等新兴文化产业"；"推动文化产业与旅游、体育、信息、教育、工业、工程设计等产业的融合发展"。

"十二五"时期既是浙江文化产业规模持续扩大的时期，也是文化产业结构加快调整、产业特色加快形成的时期。广播影视、新闻出版、动漫游戏、文化演艺和文化产品制造等领域优势凸显；文化与科技融合日趋深入，杭州、宁波、横店获批国家级文化与科技融合示范基地；2015年全省电视剧、动画片、电影产量分别居全国第1位、第2位和第3位，浙江出版联合集团、宋城演艺、华策影视等3家企业入选全国文化企业30强。《浙江省文化产业发展"十三五"规划》提出了推动文化产业转型升级的更高目标，不仅强调要"努力构建结构合理、门类齐全、科技含量高、富有创意、竞争力强的现代文化产业发展体系"，而且强调要"牢固树立'文化+'理念，促进文化产业与相关产业的深度融合，发挥文化产业作为绿色产业在经济结构调整和转变经济发展方式中的战略作用"。

推动文化产业转型发展、融合发展、提质增效，也是国家的重要战略目标。2012年2月文化部发布《"十二五"时期文化改革发展规划纲要》,强调要"加快转变文化产业发展方式,促进从粗放型向集约型、质量效益型转变,增强文化产业整体实力和竞争力";"实施一批重大项目,推进文化产业结构调整,发展壮大出版发行、影视制作、印刷、广告、演艺、娱乐、会展等传统文化产业,加快发展文化创意、数字出版、移动多媒体、动漫游戏等新兴文化产业";"推动文化产业与旅游、体育、信息、物流、建筑等产业融合发展,提升品牌价值,增加物质产品和现代服务业的附加值和文化含量"。同一年发布的《文化部"十二五"时期文化产业倍增计划》也提出,要推动文化产业结构调整,提升文化生产的品质和效益,加快由注重数量扩张的规模增长转变到更加注重质量效益的内涵提高;鼓励集聚发展,建设10家左右高起点、规模化、代表国家水准和未来发展方向的国家级文化产业示范园区和一批集聚效应明显的文化产业示范基地,培育100个左右特色鲜明、主导产业突出的特色文化产业集群和一大批特色文化产业乡镇;促进文化与旅游、体育、信息、物流、工业、建筑、会展、商贸、休闲等行业融合,提高国民经济的文化附加值。

进入"十三五"时期以来,伴随新发展理念的深入人心,经济发展质量和效益的不断提升,国家更加重视加快推动文化产业转型升级和结构优化,将转变文化产业发展方式提升到了更加重要的战略地位。2017年4月,文化部颁发的《文化部"十三五"时期文化产业发展规划》,提出要"加快发展以文化创意内容为核心,依托数字技术进行创作、生产、传播和服务的数字文化产业";"提升动漫、游戏、创意设计、网络文化等新兴文化产业发展水平,大力培育基于大数据、云计算、物联网、人工智能等新技术的新型文化业态";"促进高新科技在演艺、娱乐、文化旅游、工艺美术等传统文化行业中的应用,推进传统文化行业在内容创作、传播方式和表现手段等方面创新,推动线上线下融合发展,提升传统文化行业发展活力";"推动优秀传统文化资源数字化进程，积极促进共享和利用"；"推动文化创意和设计服务与装备制造业和消费品工业深度融合，提升产品附加价值"；"鼓励合理利用工业遗产发展文化产业"；"鼓励文化与建筑、地产等行业结合，注重文化建设与人居环境相协调，以文化创意为引领，加强文化传承与创新，建设有文化内涵的特色城镇，提升城市公共空间、文化街区、艺术园区等人文空间规划设计品质"；"促进文化产业与旅游业深度融合，以文化提升旅游的内涵，以旅游扩大文化的传播和消费"；"推动文化产业与农业有机结合，合理开发农业文化遗产，支持发展集农耕体验、田园观光、教育展示、文化创意于一体的特色农业"；"支持发展体育竞赛表演、电子竞技等新业态，鼓励地方依托当地自然人文资源举办特色体育活动"；"推动文化产业与健康养老产业结合"；"支持开发承载中医药文化的创意产品"。这些关于目标、任务和措施的表述都表明，"提质增效""结构优化升级"，已经成为"十三五"时期推动我国文化产业发展的主题和主线；而推进"文化+"和"互联网+"战略，促进互联网等高新科技在文化创作、生产、传播、消费等各环节的应用，推动文化产业与制造、建筑、设计、信息、旅游、农业、体育、健康等相关产业融合发展，则已经成为贯穿"十三五"时期我国文化产业发展的主旋律。

2017年9月省委省政府发布的《关于加快把文化产业打造成为万亿级产业的意见》提出了"八大计划"，即影视演艺产业发展计划、数字内容产业打造计划、文化创意设计产业提升计划、文化新兴业态促进计划、工艺美术产业升级计划、文化制造业转型计划、文化旅游融合发展计划、文化体育产业推进计划。这"八大计划"的关键词，就是提升、升级、转型、促进、发展、融合等，都聚焦于改造提升传统文化产业，发展新兴文化业态，推动文化产业转型发展、融合发展、提质增效。2017年11月浙江省委省政府《关于推进文化浙江建设的意见》进一步明确了大力发展新兴文化业态的目标和任务，提出，要"深入实施影视演艺产业发展、数字内容产业打造、文化创意设计提升、文化新兴产业促进等产业发展计划，形成一批具有全国影响力的行业品牌"；"树立'文化＋''互联网＋'理念，推动文化产业与科技、金融、制造、旅游、体育等相关产业深入融合，增加文化含量和产业附加值，把文化资源优势转化为产业和市场优势"；"大力发展网络视听、数字出版、数字教育、动漫游戏等新兴文化业态"；"支持杭州、宁波、横店等国家级文化和科技融合示范基地建设，培育一批高新技术文化企业"；"推动出版发行、工艺美术、文化娱乐、文化制造、印刷复制等传统产业转型升级，鼓励演出、娱乐、艺术品展览等传统业态实现线上线下融合"；"深入挖掘历史经典产业文化内涵，提升质量效益，建设一批产业园区和创意街区，形成一批特色知名品牌"。这些任务和举措，也体现了推动浙江文化产业"融合发展""提质增效""结构优化升级"这个主题和主线。

2018年4月，国家统计局发布修订后的《文化及相关产业分类(2018)》，这个新修订版是在《文化及相关产业分类(2012)》的基础上，依据新的《国民经济行业分类》(GB/T 4754—2017)修订形成的，并兼顾文化管理需要和可操作性，与联合国教科文组织《文化统计框架2009》相衔接。原有的定义、分类原则保持不变，新增加了符合文化及相关产业定义的活动小类，重点是调整了分类类别结构。新修订的分类类别共设置9个大类，分别是新闻信息服务、内容创作生产、创意设计服务、文化传播渠道、文化投资运营、文化娱乐休闲服务、文化辅助生产和中介服务、文化装备生产、文化消费终端生产。根据活动相似性，在每个大类下设置43个中类，在每个中类下设置了具体的活动类别共计146个小类。全部活动类别可进一步归纳为两个领域，即文化核心领域和文化相关领域，其中文化核心领域包括前6个大类、计25个中类和81个小类，文化相关领域包括后3个大类、计18个中类和65个小类。与《文化及相关产业分类(2012)》相比，这次修订变化突出表现在以下三个方面：一是新增设了分类编码，将文化及相关产业划分为三层，层次和编码简洁明了。二是新增加了符合文化及相关产业定义的活动小类，其中包括了互联网文化娱乐平台、观光旅游航空服务、娱乐用智能无人飞行器制造、可穿戴文化设备和其他智能文化消费设备制造等文化新业态。三是重点调整了分类的类别结构，吸收了近年来文化体制改革的相关成果，突出了文化核心领域内容，体现了文化生产活动的特点，类别结构设置符合我国文化改革和发展管理的现实需要和认知习惯。

这些都充分地表明，与以前版本相比，新修订的《文化及相关产业分类（2018）》进一步凸显了数字文化产业、内容产业、文化附加值等在文化及相关产业分类中的地位，也凸显了新兴文化业态在文化产业中的比重，突出了推动文化产业转型发展，文化与科技、文化与金融、文化与旅游等融合发展的导向。这就对浙江省利用现代高新技术改造提升传统文化产业创作、生产、传播、消费等环节，以文化创意、科技创新为引领，提升文化内容原创能力，推动文化产业的产品、技术、业态、模式、管理等方面创新，促进文化产业与制造、建筑、设计、信息、金融、旅游体育等产业深度融合等，提出了更高的要求。

二 加快推进现代科技与文化产业融合发展

历史表明，文化生产像其他生产形式一样，依赖于一定的生产技术。这些技术既是文化生产力的组成部分，又给特定时期的文化生产和传播打上了深刻的烙印。在结绳记事的年代，不可能产生微积分；在把文字刻在竹简上的年代，不可能诞生长篇小说；在手工作业、小规模生产的自然经济社会，不可能通过工业的方式大批量复制和生产文化产品。技术的意义往往是决定性的，不同的技术水平和不同的传播媒介，既会影响文化生产和传播的方式和效率，也会改变既有文化的形态、风格以及作用于社会现实的方式方法和范围。正是在这一意义上，麦克卢汉说，如果有人提醒我们，"在事物运转的实际过程中，媒介即是讯息，我们难免会感到有点吃惊。所谓'媒介即是讯息'只不过是说：任何媒介（即人的任何延伸）对个人和社会的任何影响，都是由新的尺度产生的；我们的任何一种延伸（或曰任何一种新的技术），都要在我们的事物中引进一种新的尺度。比如说，由于自动化这一媒介的诞生，人的组合的新型模式往往要淘汰一些就业机会，这是事实，是其消极后果。从其积极因素来说，自动化为人们创造了新的角色；换言之，它使人深深卷入自己的工作和人际组合之中——以前的机械技术却把这样的角色摧毁殆尽"①。他认为，铁路不仅仅运送了旅客，电视不仅仅传送了画面，更重要的是也带来了认知观念、人际关系、社会结构的巨大变革："铁路带来的'信息'，并非它运送的旅客，而是一种世界观、一种新的结合状态，等等。电视带来的'信息'，并非它传送的画面，而是它造成的新的关系和感知模式、家庭和集团传统结构的改变。"② 鲍德里亚也认为，正如在历史上曾经发生过的事情一样，现代科学技术发展也营造了现代文化的新景观，"文化的传统意义的情境被消解了（decontextualized），它被模仿、被复制、被不断地翻新、被重塑着风格。所以后现代城市更多的是影像的城市，是文化上具有自我意识的城市；它既是文化的消费中心又是一般意义上的消费中心。而对后者，亦如曾经所强调，不能脱离文化记号与影像来谈论。因此，城市生活方式，日常生活与闲暇活动本身，不同程度地受到了后现代仿真趋势的影响"③。

而尼尔·波斯曼和爱森斯坦两位学者，则都有力地证明了古腾堡印刷技术与欧洲文艺复兴、宗教改革等文化领域大革命的关系。1041年至1048年间，北宋书肆刻工毕昇发明了胶泥活字印刷技术，即在胶泥片上刻字，一字一印，用火烧硬后，成为活字，可以把同一文字

---

① [美]麦克卢汉：《媒介即是讯息》，单世联选编：《文化产业研究读本》，上海人民出版社2011年版，第303页。

② 转引自迈克·费瑟斯通《消费文化与后现代主义》，译林出版社2000年版，第145页。

③ [法]鲍德里亚：《消费社会》，南京大学出版社2000年版，第132页。

印在多份纸上。活字印刷比整版雕刻印刷经济方便，具有一字多用、重复使用、印刷多且快、省时省力、节约材料等优点，是印刷技术史上一次质的变革。1440年，德国金匠约翰内斯·古腾堡对活字印刷工艺进行优化和标准化，不仅发明了能够大量铸造一模一样金属活字的技术即"古腾堡字母库"，而且也从古罗马人创造的榨橄榄油机器中获得灵感和启示，发明了手摇印刷机。他还创造了专门油墨，制定了从排字、校对、装版等一整套工艺流程。在《技术垄断——文化向技术投降》一书中，尼尔·波斯曼批判了有关计算机技术开创信息时代的观点。他认为，在误导人的言论中，莫此为甚。当古腾堡把一台陈旧的酿酒机改造成一台活字印刷机，事实上就已经开创了信息时代。40年后，古腾堡印刷机进入6个国家、110座城市；50年之后，机器印刷的书籍已经达800多万册，这些书所传播的几乎所有信息，都是过去普通人无法获取的。其中的内容，涉及法律、农业、政治、冶金、植物学、语言学、儿科学、礼仪；还有各种各样的指南和手册；商界迅速地成为印刷品的世界，合同、契约、本票、期票和地图也普遍地使用开来。

爱森斯坦也在《作为变革动因的印刷机：早期近代欧洲的传播与文化变革》一书中，阐述了谷腾堡印刷机的发明与宗教改革、近代科学发现等文化领域重大变革之间的密切关系。他把宗教改革比喻为"伊拉斯谟下蛋、路德孵蛋"，而伊拉斯谟、路德下的"蛋"和孵的"蛋"，就是机印书传播的思想，他们赖以生存的土壤就是机器印刷。爱森斯坦在书中提了一连串的问题：如果没有印刷术，教皇如何印制"赎罪券"？路德如何印制《九十五条论纲》？路德的德语版《圣经》如何进入千家万户？不同版本《圣经》何以能够损害教廷和教会的权威？又何以产生不同的抗议宗？又何以使新教分裂为路德教、加尔文教、胡格诺教、清教、罗拉德教、循道宗、浸礼宗、安立甘宗、公理宗？此外，近代科学始于哥白尼的"新天文学"、维萨里的"新解剖学"、培根的实验科学、伽利略的物理学、牛顿的力学、马兰·梅森的"新哲学"。如果没有印刷术大量印行近代科学著作，如果没有印刷术冲破教廷的《禁书目录》，哥白尼和伽利略的科学思想能够传播吗？相反，百科全书式天才达·芬奇的大量著作，由于他深藏不露、束之高阁、不予刊布，致使他的许多卓越成果未能得以传播而被掩埋了几百年。

瓦尔特·本雅明也在《机械复制时代的艺术作品》中分析了木刻、石印、照相摄影等技术与艺术品生产和传播之间的关系。他首先回溯了木刻技术、古腾堡印刷术、石印术等的历史。早在古腾堡印刷术发明前的很长一段时间，木刻就已开天辟地地使对版画艺术的复制有了可能。当然，在文献领域中造成巨大变化的是印刷术，即对文字的机械复制技术。在中世纪历史中，除了木刻技术外还有镌刻技术和蚀刻技术。在19世纪初，又出现了石印技术。本雅明说："随着石印术的出现，复制技术达到了一个全新的阶段。这种简单得多的复制方法不同于在一块木板上镌刻或在一块铜板上蚀刻，它是按设计稿在一块石板上描样。这种复制方法第一次不仅使它的产品一如既往地大批量销入市场，而且以日新月异的形式构造投放到市场。石印术的出现使得版画艺术能解释性地去表现日常生活，而且开始和印刷术并驾齐驱。"[①] 在石印术发明几十年后，诞生了照相摄影技术。随之，石印术被照相摄影技术超越了。原先在形象复制中扮演最重要角色和职能的"手"，现在让位于"眼睛"。由于"眼看"速度远快于"手画"，因此，形象复制过程就大大加快了，以致其能跟得上讲话的速度。如果说石印术孕育了画报，那么照相摄影技术则孕育了有声电影。本雅明分析了复制技术的社会意义和文化意义："总而言之，复制技术把所复制的东西从传统领域中解脱了出来。由于它制作出了许许多多的复制品，因而它就用众多的复制物取代了独一无二的存在；由于它使复制品能为接受者在其自身的环境上去加以欣赏，因而它就赋予了所

---

① ［德］瓦尔特·本雅明：《机械复制时代的艺术作品》，中国城市出版社2002年版，第6页。

复制的对象以现实的活力。这两方面的进程导致了传统的大动荡——作为人性的现代危机和革新对立面的传统大动荡,它都与现代社会的群众运动密切相连,其最强大的代理人就是电影。电影的社会意义即使在它最富建设性的形态中——恰恰在此中并不排除其破坏性、宣泄性的一面,即扫荡文化遗产的传统的一面也是可以想见的。这一现象在从克娄巴特拉和本·霍尔到弗里德利库斯和拿破仑的伟大历史电影中表现得最为明显,并不断扩大。"①

在人类文明早期,有一个漫长的文化与技术合二为一、共同发展的时期。在欧洲,艺术、技艺、技术词源上是同源的。字面上,英语 art 源自拉丁语 artis,本身就既有艺术、美术等含义,又有技术、技艺、技巧等含义;而英语 technology 一词,则源自拉丁语 tekhnologia,既有技术的含义,也意味着对艺术或艺术的系统的应用。《美国传统词典》中说,technology(技术)一词是指文明社会的知识体,可以用来制作工具,练习手工艺术和技能、摘录或收集资料。这些都表明,在词源上,"艺术"和"技术"两者的含义是合二为一、有机融合的。

文艺复兴时期,佛罗伦萨成为欧洲文化中心。佛罗伦萨人擅长于以技术知识和工艺技能为基础的高质量制造,包括织布工艺、镶嵌工艺、黄金珠宝等高文化附加值、创意附加值和技术含量的制造。这一时期的艺术家往往生于工匠或商人家庭。比如,在 1420—1540 年之间的 136 位意大利艺术家中,96 位是工匠或店主的学徒或儿子。米开朗琪罗曾师从金银匠,拉斐尔出身于金银匠家庭,韦罗基奥则是砖瓦匠的儿子并从学习金银工艺进入艺坛。文艺复兴时期不少艺术家同时又是科学家、技术大师。比如,达·芬奇既是画家、雕塑家,又是工程师、建筑家,对物理、解剖学也颇有研究。又如,文艺复兴时期德国艺术家丢勒(1471—1528 年),幼年从父习艺,除金银细工外兼

---

① [德] 瓦尔特·本雅明:《机械复制时代的艺术作品》,中国城市出版社 2002 年版,第 11 页。

学绘画，后拜木刻画家 M. 沃尔格穆特为师，1495 年游意大利威尼斯，学习了威尼斯画派的先进艺术，个人风格趋于成熟。1505—1507 年第二次到意大利旅行，居留威尼斯，与 G. 贝利尼等大师结识，学习和吸收了意大利文艺复兴的美术、技艺与理论。丢勒不仅是优秀的画家、版画家、木版画设计家，同时还是一位建筑师和艺术理论家，在数学、透视、军事建筑、绘画理论方面皆有研究著述。这些都表明，文艺复兴时期艺术家的创作创造活动，也体现了艺术、美术与科学、技术、技艺、技巧的有机统一，文化与技术的高度融合。如恩格斯在《自然辩证法》中所说："这是一次人类从来没有经历过的最伟大的、进步的变革，是一个需要巨人而且产生了巨人——在思维能力、热情和性格方面，在多才多艺和学识渊博方面的巨人的时代。……那时，差不多没有一个著名人物不曾作过长途的旅行，不会说四五种语言，不在几个专业上放射出光芒。"[①]

因此，人类文明曾经有一个漫长的文化与技术合二为一、融合发展的时期。然而，在相当长一个时期，文化生产与传播和社会生产的核心技术，即，对经济社会发展起决定和先导作用的科学技术或广泛运用于主要生产部门的科学技术，几乎没有直接联系。比如，工业革命以来经历的核心技术时代有：1780 年至 1840 年是产业革命、纺织品工厂化生产时代；1840 年至 1890 年是蒸汽动力与铁路时代；1890 年至 1940 年是电气与钢铁时代；1940 年至 1990 年是汽车和合成材料的大批量生产时代；1990 至今是微电子和计算机网络时代。

由此可见，对早期文化产品可批量生产以及文化大众化和产业化产生重大影响的印刷术，虽然在工业革命以前就发生发展成熟，对人类文明也产生了广泛而深远的影响，但这一技术并不直接促进当时农业生产和工业生产。而后来陆续问世的摄影、摄像、录音等技术都不属于社会生产的核心技术，与此形成对照，蒸汽动力、电气与钢铁、

[①] 《马克思恩格斯全集》第 20 卷，人民出版社 1971 年版，第 361 页。

合成材料等社会生产的核心技术却并不能直接应用到文化生产中来。一直到第二次世界大战后的相当长时期，高科技也主要是为工业生产服务的。当人类进入到微电子和计算机网络时代以后，社会生产的核心技术与文化生产和传播的关系终于发生了实质性、根本性的变化。这些社会生产的核心技术，不仅可以用于改造或服务传统工业部门，也可以直接支持文化生产和传播活动，文化生产和传播终于直接与社会核心技术密切结合在一起了。特别值得一提的是，以5G为代表的新一代通信技术（基础设施），大数据、人工智能等当代社会生产的核心技术，已经或即将对文化领域，尤其是文化产业领域产生革命性、颠覆性的影响。

现代科技是文化产业发展的基本动力之一，现代文化产业是一个与现代技术日益融合的产业。现代印刷技术的进步，特别是广播、电影、电视、网络空间等的诞生，都对文化产业发展产生了革命性的作用。大数据、云计算、移动互联网、虚拟现实和人工智能等新一代信息技术的广泛应用，给文化产业的内容生产、表现形式、商业模式等带来了深刻变革。"'互联网+'是互联网对传统行业的渗透和融合，但并非两者的简单相加，也并非传统行业简单触网即可完成渗透与融合，而是通过互联网平台、互联网思维，对传统行业进行思维模式和经营模式的颠覆，进而让互联网与传统行业进行深度融合，创造新的生态和整体机遇。"[①] 互联网提供了便捷、经济、多渠道的技术平台，具有打破信息不对称、降低交易成本、促进专业化分工和提升劳动生产率等功能和特点，为推动文化产业转型升级、创新性发展创造了重要机遇。互联网行业主动向传统文化产业渗透，颠覆了传统文化产业发展模式，进而实现互联网与传统文化产业的深度融合；以创意和新技术为特征的文化产业新内容、新业态层出不穷，数字内容产业呈现爆炸式增长。

[①] 马化腾等：《互联网+国家战略行动路线图》，中信出版集团2015年版，第86—87页。

实施加快建设文化大省战略以来，浙江一批国有、民营文化企业适应智能互动、虚拟现实等发展趋势，加强内容和技术装备协同创新，以高新技术发展高新文化产业、改造提升传统文化产业、发展新兴文化业态，大力推动新一代技术特别是信息技术与文化产业的融合发展，全省文化服务业发展规模不断扩大，新兴业态层出不穷，呈现出快速增长的态势，文化制造业逐步向"微笑曲线"两端转型。以互联网为代表的新媒体新技术不仅为浙江经济发展植入了新的基因，也为文化产业的创新创业带来了广阔的空间。

近年来，浙江省已经成为全国信息经济发展高地，信息经济这种以信息资源为基础、信息技术为手段、信息产业为支撑、信息技术与经济社会各行各业融合为主要推动力的新经济模式，在浙江经济转型发展中正在产生越来越重要的作用。浙江在全国最早提出"云+网+端"基础设施布局，先后发布了《"宽带浙江"发展"十三五"规划》《关于加快推进无线宽带网络建设的实施意见》等一系列政策文件，大力推进光网城市、宽带中国、光纤到户、无线城市、4G网络、提速扩面等工作，基础设施不断升级完善，支撑能力显著提升，各项指标均处于全国前列。自2014年以来，浙江信息经济核心产业增加值年均增长16.2%，比GDP增速快近一倍，占GDP比重年均提高0.7个百分点。2016年11月，在第三届世界互联网大会前夕，国家网信办、国家发改委批复浙江省建设全国首个国家信息经济示范区。《2017年浙江省信息经济综合评价报告》显示，2016年浙江省信息经济发展指数为119.8%，其中，基础设施、核心产业、个人应用、企业应用和政府应用发展指数分别为133.0%、110.0%、141.1%、104.4%和103.6%。工信部发布的研究报告显示，浙江省电子信息制造业综合发展指数、软件和信息技术服务业综合发展指数分别位居全国第5位和第3位。2017年乌镇智库发布的数据也显示，浙江省在人工智能领域企业数量、融资规模总量均位居全国第4位，连续两年单笔融资额列全国第一，杭州市人工智能融资规模、平均单笔融资金额增长率均超过370%，每万人拥有人工智能企业的数量等指标居全国大中型城市首位。另据阿里研究院数据，中国大众电商创业最活跃的10个城市浙江占5个，2100个淘宝村中浙江占793个，240个淘宝镇中浙江占78个，均居全国第一。杭州的梦想小镇、云栖小镇已经成为互联网领域创业创新的样板，网约租车、共享单车为代表的杭州分享经济领先于全国快速发展。杭州等地成功举办了云计算大数据产业大会、互联网＋数字经济峰会、中国工业大数据大会钱塘峰会、浙商人工智能产业峰会、中国产业互联网大会、全球未来出行国际展览会、世界互联网大会等。2017年8月，浙江省公布了全国首个国家信息经济示范区建设实施方案，提出，将通过3至5年努力，使信息经济在全省经济中的主导地位凸显，创新能力显著提高，体制机制明显优化，基本建成国际电子商务中心和全国物联网产业中心、云计算产业中心、大数据产业中心、互联网金融创新中心、智慧物流中心、数字内容产业中心、信息化和工业化深度融合国家示范区和国家信息经济示范区，在"互联网＋"、新型智慧城市、分享经济、基础设施智能化转型、促进新型企业家成长等方面走在全国前列。国家网信办、国家发改委批复创建首个国家信息经济示范区以来，浙江省先后出台了加快发展人工智能、智能硬件、云计算、集成电路、软件和信息服务业等多个实施意见或行动计划，不断强化在新一代信息技术领域的技术攻关与产业培育发展。浙江省已建成国家和省级信息产业基地、园区40余个，省级信息经济示范区22个，信息经济类特色小镇21个，国家级双创基地8个、省级以上众创空间270个。以互联网为核心的信息经济已经成为支撑浙江未来发展的八大万亿产业之首。

2017年12月，省委经济工作会议提出了实施"数字经济'一号工程'"的目标任务。2018年全国"两会"期间，国务院主要领导明确肯定浙江省委省政府将数字经济作为"一号工程"的战略举措，希望浙江进一步发挥"互联网＋"的先发优势，做大做强数字经济，加快建设数字经济强省，为全国发挥示范和引领作用。此后，浙江省以"数字产业化、产业数字化"为主线，启动实施数字湾区、"无人车间""无人工厂"、移动支付之省、eWTP电子世界贸易平台、城市大脑、5G+、未来社区、"掌上办事""掌上办公"等标志性引领性工程，加快推进"三区三中心"建设，形成数字经济引领发展的新格局、新优势。

所谓"三区"，即"全国数字产业化发展引领区""全国产业数字化转型示范区""全国数字经济体制机制创新先导区"。"全国数字产业化发展引领区"，就是要实现数字经济核心产业规模不断壮大，云计算产业进入全球第一方阵，大数据、数字安防、人工智能、工业互联网等细分领域国际竞争力不断提升，打造若干个世界级产业集群，培育一批世界一流企业，引领全国数字产业化发展。"全国产业数字化转型示范区"，就是要推动互联网、大数据、人工智能和实体经济深度融合，全省重点产业、规上企业、产业园区及产业集群等实现数字化改造和提升全覆盖，培育一批融合型新产业、新业态、新模式，形成数据驱动实体经济转型的浙江模式，成为全国产业数字化转型的示范样本。"全国数字经济体制机制创新先导区"，则聚焦数字政府，加快政府数字化转型，建成"掌上办事之省"和"掌上办公之省"；深化体制机制改革，构建包容审慎的监管体系，探索建立多元共治的数字化治理体系，创新新业态、新模式发展的产业政策与引导体系，打造数字经济发展最优环境。

所谓"三中心"，即具有全球影响力的"数字科技创新中心""新型贸易中心""新兴金融中心"等。加快"数字科技创新中心"建设，就是要汇聚全球数字经济科技资源、人才资源，瞄准数字技术前沿、基础、高端领域，建成一批具有国际先进水平的科学中心和研发平台，引进一批全球领军人才和顶尖创新团队，突破一批占据制高点的自主可控核心技术，打造具有全球影响力的数字科技创新中心。加快"新型贸易中心"建设，就是要把握"一带一路"数字经济国际合作机遇，发挥跨境电商综试区作用，打造全球电子商务核心功能区和"21世纪数字丝绸之路"战略门户，支持跨境电商、新零售、电子世界贸易平台（eWTP）、服务贸易、智慧物流等新业态、新模式发展，打造以数字贸易为标志的新型贸易中心。加快"新兴金融中心"建设，就是要发展浙江金融科技在中国乃至世界的领先优势，充分发挥杭州移动支付之城先发优势，建好杭州国际金融科技中心，加快移动支付全球化布局，推进钱塘江金融港湾建设，打造具有全球影响力的新兴金融中心。

自从实施数字经济"一号工程"以来，浙江省着力抓好数字长三角、数字大湾区、移动支付之省、"城市大脑"、5G+、电子发票、智慧高速公路、未来社区、数字乡村、数字政府等十大标志性引领性数字化项目；大力推进浙江制造数字化，以打造一批"无人车间""无人工厂"、推进一批数字化重大项目为重点，加快传统制造业数字化改造提升，推动工业互联网建设应用，培育壮大智能化改造生产服务业；加快培育发展数字产业集群，做大做强集成电路、高端软件、云计算、大数据、物联网、人工智能、区块链等数字产业，培育若干世界级数字企业和一批数字骨干企业、数字独角兽企业、数字经济上市企业；着力突破数字核心技术，大力支持之江实验室、浙江大学、阿里达摩院"一体两核"的数字创新平台建设，集聚高端人才，提升科研成果影响力，打造"互联网+"科创高地；加快推进贸易数字化，打造eWTP等世界贸易平台，发展智慧物流，建设国际贸易"单一窗口"，拓展跨境电商等新型贸易方式；稳步推动数字金融建设，健全"天罗地网"金融风险监测系统，有序发展新兴金融业态，加快建设钱塘江金融港湾，积极打造新兴金融中心。

在上述大背景下，浙江省数字经济加快发展，规模和能级不断提升，正日益成为浙江经济增长的新动能。据2019年1月省经信厅和省统计局联合发布的《浙江数字经济发展综合评价（2018版）》，2017年度全省数字经济发展指数为115.2%。其中，基础设施、数字产业化、产业数字化、新业态新模式及政府与社会数字化发展指数分别为142.5%、107.6%、103.1%、101.9%和124.1%；浙江城域网出口带宽达93.4Tbps，固定宽带端口平均速率171.1Mbps，移动基站数居全国第3位，每平方公里拥有移动电话基站数量3.8个。

2018年浙江数字经济总量达2.33万亿元，占GDP的比重达41.54%，高出全国平均水平6.74个百分点，总量和增速均居全国第4位。全省电子信息制造业、软件和信息技术服务业综合发展指数分别达73.34和74.47，均居全国第3位。据《数字中国建设发展报告》，2018年浙江信息化发展综合指数达80.93，居全国第5位，其中信息服务应用和产业数字化指数均居全国第1位。2018年9月，浙江省政府办公厅发布《浙江省数字经济五年倍增计划》，力争到2022年全省数字经济总量突破4万亿元，较2017年翻一番。2020年8月浙江省数字经济发展领导小组发布《关于深入实施数字经济"一号工程"的若干意见》，则进一步提出了到2025年浙江数字经济发展总要求和总目标："'以产业数字化、数字产业化、治理数字化'为发展主线，深入实施数字经济'一号工程'，推动国家数字经济创新发展试验区建设，打造以新技术、新创造、新基建、新业态和新治理为重要特征的数字经济2.0版"；"力争到2025年，加快建成'三区三中心'，全省数字经济总量达到5.4万亿元，占国内生产总值比重突破60%，数字经济示范引领和辐射带动作用显著增强，整体发展水平处于全国第一方阵前列，达到世界先进水平，数字经济成为我省展示'重要窗口'的重大标志性成果。"2020年8月，省委省政府印发《深化生态文明示范创建高水平建设新时代美丽浙江规划纲要（2020—2035年）》强调，要"深入推进数字化设计、工业互联网、智能化技改、'企业上云'、数字化管理、数字化营销等在传统产业的应用，探索网络化协同研发、协同设计、协同生产、协同营销、协同供应链等体系建设"；"大力普及服务业数字化，培育线上线下融合的数字生活新服务，培育壮大智能设计、智慧物流、现代商贸、金融科技、数字文创等服务业态"。

同年11月省委十四届八次全会通过《关于制定浙江省国民经济和社会发展第十四个五年规划和二〇三五年远景目标的建议》，进一步提出了深入实施数字经济"一号工程2.0版"的目标，强调，要"大力建设国家数字经济创新发展试验区，打造数字强省、云上浙江"；"加快打造数字产业化发展引领区、产业数字化转型示范区、数字经济体制机制创新先导区，争取数字人民币试点，建设数字技术创新中心，加快打造数字变革策源地"；"创建国家制造业创新中心等高能级平台，培育壮大数字产业，形成一批具有国际竞争力的数字产业集群"；"推进工业、农业、服务业数字化转型，推动工业互联网和制造大省深度融合，培育提升'1+N'工业互联网平台体系，推广新智造模式。加快国家新一代人工智能创新发展试验区建设"。2021年2月，省委召开全省数字化改革大会，全面部署浙江省数字化改革工作，围绕建设数字浙江目标，统筹运用数字化技术、数字化思维、数字化认知，把数字化、一体化、现代化贯穿到党的领导和经济、政治、文化、社会、生态文明建设全过程各方面，对省域治理的体制机制、组织架构、方式流程、手段工具进行全方位、系统性的重塑。同年6月召开的省委十四届九次全体（扩大）会议也强调，要在率先探索建设共同富裕美好社会的新征程中，着力强化科技创新、打造全球数字变革高地，加快建设"互联网＋"、生命健康、新材料三大科创高地和创新策源地，推动发展质量变革、效率变革、动力变革，重塑政府、社会、企业和个人关系。

在加快发展信息经济、数字经济，推进数字化改革过程中，浙江省着力于推动新一代信息技术与文化产业的融合发展，积极鼓励文化企业与互联网企业跨界融合，与通信运营商、信息服务企业合作，利用互联网、移动终端等载体，加大文化产品推广力度，推动文化产品和服务的生产、传播、消费的数字化、网络化进程。

推动文化与现代科技特别是互联网技术融合发展，已经成为国家的一个重要战略目标。2012年6月，科技部、中宣部等部委联合发布了《国家文化科技创新工程纲要》，提出围绕促进社会主义文化大发展大繁荣的重大科技需求，深入实施科技带动战略。这标志着我国文化科技创新工程正式启动。党的十八大以来，习近平高度重视文化和科技融合工作，对宣传思想文化战线如何应对新一轮科技革命作出了一系列战略部署，特别是对全媒体时代的媒体融合发展提出了明确要求。2013年8月19日，在全国宣传思想工作会议上的讲话中，习近平指出，要积极探索有利于破解工作难题的新举措新办法，特别是要适应社会信息化持续推进的新情况，加快传统媒体和新兴媒体融合发展，充分运用新技术新应用创新媒体传播方式，占领信息传播制高点。2016年2月19日，在党的新闻舆论工作座谈会上的讲话中，习近平再次强调，要推动融合发展，主动借助新媒体传播优势。尽快从相"加"阶段迈向相"融"阶段，从"你是你、我是我"变成"你中有我、我中有你"，进而变成"你就是我、我就是你"，着力打造一批新型主流媒体。2019年1月25日，在中央政治局第十二次集体学习会上，习近平进一步指出，党报党刊要加强传播手段建设和创新，发展网站、微博、微信、电子阅报栏、手机报、网络电视等各类新媒体，积极发展各种互动式、服务式、体验式新闻信息服务，实现新闻传播的全方位覆盖、全天候延伸、多领域拓展，推动党的声音直接进入各类用户终端，努力占领新的舆论场。要坚持移动优先策略，让主流媒体借助移动传播，牢牢占据舆论引导、思想引领、文化传承、服务人民的传播制高点。

　　以大数据、互联网、社交媒体平台为代表的新一代信息技术广泛应用，全媒体不断发展，出现了全程媒体、全息媒体、全员媒体、全效媒体，信息无处不在、无所不及、无人不用，带来了舆论生产方式、舆论传播方式以及舆论生态、媒体格局的深刻转型，新闻舆论工作面临新的挑战。对此，浙江省较早就已经有了比较深刻的认识。比如，早在2011年浙江省委宣传部新闻出版处课题组的一份调研报告中已经指出:"在全媒体环境下,将出现越来越多具有信息采集、加工、制作和传播功能的工具与渠道。这些新兴传播手段操作简单易行,内容风格上彰显个性,传播方式上强调开放,交流即时灵活,迎合了人们在网络时代获取信息、参与建设和宣泄自我的需要和欲望,非常容易在大众中尤其是青少年中推广流行。如何在这种传播渠道越来越多元、信息终端越来越便捷的趋向下,不断增强自身传播能力,积极营造主流舆论,是传统媒体要面对的严峻挑战。尤其是随着微博、iPad等新的传播方式和传播工具的不断出现,将对传统的信息传播路径带来颠覆性的影响。"[1]

在这个大背景下,顺应新的传播潮流发展方向,统筹处理好传统媒体和新兴媒体、中央媒体和地方媒体、主流媒体和商业平台、大众化媒体和专业性媒体的关系,打造新型传播平台,建成新型主流媒体,形成资源集约、结构合理、差异发展、协同高效的全媒体传播体系,已经成为事关做大做强主流舆论的一项紧迫课题。当今时代,推动媒体融合发展是大势所趋,只有因势而谋、应势而动、顺势而为,才能占据战略主动。坚持一体化发展方向,通过流程优化、平台再造,实现各种媒介资源、生产要素有效整合,实现信息内容、技术应用、平台终端、管理手段共融互通,催化融合质变,放大一体效能,着力运用新一代信息技术,加快推动传统媒体和新兴媒体融合发展,打造一批具有强大影响力、竞争力的新型主流媒体,占领信息传播制高点,已经成为掌握意识形态工作主动权、壮大舆论传播事业的重大战略选择。

2014年8月,中央深改组会议审议通过了《关于推动传统媒体和新兴媒体融合发展的指导意见》,强调"要以重点项目为抓手,坚持先进技术为支撑、内容建设为根本,推动传统媒体和新兴媒体在内容、渠道、平台、经营、管理等方面深度融合,有计划、有重点打造

---

[1] 省委宣传部新闻出版处课题组:《全媒体条件下舆论引导能力建设的挑战和对策》,载陈野主编《2012年浙江发展报告(文化卷)》,杭州出版社2012年版,第66页。

一批形态多样、手段先进、具有竞争力的新兴主流媒体"。2015年，浙江省发布了《关于推动传统媒体和新兴媒体融合发展的实施意见》，出台了系列扶持政策，通过财政资金安排、国有资本投入、国有资本经营预算、税收减免等途径，加大对媒体融合重点项目建设的政策支持力度，积极发挥政策的引领和撬动作用，借力社会资本实现跨越式发展，为媒体融合发展营造良好环境。正是在这样的背景下，浙江省不断加快探索媒体融合发展路径，推动传统媒体积极向网上发展，大力发展新媒体业务，传统媒体与新兴媒体优势互补、此长彼长的态势日益凸显。大数据、云计算等技术运用到全媒体采编平台构建之中，移动直播、H5应用等技术在采编制作环节普遍采用，机器人写稿、无人机采集、虚拟现实等技术从无到有，实现了突破。2016年和2017年浙江省委常委会三次专题研究浙江日报、浙江广电集团媒体融合改革方案，省委全面深化改革领导小组将媒体融合发展列入深化改革的重点突破项目，强调要着力构建以互联网传播为主要渠道、报纸传播为重要依托的新型传播格局，为浙江的媒体融合发展作出了顶层设计。2017年省委又对省市县三级媒体提出深度融合、业务联合、资源整合的要求，并邀请第三方对改革成效进行评估。在推进媒体深度融合、盘活存量和做大增量过程中，浙江省特别注重项目创新，着力强化集成牵引，要求必须有"中央厨房"等真正融合意义上的工程项目，以此牵引带动深度融合。在省委重视和省级媒体的示范带动下，全省媒体融合工作有了更大实质性的进展。

浙江报业集团媒体融合实践走在全国前列。2014年8月中央深改组会议审议通过的《关于推动传统媒体和新兴媒体融合发展的指导意见》提出，传统主流媒体要大力发展移动端，占领新兴舆论阵地。而在同一年的6月，"浙江新闻"客户端正式上线，同年年底即快速积累了500多万用户，与以往仅仅专注于内容生产不同，"浙江新闻"客户端从产品的设计、运营，内容的策划、呈现，都围绕用户需求进行。这款App上线不久，很快在全国产生了巨大的影响力。2016年，浙报集团推行报网端融合，将《浙江日报》、浙江在线、浙江新闻客户端三班人员合并，融合组建一个中心八个部。一个中心即全媒体编辑中心，包括报纸的夜班编辑部和把网站、App融合在一起的数字编辑部。八个部即全媒体经济新闻部、全媒体政治新闻部、全媒体文化新闻部等，每个全媒体新闻部都要采集、编辑和分发三个媒体的全端产品。为推动主流新闻传播占领互联网制高点，浙报集团推进建设由核心圈、紧密圈、协同圈三部分组成的"三圈环流"新媒体矩阵。核心圈包括浙江新闻客户端、浙江手机报、浙江在线、浙江视界，构建"四位一体"的网上党报，以传播主流新闻为核心，一个中心八个部和核心圈的业务联系紧密。浙报集团投入1.3亿元，自主研发融媒体智能化传播服务平台"媒立方"，以此带动组织架构与生产流程的再造，2016年底全媒体指挥中心开始常态化运行。同一年底，浙江日报各类新媒体矩阵已集聚互联网注册用户6.6亿，活跃用户5000万，浙江新闻客户端用户数达1300万。至2018年底，浙江日报报业集团除了拥有《浙江日报》《钱江晚报》等传统主流媒体外，还拥有了"浙江新闻"客户端、浙江在线新闻网站、浙江24小时等新兴媒体。2019年10月，作为媒体融合向纵深发展新型平台、服务于长三角一体化发展国家战略的天目新闻客户端正式上线。天目新闻客户端秉承"全国化、视频化、市场化"理念，将充分发挥浙江的独特优势，全面报道三省一市携手推动长三角更高质量一体化发展的最新进程，更好服务国家发展大局，还接入了"浙里办"优质服务和浙报集团优势服务资源，将逐步接入长三角重点城市的生活服务资源，也是记录、分享美好生活的互动平台。在"潮客"频道，拍友可随拍随传，展示美好生活。浙江日报报业集团正着力在推动媒体深度融合上下功夫，大力推进内容品质化、媒体品牌化、传播智能化、服务智慧化，加快传统媒体和新兴媒体融合发展，建设新时代一流传媒集团。

互联网、移动终端等新媒体新技术给传播领域带来了革命性的影响。新媒体的迅速发展，加快推动了媒体格局和舆论生态的重构，主流媒体面临更为激烈的竞争，融合发展任务更为紧迫。广播电视的生存环境虽然优于报纸，但受众日渐分流，广告收入也在下降。2011年省委宣传部新闻出版处课题组的调查结果显示："新媒体已经成为信息传播的'主渠道'，以受众获取日常信息来源的比重来衡量电视、报纸、广播、杂志、网络、手机移动终端等媒介，报纸和电视等传统媒体在受众'通常情况下'获取信息的来源中仍占有重要的位置，比例分别达23%和19%，网络媒体已经超过了报纸、电视，占24%。值得注意的是手机、手持阅读器等移动终端发展势头迅猛，已经超过了广播，达12%。可见，网络等新兴媒体已经成了人们获取日常信息的'主渠道'。"在遇到突发事件时，网络等新媒体的优势更加明显，"当有突发事件和热点新闻发生时，网络媒体在受众的信息获取渠道中的比重会明显上升，达到了43%，而报纸和电视分别是16%和15%"。特别值得关注的是调查结果显示的人们使用媒体的未来趋势："其中选择手机、手持阅读器的达19%，明显超过报纸、电视，选择网站的占35%，是报纸的1倍、电视的3倍多。"[①] 这些都表明，在全媒体进程中，舆论生态的调整、传媒业内部的重构和洗牌已经难以避免，广播电视等传统媒体与互联网等新媒体融合发展，已经成为一种顺理自然、瓜熟蒂落的必然趋势。

面对这种新形势新挑战，浙江广播电视系统把高科技作为自身提质增效、创新发展、集约发展，顺时应变、主动作为的必然选择，积极推动数字广播电视传输技术研发，加快互联网与广播电视的融合，建设全媒化的新型广播电视主流媒体，加强地面无线广播电视与互联网的融合创新，打造移动、交互、便捷的地面无线广播电视新业态，通过推进深度融合，走出了一条持续发展的新路。早在2006年浙江广电集团已经在控股衢州、丽水网络公司的基础上，成功入股华数公

---

① 省委宣传部新闻出版处课题组：《全媒体条件下舆论引导能力建设的挑战和对策》，载陈野主编《2012年浙江发展报告（文化卷）》，杭州出版社2012年版，第60—61页。

司，并以此为全省性平台，投资参与各市有线电视网络的数字化改造，以市场化手段和规模化经营有效带动了全省有线电视网络的全程全网联合。2009年底，浙江卫视全国有线电视网的入网率位居全国省级卫视第一。浙江广电集团还以"高、新、精、实"为建设原则，引进了一批现代高端的广播电视设备，着力提高技术装备水平，全面完成了浙江卫视高清新闻演播室、高清非编制作网的改造建设，浙江卫视成为全国首批开展高标清同播的上星频道之一。"十二五"时期，浙江广电集团通过实施省广电中心基础设施工程、信息化建设工程、高清晰度电视节目制播提升工程等，全面升级了技术装备平台；通过改造迁建全省部分广播转播台和勾庄、望江门发射台，增加无线发送节目数量和发射站点数量，提高了省级广播电视的覆盖地域和传输质量，完善了传输覆盖平台；以华数公司为全省性平台继续推进全省有线电视网络的全程全网联合；重点建设"全省一张网"和"IPTV集成播控平台"两大项目，同时加快全省骨干网络升级改造和骨干网格网建设并以此为基础推进NGB建设，构建覆盖全省各市县的新一代大容量、双向互动的传输网络。2014年，《浙江广电集团新媒体融合实施方案》出台，进一步明确提出了"一云、两网、三集群、四平台"总体目标，做强门户网站"新蓝网"，成立浙江网络广播电视台和手机台，打造国内一流综合视频新闻网站；创办"蓝天视频网"，打造国内领先视频网站，努力把浙江广电集团建设成为形态多样、手段先进、具有强大竞争力的省级新型主流媒体。至2016年底浙江广电集团各类新媒体产品吸引活跃用户3400万，开拓了全新阵地，扩大了主流媒体的传播力、影响力。2017年10月，浙江广电围绕"融合传播"这一新目标，打造一站式运作的"中央厨房"——中国蓝融媒体新闻中心。集团旗下浙江卫视新闻中心、浙江之声新闻中心、新蓝网新闻事业中心和浙江新闻广播、电视公共新闻频道以及集团总编室、融媒体技术中心、资源研究开发中心等各部门相关人员入驻融媒体中心，每天召开"融媒早会"，加强一体策划、融媒采集、融合传播，实行全天候、常态化办公。在前期已经形成较好合作、融合传播的基础上，入驻中心的各业务单元充分发挥"中央厨房"业务平台、技术平台、空间平台的作用，积极探索新闻报道"台网一体"联动机制、常态化融合传播机制，打造集团融媒体指挥调度中心和采编发联动平台，加强跨部门、跨业务单元的沟通协调，努力实现集团新闻资源有效聚拢整合，提升融合新闻生产力。

除了省广电集团以外，全省杭州、宁波等其他市级广电集团也积极引进新媒体运营、技术等领域人才，通过项目孵化机制等手段，为互联网人才创造良好的就业条件；积极发挥新技术在采访、编辑、传播中的重要作用，以强大的技术力量为优质内容的生产提供支撑；以先进技术为支撑、内容建设为根本，推动传统媒体和新兴媒体在内容、渠道、平台、经营、管理等方面的深度融合，比如，建设集团全媒体融合云平台，构建集采编、制作、存储、媒资、发布、安全管控、运营于一体的广播电视制播云平台和全媒体指挥中心等。在浙江的主流媒体领域，传统媒体与新兴媒体的加快融合，使融合传播技术得到了广泛的应用，推出了一批"现象级"融媒体产品，形成了一批有影响力的新媒体品牌，培养和锻炼了一批全媒体人才，主流媒体传播阵地得到了拓展，用户覆盖面大大增加。全媒体多样化传播形式、分众化互动式服务方式、大众化生活化话语表达，推动了新闻传播的全方位创新。

2017年3月，浙江省率先全国启动县级媒体整合和融媒体中心建设。按照"充分整、深度融、新闻+、政策扶"的理念，由各县级党委宣传部牵头，对县域范围内的报纸、广播、电视、网站、新媒体等新闻机构进行整合重构，组建融媒体中心，着力构建集内宣外宣、网上网下、系统内外宣传资源于一体的新型县域传播机构。浙江日报报业集团"天目云"和浙江广电集团"中国蓝云"共同承担省级技术平台建设任务，各县（市、区）根据自身实际选择入驻。比如，台州仙居县委县政府与浙报集团合作打造了以"天目云"为技术输出的仙居县融媒体中心指挥平台。这一平台将电视、广播、报纸、网站、客户端、微信、微博全形态媒体的策划、采集编发等集合在一起，通过大数据、云计算和人工智能等技术手段，实现一次采集、多元生成、多端发布、立体传播。构建融媒体中心，搭建"中央厨房"，升级再造采编播全平台生产流程，实施移动优先策略，打造全媒体人才队伍，使各县融媒体中心从"相加"转变为"相融"，是浙江全省各县（市、区）推动媒体融合发展过程中的普遍做法。

浙江省明确县级融媒体中心归口县级党委宣传部领导，属事业单位性质，有条件的可实行企业化管理；鼓励各地在推进融媒体中心建设中，将更多人财物投向互联网和移动新媒体，同时，要求妥善解决好原有媒体机构的人员安排、薪酬待遇、职务职级等问题；要求各地将政府性公共资源优先配置给融媒体中心，可公开的政府数据资源优先向融媒体中心开放，县域内重大事件、重要政策优先由融媒体中心发布解读；鼓励各行政部门便民信息服务平台优先由融媒体中心承建，政府性户外广告业务、大型活动策划、文化产品采购等优先由融媒体中心承办；省财政安排专门资金，综合考虑县域媒体的结构、规模和当地经济发展水平，特别是融媒体中心建设的进度、质量及效果，对各县（市、区）融媒体中心建设予以支持，同时对省级技术平台建设予以扶持，并要求市县财政给予相应支持。长兴、安吉等县是全省，也是全国县级融媒体中心建设的先行者。随后，青田、三门等县在融媒体中心建设模式创新方面进行了积极的探索。2018年9月中宣部在长兴召开现场推进会以来，浙江进一步提高了县级融媒体中心建设的标准和力度。至2018年底，浙江省89个县（市、区）中，已有56个对县域媒体进行了整合，挂牌成立融媒体中心。

浙江其他文化产业领域与新媒体新技术的融合发展趋势也不断加快。比如，2016年11月华数传媒在第三届世界互联网大会·乌镇峰会上提出，未来将积极实施"新网络+应用""新媒体+内容""大数据+开发"三大战略，把打造"智能化新网络+服务化新媒体"

运营商作为自身的新战略选择。华数传媒大力推动各项业务发展付费频道业务、互动电视业务、互联网业务、互联网电视业务和集团宽带网络业务等，公司业绩平稳增长。2016年，阿里巴巴集团在文化娱乐领域的布局已经有近10年历史的基础上，建立了文娱集团，计划募集超百亿元基金，在文娱领域开启"买买买"模式、互联网+模式。以此为标志，"大文娱"已经成为阿里巴巴继电商、云计算之后的最新主营业务。浙江省文化产业促进会与宁波云朵网络共同组建并重点建设和运营的"浙江省文化产业大数据服务平台"（简称"浙朵云"），为浙江20多万家企业、政府机构等提供全方位的数据推送、分析、评估和共享等服务。随着移动互联网的迅速普及和AR等数字技术的快速演进，数字文化日益成为浙江消费新热点、产业新蓝海。

在大数据、互联网、社交媒体平台等新一代信息技术广泛应用背景下，浙江数字出版产业呈现加速发展态势，形成了手机出版、动漫出版、网络游戏出版、数字化内容投送平台和数字印刷等优势行业，也培育、涌现出了一批如中国电信天翼阅读平台、中国移动手机阅读基地、华数传媒、杭州日报报业集团、影天印业、淘宝电子书等在全国数字出版领域具有重要影响的企业。2012年，浙江杭州国家数字出版产业基地授牌，联手共建了滨江数字出版核心园区、杭报数字出版园区、中国移动手机出版园区、中国电信数字阅读园区、华数数字出版园区、数字娱乐出版园区、滨江动漫出版园区、人民书店数字出版园区八个功能园区，形成核心园区和数大功能区块组团式发展的产业格局。至2017年，基地已经集聚了400余家企业，产值超百亿元，获全国新闻出版产业基地（园区）工作优秀基地称号；中国移动、中国电信和华数传媒等三大数字内容投送平台全面建成。2014年12月，中国移动旗下的咪咕数字传媒有限公司（简称咪咕数媒）成立。这是一家开展全媒体出版、人工智能、富媒体手机报业务、以"创新文化全场景沉浸式体验生态的技术公司"为企业愿景的专业互联网公司，其前身是2009年开始建设的中国移动手机阅读基地。至2019

年，咪咕数字传媒有限公司已经形成了以咪咕阅读、咪咕灵犀、手机报为核心的三大产品体系，累计培养了 4.6 亿用户的数字阅读习惯；贡献行业价值 53 亿元，合作伙伴近 2000 家；旗下咪咕阅读业务平台汇聚了超 50 万册精品正版图书内容，全场景月活跃用户数超 6000 万，在全国 200 多个城市举办了超过 1200 场"悦读咖"名家活动；咪咕灵犀人工智能交互 8500 万+次/日，全场景月活跃用户数近 2000 万，垂直领域排名第一；手机报品类 400 余种，覆盖用户超 5000 万。

浙江省推动文化与科技融合发展，取得了显著的成效，不少方面走在全国前列。2012 年 5 月和 2014 年 1 月，科技部、中央宣传部、文化部、新闻出版广电总局等 4 部门分别认定浙江省杭州、宁波、横店为第一批或第二批国家级文化和科技融合示范基地；2019 年又认定浙江省的咪咕数字传媒有限公司、浙报传媒控股集团有限公司、浙江大丰实业股份有限公司等为第三批国家文化和科技融合示范基地。浙江省显著地加强了对区域内国家文化和科技融合示范基地的指导和支持，推动完善基地发展规划，鼓励促进文化科技产业集聚发展的优惠政策在示范基地先行先试，培育一批带动性强的文化科技创新型领军企业，构建技术创新公共服务平台，加强文化科技创新服务体系建设，完善支撑文化科技产业发展的产业化环境和政策体系。各个示范基地也以"科技文化化"和"文化科技化"为主线，积极推广应用科技前沿技术，加快培育一批高新技术文化企业，用科技提升文化产业发展层次和水平，培育辐射带动全国数字文化创意产业发展的核心区域，构建数字文化创意产业生态圈，较好地发挥了示范带动作用，成为文化和科技深度融合的示范区、政策体系和管理机制先行先试的试验田、文化科技产业创新发展的先锋队。

全省各地也大力推动文化与科技融合发展，在这方面杭州市、宁波市都具有典型性。杭州市大力实施"文创产业化、产业文创化"战略，深化文化与科技的融合，促进文创产业与相关产业融合发展。特别是进入"十三五"时期以来，杭州市发挥杭州现有的产业优势，依托阿里巴巴、网易等一批行业领军企业，进一步加快实施"互联网＋"行动，做大做强网上新闻服务、网上信息发布、网上音乐服务、网上影视服务、网上图片服务等行业，不断壮大杭州互联网文化创意产业实力与规模；显著加大了对数字化关键技术、专有技术等攻关力度，积极打造广播电视、通讯及宽带网络三网融合技术高地，以互动电视、互联网电视、移动媒体为主线，发展全国性新媒体业务，推动华数集团真正成为以视频业务为核心，多网、多屏、多种内容及服务的提供商，进一步提高了杭州数字电视业在全国的首位度；以多媒体、动漫游戏等领域为重点，积极发挥杭州软件业的基础优势，大力推动软件类公共技术服务平台建设，鼓励企业加大技术创新力度、增强创新能力，加快发展文化软件服务业，为提升全市文创产业核心竞争力提供了有力的支撑；顺应移动智能终端加速普及趋势，进一步强化了内容库建设，积极支持和推动咪咕数媒、天翼阅读、杭州出版集团等企业技术、产品、服务和商业模式创新，做大做强数字阅读产业，有效地带动了网络文学、出版发行、游戏开发、影视制作、数字期刊、学习教育、数字音乐及衍生产品开发生产等相关行业发展；把内容原创和科技应用有机结合在一起，大力推动虚拟现实技术、计算机CG技术、复制仿真技术等在动画设计、制作领域中的集成应用，积极发展手机动漫、网络动漫等业态，以高科技手段提升了杭产动漫的附加值和竞争力；以网易、电魂科技等知名企业为引领，大力发掘优秀文化资源，促进文化内容与现代技术相融合，以互动化、社交化、多屏化为方向，进一步增强了网页游戏、网络游戏、手机游戏的自主研发和运营推广能力，不断拓展完善了产业链条，培育了一批行业领军企业，有效地提升了杭州游戏产业的综合竞争力和在全国的首位度。杭州市还大力推动梦想小镇、云栖小镇、之江文化产业带等重大项目建设，使之成为互联网文化产业发展的新载体，强化文化创新的牵引力和科技创新的支撑力，加快科技助力传统文化产业转型升级，积极培育文化科技新业态。杭州市推动文化和科技融合发展的探索与实践，取得了显著的成效。2018年，杭州数字内容产业达2098亿元，比上年增长15.8%，占文化创意产业总比重超过60%。科技与文化的融合发展，已经成为杭州文化创意产业提质增效、转型升级的新动能。

浙江省另一个副省级城市宁波市也积极完善政策体系，推动文化与科技融合发展。2015年市委市政府出台《关于推进文化产业加快发展的若干意见》提出，要"推动高端文化用品制造业、文化创意与设计服务业两大优势产业的转型升级，推进文化演艺与影视制作业、文化休闲旅游业、现代工艺美术业三大潜力产业加速发展，加快现代传媒业、文化信息传输服务业、文化会展业等三大新兴产业的孵化培育"。这就从三个方面明确了文化产业发展的重点。实施加快建设文化大省战略以来，宁波市在加快改造和提升文具制造、工艺美术、出版印刷等传统优势文化产业的同时，大力推动科技、文化、创意的融合发展，形成了现代传媒、演艺、会展、创意设计、文化旅游、动漫游戏等新兴文化产业群，网络文化、数字娱乐等新兴文化业态快速突起，成为文化产业发展的新亮点。特别值得一提的是，宁波市把培育和创建国家级文化和科技融合示范基地，作为推动文化与科技融合发展的重要载体和途径。至2018年底，宁波高新区国家级文化和科技融合示范基地，已集聚各类文创企业2000多家，文化产业全年税收超4亿元，初步形成了以文化信息传输、文化创意和设计服务、影视动漫制作为特色的文化产业集群。这个科技部、中宣部、文化部、新闻出版广电总局等4部门联合命名的国家级示范基地，拥有民和文化产业园、宁波软件园、甬港现代产业园、爱博特文化产业园，集聚了丰富的文化科技资源。其中，仅民和文化产业园已聚集文化科技及相关服务企业846家，吸引宸铭影业、泰格兄弟等龙头企业及知名导演、演员工作室入驻；以现代CG动画技术为核心的专业技术平台，培育三维动画制作、电影后期特效、栏目包装制作、虚拟仿真技术开发、新媒体制作等数字影视产业链。

除了杭州、宁波以外，金华也是浙江省文化产业发展的重镇。据2019年10月省委宣传部发布的《2018年度浙江省文化发展指数评价报告》，2018年全省11个设区市文化发展指数，杭州、金华、宁波位居前三。杭州、宁波、金华三市文化产业增加值总和占全省的比重达到60%左右。金华在推动文化与科技融合发展方面也走在全省前列。2017年6月，省文化厅批复同意设立以互联网乐乐小镇为核心区域申报的浙江（金华）数字创意产业试验区。这也是浙江省首个数字创意产业试验区，集聚了金华市60%有文网文许可证的数字文化企业，全力打造以游戏交易、视频社交、网络文艺为主导的互联网娱乐产业，着力建设中国互联网娱乐产业中心。2016年至2018年，金华数字创意产业年平均增速16%，跻身全国数字文化一线城市。位于金华市域内的横店，也是科技部、中央宣传部、文化部、新闻出版广电总局等4部门认定的国家级文化和科技融合示范基地，在推动文化与科技融合发展方面，更有代表性。

在影视产业发展过程中，高科技一直是横店这个东方好莱坞相比美国好莱坞的一个短板。横店也一直努力弥补高科技短板，提出了"规模最宏大、要素最集聚、技术最先进、成本最低廉"的影视产业发展目标。比如，高科技摄影棚是当今世界影视剧拍摄制作一个很重要的生产要素，而横店存在高科技摄影棚结构性缺乏的问题。2018年6月，浙江省重点产业示范类项目、由横店影视城有限公司投资的横店影视产业园动工建设，产业园占地面积978亩，总投资30亿元，将建成以高科技摄影棚为核心，集现代戏拍摄、后期制作及剧组人员工作生活配套等功能于一体的影视文化工业园区。2019年底，横店摄影棚总数达到130多个、面积50多万平方米，在2022年左右横店摄影棚的数量将达到200个，形成国内最大的摄影棚集群。横店高科技摄影棚建设，是破解影视产业发展中高科技短板的一项重要举措。如横店集团副总裁徐天福所说："要上就上高科技、高标准、电影级的摄影棚，吸引的不仅是国内的电影、电视剧组，我们还要让欧美的大片都到横店来拍摄。拥有全球领先的硬件设备、技术力量，同时拥有更低的成本优势和最全的生产要素，有朝一日，横店会成为世界影视产业的中心。"[1] 2018年4月，浙江省委省政府出台《关于加快推进横店影视文化产业发展的若干意见》，要求设立横店影视文化产业集聚区，推动集聚区成为浙江影视文化产业发展的战略性平台，把横店打造成为全省文化产业的龙头基地、全球最强的影视产业基地和全国影视文化产业的集聚中心、孵化中心、交易中心、人才中心、体验中心。这就意味着推动横店影视由高速增长向高质量发展已经被摆上了更重要的议事日程。推动集聚发展、创新发展，建立覆盖影视创作、制作、发行、投资、交易、衍生品开发等全环节的产业化平台体系，引导影视产业与科技、金融、创意设计、泛娱乐化等深度融合，培育影视文化新业态，构建现代影视产业集群，已经成为横店影视产业提质增效转型升级的必然选择。

全省各地还围绕文化产业发展需求，运用数字、互联网、移动互联网、新材料、人工智能、虚拟现实、增强现实等技术，提升文化科技自主创新能力和技术研发水平；通过项目众筹、大数据运用、互联网营销等新手段，推动数字创意在各领域的融合应用，大力提高办公用品、木制玩具、体育休闲用品的产品档次和技术含量，实现传统文化企业的转型发展；顺应文化和科技融合趋势，加快文化产品数字化、协同化步伐，加强文化领域重要装备、工艺、系统、技术平台等相关研究，完善文化科技成果转化机制，发挥文化企业主体作用，加强技术转移和科技项目成果应用，促进科技成果转化为文化生产力。

特别值得一提的是，全省各级地方党委和政府都纷纷出台政策，将发展新兴文化业态、推动文化与科技的融合发展，作为扶持的重点。比如，2018年6月，杭州市萧山区发布了首个文化创意产业单独扶持政策——《加快文化创意产业发展扶持政策（试行）》，明确

---

[1] 董莹：《从0到200：横店将打造国内最大摄影棚集群区》，《东阳日报》2019年12月18日。

了文化创意企业的资金补助、重点产业、鼓励方向等。其中，重点扶持产业包括三种类别：一是数字内容和影视与传媒出版业，包括动漫游戏、互动娱乐、电影电视、数字出版、版权交易、内容软件等；二是创意（时尚）设计业，包括工业设计、建筑和景观设计、服装设计、艺术品设计、平面设计、软件设计、广告设计等；三是休闲文化和音乐产业，包括文化、民俗、体育和音乐相关产业等。这三种重点扶持类别，实际上就是高科技含量、高创意含量、高文化含量的产业门类。其中强调，要鼓励发展数字内容产业，对区内企业作为第一出品方的原创音乐、动漫、影视、文学、视听等作品，发布在国家主管部门颁发资质的新媒体平台上，实际分成收入在100万元以上的，按其实际收入的5%给予补助，每部作品补助额最高不超过50万元；区内游戏企业自主研发的游戏产品获得国家相关部门批准并正式上线运营，且年度销售总额在2000万元以上的，按其年销售额的2.5%给予补助，5000万元以上的按1.5%给予补助，补助总额最高不超过200万元。经过多年培育和建设，萧山区已经有浙江省文化创意产业实验区、智新塘文化创意园、东方文化创意园等区级以上文化创意产业园区13个，全区拥有文创企业3000多家，占到全部注册企业十分之一左右。所以，萧山区文化创意产业发展在全省具有典型性，其出台的文化创意产业扶持政策在全省也具有代表性。然而，像萧山区这样制定政策重点扶持新兴文化业态、推动文化与科技融合发展的做法，并非个别现象，而是在全省县（区、市）中具有相当程度的普遍性。

2019年8月，科技部、中央宣传部、中央网信办、财政部、文化和旅游部、广播电视总局共同颁发《关于促进文化和科技深度融合的指导意见》，明确了到2025年的主要目标，包括，基本形成覆盖重点领域和关键环节的文化和科技融合创新体系，建成若干目标明确、重点突出、协同攻关的文化科技领域国家科技创新基地，建成100家左右特色鲜明、示范性强、管理规范、配套完善的国家文化和科技融合示范基地，200家左右拥有知名品牌、引领行业发展、竞争力强的文化和科技融合领军企业等。《指导意见》也从加强文化共性关键技术研发、完善文化科技创新体系建设、加快文化科技成果产业化推广、加强文化大数据体系建设、推动媒体融合向纵深发展、促进内容生产和传播手段现代化、提升文化装备技术水平、强化文化技术标准研制与推广等方面,提出了重点任务。这既为浙江省促进文化和科技深度融合,全面提升文化科技创新能力,转变文化发展方式,提高文化产业发展质量,明确了方向,也提出了更高的要求。在这一背景下,浙江省显著加大了对推动文化与科技深度融合的引导和扶持力度。比如,2020年8月浙江省数字经济发展领导小组发布《关于深入实施数字经济"一号工程"的若干意见》,其中,对创新发展数字文旅产业进行了布局和部署,提出,要"发展数字影视、数字创意、网络直播等沉浸式体验型数字内容产品和服务,支持线上展示和交易,推动建立'文化云'平台,助推文化企业数字化转型。实施文化旅游'中台计划',建设'浙里好玩''E游浙江'等全域旅游数字服务平台。加快'无接触'景区建设,深化数字技术在景区智能导览、流量监测、智能预警和应急处理等领域的应用,培育在线虚拟体验等新业态"。2020年9月,浙江省科学技术厅、省委宣传部、省委网信办、省经信厅、省财政厅、省文化和旅游厅、省广电局等七部门发布《浙江省关于促进文化和科技深度融合的实施意见》,进一步提出了浙江省到2025年促进文化和科技深度融合的主要目标,即:"争取创建一批文化科技领域国家科技创新基地,国家文化和科技融合示范基地达到15家以上,形成30家拥有知名品牌、引领行业发展、竞争力强的全国文化和科技融合领军企业;培育省级文化和科技深度融合示范园区50个、'文化上云'示范企业100家;重点领域全国领先、各类主体协同创新、发展载体统筹立体、成果转化渠道通畅的文化和科技融合创新体系基本形成,文化和科技融合成为文化创新的重要动力、文化高质量发展的重要引擎。"《意见》也从加快文化产业云平台建设、加快公共文化和旅游服务云平台建设、推动媒体融合纵深发展、引导数字化文化消费、推进文化引领科技创新、提升文化装备技术水平、加强文化共性关键核心技术研发、培育壮大文化科技企业、积极推动政产学研用协同创新、有效引导县域文化和科技融合、打造和创建一批示范性载体、完善文化科技创新平台、畅通文化科技成果转化通道等十三个方面明确了浙江省促进文化和科技融合的重点任务。

2021年1月，浙江省第十三届人大五次会议通过《浙江省国民经济和社会发展第十四个五年规划和二〇三五年远景目标纲要》，着眼于新发展阶段争创社会主义先行省的战略目标，对数字赋能推动浙江文化产业高质量发展提出了更高的具体要求，不仅强调，要"加快数字技术在文化领域的应用，建设现代数字文化产业发展先行区，大力发展数字影视、数字演艺、数字音乐、数字出版、创意设计、动漫游戏等优势产业，不断培育文化产业发展新业态、新模式、新动能"；而且强调，要"实施文化产业提升计划，大力推动骨干文化企业发展"；"深化影视业综合改革，以横店影视文化产业集聚区为龙头，打造具有国际影响力的影视文化创新中心"。这就标志着浙江省推动文化产业与科技融合发展进入了新的发展阶段。依据《浙江省国民经济和社会发展第十四个五年规划和二〇三五年远景目标纲要》，2021年6月，省发改委和省委宣传部印发《浙江省文化改革发展"十四五"规划》，围绕打造"文化数字创新先行地"这一目标，进一步提出，要实施文化数字化战略，打造行业引领、国内领先的数字文化发展高地；大力推进大数据、云计算、区块链、人工智能新技术在文化领域的应用，率先构建文化整体智治体系；加快推进媒体融合发展，打造新型主流移动传播平台和传播集群。这就对推动浙江文化产业与科技融合发展提出了更高的要求。

三 提升文化产业的文化内涵和附加值

提升文化产业的文化内涵和附加值，将"文化+"理念融入经济社会发展各行业各领域，推动文化产业与相关产业融合发展，也是浙江省推动文化产业转型升级的一条重要途径。

在市场经济条件下，发掘传统文化资源与发展文化产业之间具有一种内在的联系。其一，文化产业的一个共同特点，就是植根于某一种或几种文化资源，提供具有文化附加值的产品和服务。在这些文化资源中，区域传统文化资源是极其重要的组成部分。其二，以一种产业化的机制来发掘传统文化资源，是实现传统文化资源与现代社会的结合，从而促进其潜在影响力转变为现实影响力的一条重要途径。从某种意义上说，在市场经济条件下，文化的传播和影响程度，在相当程度上取决于其产业化和市场化的程度。在一定程度上，产业化的机制对于传统文化资源的传承和保护，也具有积极的功能和作用。诚然，传统文化资源元素在文化产业化的过程中会发生一些变异，但同时也会通过文化产业这个新载体而存活下来从而得以传承与弘扬。其三，文化产业是最具可持续发展能力的产业，其所赖以生存和发展的文化资源在很大程度上是一种活的资源，可以不断地重复使用，因而会大大地减轻经济增长对自然资源和生态环境保护的压力。当然，需要特别强调的是，许多文化资源又是不可多得、不易复制的珍品，具有极高的文物价值，需要在精心保护的基础上加以合理的开发和利用，这是一条不可逾越的红线。[①]

浙江发展文化产业具有许多得天独厚的优势，其中之一，就是区域传统文化资源优势。浙江自古就是天下文脉之所在，"天下文章出浙江"早已为人耳熟能详。早在数万年前，浙江大地已经出现了

[①] 参见姚天祥、王亚南《文化成就腾冲》，载张晓明、胡惠林、章建刚主编《2008年中国文化产业发展报告》，社会科学文献出版社2008年版。

"建德人"的足迹。跨湖桥、河姆渡、马家浜、良渚文化，更是进一步呈现出文明的曙光。以钱塘江为界，从"建德人"到"上山文化""跨湖桥文化"再到"河姆渡文化"都处于钱塘江之东南，而从"马家浜文化"到"崧泽文化"再到"良渚文化"都处于钱塘江之西北，这两大支系与长期以来以钱塘江为界划分浙东、浙西两大地理板块相对应，构成了浙江历史文脉的两大远古源头。夏、商、周三代以降，由于生产力水平、人口数量，以及政治、文化等各方面的因素，浙江区域的开发虽然总体上相对落后于北方黄河流域，处于文化边缘状态，但浙江文明的发展仍处于不断的累积过程中。从魏晋南北朝开始，随着北方移民的南迁，先进的学术文化和技术文明催动了浙江地区的快速发展。南宋定都杭州以后，浙江结束了长期以来的文化边缘地位，进入文化中心舞台，不仅成为各路文化精英、各种文化资源的聚集地，而且也成为各种思想流派、艺术流派相互交锋、相互融合的场所，通过不断累积和突破，先后形成了绵延不绝的文化高峰。在南宋时期，浙江形成了以吕祖谦等为代表的金华学派、以陈亮为代表的永康学派和以薛季宣、陈傅良、叶适为代表的永嘉学派，拥有全国著名文学家的33.2%，三分天下有其一。在明代，浙江诞生了阳明心学，拥有全国著名文学家的23.69%。在清代，浙江形成了以黄宗羲为代表的浙东经史学派。进入现代以来，浙江出现了以蔡元培为代表的教育家群体、以鲁迅为代表的文学家群体以及以章太炎、王国维为代表的学者群体，分别成为中国现代教育、现代文学、现代学术的奠基者，并共同推进了中国文化的现代转型。

从各类地方史志中，也可以看到宋以来浙江各地文化的繁荣景象。比如，据《武林旧事》载，杭州是"制度礼文，仿佛东京之盛"。《弘治嘉兴府志》载，嘉兴是"士人好文而崇学，衣冠文物焕然可观"。王十朋《湖州谒庙文》上说，"湖学之盛，东南鲜伦。风似邹鲁，民同蜀闽"。王应麟《鄞县学记》上说，鄞县是"诗书之乡，礼节恭谨，县之子弟，夙以衣冠鼎盛"。《成化东阳县志》载：

东阳"士爱读书,大家子弟无不从师受学,有志者习举业,迟钝者亦求通章句,知礼仪之方"。清时,绍兴"谨祭祀,力本重农,下至蓬户,耻不以诗书训其子,自商贾鲜不通章句,舆吏亦多识字。家矜谱系,推门第,品次甲乙。妇女无交游,虽世姻竟不识面,不鬻男女于境外,大家女耻再醮。大抵于俗为美也";"其男女屏浮靡不事,严内外以礼,贞烈之行,史不绝书"。① 即使是偏远的温州平阳也是"礼乐文物至宋而盛。时陈经正兄弟、陈殖、林湜诸君子皆从游程、朱之门,家朱泗而户廉洛,学有渊源,名士相继而显。至今敦尚诗书,勤于教子;义塾之设,殆遍闾里"②。

习近平到浙江工作后,从继续走在全国前列和加快建设文化大省的战略高度出发,深入思考和阐述了传承与弘扬浙江区域优秀传统文化的意义和价值。他说,"千百年来,浙江人民积淀了一个底蕴深厚的文化传统。这种文化传统的独特性,正在于它令人惊叹的富于创造力的智慧和力量。"③ 悠久深厚、意韵丰富的浙江文化传统,是历史赐予的宝贵财富,也是开拓未来的不竭精神动力。正是基于对文化的力量、对优秀传统文化历史和现实价值的深刻认识,在率领全省各级干部和人民群众推进改革开放和加快建设文化大省实践中,习近平高度重视优秀传统文化的传承、保护和发展,将之作为浙江人民的共同事业、全省各级党委和政府的重要使命和职责。他说:"保护和传承文化遗产是每个人的事。只有我们每个人都关心和爱惜前人给我们留下的这些财富,我们民族的精神和独特的审美情趣、独特的传统气质,才能传承下去。"④文化遗产是先人遗留给后人具有文化价值的财产,我们有义务保护好祖先的遗产,这份财产不但属于我们,也属于我们的子孙后代。我们要"利用各种渠道宣传文化遗产保护,通过展

---

① 雍正《浙江通志》卷5,中华书局2001年版,第2298页。
② 雍正《浙江通志》卷5,中华书局2001年版,第2316页。
③ 习近平:《浙江文化研究工程成果文库总序》,2006年5月30日。
④ 习近平:《干在实处 走在前列》,中共中央党校出版社2006年版,第325页。

示、演出和媒体等各种载体向人民群众,尤其是青少年进行文化遗产的保护宣传和教育,倡导珍爱文化遗产的文明之风,增强公众对文化遗产的认识和了解,努力形成全社会共同参与文化遗产保护的良好氛围,进而更好熟悉中华历史,传承中华文明,弘扬中华文化,不断激发民族自豪感和爱国热情"[①]。习近平既希望通过深入挖掘浙江文化深厚底蕴、传承和发展浙江区域优秀文化传统,繁荣和丰富当代的先进文化、加快建设文化大省,用浙江历史教育浙江人民、用浙江精神鼓舞浙江人民、用浙江经验引领浙江人民,进一步激发浙江人民"干在实处,走在前列"的无穷智慧和伟大创造力;也希望从中华文化的高度思考浙江区域文化,把深入挖掘浙江区域优秀传统文化底蕴,作为深入了解中国文化、研究中国文化、发展中国文化、创新中国文化、弘扬中华民族精神的重要途径之一。

习近平将传承与发展优秀传统文化作为加快建设文化大省的重要内容,多次强调省社科联要组织力量深入研究浙江历史文化、解读浙江现象、总结浙江经验、丰富与发展浙江精神,推动浙江又快又好发展。在习近平作出上述指示后,省社科联立即着手论证和编制"浙江文化研究工程"有关方案。省委和省委宣传部领导多次听取方案汇报,指导方案的论证和完善。经过近一年准备和筹划,文化研究工程构想逐渐成熟。2005年7月省委十一届八次全会通过《关于加快建设文化大省的决定》。这个纲领性文件把"文化研究工程"纳入加快建设文化大省的"八项工程"而正式提上了建设日程。2005年8月,省委发布《关于印发〈浙江省文明素质工程〉等八项工程实施方案的通知》(浙委办〔2005〕70号),对实施包括"文化研究工程"在内的"八项工程"作了具体部署。习近平亲自担任第一任指导委员会主任。他一直高度关心、重视并亲自指导、谋划和布局文化研究工程的实施。2005年8月30日习近平主持召开指导委员会第一次会议,

---

① 习近平:《干在实处 走在前列》,中共中央党校出版社2006年版,第324页。

标志着文化研究工程正式启动。2006年习近平亲自为浙江文化研究工程成果文库作总序，在工程实施过程中多次作指示、出题目。根据习近平的要求，浙江文化研究工程重点研究"今、古、人、文"等"四个方面"，"浙江当代发展研究""浙江历史文化专题研究""浙江名人研究"和"浙江历史文献整理"等"四大板块"，开展系统研究。围绕这一中心任务，省委宣传部、省社科发展规划领导小组加强领导，提供条件，督促落实工程建设。省社科联作为具体组织实施单位，积极建立和完善机制，在工程实施之初就成立了文化研究工程办公室，聚焦主攻方向，积极组织制定研究规划、搭建研讨平台、整合研究力量、培育学术团队，跨地区跨学科地确立了"科学发展观与浙江发展研究基地"等20多个省哲学社会科学重点研究基地，凝练了数十个与浙江当代发展和浙江历史文化密切相关的研究方向，严格监督和保证成果质量。全省广大哲学社会科学工作者为工程的顺利实施倾注了满腔热情，先后有1000余位专家学者参与工程项目研究。他们兢兢业业、刻苦钻研，将毕生所学贯注于一功，绝大部分项目耗时一年以上，有些研究耗时数年，数十人参与。第一期"浙江文化研究工程"从2005年开始实施，至2015年结束，财政专项投入超过1亿元，设立研究项目811项。经过持续十年持之以恒的努力和积累，第一期"浙江文化研究工程"圆满完成了规划任务，出版学术专著1000多部，产生的一批学术精品，得到了国家和地方各级领导的重视和批示，赢得国内外学术界的广泛认可，为浙江当代发展提供了坚实的理论支撑和智力支持。

在圆满完成第一期"浙江文化研究工程"规划任务的基础上，2017年1月19日，省委办公厅、省政府办公厅发布《关于印发〈浙江文化研究工程（第二期）实施方案〉的通知》，标志着第二期"浙江文化研究工程"正式启动。第二期延续了第一期"今、古、人、文"，即"浙江当代发展研究""浙江历史文化专题研究""浙江名人研究"和"浙江历史文献整理"四大主题，重点突出当代发展研究、历史文化研究和"浙学"文化研究,具体设置了五大板块共 26 项研究任务。通过五年努力,推出一批在全国有重大影响的精品成果,培养一批在全国有影响的学术名家和学科骨干,培育一批在全国有重大影响的优势学科,形成有浙江特色的当代"浙学"品牌,打造出浙江文化研究的新高地。2017 年初以来文化研究工程第二期 25 个专题约 40 个系列全面启动。2020 年 9 月 21 日,在浙江文化研究工程实施 15 周年座谈会上,省委主要领导进一步强调,文化研究工程是推进文化建设最具标志性的成果之一,是精品立世的重要抓手,要强化精品意识,拓宽研究领域,创新科研方法,重视宣传转化,推出更多体现浙江学术品质、学术风格、学术气派的硬核成果,努力把浙江文化研究工程打造成研究阐释习近平新时代中国特色社会主义思想的重要阵地,打造成为传承创新浙江优秀传统文化革命文化社会主义先进文化的重要高地,打造成为构建中国特色哲学社会科学的重要载体,打造成为展示浙江文化独特魅力的重要窗口。

像全国其他地区一样,如何正确处理众多弥足珍贵的文化遗产的保护、传承与管理、利用的关系,也是浙江这个市场经济、现代化先发省份面临的重大课题。

市场经济、城市化、现代化引起了人类生产方式、生活方式和居住方式的改变,在这个过程中,也隐藏着对文化遗产进行破坏的危险,在现实中就存在着对城市文化个性的轻视甚至埋没,造成文脉的断裂,造成"千城一面"的现象。在市场经济条件下,人们往往会注重于具有市场价值、能够给自身带来可观利润的东西,而忽视那些无市场价值或缺乏赚钱效应的东西。因此,当眼前的经济效益与历史文化保护难以兼顾时,人们往往会舍弃后者而追逐前者。比如,一些历史文化古城大多位于现今的城市中心部位,土地的有偿使用使地价寸土寸金,在这里改变用地功能或增加建筑密度可以获得巨大的经济利益,是开发商生财、敛财的好地方,这种情况下,一些地方的旧城改造往往追求高密度、高容积率,而很难兼顾保护的要求。在经济利益驱使下，不少地方把商业化开发和利润最大化作为文化遗产工作的出发点，在一些旅游胜地，过量的游客蜂拥而至，加快了文化遗存的损耗速度，缩短了文化遗产的生命。

习近平不仅高度重视浙江"今、古、人、文"文化资源的发掘和研究，而且高度重视浙江文化遗产的保护和抢救工作。他把保护好、传承好历史文化遗产，推动文化遗产资源实现创造性转化和创新性发展，与现代文化、现代产业发展融合共生，作为加快建设文化大省的一项重要任务。他深刻地意识到，在城市化和新农村建设过程中，"文化遗产保护任务依然艰巨，文化遗产保护和经济社会发展的矛盾仍然突出，一些文化遗产及其生存环境受到严重威胁"。针对这些矛盾，他明确指出："我们要站在落实科学发展观和构建社会主义和谐社会的高度，从加快建设文化大省的要求出发，正确处理文化遗产保护和经济社会发展的关系，正确处理文化遗产保护、传承与管理、利用的关系，全面落实《国务院关于加强文化遗产保护的通知》精神，加快抢救速度，加大保护力度，抢救为主、保护第一，切实保护好不可再生的文化遗产。"① 历史文化遗产是不可多得、不可复制的珍品，具有极高的文物价值，需要在保护的基础上加以合理地开发利用，这是一条不可逾越的红线。如果按照"事业"和"产业"来区分，"文化遗产保护就应该是事业为主，产业为辅。虽然文化遗产中有一定产业因素，如文物拍卖、艺术品交易等，但主要的还是事业。所以在这方面的工作，主要是保护、抢救，更多的是花钱，而不是赚钱，这个问题要把握好"②。这就意味着丰富的历史文化遗产和绚丽多彩的民族民间艺术，是加快建设文化大省重要而独特的宝贵资源，文化遗产的价值主要是文化性的，必须把社会效益放在首位，保护先行，在保护中开发，"正确处理文物保护与旅游开发的关系，做到保护第一、

---

① 习近平：《干在实处　走在前列》，中共中央党校出版社2006年版，第324页。
② 习近平：《干在实处　走在前列》，中共中央党校出版社2006年版，第324—325页。

开发第二,坚决禁止破坏性开发。对文物项目的维修也要坚持保护第一、做到修旧如旧,坚持质量第一、做到进度服从质量"①。"要重视历史文化遗产的保护和开发,使我省优秀的文化传统得以传承,众多的名城、名镇、名宅、名园得到保护,优良的民族、民间艺术得以流传。"② 2005年5月到6月,习近平对保护非物质文化遗产作了6次批示,涉及"浙江民间工艺传承保护""浦江县高登山古村落抢救""民间艺术保护工程""抢救振兴永嘉昆剧团"等文化遗产保护与传承。

习近平还系统地阐述了市场经济和政府职能转变背景下如何加强文化遗产保护的领导、加大立法和保障力度、增加投入、创新保护的体制机制等问题。他说:"要鼓励文博单位拓展经营,完善机制,增强自我发展能力。要积极引导、鼓励社会力量参与文化遗产的保护,在坚持政府投入为主的前提下,引导民间资金进入文化遗产的保护和开发。""要完善文化遗产保护的专家咨询制度、公众舆论监督制度,充分发挥学术单位的作用,共同开发保护工作。"③ 历史已经表明,过去那种由政府"大包统揽"的文化遗产保护模式,并未有效地实现政府责任。市场经济的发展,要求在不放弃政府保护文化遗产责任的前提下,推进文化遗产保护体制机制的革新,通过引入市场机制、社会力量,将政府权威与市场交换的功能优势有机地组合在一起,构造高效的文化遗产保护模式。

在高度重视传统文化遗产保护的同时,浙江省也越来越重视历史文化资源的开发和利用。2000年12月,省委常委会通过《浙江省建设文化大省纲要(2001—2020年)》,提出要加快形成"以浙江丰富的自然人文资源为依托的文化产业可持续发展机制"。2005年7月,省委十一届八次全会通过的《关于加快建设文化大省的决定》强调:

---

① 习近平:《干在实处 走在前列》,中共中央党校出版社2006年版,第325页。
② 习近平:《干在实处 走在前列》,中共中央党校出版社2006年版,第331页。
③ 习近平:《干在实处 走在前列》,中共中央党校出版社2006年版,第325页。

"要实现浙江历史文化遗产和民族民间艺术的积极抢救、科学保护、合理利用和有效管理。"2008年出台的《浙江省推动文化大发展大繁荣纲要（2008—2012）》提出，要"深入实施文化保护工程，全面推进文物保护利用示范项目、陈列展览精品项目、文物科技保护项目进程，进一步完善不可移动文物保护体系，实现考古与大遗址保护工作新突破。构建省、市、县三级博物馆网络，支持和引导非国有博物馆建设，鼓励建设行业博物馆、私人博物馆和具有鲜明特色的中小博物馆，提高馆藏文物保护和展示水平。坚持统筹规划、有效保护、抢救第一、合理利用、科学管理的原则，进一步加强历史文化名城（街区、村镇）保护工作"。2012年11月，省委十二届十次全体会议通过的《关于认真贯彻党的十七届六中全会精神大力推进文化强省建设的决定》也强调，要"深入实施文化产业品牌战略，充分挖掘我省历史文化、民俗文化、海洋文化、生态文化的资源优势，打造一批具有较高知名度和影响力的文化品牌"。2017年11月省委省政府发布的《关于推进文化浙江建设的意见》指出，要"大力发展丝绸、茶叶、青瓷、木雕等具有浙江地域标记的历史经典产业，形成一批有历史文化价值的特色小镇"。"树立'文化+''互联网+'理念，推动文化产业与科技、金融、制造、旅游、体育等相关产业深入融合，增加文化含量和产业附加值，把文化资源优势转化为产业和市场优势。"2019年12月省委办公厅、省政府办公厅颁发的《关于加强文物保护利用改革的实施意见》提出，要"大力推进大运河诗路文化带、浙东唐诗之路、钱塘江诗路、瓯江山水诗路建设，实施'四条诗路'相关文物保护利用项目。深入推进文旅融合，争创国家文物保护利用示范区，打造一批全省文物保护利用和旅游融合发展样板地。深入推进历史文化（传统）村落保护利用工作，总结推广成功经验，助力'乡村振兴'战略实施。全面提升不可移动文物保护利用水平，加快构建国家、省、市县级考古遗址公园体系，推动建设省级以上考古遗址公园"。2020年9月21日，在浙江文化研究工程实施15周年座谈会上，省委主要领导进一步强调，要活化利用深厚文化积淀，进一步打通传统与现代。要坚持古为今用、观古验今、古今合璧，推动传统文化扬弃继承、转化创新、丰富再造，深入挖掘浙江历史典故、历史事迹背后的当代价值，创造性地把新科技新方式运用到传统文化保护开发的方方面面，打造更多群众喜闻乐见的新作品，让传统文化在新时代更具活力、吸引力。

自从实施建设文化大省战略以来，全省各级党委和政府逐渐加大了传统文化遗产发掘和利用的力度，积极尝试把文化传承、地域历史文化遗产保护、发掘和开发与推动文化产业发展有机结合在一起。把文化与旅游有机融合在一起，走以发展促保护、保护和开发并重之路，不断增加文化产业和旅游的文化内涵和附加值，是浙江省有效开发和利用传统文化资源的一条重要途径。

康普顿的一项关于旅游的研究表明，旅游的动机很多，包括逃离世俗的环境、对自我的探索和考验、放松、获取声誉、回归自然、加强亲情关系、社交、文化动机、寻求新奇等。杰弗瑞·戈比指出，没有一个单一的理论能令人满意地解释所有旅行者的行为，但也存在几种大家共同接受的关于旅游的看法。比如，可以把旅游解释为一种追求新奇的行为，解释为一种游戏，解释为一种对质朴的追求，解释为在陌生人中建立起来的关系，解释为一种开拓主义的表现形式（a form imperialism），解释为对快乐的寻求（有时称之为旅游的四S理论：太阳，sun；沙石，sand；海浪，surf；性，sex）。旅游的动机也可能是某些莫名其妙的幻想。当然，许多人并不是出于单一的动机外出旅游的。①

旅游与文化的关系，不仅源远流长，而且两者在实质上相融相通。旅游是一种具有特定意义和价值的生命体验，无论是逃离世俗的环境、对自我的探索和考验、放松、回归自然、对质朴的追求，还是

---

① 参见杰弗瑞·戈比《你生命中的休闲》，云南人民出版社2000年版，第243—245页。

加强亲情关系、社交、寻求新奇，都是一种意义和价值的诉求。正是在这一点上，凸显了文化在旅游中的地位、作用和功能。因为，文化就是我们每个人都参与其中的不断变化的意义网络。在《解读大众文化》一书中，费斯克把"文化"理解为"生产关于和来自我们的社会经验的意义的持续过程，并且这些意义需要为涉及到的人创造一种社会认同"[①]。文化是感觉、意义与意识的社会化生产与再生产，是将生产（经济）领域与社会关系领域（政治）联系起来的意义领域。文化总是处于生成的过程中，而这种生成又总是一个社会过程。"文化关注的是意义、快感、身份认同"[②]，而任何社会体系都需要一种关于意义的文化体系。

正因如此，旅游与文化具有一种天然的亲和性。在现代社会，文化体验不再仅仅被视为旅游的目的，而是与旅游具有相互依存的关系，某种意义上也可以说，旅游即文化。随着人们对精神生活追求的不断增长，文化越来越成为支配深度旅游活动的精神支撑；另外，旅游也越来越成为实现文化教化功能与娱乐功能的重要载体，旅游资源中蕴含着丰富的文化内涵，旅游资源的开发过程，也是对优秀传统文化资源的抢救、保护、传承、弘扬、发掘和利用的过程。不仅如此，文化与旅游的融合，也具有独特的绿色经济效应，能发挥文化与旅游的各自优势，有利于调整与优化服务产业结构，推动经济发展方式转变和经济结构转型升级。

顺应旅游与文化日益融合的发展趋势，1985 年，世界旅游组织将文化旅游定义为，"出于文化动机而进行的移动，诸如研究性旅行、表演艺术、文化旅行、参观历史遗迹，研究自然、民俗和艺术，宗教朝圣的旅行、节日和其他事件旅行"。2017 年 9 月，世界旅游组织进

---

① [美] 约翰·费斯克：《解读大众文化》，杨全强译，南京大学出版社 2001 年版，第 1 页。
② [美] 约翰·费斯克：《理解大众文化》，王晓珏、宋伟杰译，中央编译出版社 2001 年版，第 26 页。

一步将文化旅游定义调整为,"是一种游客出于学习、寻求体验和消费物质或非物质文化吸引物/文化产品的本质动机的旅游活动",其中这些产品包括反映一个特定社会鲜明的物质、精神、智慧和情感特征的建筑、艺术与历史文化遗产、美食遗产、文学、音乐创意产业以及生活方式的活态遗产、价值、信仰与传统。① 文化旅游,就是通过旅游实现感知、了解、体察人类文化具体内容之目的的行为过程。鉴赏异国异地传统文化、追寻文化名人遗踪或参加当地举办的各种文化活动,寻求文化享受,已成为现代旅游者的一种风尚。

  浙江省是较早对文化与旅游融合发展进行探索和实践的省份。早在1996年12月出台的《浙江省文化发展规划(1996—2010年)》已经提出,"要与国内外大型经贸、技术、文化活动有机结合,形成一个比较发达的包括娱乐业、旅游餐饮业、商务业、会务展示业、旅游交通业、旅游商品业等方面的大旅游产业格局,使文化成为旅游经济高速增长的重要生长点"。这就初步表达了文化+旅游、文化与旅游融合发展的观念和思路。在2008年发布的《浙江省推动文化大发展大繁荣纲要(2008—2012)》中,浙江省将"旅游文化服务业"纳入"八大文化产业"中予以重点布局,强调,要"发挥浙江旅游资源优势,努力建设红色旅游经典景区,做优做特民俗文化、水乡古镇、生态文化、海洋文化、畲族风情等文化旅游区块,打响'诗画江南、山水浙江'的浙江旅游文化品牌";"注重开发浙江历史名城名镇、名人故居、名山名园等文化旅游资源,打造一批精品旅游线路,加大文化旅游品牌在海内外的推介力度"。2011年11月出台的《关于认真贯彻党的十七届六中全会精神大力推进文化强省建设的决定》更明确地强调,要"推动文化产业与旅游、体育、信息、教育、工业、工程设计等产业的融合发展"。

  党的十八大以来,习近平总书记就文化和旅游融合发展发表了一

---

① 参见张朝枝、朱敏敏《文化和旅游融合:多层次关系内涵、挑战与践行路径》,《文化创意产业》2020年第4期。

系列重要论述，深刻揭示了文化和旅游的内在联系，阐明了推动文化和旅游融合发展的重大意义。在这一背景下，省委省政府进一步加大了对推动全省文化与旅游融合发展的引导和支持力度。比如，2017年9月浙江省委省政府发布的《关于加快把文化产业打造成为万亿级产业的意见》进一步提出了"文化旅游融合发展计划"，内容包括："大力发展文化旅游，创建非物质文化遗产旅游经典景区和自然博物馆、美术馆、艺术馆等文化与旅游融合发展示范区"；"提升特色小镇、旅游风情小镇等的文化内涵，打造一批在全国具有较强影响力的文化旅游项目和文化旅游品牌路线"；"推进文化演艺与旅游深度融合，推动各地打造一批特色精品演艺节目"；"充分利用历史地域文化资源，规划设计一批名人故里、非物质文化遗产、民俗节庆、特色展览、文化休闲广场和文化创意街区等旅游产品和载体"；"大力开发独具地方特色的工艺品和老字号产品、文化旅游纪念品等创意商品，通过产品创新和营销创新，促进文化旅游消费"。从中可见，"文化旅游融合发展计划"，较具体地体现了把地域历史文化传承保护与文化产业发展和旅游有机融合在一起的理念。2019年，浙江省提出了建设"全国文化高地、中国最佳旅游目的地、全国文化和旅游融合样板地"等目标。2019年，浙江省进一步推进了全域型文化和旅游融合发展，启动打造100个文化和旅游"金名片"工程，其中10个成为国家级"金名片"；启动打造100个美丽乡村美育村，10个美育样板村；推出不少于50个50亿元以上的大型文旅招商项目等，全面着力推进文化浙江、诗画浙江建设。2020年8月省委省政府印发《深化生态文明示范创建高水平建设新时代美丽浙江规划纲要（2020—2035年）》，进一步提出，要"依托森林河湖、田园景观、传统文化资源，加快建设集生态农业、康养运动、休闲度假等功能于一体的A级景区村、旅游风情小镇、'文化旅游+'产业集聚区。加快丝路文化带建设，打造串联全省诗画山水的黄金旅游带、文化融合展示带和富民惠民示范带。推动海岛大花园建设，深入实施十大海岛公园建设打造'海上诗路'人文自然精品旅游线。推进十大名山公园建设，充分利用国家公园、自然保护区和自然公园，融合发展生态保护和旅游产业，打造生态旅游首选地"。

2020年是"十三五"的收官之年。同年11月省委十四届八次全会通过《关于制定浙江"十四五"规划和2035年远景目标的建议》强调，要"推进文旅、体旅深度融合，创建富有文化底蕴的世界级旅游景区和度假区、文化特色鲜明的国家级旅游休闲城市和街区，打响'百县千碗''江南古镇'品牌，发展红色旅游"。2021年1月，浙江省第十三届人大五次会议通过《浙江省国民经济和社会发展第十四个五年规划和二〇三五年远景目标纲要》，进一步提出要加快推进之江文化产业带、大运河国家文化公园等文旅融合平台载体建设，谋划打造绿水青山就是金山银山文化发展示范区、滨海文化旅游产业带、象山影视城等重大平台。《纲要》还提出了建设20个以上省文旅产业融合试验区、创建一批国家文化和旅游产业融合示范区，实施文旅融合IP工程、重点建设和提升100个文旅融合发展IP，培育100张文旅"金名片"，持续办好中国（杭州）国际动漫节、海丝之路（中国·宁波）文旅博览会、温州国际时尚文化产业博览会、中国义乌文化和旅游产品交易博览会、国际海岛旅游大会等活动，加快推进智慧景区建设，全面建成浙江文旅数据仓、"浙里好玩"、浙江智慧文化云平台等公共文化和旅游数字资源平台等推动文化与旅游融合发展的具体目标任务。

实施建设文化大省战略以来，全省各地积极促进文化与旅游，特别是文化产业与旅游业深度融合，以文化提升旅游的内涵，以旅游扩大文化的传播和消费；大力提升城乡规划、建筑规划和园林规划的文化品位，增强美丽县城、美丽乡村建设的文化内涵和文化附加值；通过文化嫁接拓展衍生产品制造，推动艺术品与日用品、旅游产品的有机融合。全省各地形成了特色化差异化的文化旅游发展态势和优势互补的文化旅游发展格局。杭州、嘉兴、湖州、绍兴等重点打造江南运河、钱塘潮涌、古越风情、诗词歌赋、书画戏曲、酿酒品茶等经典文化旅游载体；金华、衢州等地积极发展影视文化、商贸文化、南孔文化，形成文化旅游特色；宁波、台州、舟山等以佛教文化、海洋文化等为重点，积极拓展文化旅游市场空间；温州、丽水则立足山海文化、生态文化，提升文化旅游品质、打造文化旅游品牌。全省各地文化旅游特色和优势越来越明显，核心竞争力不断提升。

杭州市积极发挥集自然景观与人文景观为一体的旅游文化特色和优势，大力推动文化与旅游的融合，加快发展与传统文化资源相关联的文化创意产业，特别是文化旅游业。早在1999年8月出台的《关于杭州建设文化名城的若干意见》中，杭州市已经将文化旅游作为重点发展的五大文化产业之一，提出要"建立以教育培训、传媒广告、文化旅游、美术工艺、文化娱乐为支柱的现代文化产业，形成健康繁荣、规范有序的文化市场体系"。《意见》还进一步明确了"丰富景区文化内涵，形成独具特色的旅游文化形态"的目标任务，提出要"在扩大建设灵隐景区、灵山风景区、之江国家旅游度假区的基础上，新增西溪文化旅游区、龙坞风景区和江南旅游度假区，开辟吴山文化、孤山文化、雷峰夕照等旅游区，并适度发展主题文化公园，使西湖风景名胜区成为世界著名的风景名胜区；搞好富春江、新安江风光带和千岛湖的保护和建设，充分发挥"清、青、幽、悠"的景观特色。开发龙门—孙权故里、瑶琳—垂云洞、大奇山、七里垅—梅城等特色风景区。进一步建设完善径山、超山、良渚、大明山、天目山、太庙山钱王陵园等景区，使之成为文化内涵丰富的风景旅游胜地。逐步形成以西湖风景名胜区为中心，三江两湖一山（钱塘江、富春江、新安江、西湖、千岛湖、天目山）为主线，体现吴越文化、南宋文化、宗教文化和民俗风情文化的旅游文化形态。

实施建设文化名城战略以来，杭州市积极探索旅游观光、休闲娱乐、文化体验、商务会展"四位一体"的产业发展模式，着力开发一批特色旅游休闲产品，提升旅游产品开发和旅游服务的内涵性、多样性、趣味性与互动性，推动文化创意产业与旅游产业的融合发展。依托丰富的文化旅游资源，杭州市相继开发了宋城、杭州乐园、未来世界、世界休闲博览园、千岛湖开元度假村、西溪国家湿地公园、大运河、南宋皇城御街等一系列文化旅游项目；推出了"一街（北山街）二馆（中国茶叶博物馆、苏东坡纪念馆）三园（云栖、仁寿山、龙泓涧）四墓（龚佳育墓、苏小小墓、武松墓、陈夔龙墓）五景点（魏庐、朱家里、玉岑诗社、留余山居、三台阁）"等文化旅游景点。以成为"三世遗"城市为契机，杭州市加强了对西湖、运河、良渚、西溪等文化遗产以及非物质文化遗产的保护和利用，推进文化资源向文化旅游产品转化，打造文化旅游精品。2019 年杭州市接待游客超过 20276 万人次，同比增长 10% 左右；实现旅游收入 4236 亿元左右，同比增长 18% 左右。接待入境过夜游客约 113 万人次，同比增长 5%，外汇收入约 8 亿美元，同比增长约 8%。银联刷卡交易总金额 3292.54 亿元，同比增长 15.84%。杭州市还围绕女装、丝绸、茶叶、陶瓷、铜雕以及伞扇剪等传统优势行业，推动特色文化元素、传统手工技艺与创意设计、现代科技、时尚元素相结合，积极引导企业和广大市民设计、制作、生产创意产品，融文化创意、深度体验及生活美学于衣、食、住、行、游、购、娱等领域，培育和发展文化创意生活业态，提升居民文化生活品质。

杭州市富阳区具有深厚的历史文化积淀，为推动文化与旅游融合，发展文化旅游和文化创意产业提供了丰富的文化资源。自秦王嬴政二十六年（公元前 221 年）设富春郡至今，富阳已有 2200 多年的历史。李白、吴均、白居易、陆游、苏东坡、纪晓岚等历代文人墨客，都在富春江两岸留下了足迹。富春江两岸还孕育了三国吴大帝孙权、晚唐诗人罗隐、元代大画家黄公望，清代父子名臣董邦达、董诰，现代文豪郁达夫等一大批名人。底蕴深厚的历史文化积淀，为富阳深入发掘区域人文资源，做好"孙权、黄公望、郁达夫"等历史名人文章，提升对外知名度和美誉度，推动文化与产业、文化与旅游融合，加快发展文化创意产业，提供了基础和条件。自杭州市实施建设文化名城战略以来，富阳着力于推动孙权和三国史及三国文化特别是东吴文化内涵的研究和发掘，打响"龙门古镇、孙权故里"特色优势品牌；先后举办《富春山居图》特种邮票首发式暨两岸画家圆合邀约活动、黄公望与《富春山居图》国际学术研讨会、"春江水雅集——《富春山居图》合璧纪念活动"大型户外公演、首届富春山居·富阳市文化创意产业经济论坛等活动；以《富春山居图》在台湾合璧展出为契机，进一步推介富阳的山水文化资源，重点建设好黄公望隐居地，使之成为国画艺术园地、两岸交流基地、慢生活度假胜地；发挥富阳"郁达夫小说奖"永久颁奖地的优势，打好"郁达夫"牌；拍摄了《郁达夫》《富春忠魂》《情满富春》《富春山居图》等电影、电视剧，排演越剧《山水黄公望》等。与此同时，富阳还显著地加强了恩波桥、两浙公所、中国古代造纸印刷文化村、场口镇王洲集善亭碑铭、新桐乡新登古城墙、胥口镇灵苑村见龙山石刻、受降镇侵浙日军投降仪式旧址暨千人坑遗址等文化遗产的保护与利用，强化了竹纸制作工艺、张氏骨伤疗法、龙门镇龙灯、竹马、古亭乐舞等非物质文化遗产的传承、保护与开发。

绍兴市是全国第一批 24 个历史文化名城之一，拥有古城与水城、历史与人文、山水与生态、产业与市场等"四大序列"的丰富文化旅游资源，以山水文化、酒文化、桥文化、名士文化、书法文化、戏曲文化等著称于世。改革开放以来，绍兴不少地方积极探索历史文化街区、村镇的修缮整治由政府、社会、个人按比例共同出资承担等多元投入机制，尝试将文化遗产保护与开发更好地结合在一起。近年来，绍兴市各地以特色文化旅游资源为依托，以体制机制创新为动力，以"名人""名胜""名品"和"名城"四条主线为内涵，以重大项目为抓手，以山水风光和历史文化双核为驱动，走特色、集聚、联动发展之路，推动文化与旅游、文化与产业融合发展，全力打造"非来不可、非留不可"的国际文化旅游目的地城市。比如，绍兴市柯桥区具有独特的历史文化资源禀赋，也有以纺织业为主的雄厚产业基础。柯桥区委区政府积极尝试把地域文化资源的保护和发掘与文化产业发展结合起来，形成了以文化制造、文化旅游、时尚创意设计、影视动漫、艺术品业、广告会展为主要支撑的文化产业体系。2017年，浙江省实施万亿级文化产业发展战略以来，依托大运河文化带、浙东唐诗之路建设，重点打造浙东运河古纤道、柯桥历史文化街区等历史人文景观，开通了古运河、古鉴湖两条水上游线，加快推动文化与产业、文化与旅游融合；主动对接之江文化产业带建设和绍兴文化创意大走廊建设，培育和创建柯岩酷玩小镇、绍兴黄酒小镇、兰亭书法小镇、马鞍时尚蓝印小镇等文化类特色小镇；加快打造中国轻纺城广告创意园、青藤文化产业园等文化产业精品园，兰亭、鲁镇、中国轻纺城中央商务国际时尚中心等文化创意街区，瑞雪、雷欧等省市级文化产业众创空间；以乔波冰雪世界、东方山水主题乐园为代表，形成了运动休闲产业块状集聚。

台州市天台县以"佛宗道源、山水神秀"著称，有佛教天台宗的祖庭国清寺、道教南宗祖庭桐柏宫、道教第六大洞天赤城山玉京洞等名胜古迹，具有深厚的历史文化底蕴、丰富的文化旅游资源。天台山是中国佛教天台宗、中国道教南宗的发源地。天台山也是浙东唐诗之路的目的地。《全唐诗》收录了写于浙东或有关浙东的诗作1500多首，其中涉及天台的有1300多首。改革开放以来特别是实施建设文化大省战略以来，天台县一直重视发掘地方文化资源的产业属性、经济属性，发挥文化产业在产业结构调整、经济转型升级中的作用，积极推动文化与产业、文化与旅游的融合发展。比如，天台的传统小吃、传统手工制品、传统习俗等都已经融入旅游，成为文化旅游的重要内容和组成部分。天台县打造了"范增庙会""摆看桌""囡节""状元游街"等民间习俗项目，提升旅游产业的文化附加值；发掘民间的"干漆夹苎"技艺、金漆造像技艺、民间石雕技艺等非物质文化遗产，既带动了佛像制作、玻璃雕刻、脱胎泥塑、龙山竹编、棕榈丝加工、苎布制作、石板加工、"一根藤"木花窗等特色产业的发展，也推动了文化与旅游的融合发展。

在漫长的历史中，儒佛道三教睦邻而居、和谐相处的天台山形成了独特的和合文化。不仅在天台山的儒家文化中特别是宗族文化中包含着丰富的和合文化基因，而且在天台山的佛道文化特别是第一个中国化的佛教宗派即天台宗以及中国道教南宗中，在"和合二圣"的传说中，在天台山民间文化中，都包含着丰富的和合文化观念。天台山是中华和合文化的圣地，天台山和合文化是中华和合文化的重要组成部分。天台县着力于天台山和合文化的传承、保护与利用，推动和合文化的创造性转化、创新性发展，依托和合人间文化园、中华佛教城、天台县博物馆等项目培育和创建天台山和合特色小镇，推动"和合文化"的研究、展示、体验、交流和传播，推动文化与旅游的融合发展，提升城市形象，促进县域转型发展。特别值得一提的是，位于天台和合小镇核心区块的和合人间文化园，自 2008 年开始筹备至今，已发展为综合婚庆、研学、文创、和合艺术衍生品等业态为一体的文化旅游产业园。和合人间文化园内有全国首家以和合文化为主题的民间博物馆，馆藏和合文化实物 3000 余件；满堂红婚俗馆、和合堂婚庆馆，通过展示与体验，再现天台山传统婚嫁礼俗文化；一根藤艺术馆，馆藏近千件"一根藤"艺术品；拾得坊，是国内首家和合文化产业化展示平台。和合人间文化园还计划建设和合讲堂、和合家风体验馆等项目，逐渐完善园区文化教育功能，促进文化与旅游融合发展。2020 年 4 月，天台县与杭州市余杭区、宁波市宁海县、温州市洞头区、嘉兴市嘉善县、湖州市德清县、绍兴市柯桥区、金华市浦江县、衢州市开化县、台州市、丽水市松阳县等一起入选"2019 浙江文化和旅游产业融合发展十佳县区"名单。

宁波市鄞州区保护和开发入选首批国家非物质文化遗产名录的"梁祝传说"，推动文化与旅游融合的做法，也具有典型性。梁祝传说形成于 1600 年前的西晋中晚期，主要流传于宁波、上虞、杭州、宜兴、济宁、汝南等地，并向中国的各个地区、各个民族传播。2002年5月，中国梁祝文化研究会在鄞州落户，随后，鄞州率先全国正式向联合国教科文组织提出梁祝文化"申遗"事宜。同年8月，鄞州举行了"申遗"可行性研讨会，邀请全国非物质文化遗产专家进行论证，确认梁祝文化符合非物质文化遗产定义。2004年6月，在"盟主"鄞州的主持下，宁波鄞州、杭州、上虞、河南汝南、江苏宜兴、山东济宁等四省六地的梁祝申遗代表，达成《梁祝申遗宁波共识》，以整合各地梁祝文化资源，争取成功申遗，推动梁祝文化遗产的传承、保护和利用，弘扬优秀传统民俗文化。同年8月，鄞州"梁祝文化'申遗'领导小组"成立。经过近4年充分筹备，2006年2月，集聚和展示梁祝文化传播、研究和保护等信息的"中国梁祝文化网"正式开通，为打造梁祝爱情文化品牌搭建了一个重要的信息平台。同年底，鄞州区的梁祝传说入选首批国家非历史文化遗产名录并步入了申报世界非物质文化遗产之路。

梁祝文化的"申遗"过程，当然也是有关梁祝文化的历史记忆、情感、经验和智慧的发掘和保护、传承的过程。在这个过程中，鄞州打破了"申遗＝非市场化"的传统模式，把传承、发掘与开发有机地结合了起来，以保护促开发，以开发促保护，从而在申遗过程中也把梁祝文化打造成了一个文化旅游品牌。2002年，也就是中国梁祝文化研究会落户鄞州的那一年，鄞州就举办了中国梁祝婚俗节[①]。同年，梁祝文化公园发展有限公司投入20万元，对梁祝品牌作了全类注册，共1000个系列产品，包括音响、图书、服装、烟、酒，接着，鄞州区投入了150万元，在深圳世博园中建立了"梁祝蝶恋园"；在宁波市政府支持下，投资200万元，向全球征集"梁祝爱情旅游品牌策划设计方案"，积极探索把梁祝文化品牌转化成旅游产品，将梁祝传说打造成具有国际影响的旅游品牌，并形成爱情主题系列旅游产

---

① 2005年，"中国梁祝婚俗节"易名为"中国梁祝爱情节"。

品；2005年3月，宁波鄞州区与罗密欧朱丽叶故事诞生地意大利维罗纳市签订了《中华人民共和国浙江宁波（鄞州）同意大利维罗纳市建立友好交流关系备忘录》；同年，10对来自意大利维罗纳市的新人，与来自中国17个梁祝遗存地的56对新人一起，共同参加第三届中国梁祝爱情节。2009年，鄞州区（今海曙区）引进宁波联合集团，组建宁波梁祝文化产业园开发有限公司，将梁祝文化园打造成华东最大的婚庆基地。2010年，宁波联合集团投资2.4亿元，在保留古墓、古庙等历史遗存的同时，对原有的梁祝景观、建筑进行升级改造。近年来，整个梁祝文化园已发展成为集文化旅游、休闲度假、婚庆娱乐、购物餐饮、生态湿地、观光农业、文化社区等功能于一体的国家AAAA级文化旅游胜地，每年游客接待量超过50万人次，"宁波万人相亲会""中国梁祝爱情节"等活动更是风靡全国。鄞州的实践表明，在市场经济条件下，文化的传播在很大程度上取决于文化的市场流通。只要做法得当，文化的传承与产业的开发、文化与旅游、文化的社会效益和经济效益就可以有效地结合在一起，引入市场机制和产业发展机制，不仅有助于发展文化产业，而且也有助于传统文化资源的发掘、弘扬和传播。

此外，鄞州区委区政府十分重视把农村地域历史文化资源的保护和发掘与节庆活动、旅游资源开发结合起来。比如，2007年，全区开展了"和谐鄞州"欢乐城乡游文化活动，活动由农事节庆、山水美景游、民俗民情游等三大主题活动组成，共16个镇乡参与，涵盖21项子活动（如首届宁波四明山杖锡樱花节、第三届横街毛笋节、第四届天宫庄园桑果节、第四届洞桥八戒西瓜节、古林葡萄节等），各地活动呈普及化、规模化、制度化、产业化趋势。2008年，鄞州启动了以历史古迹它山堰为依托，以文化、休闲、旅游、生态为定位的"鄞江它山文化休闲旅游项目"，并建造了与它山文化相得益彰的"宁波它山石雕艺术博物馆"。这不仅有效地促进了地域特色文化的传承，提升了它山旅游产业的文化品位，而且进一步推动了鄞西山水人文资源的联动开发，有利于提高当地农民的物质文化生活水平。同年，鄞州还举办了有"中国进士第一村"美誉的姜山镇走马塘村的欢乐城乡开游节。与此同时，各镇乡（街道）也都纷纷挖掘各自乡村文化特色和优势，积极举办各种具有浓郁地方特色、基层群众参与性强的文化活动，形成了一批特色鲜明的乡村文化旅游品牌。近年来，鄞州区进一步加大了推动文化与旅游融合发展的力度。2015年以来，鄞州区加大了文化旅游项目的科技投入，以人机互动、VR/AR应用体验等数字科技化手段对博物馆、景区进行智慧化改造。2018年，鄞州区成立引导城乡居民扩大文化消费试点工作领导小组，对镇（街道）年度考核设定文化和旅游消费方面的考核指标。2020年8月，鄞州区出台了争创省级文化和旅游消费试点城市工作实施方案。鄞州区进一步完善文艺精品创作生产扶持奖励机制，着力打造一批社会效益和经济效益相统一的艺术精品，繁荣和发展文化旅游市场；着力深化"季"节品牌打造，突出旅游节庆活动的全产业依托，逐步形成每个镇（街道）"每季一个主打节庆+每月一个特色节庆"的旅游节庆活动新格局。除鄞州以外，宁波市其他县市区也显著加大了推动文化与旅游融合发展的力度。比如，宁波市各县市区先后开通了慈溪黛青·越窑青瓷之旅、宁海火红·十里红妆之旅、余姚赤色·余姚红色之旅以及红妆黛瓦、静城宁海、霞影西游等文化旅游线。

实施加快建设文化大省战略以来，浙江省越来越重视历史文化村镇的保护和利用。全省各地在延续历史文脉、保护村镇原始风貌和自然生态、承载文化记忆和乡愁的基础上积极发展文化旅游产业，把推动文化产业发展与历史村镇的保护和利用有机地结合在一起，把历史牌、文化牌、生态牌有机地结合在一起，促进农耕文化、地域文化、时尚文化与村镇发展相融合，推动村镇历史文化与旅游产业和其他产业的融合发展、集聚发展和创新发展。

浙江省也以传承、保护和利用大运河文化为契机，推动文化与旅游的融合发展。大运河文化是中华民族两千多年大运河漕运实践中创造的物质财富和精神财富的总和。2014年6月22日，中国大运河入选《世界遗产名录》，这就把发掘大运河历史文化资源，保护、传承和利用好大运河遗产，推动大运河文化与旅游融合发展，提到了更加重要的议事日程。2019年2月，中央办公厅、国务院办公厅印发《大运河文化保护传承利用规划纲要》，提出，要按照"河为线，城为珠，线串珠，珠带面"的思路，构建一条主轴带动整体发展、五大片区重塑大运河实体、六大高地凸显文化引领、多点联动形成发展合力的空间格局框架，进一步强化大运河文化带建设的顶层设计。《规划纲要》还阐述了强化文化遗产保护传承、推进河道水系治理管护、加强生态环境保护修复、推动文化和旅游融合发展、促进城乡区域统筹协调、创新保护传承利用机制等六个方面的重点工作、重点任务和重要措施，并提出文化遗产保护展示、河道水系资源条件改善、绿色生态廊道建设、文化旅游融合提升等四项工程，以及精品线路和统一品牌、运河文化高地繁荣兴盛等两项行动。2019年12月，中央办公厅、国务院办公厅印发《长城、大运河、长征国家文化公园建设方案》，进一步提出，要以大运河沿线文物和文化资源为主干，重点建设文旅融合等四类主体功能区，到2023年年底基本完成国家文化公园建设任务。

大运河浙江段是中国大运河中全线通航、至今仍在活化利用的省段之一，包括江南运河浙江段、浙东运河及其故道、复线等河道，覆盖杭州、宁波、湖州、嘉兴、绍兴五市沿大运河的25个县（市、区）。实施加快建设文化大省战略以来，浙江省着力推动大运河文化传承、保护和利用，并将之作为推动文化与旅游融合发展的重要内容、载体和途径。比如，杭州市相继开发了包括拱宸桥、富义仓、刀剪剑博物馆、伞博物馆、扇博物馆、运河博物馆、清代古民居、中医馆、寺庙及码头等主城区大运河文化旅游资源。2015年4月杭州市运河综合保护开发建设集团有限责任公司出资组建杭州运河集团文化旅游有限公司，围绕把运河旅游打造成"国际级旅游产品"目标，开拓"旅游产品集成""景区综合服务""资产投资运营"三个板块业务,通过提供具有运河文化特征的各类集成型旅游产品,着力把公司打造成以旅游休闲、文化创意等现代服务业为主,集投资、运营、管理为一体,具有强大品牌与实力的综合型公司。杭州市结合大城北开发,将重点建设全国大运河国家文化公园标志性项目——大运河世界文化遗产公园,其主要包括京杭大运河博物院、大城北中央景观大道、大运河未来艺术科技中心、大运河杭钢工业旧址综保项目、大运河滨水公共空间、大运河生态艺术岛等 6 个子项目。嘉兴市依托浙北水乡优质的"生产、生活、生态"三生合一的空间环境,以"理水、营镇、聚人、兴文"等理念为引领,加快打造以运河文化风情展示、平原水乡度假、湿地农业休闲、运河民俗体验为核心功能,汇集文化体验、休闲游憩、栖居度假、水乡餐饮、水上运动、娱乐科普等多元业态的高品质文化体验型休闲度假胜地。

在国家制定并出台《大运河文化保护传承利用规划纲要》的大背景下,2020 年 4 月浙江省发展改革委、省自然资源厅、省文化和旅游厅、省委宣传部等部门联合发布《浙江省大运河文化保护传承利用实施规划》,提出,要按照"河为线、城(园)为珠、线串珠、珠带面"的布局思路,构建"一廊两片多组团多线路"的空间格局。"一廊",即构建集文化廊道、景观廊道、游憩廊道、生态廊道、交通廊道等"多廊合一"的运河文化旅游休憩长廊。"两片",即依托京杭运河江南段,打造以"诗画江南·水乡古镇"为特色的江南运河文化发展片,着力彰显江南运河与城市相伴相生的特色;依托浙东运河,打造以"古越风情·丝路启航"为特色的浙东运河文化发展片,着力彰显浙东运河通江达海、运济天下的特色。"多组团",即打造特色文化旅游组团、历史经典产业组团、创意设计和数字内容服务组团、时尚文化组团、品牌体育赛事组团五类共 18 个特色组团。"多线路",即串联大运河沿线丰富的历史文化遗存和非物质文化遗产,打造运河古镇之路、运河丝绸之路、运河诗画之路、运河曲艺之路、考古研学之路、运河遗产绿道六条文化旅游精品线路。浙江省将通过摸清家底、提炼一组优质文化基因、谋划一批重点项目、提升一批运河古镇、打造一组文艺精品、拍摄一部宣传片、举办一组节庆活动、串联一批线路、培育一批重点企业等举措，推动大运河文化与旅游的融合发展。2020年9月，浙江省人大常委会审议通过《浙江省大运河世界文化遗产保护条例》，规定，相关设区的市、县（市、区）人民政府及其有关部门应当加强大运河沿线历史文化名城、名镇、名村、街区的整体保护，保持与大运河遗产相互依存的传统格局、历史风貌和生产生活连续性。《条例》鼓励依托沿线的名人故居、会馆商号、传统村落、工业遗址、考古遗址，开展大运河遗产的展示和宣传；鼓励大运河遗产的利用和科技融合，开发相关特色文化产品服务，推动大运河遗产数字化应用；鼓励依托历史街区、码头古渡等景观，开发诗画江南游、古越风情游、丝绸文化游等特色旅游，推广传承戏曲、书法、茶叶、丝绸、湖笔、黄酒等特色文化。

特别值得一提的是，近年来浙江省以诗路文化带建设推动文化与旅游融合发展的做法。2018年6月，浙江省发布《浙江省大花园建设行动计划》，"打造唐诗之路黄金旅游带"被列于大花园建设十大标志性工程之首。2019年10月，省政府印发《浙江省诗路文化带发展规划》，提出以"诗"串文为主线，以"诗"为点睛之笔，根据诗人行迹、水系交通、浙学学脉、名城古镇、遗产风物"五幅图"，打造浙东唐诗之路、大运河诗路、钱塘江诗路和瓯江山水诗路"四条诗路"，串联起浙江的文化精华、诗画山水，构建省域文化旅游大景区。以诗路整合文化旅游资源，推动文化与旅游融合发展，打造现代版"富春山居图"。同年12月省委办公厅、省政府办公厅颁发的《关于加强文物保护利用改革的实施意见》进一步提出，要"大力推进大运河诗路文化带、浙东唐诗之路、钱塘江诗路、瓯江山水诗路建设，实施'四条诗路'相关文物保护利用项目。深入推进文旅融合，争创国家文物保护利用示范区，打造一批全省文物保护利用和旅游融合发展样板地"。2019 年，浙江省举行了一系列诗路文化产业发展主题活动，发布了首批 10 个诗路文化旅游目的地，5 条诗路黄金旅游线等，举办了数字诗路 e 站签约、诗路 IP 文创产品大赛等活动，以及各类主题研讨会和论坛，加快推进浙江诗路从文化概念向文化品牌转变。2020 年 4 月浙江省印发实施《浙东唐诗之路三年行动计划》，把浙东唐诗之路作为"四条诗路"建设的重点并率先启动实施。

自从提出诗路文化带建设以来，全省各地已经取得了一些初步的成果。比如，浙东唐诗之路：2018 年 6 月新昌发布了《关于打造"浙东唐诗之路精华地"的实施意见》，2020 年 4 月被称为"中华第一高瀑布"的天台山大瀑布建成运营，位于天姥山风景名胜区的新昌鼓山公园建成开放，上虞、嵊州等地完成"诗画剡溪"曹娥江综合整治，柯桥谋划建设稽山鉴水唐诗路，萧山着力打造浙东唐诗之路起点渔浦，天台县"浙东唐诗之路"目的地三年工作计划共谋划和布局天台山和合小镇建设项目、天台山景区改造提升工程、石梁唐诗云端小镇、天台始丰溪和合文化唐诗廊、天台寒山古道等重点项目 19 个，余姚建成涉及四明山牌坊、白水冲、羊额古道、升仙桥、四窗岩、梨洲溪、冷水孔等 7 处景观的"唐诗之路"景观小品等。此外，大运河世界文化遗产公园等 12 个标志性项目列入国家文化公园重大工程建设方案；2020 年 5 月，兰溪至建德水上诗路复航，梅城、寿昌等千年古城复兴有序推进；丽水缙云仙都成功创建 5A 级旅游景区。

2020 年 10 月，在省发改委编制完成《浙东唐诗之路建设三年行动计划》基础上，浙江省召开了全省诗路文化带建设暨浙东唐诗之路启动大会。会上提出，诗路文化带是大花园建设的标志性工程，也是文化浙江建设的一张"金名片"，四条诗路"一文含四带，十地耀百珠"，串联了全省文化精华之"链"、山水之"链"、全域发展之"链"。在浙江诗路文化带中，浙东唐诗之路是具有十分重要的历史积淀和文化底蕴的领头羊。会议要求围绕建成"一园三地"，即"幸福美好家园、绿色发展高地、健康养生福地、生态旅游目的地"，率先启动浙东唐诗之路建设,把浙东唐诗的水路、山路和文化之路找出来、恢复好,加快挖掘"诗画""山水""佛道""名人"等文化价值,不断挖掘和打造一批诗路文化名山、诗路人文水脉、诗意森林古道、文化遗址公园、诗路名城古镇和古村,做好文脉串"珠"、交通串"珠"、游线串"珠"、数字串"珠"的文章,重点打造唐诗古道体验游、水上诗路观光游、"名山仙境"自驾游、"浙学寻踪"研学游、海上诗路起航游等旅游线路,做强做大文化旅游产业。

浙江省诗路文化带建设暨浙东唐诗之路启动大会还进一步明确了浙东唐诗之路建设的 5 项重点工作:一是加快恢复浙东唐诗之"路",包括"水路""山路"和"文化之路"等。启动实施浙东运河至剡溪航道串联提升工程,加快打通浙东运河、曹娥江、剡溪的水上旅游航线;启动实施浙东唐诗之路古道驿站修复工程,重点修复提升自新昌天姥山经天台山至宁海的千年唐诗古道;通过对历代名人故居、名人题刻等的抢救保护,深入挖掘经世致用、义利并举等浙东传统文化思想,以"诗"串文,还原浙东文化之路。二是加快挖掘浙东唐诗之路的文化价值,包括诗画文化、山水文化、佛道文化等的文化价值。通过对沿线王羲之等名人的诗词、书画作品的挖掘、整理,保护再现一批诗画实景地;围绕鉴湖、东钱湖、剡溪等文化水脉,天台山、天姥山等名山文化,加强对山水自然生态的保护修复;挖掘提升以司马承祯等为代表的道教文化和以智𫖮、济公等为代表的佛教文化,展现行道立德、济世利人等佛道文化的当代价值;重点推进阳明故居、书圣故里等保护与建设,高标准建设一批文化特色小镇。三是加快擦亮浙东唐诗之路的"珍珠",包括诗路文化名山、诗路人文水脉、诗意森林古道、文化遗址公园、诗路名城古镇等。实施文化名山景区提升(扩容)工程,着力打造天台山、神仙居等千万级核心景区;深入推进"美丽河湖""幸福河"等建设,保护修复水上诗路沿线的古纤道、古堰坝、古渡口等文化遗址;完善徒步道路、休憩驿站等设施建设,有序恢复会稽山香榧古道、括苍古道等森林古道;实施一批诗路文物保护展示工程，重点建设提升上林湖越窑遗址公园、兰亭景区等一批遗址公园；编制名城古镇保护专项规划，实施千年古城复兴计划，建设复兴一批名城古镇、诗路古村、美丽乡村、海岛公园。四是加快推进串"珠"成链，包括文脉串"珠"、交通串"珠"、游线串"珠"、数字串"珠"等。深化浙东唐诗之路文化挖掘研究，依托传统媒体和新媒体，全方位宣传浙东唐诗之路；实施"百江千河万溪"水美工程，实施万里美丽经济交通走廊工程，推进健身步道、登山步道、游步道、古道串联成线；重点打造唐诗古道体验游、水上诗路观光游、"名山仙境"自驾游、"浙学寻踪"研学游、海上诗路启航游等旅游线路；加快建设全省"数字诗路"平台，加快布局一批"数字诗路 e 站"体验中心。五是加快做强做大文旅产业，包括打造一批文旅产业发展平台、设计一批新抓手新载体、完善市场化投入机制等。重点建设宁海"十里红妆"文化街区等文化特色街区和小镇，打造一批诗路特色旅游企业；系统挖掘梳理唐诗、宋词资源，谋划设计一批唐诗宋词研学游、体验游等旅游线路；创新 BOT、PPP 等模式和投融资机制，以政府投入撬动社会资本积极参与诗路项目建设。

2021 年 4 月浙江省发改委发布《大运河诗路建设、钱塘江诗路建设、瓯江山水诗路建设三年行动计划（2021—2023）》。在这三条诗路建设中，大运河诗路以"流觞运河，诗画江南"为文化形象，挖掘彰显南北诗荟、水乡古镇、江南丝茶、东南佛国、绵绵曲艺、红色基因等文化内涵；钱塘江诗路以"风雅钱塘，诗意画廊"为文化形象，挖掘彰显诗风雅韵、宋都遗风、西湖印象、潮涌文化、南孔儒学、千年古城等文化内涵；瓯江山水诗路以"灵秀瓯江，山水诗源"为文化形象，挖掘彰显诗韵山水、永嘉之学、瓯越秘境、佛道名流、匠心百工、千年山哈等文化内涵。大运河诗路、钱塘江诗路、瓯江山水诗路等三条诗路文化带建设，范围涵盖了杭州、宁波、湖州、绍兴、嘉兴、衢州、金华、温州、丽水等 9 个设区市。这就意味着，加上之前已经启动的浙东唐诗之路建设，全省 11 个设区市已经全部被纳入诗路文化带建设。这标志着浙江省诗路文化带建设迈入新阶段。

在自下而上、自上而下力量的共同作用下,浙江省文化与旅游融合发展取得了显著的成效,全省旅游特别是文化旅游呈现了持续发展的态势。据抽样调查测算,2018 年,全省共接待游客 6.9 亿人次,比上年增长 8.7%,实现旅游总收入 10005.8 亿元,比上年增长 11.9%。接待入境过夜游客 456.8 万人次,比上年下降 4.2%,实现国际旅游(外汇)收入 26 亿美元,比上年下降 0.7%(按同口径比);接待国内游客 6.8 亿人次,比上年增长 8.8%,实现国内旅游收入 9834 亿元,比上年增长 12.2%。全省旅行社组织出境游客 283.7 万人次,比上年增长 16.3%。2019 年,全省共接待游客 7.3 亿人次,比上年增长 5.5%,实现旅游总收入 10911 亿元,比上年增长 9%。接待入境过夜游客 467.1 万人次,比上年增长 1.9%,实现国际旅游(外汇)收入 26.7 亿美元,比上年增长 2.9%(按同口径比);接待国内游客 7.2 亿人次,比上年增长 5.5%,实现国内旅游收入 10726.7 亿元,比上年增长 9.1%。全省旅行社组织出境游客 306.5 万人次,比上年增长 6.4%。

与此同时,"文化+"理念不断深入人心,文化创意和设计服务等新型、高端服务业迅速发展,文化产业与相关产业融合的广度和深度不断加大。全省各地党委和政府相继出台扶持政策,对文化与产业深度融合的做法积极鼓励和引导。比如,2018 年 1 月宁波市北仑区出台《关于扶持文化产业发展的实施意见》明确规定,对参加工业设计、工艺品设计、室内装饰、服饰设计等各种创意创新设计大赛,获得市级及以上行业主管部门奖项的给予奖励,获得国家级及以上、省级、市级奖项的,分别给予最高不超过 20 万元、10 万元、5 万元的奖励;对获得知名影视形象原型专利授权的企业,给予首次(首年)授权费用 20% 的一次性补贴,最高不超过 50 万元;对区内自主设计影视形象原型取得专利并对外授权的企业,按照授权收入总额的 5% 给予奖励,最高不超过 50 万元。对获得区级及以上非遗文化资源授权并进行开发的企业进行奖励，最高不超过30万元。对区内文创企业及文化文物单位成功获评国家3A级及以上景区的，给予最高不超过100万元的奖励。在诸如此类政策的激励下，全省各地积极利用工业设计、品牌策划、营销推广等文化创意手段，大力发展建筑设计、智能设计、时尚设计、品牌设计、新媒体和体验交互设计等产业，加快将文化元素融入制造业研发、设计等价值链高端环节，提升产品制造的文化附加值；推动服装服饰、皮革制品、家居用品、珠宝首饰等向时尚产业转型；推动网络众创众包设计发展，建立线上对接及线下项目孵化机制，积极培育引进优秀设计主体，打造服务于区域经济发展的设计服务集群。比如，宁波市、温州市、舟山市、台州市和绍兴北部地区等沿东部海岸、海岛、海湾发展带，积极发挥临海物流便利优势，强化文化创意和设计服务对消费品工业转型的引领作用，不仅重视提升文化产品的技术附加值，而且重视提升文化产品的文化附加值，加快文化产品制造向文化产品智造转型。

全省各地还积极挖掘农业和农村文化资源，推动文化产业与农业有机结合，推动科技、文化、产业、市场和生态环境的有机结合，不断丰富农业产品、农事景观、环保包装、乡土文化等创意和设计，提升农产品附加值，发展集农耕体验、田园观光、教育展示、文化创意于一体的乡村休闲旅游、现代民宿、农村电子商务、养老养生等新业态，探索创意农业发展和乡村振兴新模式。

四 推动文化产业与金融融合发展

金融是现代经济的核心、调节宏观经济的重要杠杆、沟通整个社会经济生活的命脉和媒介，在促进国民经济发展和增强国际竞争力方面具有至关重要的作用。中国经济从高速增长阶段进入了"以推动高质量发展为主题，以深化供给侧结构性改革为主线"的新发展阶段，金融发展也需要适应新发展阶段的新形势新要求。金融对于文化产业发展具有重要功能，是文化产业发展的"血液"。一方面文化产业（特别是一些小微文化企业）既具有低门槛、轻资产等特征，高度依赖创新创意，存在盈利模式不稳定、生命周期短、可持续发展难度大等突出问题；另一方面，文化产业又具有高风险、无形资产难以评估、从初创到产生收益的间隔时间往往比较长等特点。正因如此，文化产业发展有赖于文化金融政策支持。金融政策、财政政策与文化经济政策产生的协同效应，不仅能够为文化企业规模化、集团化发展提供大量资金，而且也能够为新兴文化创意企业的培育和成长提供风险资本。文化产业发展需要政府及相关机构通过建立发展专项资金、退税降费等方式对文化企业进行减负、提供资金，满足文化企业融资需求，破解文化企业融资难等问题。而推动金融与文化产业融合，是推动文化产业市场化、专业化、资本化发展的关键因素，不仅能够有效破解文化企业的投融资瓶颈和难题，而且也能促进文化资源优化配置，推动文化产业转型升级。在金融资本的推动和融合下，文化企业的兼并重组将进一步加剧，产业集约化程度进一步提高。与此同时，金融业发展过程中，也需要源源不断地寻找获利的机会，需要深度介入文化产业。作为无烟工业、可持续发展产业的文化产业巨大的增长潜力和广阔的发展空间，能够为金融业发展拓展新的业务领域和新的生存空间，为其提供新的利润来源和增长点。

纵观美、英、日、韩等国家，金融支持政策对文化产业发展产生了关键性作用。比如，长期以来，美国逐步孕育和发展了市场导向型的金融支持模式，为文化产业股权、债券等融资提供了便利。较为完善的资本市场，较为成熟的创业投资体系、风险投资体系等有效满足了文化企业的融资需求。美国联邦政府也通过在财年预算中提供一定比例资金支持、税收减免措施等财政政策以及设立政府国家艺术发展基金等，支持文化产业发展。在英国，以中小企业为主体的创意产业，往往会面临资金短缺、研发投入不足等难题。因此，政府往往有针对性地支持那些有创新能力的个人或企业，为其提供发展所需的资金。英国政府也通过发行彩票等方式为文化产业募集资金，通过实施差异化税率为不同文化企业提供税收优惠支持。英国政府还通过联系各地能够提供创意资金支持的相关机构，为文化企业提供有关融资的信息支持。日本政府通过设立来源于政府财政和社会资本投入的文化艺术资本资金支持文化产业发展，通过建设融资担保体系促进文化产业融资便利化，主导支持知识产权证券化产融资服务，支持政策性金融机构为相关企业提供间接融资服务，通过设立东京交易所新兴市场板块为中小文化企业提供直接融资服务。[1] 韩国政府每年投入文化事业的国家预算超过国家总预算的 1.1%，并且设立了如文艺振兴基金、信息化促进基金、电影振兴基金等多种专项振兴基金，用以支持文化产业发展。同时，出台文化产业促进政策，引导建立文化产业服务机构。韩国 CJ 文化财团、三星文化财团、LG 文化财团等大型企业都设立了文化基金，为文化产业发展提供资金支持。韩国各银行也不断开发适用于文化产业的信贷产品和服务。比如，通过"共同成长合作贷款"向大型文化集团推荐的文化产业链企业提供低息融资，为青年人提供低息融资贷款用于文化创意等。与此同时，韩国重视充分发挥证券融资及保险担保作用。[2]

一直以来，推动文化与金融的融合发展，存在诸多难题，比如，文化企业往往软资产多、硬资产少，加之知识产权评估体系不健全，导致抵押存在难题，成熟的外源融资模式少，特别是文化企业与其他类型企业在商业模式上存在很大的差别，著作权、商标权、专利权等无形资产在价值评估、权利归属等方面都具有不确定性，长期以来主要依靠各银行自行判断价值。正因如此，破解文化与金融融合发展面临的难题，迫切需要创新文化金融的政策体系、组织体系、投融资体

---

[1] 参见刘坤《浇灌金融活水 培育文化产业发展新动能》，《光明日报》2018 年 12 月 12 日。

[2] 于铁、李万超等：《金融支持文化产业发展：日韩经验及借鉴》，《金融时报》2018 年 2 月 5 日。

系、公共服务平台体系。与此同时，在金融监管不断趋严的大背景下，推动文化产业与金融的融合，还必须在无形资产评估、企业征信、文化金融市场信息等方面取得进一步的突破。

早在2009年7月国务院印发的《文化产业振兴规划》中，已经提出，要"鼓励银行业金融机构加大对文化企业的金融支持力度"；"积极倡导鼓励担保和再担保机构大力开发支持文化产业发展、文化企业'走出去'的贷款担保业务品种"；"支持有条件的文化企业进入主板、创业板上市融资，鼓励已上市文化企业通过公开增发、定向增发等再融资方式进行并购和重组，迅速做大做强。支持符合条件的文化企业发行企业债券"。同年9月出台的《文化部关于加快文化产业发展的指导意见》也提出了"建立健全文化产业投融资体系"的目标任务，强调要"协调金融监管机构，共同研究制定金融扶持文化产业发展的政策和办法"，"支持组建文化信贷担保公司，争取建立文化企业贷款贴息机制"，"支持组建多种形式的文化产业创业、风险投资基金"，"通过改进无形资产评估和抵押办法，促进银行开展文化企业授信工作，为文化企业融资创造条件"，"鼓励具备条件的文化企业上市融资和发行企业债券、融资票据等"，"积极引进实力雄厚的战略投资者，开展多种形式的长期投资合作，增强文化企业资金实力"。

2012年10月党的十七届六中全会通过的《关于深化文化体制改革　推动社会主义文化大发展大繁荣若干重大问题的决定》进一步强调，要"加大财政、税收、金融、用地等方面对文化产业的政策扶持力度，鼓励文化企业和社会资本对接，对文化内容创意生产、非物质文化遗产项目经营实行税收优惠。设立国家文化发展基金，扩大有关文化基金和专项资金规模，提高各级彩票公益金用于文化事业比重"。2017年初发布的《文化部"十三五"时期文化发展改革规划》，把发展文化金融作为推动文化产业成为国民经济支柱性产业的重要内容和途径，要求深化文化金融合作，发挥财政政策、金融政策、产业政策的协同效应，为社会资本进入文化产业提供金融支持。《规划》还将"文化金融创新工程"作为"文化产业四大计划两大工程"之一，具体内容包括：鼓励金融机构针对文化产业特点创新产品和服务，推广无形资产评估和质押融资，逐步健全文化企业征信体系、融资风险补偿机制和信用担保体系；建立文化企业上市资源储备库，支持文化企业利用资本市场上市融资、再融资和并购重组，扩大文化企业债券融资规模；鼓励文化产业类投资基金发展；支持各地建立文化金融服务中心；创建文化与金融合作示范区。同一年出台的《文化部关于推动数字文化产业创新发展的指导意见》则将"落实相关财税金融政策"作为"加大数字文化产业政策保障力度"的重要举措，提出，要加大直接融资力度，鼓励符合条件的数字文化企业通过各类资本市场融资，积极运用债券融资，支持设立数字文化产业创业投资引导基金和各类型相关股权投资基金；建立投融资风险补偿和分担机制，鼓励开发性、政策性、商业性金融机构支持数字文化产业发展，推进投贷联动，实现财政政策、金融政策、产业政策的有机衔接。

作为一个市场经济、民营经济先发省份，浙江省较早意识到了金融政策对于文化产业发展的重要性。早在2000年出台的《浙江省建设文化大省纲要（2001—2020年）》中，已经提出要"鼓励个人、企业、社会团体兴办国家政策许可的各种文化经营企业，在规划建设、土地征用、规费减免、从业人员职称评定等方面与国办文化一视同仁"，强调要"加大对文化设施建设的扶持力度"，把"文化设施纳入城市发展统一规划，在立项、资金、用地、规费和拆迁安置等方面，给予保证和优惠"。这些政策措施虽然还不是很具体，但已经蕴含了关于推动文化与金融融合发展的初步文化金融政策。2005年出台的《关于加快文化大省建设的决定》，强调要"进一步完善文化体制改革以及各项社会事业改革的配套政策，认真落实财政投入、税收优惠、融资投资、劳动和社会保障、人事制度等各项政策措施"。特别值得一提的是，在这个有关文化建设的纲领性文件中，除了"财政投入""税收优惠"等提法以外,首次出现了"融资投资"一词。2008年出台的《浙江省推动文化大发展大繁荣纲要(2008—2012)》提出,要"围绕文化产业发展,完善文化市场准入、财政支持、税收优惠、工商管理、投融资、人才建设等方面政策措施,鼓励个人、企业、外资、社会团体进入国家政策未禁止的文化领域"。在这份有关文化建设的新的纲领性文件中,除了"财政支持""税收优惠"等以外,再次出现了与"融资投资"意义相同的"投融资"一词。

2011年出台的《关于认真贯彻党的十七届六中全会精神大力推进文化强省建设的决定》强调,"文化企业按规定认定为高新技术企业的,减按15%税率征收企业所得税","对文化内容创意生产、非物质文化遗产项目经营按国家有关政策给予相关税收优惠","扩大省级文化产业发展专项资金规模,对影视发展、动漫产业、文化走出去等进行重点扶持"。其中,特别值得关注的是,《决定》首次提出了"扩大省级文化产业发展专项资金规模"这一政策措施。同一年出台的《浙江省文化发展"十二五"规划》则在省级文化发展规划中,首次提出要"设立由国有企业主导的'文化产业基金',引导更多的民营资金进入文化产业","与银行等金融机构建立长期合作关系,不断扩大合作领域","鼓励金融机构制定适合文化产业发展的融资模式"。与以前相比,这些新的提法都使浙江省文化金融政策更清晰、更具体了。

进入"十三五"时期以来,浙江省在相关实践基础上形成了更加成熟、更加系统的推动文化产业与金融融合发展的思路和政策措施。这一点在2016年出台的《浙江省文化产业发展"十三五"规划》中体现得尤其显著。《规划》在总结和吸收"十二五"时期相关经验基础上,将"文化金融服务平台"作为推动浙江文化产业发展的三大要素保障平台之一,进行了较全面的阐述,提出,要"推动设立省级文化产业投资机构,创新文化产业投融资服务方式","鼓励银行设立文化产业支行、文创产业专营机构,支持文化企业开展投融资业务"，"支持文化企业依法合规运用互联网支付平台、网络借贷平台、股权众筹融资平台等手段，创新融资方式"，"充分发挥我省上市公司、企业集团融资渠道优势，引导投资文化产业"，"培育一批知名文化产业风险投资基金，推动初创文化企业发展"，"积极利用好证券交易市场，推动文化企业上市。探索建立地方政府和文化、金融等多部门沟通协作机制，积极创建国家级文化金融合作试验区"。2017年出台的《关于推进文化浙江建设的意见》再次强调，要"鼓励各地成立文化产业投资（发展）公司（集团）"，"扩大省转型升级产业基金规模，加大对文化产业扶持力度"，"推动银行设立文化产业支行、文创产业专营机构，支持文化企业开办投融资平台"。这些都标志着在多年实践的基础上，浙江省对于推动文化产业与金融融合发展，有了较深入的认识，作出了较全面较系统的布局和部署。

实施加快建设文化大省战略以来，浙江省充分发挥市场经济、民营经济的先发优势，先行先试，积极探索创新文化金融的政策体系、组织体系、投融资体系、公共服务平台体系，在重大文化产业项目投资、文化企业融资平台搭建、文化资本运作等方面做精做深，在推动文化与金融融合发展方面走在全国前列，从而有效地激发了文化产业发展的活力。在发挥市场主导作用前提下，浙江省积极扩大省级文化产业发展专项资金规模，提高资金使用效率，创新文化产业投融资服务方式，推动设立省级文化产业投资机构，鼓励各级政府投资设立文化产业发展投资基金，积极培育一批文化产业风险投资基金，推动初创文化企业发展；针对文化企业特别是中小文化企业融资难问题，从加强金融机构与文化企业对接入手，系统设计和谋划了金融支持文化创意产业的政策和措施，积极鼓励银行设立文化产业支行、文创产业专营机构，鼓励金融机构开发适合文化企业特点的文化金融产品；积极支持符合条件的文化企业依法合规创新融资方式，运用互联网支付平台、网络借贷平台、股权众筹融资平台等手段融资；积极发挥浙江省上市公司、企业集团融资渠道优势，引导投资文化产业；积极利用证券交易市场，推动文化企业上市，大力支持上市文化企业利用资本市场并购重组，规范引导面向文化领域的互联网金融业务发展；积极完善文化金融中介服务体系，促进文化金融对接，积极探索开展无形资产抵押、质押贷款业务，鼓励开发文化消费信贷产品。随着组织创新、产品创新和机制创新的逐步推进，政策红利的释放与资本源源不断的投入，文化与金融融合的速度日益加快，灵活便捷、可持续发展的文化与金融合作模式逐步形成、文化金融生态环境日益优化，文化产业与金融资本融合发展呈现出了新的态势，有效助推了浙江传统文化产业的转型升级和新兴文化业态的创新发展。

2013年，国内首家文创金融专营机构——杭州银行文创支行设立。这家文创金融专营机构提供的信贷支持，覆盖了影视传媒、动漫游戏、设计服务、教育培训、艺术品等重点行业，不仅支持了一批资产结构以无形资产为主、缺少银行认可的抵押物、"融资难、融资贵"的真正意义上的文创中小微企业，而且在管理模式、客户培育、产品创新及渠道搭建等方面也进行了积极、有益的探索，为金融业助推文化创意产业发展积累了成功的经验。此外，杭州银行还组建了全国首家科技文创金融事业部，实现了全行科技文创金融资源的整合，推出了科易贷、成长贷等产品，以专业专注的态度、以创新创业的模式，助推文化创意产业发展。杭州银行文创支行设立后，浙江省建设银行文创支行、杭州联合银行文创金融服务中心也相继在杭州成立。因此，杭州也成为全国首个同时具备三家以上文创金融专业机构的城市，从而进一步提升了金融业专业化服务杭州文化创意产业发展的水平。2014年6月，宁波市设立了文化金融服务专营机构——农行宁波市文创支行，这是全国农行系统首家实行机构专营、人才专用、制度专项、政策专属、资源专享的文创银行。此后，浙江全省各地陆续设立文创银行，自2013年以来至2019年底，全省已成立了16家文创银行。这些文创银行专注于打造优质文创金融生态体系，构建差别化授信体系，在创新切实有效的新型金融服务模式方面进行了积极的尝试和探索。比如，这些文创银行相继推出了"影视通宝""银保通达""投贷证租""知识产权质押""股权质押""银投联贷""游戏工厂信贷""影视夹层贷""艺术品质押"等。浙江省文化金融服务专营机构的金融服务，逐步呈现了精准化、立体化的态势。进入"十四五"时期以来，根据文化产业发展的新形势和新要求，浙江省新成立的文创银行，也更加注重金融服务模式的创新。比如，2021年1月，湖州市委宣传部、市金融办、市人行、湖州银行等共同发起成立了湖州市文创银行。这家文创银行积极致力于探索"政府＋银行＋创投＋担保＋保险＋基金"业务模式，努力为影视演艺、文创设计、数字文化、动漫游戏等重点行业的文化企业提供更多政策支持和优质金融服务。2019年12月，宁波市与北京市东城区一起获批创建全国仅有的两个"国家文化与金融合作示范区"。

  2009年7月，国务院印发《文化产业振兴规划》明确提出由中央财政注资引导，吸收国有骨干文化企业，大型国有企业和金融机构认购，设立中国文化产业投资基金。设立文化产业投资基金是借鉴成熟资本市场"产业投资基金"运作方式，由发起人定向募集、委托专业机构管理基金资产、主要采取股权投资方式解决文化产业融资问题的一种尝试和探索。2010年3月，中央宣传部、中国人民银行、财政部、文化部、广电总局、新闻出版总署、银监会、证监会、保监会等九部委联合颁发《关于金融支持文化产业振兴和发展繁荣的指导意见》，鼓励多元资金支持文化产业发展，引导符合条件的保险公司参与文化产业投资基金。2012年6月，文化部颁发《鼓励和引导民间资本进入文化领域的实施意见》，鼓励民间资本以投资基金形式进入文化产业领域。2014年3月文化部、中国人民银行、财政部联合颁发《关于深入推进文化金融合作的意见》，强调要更好发挥金融政策、财政政策与文化产业政策的协同作用，鼓励金融机构大力开拓文化金融市场，最大限度发挥金融推动文化产业发展的作用。在这一背景下，全省各地相继成立各种文化产业投资基金，积极探索促进文与金融融合发展新途径和新方式，加快推动文化产业的结构优化和转型发展。

2009年5月，浙江日报报业集团联合中国烟草总公司浙江省公司、浙江省财务开发公司等国有资本共同组建了东方星空文化基金。这是浙江省首只国有文化产业投资基金，也是以传媒集团牵头组建的中国文化传媒业领域首只文化产业投资基金。东方星空文化基金以资本运作的方式，致力于培育省内文化传播产业中的骨干企业和新兴文化产业，增强浙江文化产业整体实力。同年2月，杭州市文化创意产业信托债权基金"宝石流霞"首发成功，这是一款专门扶持文化创意产业的信托产品。"宝石流霞"的成功发行，不仅放大了政府资金的效用，而且整合了社会资金，从而有效地支持了文化创意产业的发展。2011年，杭州市文化创意产业办公室的全资子公司、注册资本金2亿元的杭州文投创业投资有限公司成立。这家杭州市国有文创产业投融资平台的主要职能包括：行使国有文化资本投融资主体职能，引导社会资本进入文化产业领域；行使部分国有经营性文化资产运营职责，推动国有文化资产整合和优化配置；行使重大文化项目投资建设主体职能，提供优质公共文化产品和服务。实施打造全国文化创意产业中心战略以来，杭州市本级及各区、县（市）都设立了文创产业专项资金，对于有效缓解文创企业"融资难""融资贵"等问题产生了重要的作用。比如，"十二五"时期，杭州市市区两级财政共投入文创产业专项资金近20亿元，带动社会投资约500亿元。2016年初，浙江省首个文化产业金融服务平台"鑫文化"在杭州基金小镇上线。"鑫文化"致力于推进文化企业与资本的融合，通过"线上+线下""标准化+个性化"服务体系，为文化企业提供"一站式"融资服务。同一年《杭州市文化创意产业创业投资引导基金管理暂行办法》出台，杭州市文创产业引导基金随之正式启动，首期规模为1.2亿元，通过与社会资本合作成立子基金方式，鼓励和引导社会各类资本投资文化创意产业领域，特别是加大对中小微文化创意企业的投资力度。2016年宁波市专门设立了规模为2亿元的文化产业基金，主要投资市内的文化企业和文化重点项目，实现财政专项资金向产业发展基金转化、行政性分配向市场化配置转变。同一年，规模为50亿元的浙江文化产业成长基金设立，首期2亿元全部面向民营文化企业募集。东方星空、浙江成长、杭州文投等文化产业基金以及一大批民营文化产业基金，建构了浙江文化产业投融资服务平台，有效吸引了社会资本进入文化产业领域，破解了文化企业"融资难、融资贵"等难题和瓶颈，发挥了公共财政激励引导和"四两拨千斤"的杠杆效应，成为浙江把文化产业打造成重要支柱性产业、万亿级产业的助推器。

2019年6月，省政府批准正式组建首期规模为20亿元的浙江省文化产业投资基金。作为省转型升级产业基金下设主题基金，浙江省文化产业投资基金以市场化模式运作，联合省市县政府产业基金与社会资本组建定向基金、非定向基金以及直接投资等3种方式，投资于省内优质文化企业和项目。这个基金还确立了社会效益类、投资要求类两类目标。社会效益类目标包括：发挥引领作用，通过省市县联动，吸引社会资本参与，调动更多社会投融资机构支持培育和引进优质文化类项目；通过投资优质文化产业项目，引导和助力推出一批精品力作；更加关注初创型、科技型、成长型文化企业发展，发挥基金的撬动作用，挖掘发展潜力，培育和储备一批有充分竞争力的文化市场主体；支持服务各地各单位文化产业平台建设，建立打造文化产业的发展平台和公共服务平台。投资要求类目标包括：围绕"一核三级三板块"格局，推进省内重点文化产业投融资平台建设，助力"两圈两带"重点文化产业项目实施，支持文化内容生产创意设计、文化产品智造、文化旅游等重点板块优质企业创新发展。同一年，"长三角数字文化产业基金"项目完成签约，总规模达100亿元；浙江省文化产业投资集团与三家银行战略合作，获得920亿元授信；横店影视文化产业股权投资基金正式组建，基金募集总规模为10亿元。

近年来，全省不少地方党委和政府还通过举办文化产业项目与资本对接活动，推动社会资本投资文化产业。比如，杭州市围绕"一城一窗"和国际文化创意中心建设目标，通过出台一系列推进文化创意产业与金融融合发展的政策、促进政银企合作的多项举措，有效地缓解了文创企业"融资难""融资贵"问题。2019年9月，杭州市举办杭州文化创意产业投融资论坛暨《2018—2019杭州文创产业投资发展报告》发布会，有200多位来自文创企业、头部创投机构和金融机构代表参加，共同探讨文化创意产业投融资领域的发展趋势与投资策略。宁波市高度重视文化产业与金融产业的融合发展，2014年以来，宁波市把深化文化金融合作列为全面深化改革的年度重点项目，多次举办文化金融、产业创投等主题的会议、论坛和相关活动，为促进文化与金融融合发展提供对策，推动金融服务进入文化企业和文化产业园区。2015年，市政府把创建文化金融合作试验区写入政府工作报告，启动实施金融服务体系构建工程。同一年，宁波市政府将民营企业民和汇通小额贷款公司改组为具有国资成分的宁波市文创小额贷款股份有限公司。2016年，市委市政府把深化文化金融合作纳入"十三五"文化发展规划，确立了文化金融合作在文化产业发展中的地位和作用。宁波市金融机构累计为8000多家文化企业和近百个文化重点项目建设提供了个性化融资服务。从2016年开始宁波市每年举办中国（宁波）特色文化产业博览会，开辟"文化+金融"展区，至2019年已与100多家文化企业达成信贷合作意向。2017年6月，宁波市委宣传部、市文广新局、市金融办、中国人民银行宁波市中心支行等主办的2017年宁波文化产业与金融资本对接会，吸引了30余家金融机构和200余家文创企业参加，17个项目现场签约金额达5亿元。2015年底台州市举行了文化产业银企对接会暨文化产业银行授牌仪式，各金融机构与市区54家文化企业现场签订了额度为13.5亿元的贷款合作协议；2017年9月，台州市也举办了类似的文化产业与资本对接活动。近年来，台州市还相继制定出台了《台州市文化产业发展"十三五"规划》《关于加快文化产业发展的若干意见》《关于深入推进文化与金融合作的指导意见》等一系列政策文件。同时,设立了每年1500万元的文化产业(影视产业)发展专项资金,扶持文化产业重点项目、重点文化产业园区(基地)建设和骨干文化企业培育。这就为台州市文化产业发展奠定了良好的基础,台州市逐步形成了黄岩"工艺美术之都"、路桥"广告创意印刷产业园区"、天台山"养生文化旅游基地"、仙居"中国工艺礼品之都"、临海"中国休闲用品礼品生产基地"等一批国家级和省级特色文化产业品牌,产业集聚效应凸显。

长期以来,我国文化企业融资大多采取银行信贷等间接融资方式。而证券市场作为金融市场的重要组成部分,具有资金融通、价格发现、资源配置等功能。文化企业上市有助于募集到充足资金,改善自身信用状况,并获得长期稳定的融资和再融资渠道,形成良性资金循环,促进企业持续发展、做强做优做大。2010年,中央宣传部、中国人民银行、财政部等九部委联合颁发的《关于金融支持文化产业振兴和发展繁荣的指导意见》强调,要"支持处于成熟期、经营较为稳定的文化企业在主板市场上市";"鼓励已上市的文化企业通过公开增发、定向增发等再融资方式进行并购和重组";"探索建立宣传文化部门与证券监管部门的项目信息合作机制,加强适合于创业板市场的中小文化企业项目的筛选和储备,支持其中符合条件的企业上市"。2011年4月文化部发布《关于推进文化企业境内上市有关工作的通知》,强调要"充分利用资本市场进一步拓宽文化产业投融资渠道,加快文化企业境内上市融资步伐,鼓励、扶持和引导一批成长性好、发展潜力大的优秀文化企业通过上市做大、做优、做强,不断提升我国文化产业的竞争力,促进文化产业又好又快发展"。文化部还联合证监会、沪深证券交易所建立了文化企业上市辅导培育机制,定期举办文化企业上市辅导培训,建设文化企业上市资源储备库,形成了"储备一批、培育一批、申报一批、发行一批"的梯次格局,有序搭建了资本市场的"文化板块"。2012年6月文化部发布《文化部关于鼓励和引导民间资本进入文化领域的实施意见》，不仅强调要"支持民营文化企业通过信贷、信托、基金、债券等金融工具融资"，而且强调要"支持民营文化企业通过并购重组、上市等方式融资"。这些都意味着我国已经把推动符合条件的文化企业上市融资，作为大力发展多层次资本市场，扩大文化企业直接融资规模，振兴和发展文化产业的重要战略措施。

浙江省对推动文化企业上市、支持上市文化企业利用资本市场并购重组，实现文化产业与金融融合发展，进行了积极的探索与实践。作为全国市场经济先发省份，浙江省不仅在培育和发展资本市场方面一直走在全国前列，而且在推进文化企业上市方面也领先于全国；不仅先于全国各地认识到借助资本市场发展文化产业的重要性，而且在实践上也把推动文化企业上市作为提升企业管理水平、企业形象和信誉，扩大市场影响力，形成现代企业制度，完善公司治理机制，吸引优秀人才，增强企业发展后劲的重要战略措施。特别是实施加快建设文化大省战略以来，全省各级政府更加自觉地把推动文化企业上市作为推动文化体制改革的重要举措，转变管理方式和服务方式，鼓励文化企业探索利用多层次、多渠道的融资手段，引导有条件的优质文化企业通过公开发行股票直接融资，进一步完善文化市场主体，取得了显著的成效。早在2010年，全国仅有16家文化类上市企业，涵盖文化旅游、演艺、影视、出版和新媒体等多个行业门类，而其中就有"演艺第一股"宋城演艺、"电视剧第一股"华策影视、"电影第一股"华谊兄弟等浙江上市企业。

2011年11月出台的《关于认真贯彻党的十七届六中全会精神大力推进文化强省建设的决定》提出，要"大力实施文化产业发展'122'工程，着力培育100家重点文化企业、20个重点文化产业园区（基地），助推20家文化企业上市，提高文化产业规模化、集约化、专业化水平"。其中，特别值得一提的是，根据"122"工程，浙江省计划在 3 年内推动 20 家左右文化企业在主板、创业板或境外资本市场上市，成为全国文化企业上市最多的省份。党的十八大以来，浙江省文化体制改革进入涉深水、闯险滩、啃硬骨头阶段，推动文化企业上市被摆上了更重要的议事日程。2013 年 11 月，省委十三届四次全会通过的《省委关于认真学习贯彻党的十八届三中全会精神 全面深化改革再创体制机制新优势的决定》强调，要"健全现代文化市场体系，培育壮大文化市场主体，加快推进文化产品交易平台、文化资本市场、文化产权市场建设"。2014 年 7 月省委全面深化改革领导小组第三次会议通过的《浙江省深化文化体制改革实施方案》和《浙江省深化文化体制改革重点举措及工作项目》把"优化文化微观运营体系，深化'事改企'，推进'企改股'，鼓励'股上市'，探索'事建理'"，作为新一轮文化体制改革的重要内容。2017 年 9 月发布的《关于加快把文化产业打造成为万亿级产业的意见》和同年 11 月发布的《关于推进文化浙江建设的意见》都提出了"推进浙江出版集团、东海电影集团等国有重点文化企业股份制改造，加快浙江时代院线、浙江出版传媒等上市步伐"的文化企业"股上市"目标。

2017 年 10 月浙江省政府召开全省企业上市和并购重组工作会议，发布《浙江省推进企业上市和并购重组"凤凰行动"计划》，主要目标是经过从 2017 年到 2020 年 4 年努力，进一步巩固提升浙江在全国资本市场上的领先地位，建设金融强省，通过推动企业上市和并购重组促进经济转型升级。2019 年初，浙江进一步出台了以培育具有全球竞争力一流企业为目标的"雄鹰行动"计划。这就把浙江资本市场发展推进到了一个新的阶段。2017 年实施"凤凰行动"计划以来，至 2020 年底，浙江省境内 A 股上市公司数量已达 517 家，位居全国第二。"凤凰行动"计划与"雄鹰行动"计划的联动实施，对于培育一批创新能力强、有核心竞争力、国际市场占有率高、能够引领全球同行业的新经济企业具有重要的作用。资本市场服务浙江实体经济，支持浙江产业转型升级的重要作用得到了进一步发挥，涌现了巨星科技、均胜电子、卧龙电驱等一批通过并购做大做强的国内外知名上市公司,成为浙江经济高质量发展的中坚力量。

实现文化企业上市公司倍增,既是"凤凰行动"计划的重要内容和目标,也是推动浙江文化产业与金融融合发展的重要举措。2017年实施"凤凰行动"计划以来,浙江省金融办会同浙江省证监局,积极配合省委宣传部,加大文化企业的股改、辅导和上市的力度,把文化企业纳入"凤凰行动"计划的重点培育名单库,提供改制上市"一站式""专业化"各个环节的"绿色通道"服务,着力于把浙江打造成全国文化上市企业的高地,加快推动浙江文化产业成为万亿级产业。

至2019年12月底,浙江省有A股上市文化企业41家,数量位居全国第一,100多家文化企业挂牌新三板,涵盖新闻出版、广播影视、文化演艺和文化装备等多个领域。其中,除"演艺第一股"宋城演艺、"电视剧第一股"华策影视、"电影第一股"华谊兄弟外,还有"报业第一股"浙数文化、"网吧服务第一股"顺网科技、"广告第一股"思美传媒、"舞台设备第一股"大丰实业等众多明星上市文化企业,形成了令人瞩目的"浙江文化板块"。2020年12月16日浙版传媒浙江出版传媒股份有限公司(浙版传媒)在上交所披露招股说明书。2021年2月4日,浙版传媒首发上会。浙版传媒以图书、期刊、音像制品、电子出版物等出版物的出版、发行和印刷为主业,是集出版、印刷复制、发行及零售等传统业务,并融合数字出版、数字媒体、数字营销、信息技术服务、在线教育与培训等新兴业态于一体的大型综合文化企业。通过上市,浙江文化企业获得了新的发展生机,在业务规模、营业盈利、业务拓展等方面都实现了跨越式发展。浙江省具有市场经济、民营经济的先发优势,民间资本雄厚、资本市场活跃,随着金融资本和文化产业的深度融合,必将有一批"航母级"大企业在众多文化企业中脱颖而出。

主要参考文献

包亚明、王宏图、朱生坚：《上海酒吧——空间、消费与想象》，江苏人民出版社2001年版。

毕晓梅：《联合国教科文组织与文化政策研究：20世纪七八十年代》，《中国文化产业评论》2017年第2期。

蔡罕、郭鉴等：《推陈出新　彰显魅力——宁波文化发展三十年》，浙江人民出版社、宁波出版社2008年版。

曹锦清、张乐天、陈中亚：《当代浙北乡村的社会文化变迁》，上海远东出版社2001年版。

陈东升：《村落家族文化对韩田村汽摩配业的影响》，《温州论坛》2000年第4期。

陈涓：《县级图书馆开展"以文补文"活动反思》，《图书馆》2008年第1期。

陈立旭、连晓鸣、姚休：《解读文化和文化产业》，浙江人民出版社2003年版。

陈野主编：《2006年浙江发展报告（文化卷）》，杭州出版社2006年版。

陈野主编：《2011年浙江发展报告（文化卷）》杭州出版社2011年版。

陈野主编：《2012年浙江发展报告（文化卷）》，杭州出版社2012年版。

陈野主编：《2013年浙江发展报告（文化卷）》，杭州出版社2013年版。

程恩富主编：《文化经济学》，中国经济出版社1993年版。

戴锦华：《隐形书写：90年代中国文化研究》，江苏人民出版社1999年版。

单世联：《现代性与文化工业》，广东人民出版社2001年版。

单世联选编：《文化产业研究读本》，上海人民出版社2011年版。

樊纲主笔：《公有制宏观经济理论大纲》，上海三联书店1994年版。

高占祥：《开展以文补文活动促进文化事业发展——在全国文化事业单位以文补文经验交流会上的报告》，《中国图书馆学报》1988年第3期（总第14卷第67期）。

杭州市文化局编：《杭州先进文化研究文集》（未刊稿），2001年10月。

杭州市文化体制改革工作领导小组办公室编：《杭州市文化体制改革回眸》，杭州出版社2007年版。

何福清主编：《纵论浙江》，浙江人民出版社2003年版。

侯孝国：《公共财政框架和出资人管理制度中财政与国企的关系》，《中国青年政治学院学报》2003年第5期。

胡惠林主编：《文化产业概论》，云南大学出版社2005年版。

胡汝银：《低效率经济学：集权体制理论的重新思考》，上海三联书店1995年版。

黄鹤：《文化规划：基于文化资源的城市整体发展策略》，中国建筑工业出版社2010年版。

季洪：《新中国电影事业建设四十年》（1949—1989）。

贾德裕等主编，周晓虹执行主编：《现代化进程中的农民》，南京大学出版社1998年版。

蒋三庚：《文化创意产业研究》，首都经济贸易大学出版社2006年版。

金丹元、王新菊：《从"超女"到"梦想中国"——对当下电视媒体狂欢的整体文化反思》，《上海文化》2006 年第 1 期。

蒯大申、饶先来：《新中国文化管理体制研究》，上海人民出版社 2010 年版。

李景源、张晓明主编：《浙江经验与中国发展（文化卷）》，社会科学文献出版社 2007 年版。

李一平、陈宁主编：《杭州特色与经验（文化卷）》，杭州出版社 2008 年版。

联合国贸发会议（UNCTAD）：《2010 创意经济报告》，三辰影库音像出版社 2011 年版。

林拓等主编《世界文化产业发展前沿报告》，社会科学文献出版社 2004 年版。

刘建军：《单位中国——社会调控体系重建中的个人、组织与国家》，天津人民出版社 2000 年版。

卢敦基主编：《2003 年浙江发展报告（文化卷）》，杭州出版社 2003 年版。

卢敦基主编：《2004 年浙江发展报告（文化卷）》，杭州出版社 2004 年版。

卢现祥：《西方新制度经济学》（修订版），中国发展出版社 2003 年版。

陆扬、王毅：《文化研究导论》，复旦大学出版社 2006 年版。

陆扬、王毅选编：《大众文化研究》，上海三联书店 2001 年版。

陆耀亭主编：《记忆与感知——浙江电影产业研读报告》（未刊稿），2013 年。

罗钢、刘象愚主编：《文化研究读本》，中国社会科学出版社 2000 年版。

骆威：《对构建公共文化服务体系的思考》，《今日浙江》2005 年第 16 期。

马化腾等：《互联网+国家战略行动路线图》，中信出版集团 2015 年版。

《宁波五十年》编辑委员会：《宁波五十年》，宁波出版社 1999 年版。

潘洗尘：《关于 POP 文化在中国演进过程的一个简单概述》，《文艺评论》1994 年第 2 期。

钱杭：《关于当代中国农村宗教研究的几个问题》，《学术月刊》1993 年第 3 期。

钱杭：《中国当代宗族的重建与重建环境》，《中国社会科学季刊》（香港）1994 年第 1 卷。

钱杭、承载：《十七世纪江南社会生活》，浙江人民出版社 1996 年版。

钱杭、谢维扬：《宗族问题：当代农村研究的一个视角》，《社会科学》1990 年第 5 期。

沈晖主编：《再创辉煌——浙江文化发展战略文集》，浙江人民出版社 1997 年版。

沈雁冰：《三年来的文化艺术工作》，《人民日报》1952 年 9 月 27 日。

盛世豪等：《浙江现象》，清华大学出版社 2004 年版。

史晋川等：《制度变迁与经济发展：温州模式研究》，浙江大学出版社 2002 年版。

陶东风主编：《文化研究精粹读本》，中国人民大学出版社 2006 年版。

王沪宁：《当代中国村落家族文化》，上海人民出版社 1991 年版。

王缉慈等：《创新的空间：企业集群与区域发展》，北京大学出版社 2001 年版。

王铭铭、王斯福主编：《乡土社会的秩序、公正与权威》，中国政法大学出版社 1997 年版。

王相华、李义杰：《转企改制文艺院团发展现状调查——以浙江省属国有转企改制文艺院团为例》，《东南传播》2012 年第 10 期。

王晓毅、朱成堡：《中国乡村的民营企业与家族经济》，山西经济出版社1996年版。

吴蓓、俞强主编：《2015年浙江发展报告（文化卷）》浙江出版联合集团、浙江人民出版社2014年版。

奚建华：《从文化产业到文化创意产业：现实走向与逻辑路径》，《浙江学刊》2007年第6期。

习近平：《干在实处　走在前列》，中共中央党校出版社2006年版。

习近平：《关于〈中共中央关于全面深化改革若干重大问题的决定〉的说明》，《人民日报》2013年11月16日。

习近平：《论党的宣传思想工作》，中央文献出版社2020年版。

杨建华、葛立成主编：《1998—1999浙江经济社会发展蓝皮书》，中国国际广播出版社1999年版。

杨建华、葛立成主编：《"九五"浙江发展报告（1996—2000年）》，浙江教育出版社2000年版。

鄞县广播电视局编：《鄞县文化广播体育志》（未刊稿），1992年。

余红等：《当代农村五大社会问题》，江西人民出版社1995年版。

张朝枝、朱敏敏：《文化和旅游融合：多层次关系内涵、挑战与践行路径》，《文化创意产业》2020年第4期。

张晓明、胡惠林、章建刚主编：《2005年：中国文化产业发展报告》，社会科学文献出版社2005年版。

张晓明、胡惠林、章建刚主编：《2006年：中国文化产业发展报告》，社会科学文献出版社2006年版。

张晓明、胡惠林、章建刚主编：《2007年：中国文化产业发展报告》，社会科学文献出版社2007年版。

张晓明、胡惠林、章建刚主编：《2008年：中国文化产业发展报告》，社会科学文献出版社2008年版。

章建刚、尹昌龙、张晓明主编：《中国公共文化服务发展报告（2007）》，社会科学文献出版社2007年版。

章建刚、尹昌龙、张晓明、陈新亮主编：《中国公共文化服务发展报告（2009）》，社会科学文献出版社2009年版。

赵勇：《整合与颠覆：大众文化的辩证法》，北京大学出版社2005年版。

赵子忱：《精神产品的经济分析》，《经济研究》1997年第6期。

《浙江改革开放史》课题组：《浙江改革开放史（1978.12—2003.12）》，中共党史出版社2006年版。

"浙江社会发展现状与对策研究"课题组：《1992—1996浙江社会发展状况》，浙江人民出版社1997年版。

《浙江省建设文化大省纲要（2001—2020年）》（2000年）。

《浙江省推动文化大发展大繁荣纲要（2008—2012）》（2008年）。

中共杭州市委宣传部、杭州市文化创意产业办公室编：《杭州文化创意产业发展报告（2007）》，杭州出版社2008年版。

中共浙江省委党史研究室、当代浙江研究所编：《当代浙江简史1949—1998》，当代中国出版社2000年版。

《中共浙江省委关于认真贯彻党的十七届六中全会精神大力推进文化强省建设的决定》（2011年）。

《中共浙江省委关于加快建设文化大省的决定》（2005年）。

中共浙江省委宣传部编：《推动文化大发展大繁荣专题调研成果汇编》（未刊稿），2008年7月。

《中共浙江省委浙江省人民政府关于推进文化浙江建设的意见》（2017年）。

中共中央文献研究室编：《习近平关于社会主义文化建设论述摘编》，中央文献出版社2017年版。

周晓虹：《传统与变迁——江浙农民的社会心理及其近代以来的嬗变》，生活·读书·新知三联书店1998年版。

周祝伟、林顺道、陈东升：《浙江宗族村落社会研究》，方志出版社2001年版。

朱华晟：《浙江产业群——产业网络、成长轨迹与发展动力》，浙江大学出版社2003年版。

［澳］欧文·E.休斯：《公共管理导论》，中国人民大学出版社2001年版。

［德］彼得·科斯洛夫斯基：《后现代文化》，中央编译出版社1999年版。

［德］霍克海默著，曹卫东编选：《霍克海默集》，上海远东出版社1997年版。

［德］瓦尔特·本雅明：《机械复制时代的艺术作品》，中国城市出版社2002年版。

［法］阿尔都塞：《意识形态和意识形态国家机器》，《当代电影》1987年第4期。

［法］鲍德里亚：《消费社会》，南京大学出版社2000年版。

［法］布尔迪厄：《文化资本与社会炼金术：布尔迪厄访谈录》，上海人民出版社1997年版。

［加拿大］文森特·莫斯可：《传播政治经济学》，华夏出版社2000年版。

［美］保罗·肯尼迪：《大国的兴衰：1500—2000年的经济变迁与军事冲突》，国际文化出版公司2006年版。

［美］道格拉斯·C.诺斯：《制度、制度变迁与经济绩效》，上海三联书店1994年版。

［美］道格拉斯·凯尔纳：《媒体文化：介于现代与后现代之间的文化研究、认同性与政治》，商务印书馆2004年版。

［美］费尔德斯坦：《转变中的美国经济》，商务印书馆1990年版。

［美］弗·杰姆逊：《晚期资本主义的文化逻辑》，生活·读书·新知三联书店1997年版。

［美］赫伯特·席勒：《大众传播与美利坚帝国》，上海译文出版社2006年版。

［美］杰弗瑞·戈比：《你生命中的休闲》，云南人民出版社2000年版。

［美］马克·波斯特：《第二媒介时代》，范静哗译，南京大学出版社2000年版。

［美］迈克尔·波特：《国家竞争优势》，华夏出版社2004年版。

［美］萨缪尔森、诺德豪斯：《经济学》，中国发展出版社1992年版。

［美］斯蒂格利茨：《政府为什么干预经济》，中国物资出版社1998年版。

［美］威廉·A.哈维兰：《文化人类学》，上海社会科学院出版社2006年版。

［美］约翰·R.霍尔、玛丽·乔·尼兹：《文化：社会学的视野》，商务印书馆2002年版。

［美］约翰·费斯克：《电视文化》，商务印书馆2005年版。

［美］约翰·费斯克：《解读大众文化》，南京大学出版社2001年版。

［美］约瑟夫·奈：《论权力》，中信出版社2015年版。

［美］约瑟夫·奈：《软力量——世界政坛成功之道》，东方出版社2005年版。

［挪威］伊萨克森、汉密尔顿、吉尔法松：《理解市场经济》，商务印书馆1996年版。

［日］小宫隆太郎等编：《日本的产业政策》，国际文化出版公司1988年版。

［英］阿雷温·鲍尔德温等：《文化研究导论》，高等教育出版社2005年版。

［英］安吉拉·麦克罗比：《文化研究的用途》，北京大学出版社2007年版。

［英］奥利弗·博伊德-巴雷特、克里斯·纽博尔德编：《媒介研究的进路：经典文献读本》，新华出版社2004年版。

［英］戴维·莫利、凯文·罗宾斯：《认同的空间：全球媒介、电子

景观与文化边界》，南京大学出版社 2001 年版。

［英］吉姆·麦圭根：《重新思考文化政策》，中国人民大学出版社 2010 年版。

［英］雷蒙·威廉斯：《关键词：文化与社会的词汇》，刘建基译，生活·读书·新知三联书店 2005 年版。

［英］迈克·费瑟斯通：《消费文化与后现代主义》，译林出版社 2000 年版。

［英］奈杰尔·拉波特、乔安娜·奥弗林：《社会文化人类学的关键概念》，华夏出版社 2005 年版。

［英］尼古拉斯·阿伯克龙比：《电视与社会》，南京大学出版社 2002 年版。

［英］尼克·史蒂文森：《认识媒介文化》，商务印书馆 2001 年版。

［英］约翰·伊特韦尔等编：《新帕尔格雷夫经济学大辞典（第 3 卷）》，经济科学出版社 1996 年版。

Edward B. Tylor, *Primitive Culture*, London, J. Murray, 1871.

Raymond Williams, *Culture and Society 1780 – 1950*, Harmondsworth: Penguin, 1963（orig. 1958）.

后 记

2014年我出版了结题为优秀的国家社会科学基金项目成果、专著《创新公共文化发展模式：浙江的探索》；2018年我又出版了浙江省哲学社会科学重大课题成果《文化发展：浙江的探索与实践》。这两部著作分别探讨了21世纪以来浙江作为全国先发省份创新公共文化服务发展方式和推动文化发展的探索与实践、历程与经验。在这两部书的写作过程中，我就已经考虑再写一部有关浙江发展文化产业的探索与实践、历程与经验的专著。2018年底，在多年相关研究积累的基础上我终于开始将这一设想和计划付诸实施。此后，总是因其他繁忙的事务而时有中断，写写停停，这种状况持续了一年多。2020年初新冠肺炎疫情发生后我待在家中，有了较多的整块时间，写作进度显著加快。疫情得到控制后，又因繁忙事务而重新进入写写停停的状态。从2020年初至今，一晃又过去了一年半多时间，我终于完成了《发展文化产业：浙江的探索与实践》这部书稿，可以舒一口气了。

虽然只是前几年才开始谋划并着手这部书的写作，但我对浙江发展文化产业的研究则几乎与20、21世纪之交省委实施"发展文化产业，建设文化大省"战略同步，至今已经有20多年的历史了。所以，这部书稿既可以说写了两年半多，也可以说写了20余年了。

我从90年代中期开始从事当代中国文化发展、文化建设研究，也在《中国社会科学》《哲学研究》等权威期刊发表了相关论文，并出版了《市场逻辑与文化发展》等著作。由此,我累积了从事浙江文化建设、浙江发展文化产业等方面探索与实践研究的学术与理论基础。实施建设文化大省战略以来,我每年都数次受邀参加省委省政府及相关部门特别是省委宣传部、省社科联、省文化厅、省发改委以及包括杭州市、宁波市在内全省各个市(地)以及县(市、区)等发展文化产业、建设公共文化服务体系的研究或决策咨询论证活动。浙江推动文化产业发展的探索与实践,为增强文化自信,走出一条具有中国特色、民族特征和时代特点的文化产业发展道路发挥了先行探索与实践的作用。参加浙江省级和全省各地有关发展文化产业的研究或决策咨询论证活动,显著地强化了我面向问题、面向现实的意识,加深了我对全省各地发展文化产业的探索与实践前沿的了解和把握,也为我从学术上、理论上更好地分析、总结、提炼、归纳浙江推动文化体制改革、发展文化产业等的历程与做法以及经验、规律和启示等,创造了条件。

在本书写作的两年半多时间里。浙江省哲学社会科学重点研究基地——文化发展创新与文化浙江建设研究中心、中共浙江省委党校科研处和社会学文化学教研部为我的研究和写作做了大量组织协调工作。中国社会科学出版社为著作出版付出了艰辛和富有创造性的劳动。在此,一并致以衷心感谢。

作　者

2021 年 9 月于杭州溪畔花园